亚太军力巡视：深度解读日本陆上核心战力

曹晓光 编著

航空工业出版社
北京

内 容 提 要

为有效应对国际形势变化，日本陆上自卫队频频组建新型作战职能部队，通过一系列的新型职能部队改编、扩编和创建以及不适合时代部队的缩编、裁撤，在保持传统机械化步兵、摩托化步兵以及重装、轻装步兵优势的基础上，实现了较好的现代化转型，极大增强了日本陆上自卫队的作战能力。本书从多个角度对日本陆上自卫队的核心战斗力量进行了全方位的分析。通过本书，读者不仅能系统了解日本陆上作战力量的真实全貌，更可以从中解读出日本陆上自卫队的未来发展及其对亚太乃至全球安全形势的影响。

图书在版编目（C I P）数据

亚太军力巡视．深度解读日本陆上核心战力/曹晓光编著．--北京：航空工业出版社，2015.5
ISBN 978-7-5165-0720-9

Ⅰ．①亚… Ⅱ．①曹… Ⅲ．①日本陆上自卫队—研究
Ⅳ．①E313.51

中国版本图书馆CIP数据核字（2015）第077755号

亚太军力巡视：深度解读日本陆上核心战力
Yatai Junli Xunshi：Shendu Jiedu Riben Lushang Hexin Zhanli

航空工业出版社出版发行
（北京市朝阳区北苑2号院　100012）
发行部电话：010-84936597　010-84936343

三河市华骏印务包装有限公司印刷　　全国各地新华书店经售
2015年5月第1版　　2015年5月第1次印刷
开本：710×1000　1/16　印张：34.25　字数：600千字
印数：1—2000　定价：158.00元

目 录

第四章
日本陆上自卫队“五大方面队”……223

第四节 解读日本陆上自卫队第1特科团

第五节 解读日本陆上自卫队富士教导团

第六章
遍布日本全国的“陆军演习场”

第七章
著名的日本陆军大演习……473

第一章

日本陆上自卫队总览

第一节 解读日本陆上自卫队的战后发展历史及现状（1952—2014年）

近10年来，为有效应对国际形势变化，日本陆上自卫队频频组建新型作战职能部队。比如，2002年3月日本陆上自卫队创建了“西普联”（日本典型的离岛快速反应机动部队）；2004年3月27日又创建了特殊作战群（日本陆军特种部队、空降部队等诸兵种合成部队）；2006年3月27日将第2混成团升格为第14旅团（日本典型的快速反应现代化旅团）；2007年3月28日全新组建日本陆上自卫队中央即应集团（日本军区级的现代化快速反应部队）；2008年3月26日同时创建“中即联”（日本最强、最现代化的快速反应步兵部队）和中央特殊武器防护队（日本陆上自卫队专业的反核生化武器防护部队）；2010年3月26日又将第1混成团升格为第15旅团（日本典型的守岛部队）如此等等，不一而足。对比地图不难看出，这些新创建的作战职能部队基本位于日本中西部地区，尤其是以日本九州岛、冲绳诸岛、先岛诸岛等西南诸岛为核心展开部署，至此，日本由东北向西南方向的战略调整态势不言自明。

通过一系列的新型职能部队改编、扩编和创建以及不适合时代部队的缩编、裁撤，今天的日本陆上自卫队在保持传统机械化步兵、摩托化步兵以及重装、轻装步兵优势的基础上，实现了近乎完美的现代化转型。经过这些改革，日本陆上自卫队更注重于快速反应、两栖投送、轻装步兵海军陆战化、夺岛与守岛、跨区远程机动运输等综合作战能力。这些新型作战能力的生成无疑将极大增强日本陆上自卫队的作战能力。

一、继承日本帝国陆军和日本帝国海军传统的日本陆上自卫队

从历史上看，在日本陆上自卫队的创建过程中，有大量第二次世界大战时期日本帝国海军军官参与其中。因此，与海上自卫队相比，日本陆上自卫队更多地

继承了日本帝国海军的传统。

日本海上自卫队自卫舰旗继承自日本帝国海军的军舰旗一样，日本陆上自卫队的自卫队旗也或多或少地继承自日本帝国陆军的军旗，不过是将日本帝国陆军的十六条的旭日旗换成了八条的旭日旗。

日本陆上自卫队的制式行进曲与日本海上自卫队一样，都继承自日本帝国海军的军舰行进曲；日本陆上自卫队分列式行进曲继承自日本帝国陆军的陆军分列行进曲（《拔刀队》），并且继续沿用原来的名称。

总之，今天的日本陆上自卫队，继承了大量原日本帝国陆军和日本帝国海军的传统，包括军事传统、爱国主义教育、部队荣誉等。这一切都使得日本陆上自卫队深深地打上了日本帝国军队的烙印。

二、日本警察预备队和日本保安队时期

1945年（昭和20年）8月15日，日本政府接受波茨坦宣言无条件投降。基于波茨坦宣言第9条，日本帝国陆军和海军解体，日本的本土防务由以美军为核心的占领军承担。

1950年（昭和25年），由于朝鲜战争爆发，驻日美军大半出兵朝鲜半岛。在这种情况下，日本本土防务出现空白。根据麦克阿瑟的建议，同年8月，日本警察预备队正式创建，用以维护日本国内的治安。

1952年（昭和27年），日本保安厅正式成立，日本警察预备队、日本海上警备队及日本海上保安厅都在日本保安厅领导之下。随后，日本警察预备队改组为日本保安队，后两者改组为日本警备队。

后来，随着日本国防力量建设的不断推进，1954年（昭和29年）7月1日，日本保安厅改组为日本防卫厅，日本保安队和日本警备队分别改组为日本陆上自卫队、日本海上自卫队和日本航空自卫队。

三、初创时期的日本陆上自卫队

1954年（昭和29年）7月，日本陆上自卫队创建时的部队编制包括1个方面队和

4个管区队，武器装备主要采取美军有偿提供方式。从20世纪60年代之后，坦克、步枪等装备逐步采取国产化生产，不过武器装备来源主体仍然是美军有偿提供。

在创建期间，日本陆上自卫队仅设置了一个方面队，即负责北海道防务的北部方面队。这个方面队主要任务是应对苏联军队的威胁，当时的北部方面总监部就设在札幌市内。

4个管区队相当于后来的师团编制，它是由管区总监部、联队等单元组成的部队。4个管区队分别是第1管区队、第2管区队、第3管区队和第4管区队。其中，第1管区队即后来的第1师团，第1管区总监部（第1师团司令部）设在东京都；第2管区队即后来的第2师团，第2管区总监部（第2师团司令部）设在北海道旭川市；第3管区队即后来的第3师团，第3管区总监部（第3师团司令部）设在兵库县伊丹市内；第4管区队即后来的第4师团，第4管区总监部（第4师团司令部）设在福冈县筑紫郡（今天的春日市）内。

四、“防卫力整备计划”期间的日本陆上自卫队建设——最早的4个国防力量发展计划

日本陆上自卫队创建之后不久，日本政府实施了4次“防卫力整备计划”，这些计划对战后日本陆、海、空三军的力量建设起到了奠基的作用。

在第1次防卫力整备计划（昭和33年度至昭和35年度，简称“1次防”）期间，截至昭和35年度（1960年）末，日本陆上自卫队实际的定员编制是17万名陆上自卫官，预备自卫官15 000人，常备部队编制6个管区队和3个混成团，军区级部队设置5个方面队，分别是北部方面队、东北方面队、东部方面队、中部方面队和西部方面队。此后，在很长一段时间内，日本陆上自卫队的定员编制一直都维持在17万人左右。

在此期间，日本陆上自卫队新编了几个机动运用部队，分别是1个机械化混成团（第7混成团，今天的第7师团）、1个战车群、1个特科团、1个空降团（第1空挺团）和1个教导团。

在第2次防卫力整备计划（昭和37年度至昭和41年度，简称“2次防”）期间，1962年（昭和37年），日本陆上自卫队所有管区队和混成团都改编为师团。截至昭

和37年度末，日本陆上自卫队实际的定员编制是常备自卫官17.15万人，预备自卫官2.4万人，基干部队编制是5个方面队和13个师团，地空导弹部队由2个队构成。在此期间，尽管日本陆上自卫队装备了“奈基-埃杰克斯”（奈基I型）地空导弹系统，不过，该系统于1964年（昭和39年）全部移交给日本航空自卫队。

介于“1次防”和“2次防”之间的昭和36年度计划是单年度计划。在这一年，日本陆上自卫队开始采购61式坦克，这款坦克是日本最早的国产坦克。

在“2次防”期间，1964年（昭和39年），日本陆上自卫队开始制式采用64式7.62毫米步枪。直到1989年（平成元年）89式5.56毫米步枪服役之前，这款步枪一直是日本陆上自卫队的主力步枪。

在第3次防卫力整备计划（昭和42年度至昭和46年度，简称“3次防”）期间，截至昭和46年度，日本陆上自卫队实际的定员编制是常备自卫官17.9万人，预备自卫官36 000人，基干部队由5个方面队和13个师团组成，霍克地空导弹部队有4个队。

在第4次防卫力整备计划（昭和47年度至昭和52年度，简称“4次防”）期间，1972年（昭和47年）5月15日，美国政府和驻日美军将冲绳管辖权移交给日本政府。以此为契机，日本陆上自卫队在冲绳地区新编了1个混成团，这就是第1混成团（今天的第15旅团）。此后，第1混成团开始进驻冲绳地区。长时期以来，日本陆上自卫队的主战坦克宝座一直由61式坦克占据，在“4次防”期间的1975年，日本结束了这款坦克的生产。

各“防卫力整备计划”期间的日本陆上自卫队建设规划列表

国防力量发展计划名称	实施区间	整体目的	日本陆上自卫队建设目标	日本陆上自卫队部队编制计划	预算总额（包括陆海空三军）	备注
第1次防卫力整备计划	昭和33年度（1958年）至昭和35年度（1960年）区间，共3年时间	建设日本骨干国防力量	维持18万兵员，预备自卫官15 000人。到昭和35年度末，建设6个管区队、4个混成团	新编第7混成团、第10混成团、第1空挺团、富士教导团	4614亿日元，占GNP比例平均值1.13%	第二次世界大战结束后日本第一个长期军备计划

续表

国防力量发展计划名称	实施区间	整体目的	日本陆上自卫队建设目标	日本陆上自卫队部队编制计划	预算总额（包括陆海空三军）	备注
第2次防卫力整备计划	昭和37年度（1962年）至昭和41年度（1966年）区间，共5年时间	利用常规武器有效应对局部条件下的侵略战争	到昭和41年度末，维持18万兵员，预备自卫官3万人，以师团制取代管区队制，战略单位部队由10个扩编到13个，装备更新日本国产的61式坦克、60式装甲车、64式反坦克导弹、64式7.62毫米步枪等	将6个管区队和4个混成团改编为师团，尤其是将第7混成团改编为全机械化部队的第7师团，同时，新编第11师团、第12师团、第13师团和5个设施团	15 475亿日元，占GNP比例平均值0.948%	
第3次防卫力整备计划	昭和42年度（1967年）至昭和46年度（1971年）区间，共5年时间	利用常规兵器以最有效手段应对局部条件下的侵略战争	装备83架大中型运输直升机、280辆61式坦克、160辆装甲车，建设3个装备霍克地空导弹的大队，装备反坦克导弹、自行无后坐力炮、防空机关炮、大型滑雪车，每个方面队建1个空运中队，建1个定员编制1800人的特别空运联队	新编第1直升机团、第3高射特科群、第4高射特科群	23 400亿日元，占GNP比例平均值0.818%	日本经济高速增长时期

续表

国防力量发展计划名称	实施区间	整体目的	日本陆上自卫队建设目标	日本陆上自卫队部队编制计划	预算总额（包括陆海空三军）	备注
第4次防卫力整备计划	昭和47年度（1972年）至昭和51年度（1976年）区间，共5年时间	利用常规武器以最有效手段应对局部条件下的侵略战争	定员编制18万人，预备自卫官达到39 000人，建设4个霍克地空导弹部队，装备280辆坦克（其中74式主战坦克160辆）、装甲车170辆（其中73式装甲车136辆）、自行火炮90辆、直升机154架等	随着获得冲绳管辖权再建设1个混成团，新编第1混成团、第7高射特科群和第8高射特科群	58 000亿日元，占GNP比例平均值0.856%	

五、“防卫计划大纲”——日本陆军建设的规律性发展时期

自1954年（昭和29年）日本陆上自卫队创建以来，日本政府共计实施了4次“防卫力整备计划”。经过这些计划的建设，日本的军事实力已经达到了一定的规模。在此基础上，从1977年（昭和52年）开始，日本政府正式开始制定规律性的防卫计划大纲，基于防卫计划大纲再进行有规律的国防力量发展。

总体来看，防卫计划大纲是日本安全保障政策的基本性方针，大概10年制定一次，以中长期视角来确定日本的安全保障政策和国防力量规模，基于防卫计划大纲，每隔5年再制订一个可确定具体政策及武器装备采购数量的中期防卫力整备计划。

不过，在世界形势发生重大变化的场合下，防卫计划大纲要进行适度修改，当然，在世界发展相对平稳的时期，甚至10年以上也没有太大的变化。

以前，防卫计划大纲要经过国防会议或安全保障会议讨论后再由内阁会议决定，如今要经过日本国家安全保障会议后再由内阁会议决定。

其实，早在“4次防”之前的1957年（昭和32年），日本政府就考虑在制定国防基本方针的同时，制定防卫计划大纲。不过，鉴于战后初期日本政府内部就本国的国防政策走向发生分歧的现实，日本政府不得不搁置制定防卫计划大纲的考虑，转而推进“4次防”。

“2次防”的国防预算总额（实际使用）为11 635亿日元，“3次防”为23 400亿日元，“4次防”达到46 300亿日元。可以看出，日本的国防预算总额在不断攀升之中。当时的日本国内舆论对这种国防预算的趋势抱有严重的不安全感，同时，日本自卫队内部也开始指责这种优先发展主战装备而延迟发展后勤装备的政策。更糟糕的是，在“4次防”实施期间，日本国内遭受严重的世界石油危机和通货膨胀影响，最终导致昭和51年度（1976年）的国防预算并未达成。在这样的大背景下，日本政府决定开始实施更有规律性的防卫计划大纲发展策略。

六、昭和52年度之后防卫计划大纲（51大纲）发展时期——日本陆军建设的转型期

日本政府的第一个防卫计划大纲是昭和52年度之后防卫计划大纲，这个大纲简称为“51大纲”。

1976年（昭和51年）10月29日，日本国防会议及内阁会议确定了“昭和52年度之后防卫计划大纲”，时任防卫厅长官坂田道太正式向外发布。

昭和52年度之后防卫计划大纲一改“4次防”的传统策略，其核心是应对周边国家的军事实力发展，来建设本国所需的国防力量，制定和平时期国防力量发展的上限，维持最小限度的国防力量，也就是基础性的国防力量。在“4次防”期间，日本国防力量发展重点在于主战装备，后勤装备发展停滞不前。“51大纲”对此进行了更正。同时，“51大纲”开始综合考虑国内舆论、经济情况等因素来发展国防力量。

就在内阁会议决定的同一天，国防预算经费的具体细节也基本确定，即国防预算总额占GNP的比例在1%的框架范围之内。

“51大纲”由《目的与宗旨》《国际形势》《国防构想》《国防态势》《陆海空自卫队体制》和《国防力量建设方针》6大项目组成。根据“51大纲”，1980年（昭

和55年），日本陆上自卫队编成对马警备队。1981年（昭和56年），在改编第13师团基础上编成承担日本四国地区警备任务的第2混成团。1990年（平成2年）8月6日，日本战后第三代主战坦克——90式主战坦克正式装备部队。1992年（平成4年），日本政府制定了联合国维和行动（PKO）等支援相关法律，基于此，日本陆上自卫队开始承担海外派遣任务。战后，日本陆上自卫队第一次参加海外派遣任务是被派往柬埔寨。在这项海外任务中，日本陆上自卫队参加了联合国柬埔寨暂定统治机构。

七、“中期业务计划”期间的日本陆上自卫队建设

中期业务计划简称“中业”，它是日本自卫队军备计划中的一种，经由日本政府国防会议后由阁议（内阁会议）决定。“中业”不是防卫力整备计划，它是基于“51大纲”在日本防卫厅范围内的防卫力整备计划，它在一定程度上确定了日本国防政策的方向。

“51大纲”确定之后，从1977年度（昭和52年）至1979年度（昭和54年）为单年度预算方式，这种预算方式不利于国防力量的中长期发展。于是，从1977年4月开始，日本防卫厅制订了内部的国防力量发展计划。根据《防卫诸计划的制作等训令》，1980年度（昭和55年），日本防卫厅开始制订中期业务计划。不过，1985年（昭和60年）9月，随着中期防卫力整备计划的实施，“中业”被取消。从此，日本国防力量发展计划由日本防卫厅层面上升到日本政府层面。

从发展历史来看，中期业务计划分为“53中业”、“56中业”和“次期中业”三个发展阶段。

（一）“53中业”

“53中业”于昭和53年度（1978年4月至1979年3月）研究决定，1979年7月17日得到日本防卫厅长官确认，昭和55年度（1980年4月）至昭和59年度（1984年3月）之间实施，预算总额18.4万亿日元。

“53中业”中与日本陆上自卫队建设相关的内容如下：

继续推进日本陆上自卫队唯一装甲师团——第7师团的装甲化建设；在四国

地区新编一个混成团；主要武器装备采购计划，计划采购大约300辆主战坦克、180门自行火炮、110辆装甲车、115架各型直升机。

（二）“56中业”

“56中业”于昭和56年度（1981年4月至1982年3月）至昭和57年度前半期研究决定，昭和56年度4月28日由日本防卫厅长官确认，昭和58年度（1983年4月）至昭和61年度（1986年3月）期间实施。

“56中业”中与日本陆上自卫队建设相关的内容如下：

只加强现有作战基本部队的现代化建设，在预算期间不再进行较大规模的部队改编。

（三）“次期中业”（59中业）

“次期中业”（59中业）于昭和59年度研究决定，计划于昭和61年度（1986年4月）至昭和65年度（1991年3月）之间实施。从昭和61年度开始，日本国防建设计划由日本防卫厅上升到日本政府层面，中期防卫力整备计划成为日本的国防建设计划，“次期中业”取消。

经过“中期业务计划”近10年的发展，从1985年（昭和60年）开始，基于防卫计划大纲，日本政府每5年制订一次中期防卫力整备计划（中期国防力量建设计划）。

八、“51大纲”中的两个中期防卫力整备计划

基于“51大纲”，日本防卫厅制订了中期业务计划，紧随中期业务计划之后，日本政府制订了两个中期防卫力整备计划，分别是中期防卫力整备计划（1986年）和中期防卫力整备计划（1991年）。

（一）中期防卫力整备计划（1986年）——日本政府第一个中期防卫力整备计划

中期防卫力整备计划（1986年）是于1985年（昭和60年）由日本政府国防会议及内阁会议通过的日本国防力量建设计划，这是日本政府第一个中期防卫力整

备计划。日本政府制订并通过了中期防卫整备计划（1991）、中期防卫整备计划（1996）、中期防卫整备计划（2001）、中期防卫整备计划（2005）、中期防卫整备计划（2011）共计6个中期防卫力整备计划，中期防卫整备计划（2014）正在计划。

中期防卫力整备计划（1986）实施年度是昭和61年度（1986年）至昭和65年度（1990年），制订的背景是美苏争霸的冷战末期，陆海空三军预算总额大约为18.4万亿日元（昭和60年度价格）。

中期防卫力整备计划（1986）陆上自卫队武器装备采购计划列表

武器装备	计划采购数量	重新评价后的计划	实际采购数量
主战坦克（包括新型主战坦克）	246辆		
火炮	277门		
装甲车	310辆		
岸舰导弹	54部		
反坦克直升机（AH-1S）	43架		
运输直升机（CH-47）	24架		
地空导弹（“霍克”）改善用装备	4个高射群及教育与训练所需		

（二）中期防卫力整备计划（1991）

中期防卫力整备计划（1991）简称为“03中期防”，实施年度为平成3年度（1991年4月）至平成7年度（1996年3月），陆海空三军预算总额为22.75万亿日元（平成2年度价格），在预算第三年的1993年度修改为22.17万亿日元（平成2年度价格换算）。

其中，日本陆上自卫队的部队改编计划包括新编3个作为师团后方支援部队的后方支援联队和3个岸舰导弹联队。

中期防卫力整备计划（1991）中日本陆上自卫队计划武器装备采购列表

武器装备	计划采购数量	计划采购数量（重新评价之后）	实际采购数量
主战坦克	132辆	108辆	106辆
火炮（迫击炮除外）	616门/辆	536门/辆	532门/辆
新多联装火箭系统	36辆	36辆	36辆
装甲车	218辆	193辆	177辆
岸舰导弹	40部	40部	40部
反坦克直升机	12架	18架	16架
运输直升机（CH–47J）	14架	12架	12架
地空导弹改善用装备	2个高射群及教育与训练所需	2个高射群及教育与训练所需	2个高射群及教育与训练所需

中期防卫力整备计划（1991）中日本陆上自卫队实际武器装备采购列表

武器装备	平成3年度	平成4年度	平成5年度	平成6年度	平成7年度	采购内容
步枪	4418支	4508支	3390支	3393支	3356支	89式5.56毫米步枪
机枪	–	–	96挺	145挺	192挺	5.56毫米机枪
反坦克导弹	30套	24套	24套	24套	–	87式反坦克导弹发射装置
反坦克导弹	5套	14套	12套	12套	–	79式反舟艇反坦克导弹发射装置
迫击炮	–	56门	48门	44门	–	L16型81毫米迫击炮
迫击炮	–	46门	55门	53门	–	RT型120毫米迫击炮
榴弹炮	33门	26门	26门	24门	–	FH–70型
新多联装火箭系统	–	9辆	9辆	9辆	9辆	MLRS

续表

武器装备	平成3年度	平成4年度	平成5年度	平成6年度	平成7年度	采购内容
自行高射机关炮	6辆	3辆	2辆	2辆	2辆	87式自行高射机关炮
主战坦克	26辆	20辆	20辆	20辆	20辆	90式主战坦克
装甲战斗车	9辆	6辆	7辆	6辆	7辆	89式装甲战斗车
装甲车	9辆	13辆	13辆	13辆	–	73式装甲车
指挥通信车	16辆	11辆	10辆	10辆	–	82式指挥通信车
侦察警戒车	8辆	4辆	4辆	4辆	4辆	87式侦察警戒车
弹药供弹车	8辆	6辆	4辆	4辆	–	87式炮侧弹药车
坦克回收车	3辆	1辆	1辆	1辆	–	90式坦克回收车
战车桥（架桥坦克）	2辆	1辆	1辆	1辆	–	91式战车桥
化学防护车	1辆	1辆	1辆	1辆	–	化学防护车
反坦克直升机	6架	4架	2架	2架	2架	AH-1J
侦察直升机	14架	13架	9架	10架	–	OH-6D
多用途直升机	12架	13架	13架	13架	13架	UH-1H改
运输直升机	3架	3架	2架	2架	2架	CH-47JA
教练直升机	–	–	4架	5架	–	OH-6D
地空导弹	0.5个群	0.5个群	0.5个群	0.5个群	0.5个群	改良型“霍克”导弹
便携地空导弹	–	–	16套	10套	–	93式近距离地空导弹
便携地空导弹	13套	13套	13套	13套	–	91式便携地空导弹
岸舰导弹	8部	8部	8部	8部	8部	88式岸舰导弹

注：“–”表示数据不详，日本自卫队官方未公布该项采购数据。

日本陆上自卫队主战装备之一的90式主战坦克

九、平成8年度之后防卫计划大纲（07大纲）发展时期

平成8年度之后防卫计划大纲简称为“07大纲”。

1995年（平成7年）11月28日，日本政府安全保障会议及村山内阁的内阁会议（阁议）确定了平成8年度之后的防卫计划大纲，同时，“51大纲”宣布失效。“51大纲”历经20年时间，经历了苏军入侵阿富汗、冷战结束、苏联解体等重大国际环境的变化。

在“07大纲”出台之际，恰逢冷战结束不久。在这个大背景下，苏军大举进攻日本北海道地区的可能性已经降低，日本政府认为不断增强军备的中国人民解放军以及朝鲜半岛局势都存在重大威胁，故此日本战略方向由重视北方地区转向日本西部地区。在此期间，一部分日本师团和混成团纷纷改编为旅团部队，同时，日本陆上自卫队还不断加强市街地战斗训练（巷战训练）以及推进军队与日本警察、日本地方公共团体之间的联合防灾训练等民事支援能力。

在“07大纲”期间，日本陆上自卫队实际定员编制包括14.5万人的常备自卫官和15 000人的即应预备自卫官，合计16万人。常备基干部队包括8个师团和6个旅团，机动运用部队包括1个装甲师团（第7师团）、1个空降团（第1空挺团）和1个直升机团（第1直升机团），地空导弹部队由8个高射特科群组成，主战装备包括大约900辆主战坦克和大约900门/辆野战火炮。

基于“07大纲”，1999年（平成11年），日本陆上自卫队创建了第一个旅团（小型师团型）编制的部队，即第13旅团，由第13师团缩编而来。

在平成8年度之后防卫计划大纲期间，日本政府总计制订了两个中期防卫力整备计划，分别是中期防卫力整备计划（1996）和中期防卫力整备计划（2001）。

（一）中期防卫力整备计划（1996）

中期防卫力整备计划（1996）的实施年度是平成8年度（1996年4月）至平成12年度（2000年3月），共5年时间，陆海空三军预算总额为25.15万亿日元（平成7年度价格换算）。

从发展实际水平来看，基于中期防卫力整备计划（1996）的日本军队改革规模比较小。在此阶段，日本陆上自卫队实际编制维持在13个师团和2个混成团（第12师团和第13师团分别改编为第12旅团和第13旅团），主战装备包括大约1200辆主战坦克和大约1000门野战火炮，准备引入即应预备自卫官制度，岸舰导弹运用部队体制进一步完善（新编2个岸舰导弹联队）。

中期防卫力整备计划（1996）中日本陆上自卫队武器装备采购计划列表

武器装备	计划采购数量	重新评价后的计划	实际采购数量
主战坦克	96辆	90辆	88辆
火炮（迫击炮除外）	45门	40门	40门
多联装火箭系统	45门	45门	45门
装甲车	168辆	157辆	–
岸舰导弹	24辆	24辆	–
反坦克直升机	4架	3架	–
运输直升机	12架	9架	–
改良型地空导弹	2个群	1.75个群	–

中期防卫力整备计划（1996）中日本陆上自卫队实际武器装备采购列表

武器装备	平成8年度	平成9年度	平成10年度	平成11年度	平成12年度	采购内容
步枪	2,972支	2,735支	2,924支	3,308支	2,937支	89式5.56毫米步枪
手枪	–	–	–	70支	100支	9毫米微型机枪
机枪	177挺	141挺	184挺	154挺	174挺	MINIMI型5.56毫米机枪
重机枪	–	–	124挺	124挺	124挺	M2型12.7毫米重机枪
反坦克导弹	–	–	24套	23套	22套	87式反坦克导弹发射装置
迫击炮	–	–	42门	42门	52门	L16型81毫米迫击炮
迫击炮	–	–	27门	27门	22门	RT型120毫米迫击炮
自行迫击炮	6辆	6辆	3辆	3辆	3辆	96式120毫米自行迫击炮
自行榴弹炮	–	–	–	4辆	7辆	99式155毫米自行榴弹炮
多联装火箭系统	9辆	9辆	9辆	9辆	9辆	MLRS
自行高射机关炮	2辆	1辆	1辆	1辆	1辆	87式自行高射机关炮
主战坦克	18辆	18辆	17辆	17辆	18辆	90式主战坦克
装甲战斗车	3辆	3辆	2辆	2辆	2辆	89式装甲战斗车
轮式装甲车	17辆	29辆	26辆	28辆	28辆	96式轮式装甲车
指挥通信车			1辆	1辆	–	82式指挥通信车
侦察警戒车	1辆	1辆	1辆	1辆	2辆	87式侦察警戒车
炮侧弹药车			3辆	3辆	3辆	87式炮兵弹药车
弹药供弹车	–	–	–	–	2辆	99式弹药供弹车

续表

武器装备	平成8年度	平成9年度	平成10年度	平成11年度	平成12年度	采购内容
坦克回收车	–	–	1辆	2辆	1辆	90式坦克回收车
战车桥	–	–	1辆	1辆	1辆	91式战车桥
滑雪车	–	–	17辆	17辆	17辆	78式滑雪车
化学防护车	–	–	1辆	1辆	3辆	化学防护车
侦察直升机	–	3架	2架	3架	4架	OH–1
多用途直升机	4架	4架	5架	3架	3架	UH–60JA
多用途直升机	7架	3架	4架	5架	7架	UH–1J
运输直升机	–	–	1架	2架	2架	CH–47JA
联络侦察机	–	–	–	1架	1架	LR–2
地空导弹的改善运用	–	–	0.25个群	0.25个群	0.25个群	“霍克”导弹
短距离地空导弹的改善运用	–	–	2套	2套	2套	81式短距离地空导弹
近距离地空导弹	–	–	8套	7套	8套	93式近距离地空导弹
便携地空导弹	–	–	13套	12套	11套	91式便携地空导弹
岸舰导弹	–	–	8辆	4辆	4辆	88式岸舰导弹
多目标导弹	–	–	2套	6套	3套	96式多目标导弹系统

注：“–”表示日本自卫队官方未公开采购数据。

（二）中期防卫力整备计划（2001）

中期防卫力整备坟墓（2001）简称为“13中期防”。

中期防卫力整备计划（2001）的实施年度是平成13年度（2001年4月）至平

成16年度（2005年3月），实际共5年时间，陆海空三军预算总额为25.16万亿日元（平成12年度价格换算）。

根据计划安排，中期防卫力整备计划（2001）预定于平成17年度末结束。不过，由于平成17年度即制定了全新的防卫计划大纲，中期防卫力整备计划（2001）于平成16年度末提前一年结束。

在中期防卫力整备计划（2001）期间，日本陆上自卫队注重推进武器装备的现代化水平，同时，全新改编了5个师团和1个混成团。其中，1个师团和1个混成团改编为旅团，在改编的师团和旅团部队中。有一部分部队是以即应性（即刻反应、快速反应）能力很高的即应预备自卫官为主体而编成的部队，同时新编特殊作战群和西部方面普通科联队（即“西普联”）。

截至平成16年度（2004年）末，日本陆上自卫队常备基干部队编制10个师团、3个旅团（第5旅团、第12旅团、第13旅团）和2个混成团（第1混成团、第2混成团）。

截至平成17年度（2005年）3月31日，日本陆上自卫队的常备自卫官定员编制为157 828人，实际编制人数为147 737人，满员率为93.6%，随着定员数量的削减，日本陆上自卫队的满员率大幅度提高，于是，部队的即应性和机动性也充分提高。基干部队仍由各师团、旅团、混成团构成。

在“13中期防”期间，日本陆上自卫队开始重视反游击战、反特种部队作战和两栖作战。平成16年度（2004年）3月27日，作为日本防卫厅长官（日本国防部长）直辖部队的特殊作战群正式编成。平成14年度（2002年），作为西部方面总监直辖部队的西部方面普通科联队也正式新编。此外，为了加强针对日本国民的国防教育，平成14年度4月，作为综合宣传设施的日本陆上自卫队宣传中心在朝霞驻屯地成立。

中期防卫力整备计划（2001）中日本陆上自卫队武器装备采购计划列表

武器装备	计划采购数量	实际采购数量
主战坦克	91辆	68辆
火炮（迫击炮除外）	47辆	29辆
多联装火箭系统	18辆	18辆

续表

武器装备	计划采购数量	实际采购数量
装甲车	129辆	97辆
攻击直升机	10架	6架
运输直升机	7架	5架
地空导弹的改善运用	0.25个群	0.25个群
新中距离地空导弹	1.25个群	0.75个群

中期防卫力整备计划（2001）中日本陆上自卫队实际武器装备采购列表

武器装备	平成13年度	平成14年度	平成15年度	平成16年度	采购内容
步枪	2800支	2948支	3397支	3254支	89式5.56毫米步枪
手枪	13支	56支	27支	–	9毫米微型机枪
机枪	202挺	193挺	267挺	252挺	MINIMI型5.56毫米机枪
重机枪	141挺	141挺	141挺	141挺	12.7毫米重机枪
反坦克导弹	34套	23套	21套	14套	87式反坦克导弹发射装置
迫击炮	39门	56门	26门	26门	L16型81毫米迫击炮
迫击炮	11门	11门	6门	6门	RT型120毫米迫击炮
自行迫击炮	1辆	2辆	–	–	96式120毫米自行迫击炮
自行榴弹炮	6辆	7辆	8辆	8辆	99式155毫米自行榴弹炮
多联装火箭系统	9辆	3辆	3辆	3辆	MLRS
自行高射机关炮	1辆	1辆	–	–	87式自行高射机关炮
主战坦克	18辆	18辆	17辆	15辆	90式主战坦克
装甲战斗车	1辆	1辆	1辆	1辆	89式装甲战斗车
装甲机动车	102辆	149辆	150辆	157辆	轻装甲机动车

续表

武器装备	平成13年度	平成14年度	平成15年度	平成16年度	采购内容
轮式装甲车	29辆	15辆	31辆	14辆	96式轮式装甲车
侦察警戒车	1辆	1辆	1辆	1辆	87式侦察警戒车
炮兵弹药车	1辆	1辆	1辆	1辆	87式炮兵弹药车
弹药供弹车	1辆	1辆	1辆	1辆	99式弹药供弹车
坦克回收车	1辆	1辆	1辆	1辆	90式坦克回收车
战车桥	1辆	2辆	1辆	1辆	91式战车桥
滑雪车	13辆	18辆	18辆	19辆	78式滑雪车
化学防护车	2辆	2辆	2辆	2辆	化学防护车
侦察直升机	2架	2架	2架	2架	OH-1
多用途直升机	2架	2架	1架	1架	UH-60JA
多用途直升机	6架	3架	6架	2架	UH-1J
运输直升机	1架	2架	1架	1架	CH-47JA
攻击直升机	–	2架	2架	2架	AH-64D
联络侦察机	1架	1架	–	–	LR-2
改良型“霍克”导弹	0.25个群	–	–	–	“霍克”导弹
中距离地空导弹	–	–	0.5个群	0.25个群	03式中距离地空导弹
短距离地空导弹的改善	2套	2套	2套	2套	81式短距离地空导弹
近距离地空导弹	8套	13套	7套	7套	93式近距离地空导弹
便携地空导弹	11套	39套	52套	23套	91式便携地空导弹
多目的导弹	6套	2套	2套	1套	96式多目的导弹系统
反坦克导弹	170套	242套	170套	240套	01式轻反坦克导弹
注：中距离地空导弹的1个群编制4个中队。					

2006年9月18日，前往美国华盛顿哥伦比亚特区参加美日联合训练的日本陆上自卫官

日本陆上自卫队航空集群

十、平成17年度之后防卫计划大纲（16大纲）发展时期

平成17年度之后的防卫计划大纲简称为“16大纲”。

2004年（平成16年）12月10日，日本政府安全保障会议以及第2次小泉改造内阁的内阁会议确定了平成17年度之后的防卫计划大纲，这个大纲的实施期间为2005年4月之后，平成8年度之后防卫计划大纲失效。

在“16大纲”期间，日本陆上自卫队常备定员编制包括14.8万人的常备自卫官、7000人的即应预备自卫官，合计15.5万人。常备基干部队包括8个师团和6个旅团，机动部队包括1个装甲师团（第7师团）和中央即应集团，地空导弹部队由8

个高射特科群组成，主战装备包括大约600辆主战坦克和大约600门/辆野战火炮。

与前一期防卫计划大纲相比，为了增强海外派遣、灾害派遣等任务能力，日本陆上自卫队的常备自卫官定员编制增加了3000人。同时，根据日本公务员定员编制削减的要求，即应预备自卫官的定员编制数量减少了一半。机动部队中不再写明1个空降团和1个直升机团，取而代之，是这些部队上级的中央即应集团。

鉴于面对大规模地面部队进攻的危险性大幅度减小，面对特种部队或恐怖分子的危险性却不断提高，日本陆上自卫队一方面开始重视反装甲作战的能力，重型主战装备开始大幅度削减；另一方面，更加重视部队的即应力（快速反应能力）和机动性作战能力建设。作为这项重要改革措施之一，以即应预备自卫官为主体的简编部队开始由各师团、旅团移交给各方面队直辖。最早的东北方面混成团等部队开始接管这些简编部队，此后，作为第一线部队的各师团、旅团则完全由常备自卫官编成，这样，就大大提升了简编部队的即应性。

随着“16大纲”的出台，日本陆上自卫队面向反登陆作战的重型装备开始大幅度削减，包括主战坦克和野战火炮，相应地，这些装备部队的定员编制也同时削减。比如，2005年3月时的主战坦克装备数量是980辆，根据“16大纲”，这种装备的数量将要削减到600辆，减少了380辆，削减幅度非常之大。削减的主战坦克将以老式的74式主战坦克为主，作为其替代装备的10式主战坦克采购数量也不是很多，这样就构成了380辆的削减目标。

此外，2006年（平成18年）4月1日，以美国陆军的高级军士长制度为参考，陆上幕僚监部①也正式设置陆上自卫队最先任上级曹长②，这种制度将最大程度发挥准陆尉和陆曹军衔队员的能力和活力。

在“16大纲”中，日本政府只制订了1个中期防卫力整备计划，这就是中期防卫力整备计划（2005）。

（一）中期防卫力整备计划（2005）

基于“16大纲”，日本政府制订了中期防卫力整备计划（2005），这是最近一个日本中期国防力量建设计划，它于平成17年度（2005年4月）至平成21年度（2010

① 日本防卫省架构下的一个机关，简称陆幕，职能近似于其他国家的陆军参谋部。
② 相当于陆上自卫队的总士官长。

年3月）之间实施，陆海空三军预算总额为23.64万亿日元（平成16年度价格换算）。

中期防卫力整备计划（2005）对日本陆上自卫队的组织机构进行了改革，包括持续削减主战的野战炮兵装备。为了进一步提高部队的即应性、机动性等综合作战能力，对5个师团、1个旅团及2个混成团等基干部队实施了改编，其中有1个师团和2个混成团改编为旅团，同时新编了对机动部队和专业部队实施统一管理和运用的中央即应集团。在该计划末期，日本陆上自卫队的定员编制大约为16.1万人，其中，常备自卫官定员大约为15.2万人，即应预备自卫官大约8000人，不过，常备自卫官的实际在编人数大约为14.6万人。

在中期防卫力整备计划（2005）期间，日本陆上自卫队主战武器装备的采购目标是主战坦克49辆，野战火炮（迫击炮除外）38门/辆，装甲车104辆，AH-64D攻击直升机7架，CH-47JA运输直升机11架，03式中距离地空导弹系统可装备8个高射中队。

截至目前，AH-1S“眼镜蛇”反坦克直升机已经进入退役程序，作为其替代装备，AH-64D“阿帕奇”攻击直升机不断服役。不过，2007年，日本防卫省宣布结束AH-64D的采购计划，截至当时，这款直升机的采购数量为10架。目前，日本陆上自卫队正在全力推进下一代AH-X攻击直升机的装备采购计划。

基于中期防卫力整备计划（2005），日本陆上自卫队部队及机构改革包括，2006年3月，将第2混成团改编为第14旅团；2007年3月28日，新编中央即应集团和中央情报队；2008年3月26日，将第11师团改编为第11旅团；2010年3月26日，将第1混成团改编为第15旅团。

中期防卫力整备计划（2005）中日本陆上自卫队武器装备采购计划列表

武器装备	计划采购数量	计划采购数量（重新评价后的结果）
主战坦克	49辆	49辆
火炮（迫击炮除外）	38辆	38辆
装甲车	104辆	96辆
攻击直升机	7架	4架
运输直升机	11架	9架
中距离地空导弹	8个中队	7个中队

中期防卫力整备计划（2005）中日本陆上自卫队实际武器装备采购列表

武器装备	平成17年度	平成18年度	平成19年度	平成20年度	平成21年度	采购内容
步枪	7 084支	6 064支	6 424支	20 005支	–	89式5.56毫米步枪
机枪	343挺	348挺	416挺	356挺	405挺	MINIMI型5.56毫米机枪
重机枪	80挺	80挺	80挺	80挺	80挺	12.7毫米重机枪
反坦克导弹	10套	5套	–	–	–	87式反坦克导弹发射装置
迫击炮	12门	9门	9门	23门	10门	L16型81毫米迫击炮
迫击炮	6门	4门	4门	4门	4门	RT型120毫米迫击炮
自行榴弹炮	7辆	7辆	8辆	8辆	8辆	99式155毫米自行榴弹炮
主战坦克	12辆	11辆	9辆	9辆	8辆	10式主战坦克
装甲机动车	160辆	180辆	173辆	180辆	180辆	轻装甲机动车
轮式装甲车	15辆	20辆	17辆	20辆	16辆	96式轮式装甲车
侦察警戒车	1辆	3辆	1辆	2辆	1辆	87式侦察警戒车
弹药供弹车	1辆	1辆	1辆	1辆	4辆	99式弹药供弹车
坦克回收车	1辆	1辆	1辆	2辆	2辆	90式坦克回收车
战车桥	1辆	1辆	1辆	1辆	1辆	91式战车桥
滑雪车	15辆	12辆	12辆	–	–	78式滑雪车
化学防护车	2辆	2辆	1辆	3辆	4辆	化学防护车
防单兵狙击步枪	157支	164支	133支	111支	159支	M24防单兵狙击步枪
联络侦察机	–	–	–	1架	–	LR-2

续表

武器装备	平成17年度	平成18年度	平成19年度	平成20年度	平成21年度	采购内容
侦察直升机	2架	2架	2架	2架	2架	OH-1
多用途直升机	1架	1架	–	1架	1架	UH-60JA
多用途直升机	3架	4架	16架	–	–	UH-1J
运输直升机	1架	1架	1架	2架	4架	CH-47JA
攻击直升机	2架	1架	1架	–	–	AH-64D
新教练直升机	–	–	–	–	1架	
中距离地空导弹	2个中队	1个中队	1个中队	1个中队	2个中队	03式中距离地空导弹
短距离地空导弹的改善	1套	1套	1套	–	–	81式短距离地空导弹
近距离地空导弹	4套	4套	2套	2套	–	93式近距离地空导弹
便携地空导弹	15套	–	23套	13套	19套	91式便携地空导弹
多目标导弹	2套	1套	1套	1套	–	96式多目标导弹系统
中距离多目的导弹	–	–	–	–	10套	中距离多目标导弹
反坦克导弹	36套	48套	36套	49套	43套	01式轻反坦克导弹

（二）平成17年度之后防卫计划大纲形成的师团、旅团体制

根据平成17年度之后防卫计划大纲的规划，日本陆上自卫队现役师团和旅团可分为两大类（本期防卫计划大纲本身并没有明确这种分类定义，下面的定义来自平成18年度的日本国防白皮书），分别是即应现代化师团旅团和综合现代化师团旅团。

其中，即应现代化师团旅团的定义为可迅速、有效应对全新威胁及多样事态，可高效运用主战坦克、野战火炮等重型装备，重视即应性和机动性而编成、配置的部队。

综合现代化师团旅团的定义为既可应对全新的威胁及多样的事态，同时，又可对将来真正的侵略战争进行应对的师团旅团。总之，是可应对所有的事态，重视综合能力而编成、配置的部队。

在即应现代化师团旅团中特别设计了政经中枢型和离岛型即应现代化师团旅团，如第1师团和第3师团是政经中枢型（这些师团都部署于日本政治、经济中心的大都市内，突出巷战能力），第15旅团为离岛型（部署于离岛地带，突出岛屿防御能力），同时，在综合现代化师团旅团中特别设计了机甲型（装甲型），比如第7师团（日本陆军唯一的重装甲师团）。

在美国加利福尼亚州路易斯堡陆军训练场内参加山地丛林战的日本陆上自卫队队员

十一、平成23年度之后防卫计划大纲发展时期

平成23年度之后防卫计划大纲简称为“22大纲”。

2009年（平成21年），鉴于朝鲜实施核实验及弹道导弹发射试验、中国建造航空母舰、俄罗斯军事实力不断复苏等国际大背景，时任执政党日本自由民主党（自民党）向日本政府提出制定“平成22年度之后防卫计划大纲”的提案。这份提案要求停止国防预算削减计划、新增陆上总队、重新评价武器出口三原则、重新解释集体自卫权等一系列强势建议。结果，同年8月，在日本政府第45届众议院议员选举中，自民党大败，日本民主党上台执政。

民主党上台执政不久，2009年9月，鸠山由纪夫内阁表示要修订全新的防卫大纲，10月16日，鸠山内阁正式决定修订防卫大纲。后来，鸠山内阁由于无力解决普天间基地搬迁等问题而下台，继任的菅直人第1次改造内阁又因同年9月的钓鱼岛中国渔船相撞事件解决不力而支持率急剧下降。

2010年（平成22年）12月17日，日本政府安全保障会议及菅直人内阁的内阁会议正式决定了新防卫大纲，同时，旧防卫大纲同年度失效。这就是平成23年度之后防卫计划大纲。

新防卫大纲抛弃传统的日本列岛均等配备国防力量的所谓冷战型“基础性防卫力”方针，转而采取所谓的“动态性防卫力”方针，即机动、高效地应对西南诸岛方向中国人民解放军海军的活动以及朝鲜的弹道导弹、国际恐慌主义等威胁的动态方针。此外，新防卫大纲延缓提出重新评价武器出口三原则，自民党提案提出的新增陆上总队和集体自卫权的重新解释也暂时延缓。

2011年（平成23年）12月27日，藤村修官房长官关于武器出口三原则的谈话也缓和了这个提议所带来的风波。

2012年（平成24年）12月，在日本政府第46届众议院议员选举中，民主党败北，取而代之，安倍晋三自民党内阁上台执政。

2013年（平成25年）1月25日，安倍内阁决定冻结现行的防卫计划大纲以及现行的中期防卫力整备计划，准备起草新的防卫大纲。

（一）中期防卫力整备计划（2011）

中期防卫力整备计划（2011）开始于平成23年度（2011年4月）。由于该计划恰逢日本内阁更迭较快，故此有自由民主党（麻生太郎内阁）和民主党（菅直人改造内阁）两个内阁制定的内容。

2013年1月25日，第2次安倍内阁决定废除该计划。

平成22年度（2010年度）国防预算基于2009年12月25日的内阁会议决定，由于没有防卫计划大纲和中期防卫力整备计划作担保，因此，平成22年度国防预算为单年度预算，总额为46 826亿日元，比前一年下降0.4%。

（二）自民党内阁构想下的中期防卫力整备计划（2011）内容

自民党内阁构想下相关日本陆上自卫队改革内容包括撤销东部方面队组建全

新的陆上总队，现役第1师团改编为“首都防卫集团”，第12旅团移交给东北方面队，改编第14旅团（开设未部署陆上自卫队部队的德岛驻屯地），取代老旧的74式主战坦克，提供561亿日元采购全新的58辆主战坦克。

平成22年度武器装备采购计划列表

<table>
<tr><th>武器装备</th><th>计划之初预定采购数量</th><th>重新评价后的采购数量</th><th>采购内容</th></tr>
<tr><td>手枪</td><td>1 004支</td><td rowspan="4">同左</td><td>9毫米手枪</td></tr>
<tr><td>步枪</td><td>10 012支</td><td>89式5.56毫米步枪</td></tr>
<tr><td>防单兵狙击步枪</td><td>105支</td><td>M24防单兵狙击步枪</td></tr>
<tr><td>机枪</td><td>195挺</td><td>MINIMI型5.56毫米机枪</td></tr>
<tr><td>重机枪</td><td>128挺</td><td>123挺</td><td>M2型12.7毫米重机枪</td></tr>
<tr><td>迫击炮</td><td>5门</td><td rowspan="3">同左</td><td>L16型81毫米迫击炮</td></tr>
<tr><td>迫击炮</td><td>4门</td><td>RT型120毫米迫击炮</td></tr>
<tr><td>自行榴弹炮</td><td>9辆</td><td>99式155毫米自行榴弹炮</td></tr>
<tr><td>主战坦克</td><td>58辆</td><td>13辆</td><td>10式主战坦克</td></tr>
<tr><td>装甲机动车</td><td>100辆</td><td>93辆</td><td>轻装甲机动车</td></tr>
<tr><td>轮式装甲车</td><td>19辆</td><td>17辆</td><td>96式轮式装甲车</td></tr>
<tr><td>侦察警戒车</td><td>3辆</td><td>同左</td><td>87式侦察警戒车</td></tr>
<tr><td>NBC侦察车</td><td>11辆</td><td>3辆</td><td>NBC侦察车</td></tr>
<tr><td>侦察直升机</td><td>4架</td><td>同左</td><td>OH-1</td></tr>
<tr><td>多用途直升机</td><td>1架</td><td>3架</td><td>UH-60JA</td></tr>
<tr><td>运输直升机</td><td>2架</td><td>1架</td><td>CH-47JA</td></tr>
<tr><td>新教练直升机</td><td>1架</td><td rowspan="2">同左</td><td></td></tr>
<tr><td>中距离地空导弹</td><td>1个中队</td><td>03式中距离地空导弹</td></tr>
<tr><td>便携地空导弹</td><td>30套</td><td>22套</td><td>91式便携地空导弹（B）</td></tr>
<tr><td>多目标导弹</td><td>5套</td><td>1套</td><td>96式多目标导弹系统</td></tr>
<tr><td>中距离多目标导弹</td><td>13套</td><td>同左</td><td>中距离多目标导弹</td></tr>
<tr><td>反坦克导弹</td><td>100套</td><td>39套</td><td>01式轻反坦克导弹</td></tr>
</table>

（三）民主党内阁构想下的中期防卫力整备计划（2011）内容

民主党内阁构想下的中期防卫力整备计划（2011）于平成22年度12月17日由阁议决定。

其中有关日本陆上自卫队的构想包括改编5个师团及1个旅团（第4师团和第12旅团改编得以实施），地空导弹运用部队（8个高射特科群）中的1个群改编为联队。同时，为了迅速、有效处理西南诸岛冲突，在西南岛屿配备沿岸监视队。

民主党中期防卫力整备计划（2011）中日本陆上自卫队武器装备采购计划列表

武器装备	计划采购数量	实际采购数量
主战坦克	68辆	–
火炮（迫击炮除外）	32辆	–
装甲车	75辆	–
岸舰导弹	18辆	–
攻击直升机（AH–64D）	3架	–
运输直升机（CH–47JA）	5架	–
中距离地空导弹	4个中队	–

民主党中期防卫力整备计划（2011）中日本陆上自卫队实际武器装备采购列表

武器装备	平成23年度	平成24年度+补正	平成25年度+补正	采购内容
手枪	137支	90支	90支	9毫米手枪
步枪	10 033支	9 513支	6 949支	89式步枪
防单兵狙击步枪	91支	49支	75支	M24防单兵狙击步枪
机枪	212挺	200挺	188挺	MINIMI型5.56mm机枪
重机枪	113挺	113挺	114挺	M2型12.7毫米重机枪
多用途炮	–	3门	17门	“卡尔–古斯塔夫”M3

续表

武器装备	平成23年度	平成24年度+补正	平成25年度+补正	采购内容
迫击炮	1门	6门	5门	L16型81毫米迫击炮
迫击炮	1门	3门	2门	RT型120毫米迫击炮
自行榴弹炮	6辆	6辆	6辆	99式155毫米自行榴弹炮
主战坦克	13辆	13辆	14辆	10式主战坦克
装甲机动车	56辆	49辆	44辆	轻装甲机动车
轮式装甲车	11辆	13辆	11辆	96式轮式装甲车
侦察警戒车	1辆	1辆	1辆	87式侦察警戒车
NBC侦察车	2辆	0辆	2辆	NBC侦察车
多用途直升机	2架	1+1架	1+1架	UH-60JA
运输直升机	1架	2+1架	0+2架	CH-47JA
攻击直升机	1架	1架	1架	AH-64D
新教练直升机	28架	0架	0架	TH-480D
中距离地空导弹	1个中队	1+1个中队	0个中队	03式中距离地空导弹
短距离地空导弹	3式	1+1式	0式	11式短距离地空导弹
多目标导弹	1套	3套	-	96式多目标导弹系统
中距离多目标导弹	12套	11套	11套	中距离多目标导弹
岸舰导弹	-	2式	4辆	12式岸舰导弹

十二、平成26年度之后防卫计划大纲（25大纲）发展时期

平成26年度之后的防卫计划大纲简称为“25大纲”。

2013年（平成25年）12月17日，日本国家安全保障会议及第2次安倍内阁内阁会议，正式通过了平成26年度之后防卫计划大纲和新一期的中期防卫力整备计划，旧大纲于同年度失效。“25大纲”是自由民主党重返内阁后的第一个大纲，

与历来的防卫计划大纲相比，变化之处相当明显。新防卫计划大纲和中期防卫力整备计划的基本方针是以日本西南诸岛的安全保障为主轴。

鉴于朝鲜政权交接及形势变化，中国海军的不断崛起，尤其是2013年11月23日中国政府公布防空识别区，以及俄罗斯军事改革及现代化的不断推进等形势，“25大纲”提出所谓的“综合机动防卫力”的国防建设目标。就技术层面来看，综合机动防卫力将加强军事技术投入，尤其是精确制导武器相关技术、无人化技术、隐身技术、纳米技术等核心技术的不断进步。

未来，日本还将加强日美同盟以及与欧盟（EU）、北约（NATO）、欧洲安全与合作组织（OSCE）等国际组织和英国、法国等国的军事合作。

（一）中期防卫力整备计划（2014）

中期防卫力整备计划（2014）是日本政府第2次安倍内阁制定的第一个中期防卫力整备计划，它于平成26年度（2014年4月）开始实施，实施期间为平成26年度至平成30年度，总计5年时间。实施期间的国防预算总额为24.67万亿日元。

为了构筑全新的“综合机动防卫力”，新中期防卫力整备计划将突出重视后方支援体制的确立、情报与通信能力以及软硬件的即应性、持续性、强韧性建设，提高警戒监视能力、情报机能、运输能力、指挥控制与情报通信能力、反登陆应对能力、反弹道导弹攻击的应对能力、反太空攻击的应对能力、反网络空间攻击的应对能力、大规模自然灾害的应对能力及其他国际活动的应对能力。

其中，新中期防卫力整备计划将对日本陆上自卫队实施自创建以来最大规模的部队改编，具体包括撤销中央即应集团，创建陆上总队司令部；新编由几个联队规模等水陆两栖基本作战部队构成的水陆机动团；进行两个师团及两个旅团的机械化师团、旅团改编；集中野战炮兵部队，即新编方面直辖特科队；集中整理现役坦克部队；撤销第6高射特科群，将其扩编为高射特科联队；面向与那国岛配备部队，同时建设与那国岛驻屯地。

分别来看，陆上总队将在中央即应集团基础上创建，原中央即应集团下属部队全部编入陆上总队，同时，陆上总队将拥有一部分五大方面队的职能。

为了有效应对登陆攻击，日本陆上自卫队将创建水陆机动团，这支部队可承担岛屿监视以及最初的反制措施，它具有真正的水陆两栖作战能力，编制由几个联队规模的基本作战部队构成。

对于基干作战部队的改革，日本陆上自卫队将设置全新的机动师团、旅团，与传统师团、旅团相比，机动师团、旅团将具备更高水平的机动能力，在该计划实施期间，将有两个师团和旅团进行机动化改编，为了适应这种改编，将装备机动战斗车，同时，新编即应机动联队。

在本计划中，日本陆上自卫队计划削减大约300辆主战坦克，现役主战坦克集中于北海道和九州地区，北海道地区之外的野战炮兵部队也集中于方面队直辖的特科部队（炮兵部队）中，同时还将新编西部方面队直辖的坦克部队。

中期防卫力整备计划（2014）日本陆上自卫队主要武器装备采购计划列表

武器装备	计划采购数量
主战坦克	44辆
火炮（迫击炮除外）	31辆
装甲车	24辆
机动战斗车	99辆
水陆两用车	52辆
倾转旋翼机（V–22“鱼鹰”）	17架
运输直升机（CH–47JA）	6架
岸舰导弹	9个中队
中距离地空导弹	5个中队

日本政府历届防卫计划大纲简要概况列表

日本自卫队	配备	“51大纲”昭和52年（1977年）度~	“07大纲”平成8年（1996年）度~	“16大纲”平成17年（2005年）度~	“22大纲”平成23年（2011年）度~	“25大纲”平成26年（2014年）度~
陆上自卫队	定员编制	18万人	16万人（常备自卫官定员14.5万人）（即应预备自卫官编制1.5万人）	15.5万人（常备自卫官定员14.8万人）（即应预备自卫官编制7000人）	15.4万人（常备自卫官定员14.7万人）（即应预备自卫官编制7000人）	15.9万人（常备自卫官定员15.1万人）（即预备自卫官编制8000人）
	机动运用部队	1个装甲师团 1个特科团 1个空挺团 1个教导团 1个直升机团	1个装甲师团 1个空挺团 1个直升机团	1个装甲师团 中央即应集团		3个机动师团 4个机动旅团 1个装甲師团 1个空挺团 1个水陆机动团 1个直升机团
	地方配备部队	12个师团 2个混成团	8个师团 6个旅团			5个师团 2个旅团
	岸舰导弹部队	–			5个岸舰导弹联队	
	地对空导弹部队	8个高射特科群			7个高射特科群/联队	
	主要武器装备	主战坦克大约1200辆主要炮兵装备大约1000门/辆）	主战坦克大约900辆主要炮兵装备大约900门/辆	主战坦克大约600辆主要炮兵装备大约600门/辆	主战坦克大约400辆炮兵装备大约400门/辆	根据25大纲推算未来规模：主战坦克 大约300辆炮兵装备大约300门/辆

续表

日本自卫队	配备	"51大纲"昭和52年（1977年）度~	"07大纲"平成8年（1996年）度~	"16大纲"平成17年（2005年）度~	"22大纲"平成23年（2011年）度~	"25大纲"平成26年（2014年）度~
海上自卫队	基干部队	4个护卫队群，（机动运用）10个护卫队（配备地方队），6个潜水队，2个扫雷队群巡逻机部队16个队	4个护卫队群（机动运用），7个护卫队（配备地方队），6个潜水队，1个扫雷队群，巡逻机部队13个队	4个护卫队群（机动运用·8个护卫队），5个护卫队（配备地方）4个潜水队，1个扫雷队群巡逻机部队 9个队	4个护卫队群（机动运用·8个护卫队），4个护卫队（机动运用），6个潜水队，1个扫雷队群巡逻机部队9个队	4个护卫队群（机动运用·8个护卫队），6个护卫队（机动运用），6个潜水队，1个扫雷队群巡逻机部队 9个队
	主战装备	各型驱逐舰大约60艘潜艇16艘作战飞机大约220架	驱逐舰大约50艘潜艇16艘作战飞机大约170架	驱逐舰47艘潜艇16艘作战飞机大约150架	驱逐舰48艘潜艇22艘作战飞机大约150架	驱逐舰54艘潜艇22艘作战飞机大约170架
航空自卫队	基干部队	航空警戒管制：28个警戒群1个飞行队拦截战斗 10个飞行队支援战斗：*个飞行队航空侦察：1个飞行队航空运输：*个飞行队地空导弹部队：6个高射群	航空警戒管制：8个警戒群20个警戒队1个飞行队拦截战斗：9个飞行队；支援战斗：3个飞行队航空侦察：1个飞行队航空运输：3个飞行队；地空导弹部队：6个高射群	航空警戒管制：8个警戒群20个警戒队1个警戒航空队（2个飞行队）战斗任务：2个飞行队航空侦察：1个飞行队航空运输：*个飞行队空中加油运输：1个飞行队；地空导弹部队：6个高射群	航空警戒管制：4个警戒群24个警戒队1个警戒航空队（2个飞行队）战斗任务：12个飞行队航空侦察：1个飞行队航空运输：3个飞行队空中加油运输：1个飞行队地空导弹部队：6个高射群	航空警戒管制：28个警戒队1个警戒航空队（3个飞行队）战斗任务：13个飞行队航空侦察：–航空运输：3个飞行队空中加油运输：2个飞行队；地空导弹部队：6个高射群

续表

日本自卫队	配备	"51大纲"昭和52年（1977年）度~	"07大纲"平成8年（1996年）度~	"16大纲"平成17年（2005年）度~	"22大纲"平成23年（2011年）度~	"25大纲"平成26年（2014年）度~
航空自卫队	主战装备	作战飞机大约430架	作战飞机大约400架（其中战斗机大约300架）	作战飞机大约350架（其中战斗机大约260架）	作战飞机大约340架（其中战斗机大约260架）	作战飞机大约360架（其中战斗机大约280架）

注："*"表示部队数量未公布。

十三、日本陆上自卫队基本现状

目前，日本陆上自卫队为日本防卫省下属特别机关之一，直接接受陆上幕僚监部（陆军司令部）以及统合幕僚长（联合参谋长）与陆上幕僚长（陆军司令员）的指挥与管理。

日本陆上自卫队现役人员统称为陆上自卫官，包括将官、佐官（校官）、尉官、士官、士兵等不同等级。陆上自卫官的最高军事长官为陆上幕僚长，由他统一指挥和管理日本陆上自卫队的最高幕僚机构，这就是陆上幕僚监部。

根据平成23年度（2011年）以后的防卫计划大纲规定，日本陆上自卫队自卫官编制总兵力为15.4万人，其中包括14.7万名的常备自卫官和7000名的即应预备自卫官，装备主战坦克大约400辆、火炮大约400门。

截至2012年（平成24年）3月末，日本陆上自卫队共装备760辆主战坦克、980辆装甲车、50辆高射机关炮、980辆包括火箭弹发射车在内的主战车辆、520门包括各种榴弹炮在内的野战火炮、1900门迫击炮、2710门无后坐力炮。陆军驻屯地总数为158座，其中驻屯地为131座、分屯地为27座。

平成24年度日本陆上自卫队预算总额为17 722亿日元，其中，人员与粮食费为12 002亿日元，岁出化经费[①]为4256亿日元，一般物件费为1468亿日元，新规

① 日语的中文表达，大致相当于中文中"年度经费"的概念。

后年度负担额为3813亿日元。编制总兵力中常备自卫官为151 063人，即应预备自卫官为8175人，年平均兵力为140 110人。

目前，日本陆上自卫队采取志愿兵兵役制，拥有16个职种（兵种）设置，兵种齐全，队员的军事素质及科学文化基础非常坚实，武器性能也毫不逊色于欧洲最强大的地面部队。

截至2011年3月，日本陆上自卫队编制总兵力为159 816人，2011年度预算为17 817亿日元，编制北部方面队（北部军区）、东北方面队（东北军区）、东部方面队（东部军区）、中部方面队（中部军区）、西部方面队（西部军区）和中央即应集团（中央快速反应部队）共计六大军区级部队。

| 第二节 | 解读“陆上幕僚监部”（陆幕）

日本防卫省陆上幕僚监部为日本陆上自卫队最高领导机构、陆军军种司令部，相当于其他国家国防机构中的陆军司令部或陆军参谋部，为日本防卫省特别机关之一，简称为“陆幕”。

一、陆上幕僚监部——日本陆军司令部

陆幕机关位于日本东京都新宿区市谷本村町5单元1号市谷驻屯地A栋办公大楼内，其上级领导机关为日本防卫省。

陆幕作为日本防卫大臣（防卫相）的陆军军种幕僚（参谋）机关，主要承担日本陆上自卫队防卫警备计划立案、陆军部队管理以及部队部署调整等任务。陆幕主要构成人员为陆上自卫官（陆军现役军人，包括军官和士兵）。这些军兵种参谋人员可凭借自身专业的军兵种知识为日本防卫大臣出谋划策。陆幕最高军事长官为陆上幕僚长，也是陆上自卫官，级别最高，另设一名陆上幕僚副长（副司令员）和一名陆上自卫队最先任上级曹长（资深高级军士长，日本陆军士官最高军衔）。

日本帝国陆军时期，陆军最高领导机关设置陆军省和陆军参谋本部两个机构。其中，陆军省分担军政，陆军参谋本部分担军令下达。现在的陆幕则独自承担这两种职能，同时，陆幕还要与日本防卫省的内部部局协调工作。不过，防卫省内部的部、局等单位负责陆海空三军，而陆幕只负责陆军，这也是为什么陆幕内部与防卫省组织编制相似的原因。

陆幕创建于1954年7月1日，目前由监理部、人事部、运用支援情报部、防卫部、装备部、教育训练部和卫生部7大部组成，其中部长为2星陆军少将军衔，各

级科长为陆军上校（一）[1]军衔。

截至2014年3月26日，陆上幕僚监部内部组织机构设置具体情况如下：

监理部 部长：2星陆军少将（二）[2]，下设总务科和会计（财务）科；

人事部 部长：2星陆军少将（一），下设人事计划科、补任科、募集援护科和厚生（福利）科；

运用支援情报部 部长：2星陆军少将（二），下设运用支援科和情报科；

防卫部 部长：2星陆军少将（一），下设防卫科和情报通信研究科；

装备部 部长：2星陆军少将（一），下设装备计划科、武器化学科、通信电子科、飞机科、需品（军需）科和设施科；

教育训练部 部长：2星陆军少将（一），下设教育训练计划科和教育训练科；

卫生部 部长：2星陆军少将（二），下设规划室。

另设监察官，军衔为2星陆军少将（二），法务官，军衔为2星陆军少将（二），警务管理官军衔为陆军上校（一）和开发官。

近年来，陆幕内部不断进行组织机构精简以提高运行效率。1997年1月20日，随着日本防卫厅情报本部的成立，陆幕调查部调查第1科和调查第2科统一合并为调查科。2001年4月，人事部警务科撤销，新设由幕僚长领导下的警务管理官一职。2002年3月，教育训练部的教育科和训练科统一合并为教育训练计划科。2006年3月27日，除教育训练部和卫生部所属各部科外，其他部科进行了大规模组织机构改编。其中，随着情报本部成为日本防卫厅长官直辖机关，调查部撤销，新成立了运用支援情报部情报科，以往调查部为日本军事谍报机构及谋略机关；随着统合幕僚监部成立，防卫部运用科撤销，防卫部开始防卫科和情报通信研究科2科运行体制；监理部法务科撤销，新设由陆上幕僚长直属的法务官一职；人事部援护业务科和募集科统一合并为募集援护科；装备部运输科缩编为运输室。

① 日本自卫队校级军官分为一佐、二佐、三佐三个级别，对应于上校、中校、少校，其中一佐又分为一佐（一）、一佐（二）、一佐（三）三档，本书依惯例翻译为上校（一）、上校（二）、上校（三）。

② 日本自卫队将级军官分为将一、将二、将补三个级别，对应于上将、中将、少将，其中将补又分为将补（一）、将补（二）、将补（三）三档，本书依惯例翻译为少将（一）、少将（二）、少将（三）。

2010年3月26日，运用支援情报部运用支援科新设立了承担与日本海上自卫队自卫舰队以及日本航空自卫队航空总队、航空支援集团进行三军协调联络的陆上联络官一职。

2014年3月26日，陆上幕僚监部装备部副部长及装备部开发科全部撤销，同时新设陆上幕僚长直辖的开发官一职。

二、陆上幕僚长（☆☆☆☆）——日本陆军司令员

陆上幕僚长（陆军参谋长、陆军司令员）是陆上幕僚监部长官、陆上自卫官中的1号人物，级别最高，接受日本防卫大臣的指挥和领导，主要承担陆上自卫队任务及队员服务监督职责。他是日本防卫大臣最高级别的陆军参谋人员。陆上幕僚长军衔相当于日本帝国陆军时期的陆军大将，肩章上有4颗樱花金星，也有资料翻译为四星上将。

截至2014年，日本防卫省中佩戴4颗樱花金星肩章的高级军官只有4人，分别是统合幕僚长、陆上幕僚长、海上幕僚长和航空幕僚长。

从职能上来看，陆上幕僚长不承担作战指挥任务，只负责全面的事务性工作，因此没有作战指挥权。拥有作战指挥权的指挥官有五大方面总监（军区司令员）以及未来的陆上总队司令官。

陆上幕僚长之旗

日本陆上自卫队现任陆上幕僚长——岩田清文

2013年4月，担任北部方面总监的岩田清文（左一）

三、陆上幕僚副长（☆☆☆）——日本陆军副司令员

陆上幕僚副长相当于日本陆军副司令员，他是陆上幕僚长的副手，当正职因故不在时，可暂时代理陆上幕僚长职务。

目前，陆上幕僚副长被授予3星中将军衔。一般而言，陆上幕僚副长都拥有师团长的任职经验。

四、陆上自卫队最先任上级曹长（陆军资深高级军士长）

从2006年4月1日开始，日本陆上自卫队在全军范围内仿效美国陆军引入了资深高级军士长制度，称之为最先任上级曹长。其中，陆上自卫队最先任上级曹长负责指挥、监督全军范围内的最先任上级曹长。最先任上级曹长制度是日本陆军志愿兵役制的重要一环。

五、日本陆上自卫队市谷驻屯地

日本防卫省市谷地区军事基地位于东京都新宿区市谷本村町5单元1号地区内，为日本防卫省重要国防基础设施之一，日本陆上自卫队将其称为市谷驻屯地，日本航空自卫队将其称为市谷基地，日本海上自卫队将其称为市谷地区，而日本防卫省则将其统称为市谷地区军事基地。

目前，市谷地区军事基地是日本国家防御的指挥中枢，这座军事基地内不仅驻有日本防卫省的省内各个部局，同时还驻有统合幕僚监部（联合司令部、参谋长联席会议）、陆上幕僚监部（日本陆军司令部）、海上幕僚监部（日本海军司令部）和航空幕僚监部。

市谷驻屯地司令由日本陆上自卫队中央业务支援队长兼任，市谷基地司令由日本航空自卫队中央业务队司令兼任。

为了增强日本国民的国防意识教育，日本防卫省允许市谷地区军事基地面向日本普通民众开放，因此，一般的日本人都可到市谷军事重地内进行参观、学习活动。当然，核心的军事基础设施不能开放。

（一）市谷地区军事基地的发展历史概况

1874年（明治7年）12月，日本帝国陆军士官（军官）学校在市谷台正式开校办学。

1937年（昭和12年），日本帝国陆军士官学校搬迁至座间地区，而市谷仅剩下士官候补生的教育机构。在第二次世界大战期间，日本参谋本部设在市谷地区内。第二次世界大战结束后，参谋本部曾经被当作远东国际军事裁判法庭使用。

1960年（昭和35年），日本陆上自卫队东部方面总监部进驻市谷地区。

1970年（昭和45年）11月，东部方面总监部发生了三岛由纪夫等人闯入的三岛事件。

1994年（平成6年）11月，根据当时日本防卫厅制订的搬迁计划，东部方面总监部搬迁至日本陆上自卫队朝霞驻屯地内，统合幕僚学校以及三所自卫队干部学校搬迁至目黑基地内。

1999年（平成11年）11月，第32普通科联队由市谷地区重新搬迁至大宫驻屯地内。

2000年（平成12年）5月，日本防卫厅下属各级办事机构正式由桧町驻屯地（东京都港区六本木）搬迁至市谷地区内。

2007年（平成19年）9月1日，日本防卫设施厅撤销，并重新组建日本防卫监察本部，装备本部重新改组为装备设施本部。

（二）市谷地区日本防卫省省内主要军事机构

目前，市谷地区军事基地内驻扎的日本防卫省省内主要军事机构包括两个部分，一部分是省内机构和日本自卫队海陆空幕僚监部共同部队，另一部分是特别军事机关。前者包括日本防卫省省内各个部、局，日本自卫队指挥通信系统队，日本自卫队情报保密队本部及中央情报保密队，日本自卫队东京地方支援本部等；后者包括统合幕僚监部、情报本部、技术研究本部、装备设施本部、防卫监察本部和外国军用品裁判所等。

（三）市谷地区日本陆上自卫队主要军事机构

市谷地区军事基地驻扎的重要日本陆上自卫队军事机构有：陆上幕僚监部、通信团（包括团本部和团本部直属队、中央基地系统通信队、通信保密监察队、通信防护队、第301映像写真中队）、中央情报队本部（包括基础情报队、情报处理队）、日本陆上自卫队警务队本部（包括中央警务队、东部方面警务队第302安保警务中队）、日本陆上自卫队中央业务支援队、日本陆上自卫队中央管制气象队、日本陆上自卫队中央会计队、日本陆上自卫队会计监察队本部、日本陆上自卫队研究本部系统开发队等。

（四）市谷地区共用基础设施

市谷地区军事基地共用基础设施有纪念碑、随军家属超市、地铁、公共汽车站等。目前，市谷基地内共建有16座殉职自卫官慰灵碑和原日本帝国军队的纪念碑，日本国家为了纪念这些阵亡军人先后投入6亿日元经费在日本防卫省机关大楼东侧大约6000米^{2}的地方集中建设了这些纪念碑群。自1954年日本自卫队创设以来，截至2005年（平成17年），日本共有1765名自卫官因公殉职。其中，日本陆上自卫队962人，日本海上自卫队381人，日本航空自卫队400人，防卫省内部部局1人，防卫大学6人，防卫医科大学1人，防卫研究所5人，装备设施本部9人。

市谷地区日本防卫省正门

日本防卫省机关办公大楼，由左至右分别是A栋、D栋、E1栋

日本防卫省正门远景，航空幕僚监部办公区设在A栋内

日本防卫省及日军“四幕”驻地全景。市谷地区集中了日本国防部、海军司令部、陆军司令部、空军司令部、联合司令部全部4星司令部以及情报本部（情报司令部）、技术研究本部（技术研究司令部）、装备设施本部（装备采购与基础设施建设司令部）等核心司令部，如果这里遭受攻击，日本全军指挥体制将会受到严重影响

A栋办公大楼特写，日军四大司令部的驻地，A栋顶部的直升机起降平台可供四大司令部使用

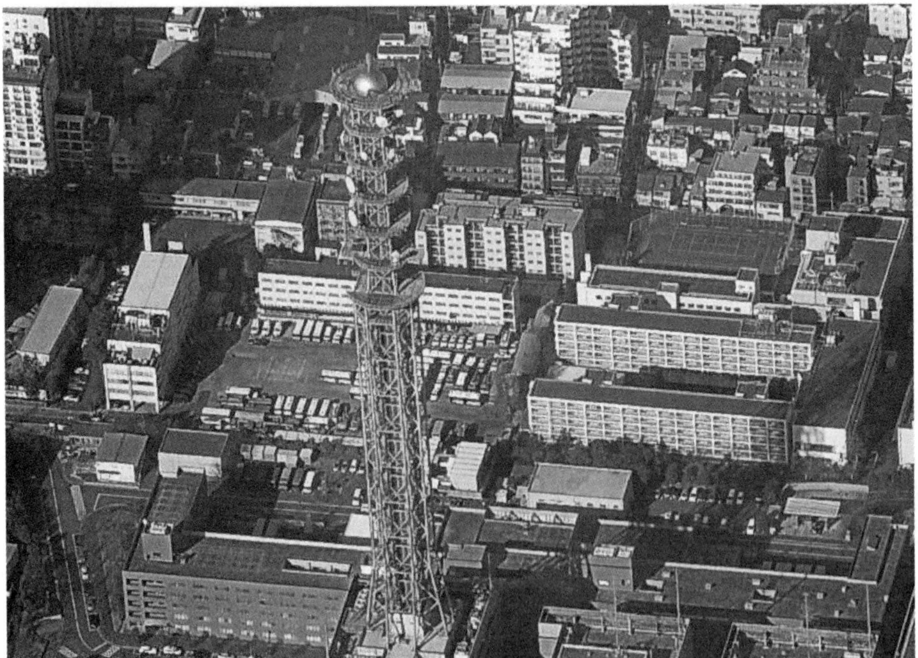

B栋顶部的通信设施特写，该设施隶属陆上自卫队通信团所有

｜第三节｜解读日本陆上自卫队战略级部队及其综合实力

根据作战功能划分，日本陆上自卫队的部队编制可分为战略部队、作战部队（战役部队）和战术部队共三级。

其中，战略部队包括五大方面队和中央即应集团（陆上总队），作战部队包括9个师团和6个旅团，战术部队的单位包括团、群、联队、大队、队、小队、分队和班。上述三级部队都有相应的作战责任区（防区、管区），在和平时期，他们都承担着相关地区的防务和警戒任务。

一、日本陆上自卫队五大方面队基本概况

方面队是日本陆上自卫队中现役最大的部队单位，它相当于中国陆军的军区部队。方面队置于方面总监（军区司令员）的指挥之下，同时，它还接受日本防卫大臣（国防部长）的直接指挥与监督。

从编制上来看，五大方面队由方面总监部（军区司令部）和数个师团或旅团等基干部队以及大量的方面直辖部队组成。作为方面队指挥官的方面总监由一名3星陆军中将军衔的高级军官担任。

从字面上来看，方面队相当于日本帝国陆军的方面军。不过，从实际编制上看，方面队更接近于日本帝国陆军方面军下属的军级编制部队。另外，从翻译上，方面队也译成“军”级编制部队，例如，东部方面队英文经常翻译为东部军（Eastern Army）、西部方面队经常翻译为西部军（Western Army）等。

二、五大方面总监部的组织机构设置

日本陆上自卫队战略部队的编制根据日本《自卫队法》施行令及日本陆上自

卫队部队组织与编成训令等相关法律制定，具体规定如下：

方面总监（军区司令员）是方面队的最高指挥官。一般情况下，方面总监由拥有师团长任职经历或学校校长任职经历的陆将（3星陆军中将）担任，当方面总监因故不在时，方面总监可指定下属的师团长暂时代理方面总监职务。

从功能上来看，方面总监部是方面总监的幕僚集团。

目前，五大方面总监部的核心领导设置幕僚长（参谋长）、幕僚副长（防卫）、幕僚副长（行政）和政策补佐官。

其中，幕僚长直接接受方面总监的命令，负责统管政策补任官职务、方面总监部事务（部务）以及医务官、监察官和法务官的职务。一般情况下，幕僚长由一名陆将补（一）（2星陆军少将）军官担任，同时，幕僚长兼任方面总监部所在驻屯地司令职务。

两名幕僚副长都由陆将补（二）（2星陆军少将）军官担任，在方面总监规定的职权范围之内，幕僚副长接受幕僚长的命令，负责辅助幕僚长工作，一名负责行政辅助工作，一名负责行政辅助工作。

方面总监部设置一名政策补佐官，由事务官（文职人员）担任，直接接受方面总监的命令，主要承担与地方公共团体及其他相关机构联络及支援的规划与方案工作，同时，对于方面总监部的事务，还可提供一些政策性的意见与建议。

五大方面总监部常设机构设置五大部，分别是总务部、人事部、情报部、防卫部和装备部，各部设部长一名，各科设科长一名，各部长和科长都由陆上自卫官担任，部长接受方面总监的命令，掌管各部事务，科长接受部长的命令，掌管各科的事务。其中，总务部下设总务科、地域联络调整科和会计科，总务部长由一名一等陆佐（二）（陆军上校）军官担任。

人事部下设人事科、募集科、厚生（福利保健）科和援护业务科，人事部长由一名一等陆佐（一）（陆军上校）军官担任。

情报部下设情报科和资料科，情报部长由一名一等陆佐（一）（陆军上校）军官担任。

防卫部下设防卫科和训练科，防卫部长由一名一等陆佐（一）（陆军上校）军官担任。

装备部下设后方运用科、装备科、需品（军需）科和设施科，装备部长由一名一等陆佐（一）（陆军上校）军官担任。

五大方面总监部另设医务官、监察官和法务官各一人，三人都由陆上自卫官（一般情况下为一等陆佐军官）担任，并直接接受方面总监的命令承担相关领域的业务。

三、五大方面队直辖部队基本概况

五大方面队直辖部队是师团、旅团基干部队之外的部队，一般情况下，它由特科部队（野战炮兵部队，如特科团或方面特科队）、高射特科部队（防空兵部

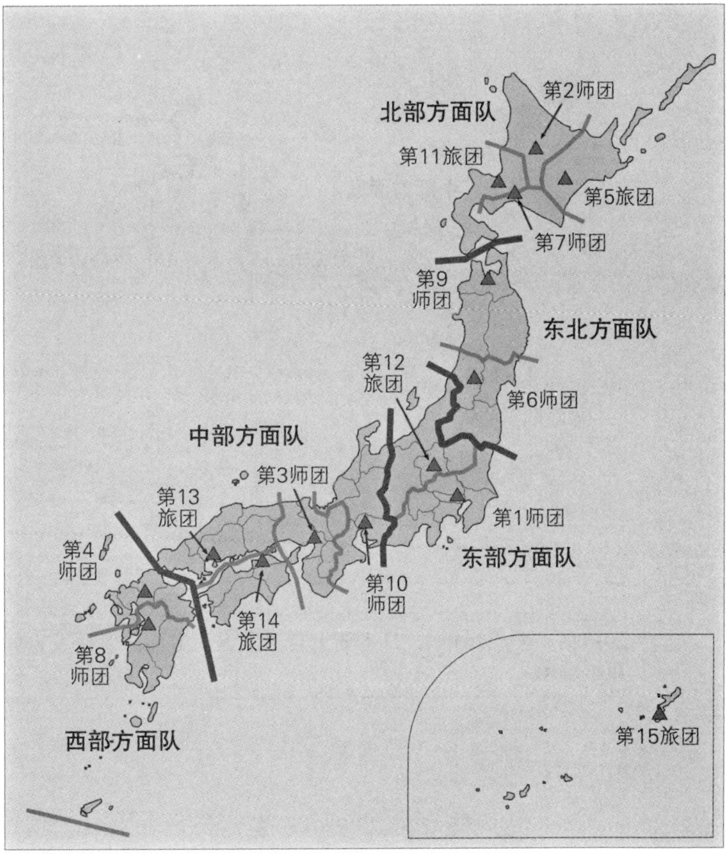

2012年（平成24年）4月，日本陆上自卫队五大方面队管区及所属师团部队部署

队、地空导弹部队，如高射特科团或高射特科群）、设施科部队（工兵部队，如设施团或方面设施队）、通信科部队（通信兵部队，如方面通信群等）、教育部队（如方面混成团）、航空科部队（陆军航空兵部队，如方面航空队）、诸兵种联合部队（后勤保障部队，如方面后方支援部队）、卫生科部队（卫生兵部队，如方面卫生队）、音乐科部队（军乐队，如方面军乐队）、需品科部队（军需部队，如补给处）等部队组成。

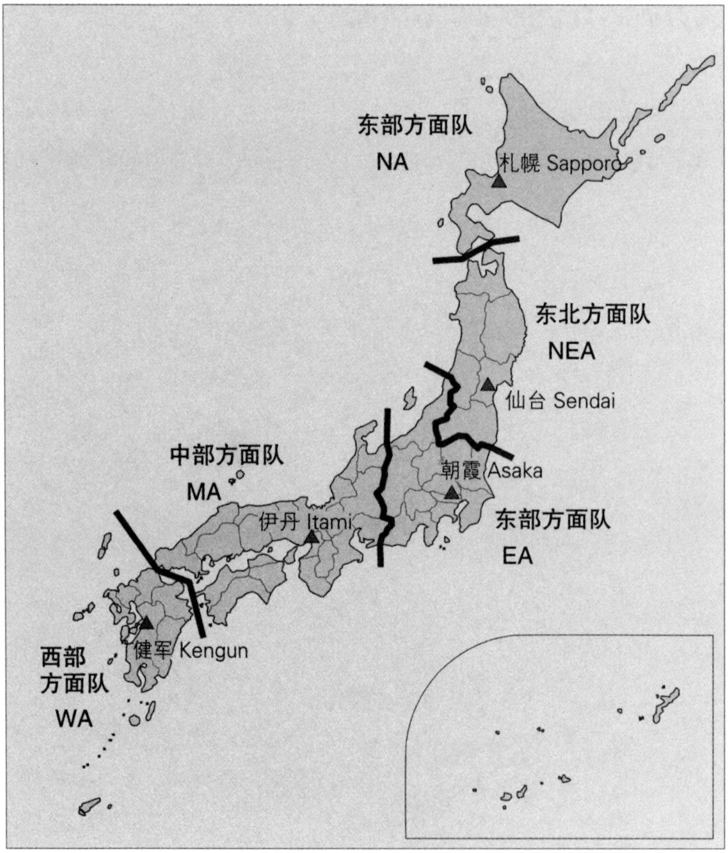

2014年（平成26年），日本陆上自卫队五大方面队管区及方面总监部分布示意图

日本陆上自卫队五大方面队基本概况列表（截至2014年4月）

方面队名称	创建时间	主管区域	基干部队（师团、旅团）	主力作战直辖部队	标配支援直辖部队	编制总兵力	司令部驻地	管内陆军基地	综合实力排名
北部方面队（简称北方、NA）	1952年（昭和27年）10月15日	日本北海道地区	2个师团、2个旅团（第2师团、第5旅团、第7师团、第11旅团）	第1特科团、第1高射特科团、第1战车群（预计撤销）、第1电子队、北部方面反舟艇反战车队	北部方面混成团、北部方面设施队、北部方面通信群、北部方面航空队、北部方面后方支援队、北部方面会计队、北部方面卫生队、北部方面军乐队、北部方面指挥所训练支援队、北部方面情报队、北海道补给处	36 000人（未来5年削减到3万人）	北部方面总监部、札幌驻屯地（札幌市）	28座驻屯地、10座分屯地	第1位
东北方面队（简称东北方、NEA）	1960年（昭和35年）1月14日	日本东北地区	2个师团（第6师团和第9师团）	第2设施团、第5高射特科群、东北方面特科队	东北方面混成团、东北方面通信群、东北方面航空队、东北方面后方支援队、东北方面会计队、东北方面指挥所训练支援队、东北方面情报处理队、东北方面军乐队、东北方面卫生队、东北补给处	2万人	东北方面总监部、仙台驻屯地（仙台市）	13座驻屯地、1座分屯地	第5位
东部方面队（简称东方、EA）	1960年（昭和35年）1月14日	日本关东地区、甲信越地区、静冈县及小笠原诸岛	1个师团、1个旅团（第1师团、第12旅团）、富士教导团	第1设施团、第2高射特科群	东部方面混成团、东部方面航空队、东部方面通信群、东部方面后方支援队、东部方面会计队、东部方面卫生队、东部方面军乐队、东部方面指挥所训练支援队、东部方面情报处理队、关东补给处（3星司令部）		东部方面总监部、朝霞驻屯地（东京都练马区）	34座驻屯地、2座分屯地	第4位

续表

方面队名称	创建时间	主管区域	基干部队（师团、旅团）	主力作战直辖部队	标配支援直辖部队	编制总兵力	司令部驻地	管内陆军基地	综合实力排名
中部方面队（简称中方、MA）	1960年（昭和35年）1月14日	日本近畿地区、中国地区[①]、四国地区、东海地区和北陆地区	2个师团、2个旅团（第3师团、第10师团、第13旅团、第14旅团）	第4设施团、第8高射特科群	中部方面混成团、中部方面通信群、中部方面后方支援队、中部方面航空队、中部方面会计队、中部方面卫生队、中部方面指挥所训练支援队、中部方面军乐队、中部方面情报队、关西补给处		中部方面总监部、伊丹驻屯地（兵库县伊丹市）	31座驻屯地、4座分屯地	第2位
西部方面队（简称西方、WA）	1955年（昭和30年）12月1日	日本九州地区和冲绳县	2个师团、1个旅团（第4师团、第8师团、第15旅团）	第2高射特科团（第3高射特科群、第7高射特科群）、第5设施团、西部方面特科队、西部方面普通科联队、西部方面反舟艇反战车队	西部方面混成团、西部方面后方支援队、西部方面通信群、西部方面航空队、西部方面会计队、西部方面卫生队、西部方面指挥所训练支援队、西部方面军乐队、西部方面情报队、九州补给处		西部方面总监部、健军驻屯地（熊本县熊本市）	24座驻屯地、8座分屯地	第3位

① 本书中的“中国地区”为日本的一个地区，非中华人民共和国。

四、中央即应集团（陆上总队）——日本陆军机动部队司令部

中央即应集团是日本陆上自卫队中由日本防卫大臣直辖的机动运用部队和战略机动部队，简称“中即团、CRF”，整体来看，日本陆上自卫队全军级别的机动运用部队都集中于中央即应集团指挥之下，未来，中央即应集团将会改组为更加高效的陆上总队。

目前，中央即应集团编制总兵力大约4200人，相当于一个师团的兵力，其主管责任区为日本全国，集团司令部驻地设在神奈川县相模原市的座间驻屯地内。

| 第四节 | 解读日本陆上自卫队的战役级部队及综合实力

日本陆上自卫队的战役级部队（作战部队）包括师团和旅团两种基干部队。

近年来，为了适合国际形势及日本周边防卫情况的变化，日本陆上自卫队现役师团、旅团调整非常频繁，同时，还成立了全新职能的部队。例如，2006年3月，第2混成团改编升格为第14旅团。2008年3月26日，第11师团改编为第11旅团。2010年3月26日，防守西南诸岛的第1混成团扩编升格为第15旅团。

根据1996年中期防卫力量整备计划，日本陆上自卫队编制13个师团、2个混成团，装备主战坦克大约1200辆，火炮大约1000门。

2004年（平成16年度）末，日本陆上自卫队编制10个师团、3个旅团（第5、第12、第13旅团）、2个混成团（第1、第2混成团）。

根据平成17年度（2005年）以后防卫计划大纲规定，日本陆上自卫队编制总兵力为14.8万人，即应预备自卫官7000人，总计15.5万人，基干部队包括8个师团、6个旅团、1个装甲师团及中央即应集团。

根据平成17年度以后的防卫计划大纲，日本陆上自卫队师团和旅团可分成两大类，分别是即应现代化师团–旅团以及综合现代化师团–旅团。前者可针对新威胁及多样化事态作出迅速而高效的反应，可充分利用主战坦克、火炮等重型野战装备优势，并且高度重视快速反应及部队机动性运用；后者既可以对新威胁及多样化事态作出反应，同时也可对未来条件下的真实侵略战争进行有效应对，它主要着眼应对所有可能面临的事态，高度重视综合作战能力的发挥和保持。

此外，即应现代化师团–旅团又可分成政经中枢型（如第1师团和第3师团）和离岛型（如第15旅团），综合现代化师团中，第7师团为日本唯一的装甲型师团。

在未来几年，日本陆上自卫队计划创建机动师团–旅团。

一、日本陆上自卫队师团及旅团发展历史概况

1954年（昭和29年）7月1日，日本陆上自卫队成立，此后，不断增加管区队及混成团的编成，根据第1次防卫力整备计划，到1958年度（昭和33年）末期，日本陆上自卫队正式形成6个管区队4个混成团的编制体制。截至1961年（昭和36年），管区队的编制总兵力为12 700人。

根据《昭和36年法律第126号》的自卫队法修正案，日本陆上自卫队决定废除管区队制而采取传统的师团制。基于此，1962年（昭和37年）1月18日，日本陆上自卫队现役的管区队全部改编为师团。在此期间，改编后的日本陆上自卫队师团编制分为三种类型，分别是甲种师团、乙种师团和丙种师团，其中，甲种师团是编制4个普通科联队、定员编制9000人的师团；乙种师团是编制3个普通科联队、定员编制7000人的师团；丙种师团是以乙种师团为编制标准的部分机械化师团。同时，普通科联队下属的大队撤销。

1962年之后，日本陆上自卫队基干部队编制一直采取师团与混成团的运行体制，长达30年以上。然而，20世纪90年代，随着冷战的结束，裁军盛行，日本陆上自卫队需要缩编师团、扩编混成团。在此背景下，日本陆上自卫队构想进行旅团化改编。根据中期防卫力整备计划（1996），日本陆上自卫队正式编成第一个旅团部队，这就是由第13师团缩编而来的第13旅团。

1999年（平成11年）之后，第5师团、第11师团、第12师团、第13师团4个师团以及第1混成团、第2混成团纷纷改编为旅团。其中，两个为综合现代化型旅团，4个为即应现代化型旅团。在即应现代化旅团中，隶属于东部方面队的第12旅团进行了空中机动力强化，故此为空中机动化旅团；西部方面队的第15旅团进行离岛防御强化，故为离岛防御型旅团。

根据中期防卫力整备计划（2005），面向北海道配备的师团为综合现代化师团，面向本州以南地区配备的师团设置为即应现代化师团。即应现代化师团中有配备到东京、大阪地区的所谓政经中枢型师团。

二、日本陆上自卫队师团及旅团司令部编制概况

日本陆上自卫队师团及旅团两级作战部队（战役级部队）的各项编制根据日

本《自卫队法》施行令及日本陆上自卫队部队组织与编成训令等相关法律制定，具体规定如下：

师团最高军事指挥官为师团长，其军衔为陆将（3星陆军中将）（指定职2号或1号）；旅团最高军事指挥官为旅团长，其军衔为陆将补（一）（2星陆军少将）。

师团司令部及旅团司令部设幕僚长（参谋长）一名，幕僚长直接接受师团长或旅团长的命令，向下统管各部部长、各科科长、医务官、监察官及法务官的职务。此外，幕僚长还负责预算的管理、队务高效运作及其他师团长或旅团长命令的事务。

师团司令部及旅团司令部常设机构设置四部和四科，四部分别是第一部（人事部）、第二部（情报部）、第三部（防卫部）和第四部（后方补给部）；四科分别是总务科、会计科、设施科和通信科。各部设部长，各科设科长，部长及科长都由陆上自卫官担任，部长一般由一等陆佐（陆军上校）担任，科长一般由二等陆佐（陆军中校）担任。

师团司令部及旅团司令部另设医务官、监察官和法务官各一人，他们都由陆上自卫官担任，一般军衔为一等陆佐。

此外，师团司令部及旅团司令部另设幕僚干事职务，幕僚干事也由陆上自卫官担任，主要负责幕僚长辅助工作。

师团司令部及旅团司令部另设副官职务，副官也由陆上自卫官担任，主要负责师团长、副师团长或旅团长的总务工作。

三、日本陆上自卫队师团部队编制概况

截至2014年，日本陆上自卫队现役9个师团，除第2师团和第7师团之外其他师团基本为标准的师团配置。

日本陆上自卫队标准师团编制如下：

编制总兵力介于6000人至9000人之间；

设置一名师团长，为陆将（3星陆军中将）军衔，接受相应方面总监的指挥与监督，统管师团一切事务；

设置一名副师团长，为陆将补（二）（2星陆军少将）或一等陆佐（一）（陆军上校）军衔，辅助师团长工作；

设置一名师团幕僚长，为一等陆佐（一）军衔，接受师团长的指挥与监督，负责师团司令部的一切事务；

设置师团司令部，师团司令部为师团长的幕僚集团；

师团普通科部队（步兵部队）设置3～4个普通科联队（步兵团）；

师团野战特科部队（野战炮兵部队）设置特科联队（野战炮兵团），其中，第1师团和第3师团为编制较小的特科队（炮兵队）；

师团机甲科[①]部队（装甲兵部队、坦克部队）设置战车大队（坦克营）；

师团高射特科部队（防空兵部队）设置高射特科大队（防空兵营）；

师团后勤保障部队设置后方支援联队（后勤保障团）；

师团设施科部队（工兵部队）设置设施大队（工兵营），同时，设施大队长兼任师团司令部的设施科长职务；

师团通信科部队（通信兵部队）设置通信大队（通信营），同时，通信大队长兼任师团司令部的通信科长职务；

师团侦察兵部队设置侦察队（机甲科部队）；

师团航空科部队（陆军航空兵部队）设置飞行队；

师团化学科部队（防化兵部队）设置化学防护队；

师团音乐科部队（军乐队）设置音乐队（军乐队）。

其中，师团后方支援联队下设队本部、本部付队[②]、第1整备大队（负责师团直辖部队的全面支援任务，包括各种武器装备的维修业务等）、第2整备大队（负责师团普通科部队、特科部队、机甲科部队、高射特科部队、设施科部队的直接支援任务）、补给队（需品科部队（军需部队））、运输队（运输科部队）和卫生队（卫生科部队）。

根据《自卫队法施行令》（昭和29年政令第179号）及《陆上自卫队部队组织与编成训令》（平成12年陆上自卫队训令第25号）等相关法律，师团长军衔为陆将，副师团长军衔为陆将补（二）或一等陆佐（一），幕僚长军衔为一等陆佐（一），联队长（团长）军衔为一等陆佐（二），副联队长及大队长（营长）军衔为二等陆佐，兼任驻屯地司令职务的大队长军衔为一等陆佐（三），除军乐队队长之外的各队长军衔标准为二等陆佐，军乐队队长军衔为一等陆尉（陆军上尉）或二等陆尉（陆军中尉）。

---

① 即装甲部队，后同。

② 即本部直属部队，后同。

日本陆上自卫队师团部队基本概况列表（截至2014年4月）

<table>
<tr><th rowspan="2">师团番号</th><th rowspan="2">成立时间及前身</th><th rowspan="2">所属方面队</th><th rowspan="2">司令部所在地</th><th colspan="4">下属主要战斗部队</th><th rowspan="2">师团类型</th></tr>
<tr><th>普通科</th><th>特科</th><th>高射特科</th><th>战车</th></tr>
<tr><td>第1师团</td><td>1962年1月18日由第1管区队改编而来</td><td>东部</td><td>东京都练马区</td><td>3个联队</td><td>1个队</td><td rowspan="5">1个大队</td><td>1个大队</td><td>即应现代化（政经中枢型）</td></tr>
<tr><td>第2师团</td><td>1962年1月18日由第2管区队改编而来</td><td>北部</td><td>北海道旭川市</td><td rowspan="2">3个联队</td><td>1个联队</td><td>1个联队</td><td>综合现代化</td></tr>
<tr><td>第3师团</td><td>1962年1月18日由第3管区队改编而来</td><td>中部</td><td>兵库县伊丹市</td><td>1个队</td><td rowspan="3">1个大队</td><td>即应现代化（政经中枢型）</td></tr>
<tr><td>第4师团</td><td>1962年8月15日由第4管区队改编而来</td><td>西部</td><td>福冈县春日市</td><td>3个联队</td><td rowspan="6">1个联队</td><td rowspan="2">即应现代化</td></tr>
<tr><td>第6师团</td><td>1962年8月15日由第6管区队改编而来</td><td>东北</td><td>山形县东根市</td><td>3个联队</td></tr>
<tr><td>第7师团</td><td>1962年8月15日由第7混成团改编而来</td><td>北部</td><td>北海道千岁市</td><td>1个联队</td><td>1个联队</td><td>3个联队</td><td>综合现代化（装甲型）</td></tr>
<tr><td>第8师团</td><td>1962年8月15日由第8混成团改编而来</td><td>西部</td><td>熊本县熊本市</td><td>4个联队</td><td rowspan="3">1个大队</td><td rowspan="3">1个大队</td><td rowspan="3">即应现代化</td></tr>
<tr><td>第9师团</td><td>1962年8月15日由第9混成团改编而来</td><td>东北</td><td>青森县青森市</td><td>3个联队</td></tr>
<tr><td>第10师团</td><td>1962年1月18日由第10混成团改编而来</td><td>中部</td><td>爱知县名古屋市</td><td>4个联队</td></tr>
</table>

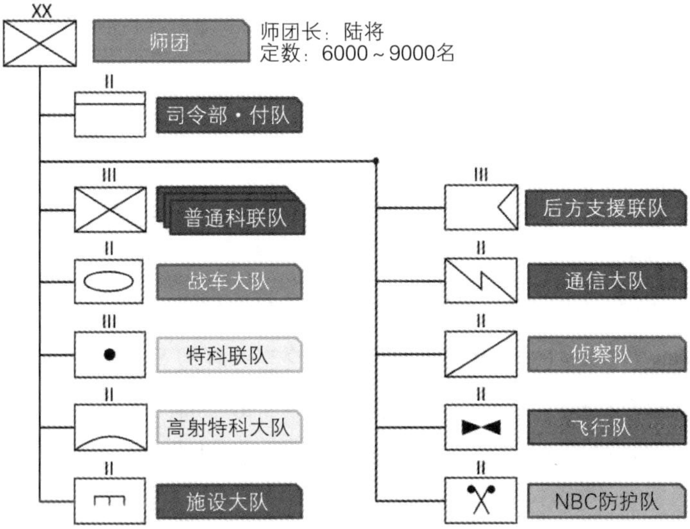

日本陆上自卫队师团部队的标准编制示意图

四、日本陆上自卫队旅团编制概况

从编制上来看，日本陆上自卫队的旅团与师团基本相同，旅团可以看成是小型化的师团，旅团部队番号不重复师团番号，定员编制介于2000人至4000人之间。从这点来看，现代旅团接近日本帝国陆军的混成旅团编制。

目前，旅团部队下属的战术单元是普通科联队，除第15旅团外，其他5个旅团都拥有几个普通科联队，与师团下属的普通科联队相比，旅团下属的普通科联队都是紧凑型的轻装普通科联队，联队长军衔也是更低一些的一等陆佐（三），定员编制大约为650人。

截至2014年，日本陆上自卫队现役6个旅团，除第12旅团和第15旅团之外其他旅团基本为标准的旅团配置。

日本陆上自卫队标准旅团编制如下：

编制总兵力介于2000人至4000人之间；

设置一名旅团长，为陆将补（一）（2星陆军中将）军衔，接受相应方面总监的指挥与监督，统管旅团一切事务；

设置一名副旅团长，为一等陆佐（一）（陆军上校）军衔，接受旅团长的指挥与监督，辅助旅团长工作；

设置一名旅团幕僚长，为一等陆佐（二）军衔，接受旅团长的指挥与监督，负责旅团司令部的一切事务，为了便于对下属部队及旅团司令部幕僚进行指挥与监督，一般情况下，旅团幕僚长都由联队长、群长等下属部队军事指挥官任职经验的指挥军官担任；

设置旅团司令部，旅团司令部为旅团长的幕僚集团；

旅团普通科部队（步兵部队）设置1～4个轻（轻装）普通科联队（步兵团）；

旅团野战特科部队（野战炮兵部队）设置野战特科队（野战炮兵队）；

旅团机甲科部队（装甲兵部队、坦克部队）设置战车大队（坦克营）或战车中队（坦克连）；

旅团高射特科部队（防空兵部队）设置高射特科中队（防空兵连）；

旅团后勤保障部队设置后方支援队（后勤保障队）；

旅团设施科部队（工兵部队）设置设施中队（工兵连），第5旅团和第14旅团为设施队编制，第14设施中队长因兼任北德岛分屯地司令职务而由一等陆佐担任；

旅团通信科部队（通信兵部队）设置通信中队（通信连），第5旅团、第12旅团第15旅团为通信队编制，队长为二等陆佐军官，根据计划安排，未来旅团通信中队都将扩编为通信队；

旅团侦察兵部队设置侦察队（机甲科部队）；

旅团航空科部队（陆军航空兵部队）设置飞行队，第12旅团增强编制的直升机队；

旅团化学科部队（防化兵部队）设置化学防护队，2013年3月之后，所有的旅团司令部付队化学防护小队都独立为化学防护队；

旅团音乐科部队（军乐队）设置音乐队（军乐队）。

其中，旅团后方支援联队下设队本部、本部付队、第1整备中队（负责旅团直辖部队的全面支援任务，包括各种武器装备的维修业务等）、第2整备中队（负责旅团普通科部队、特科部队、机甲科部队、高射特科部队、设施科部队的直接支援任务）、补给中队（需品科部队（军需部队））、运输队（运输科部队）和卫生队（卫生科部队，下设1个治疗小队和急救车小队）。

日本陆上自卫队旅团部队基本概况列表（截至2014年4月）

<table>
<tr><th rowspan="2">旅团番号</th><th rowspan="2">成立时间及前身</th><th rowspan="2">所属方面队</th><th rowspan="2">司令部所在地</th><th colspan="4">下属主要战斗部队</th><th rowspan="2">旅团类型</th></tr>
<tr><th>普通科</th><th>野战特科</th><th>高射特科</th><th>战车</th></tr>
<tr><td>第5旅团</td><td>2004年3月29日由第5师团改编而来</td><td rowspan="2">北部</td><td>北海道带广市</td><td rowspan="2">3个联队</td><td rowspan="5">1个队</td><td rowspan="5">1个中队</td><td>1个大队</td><td rowspan="2">综合现代化型</td></tr>
<tr><td>第11旅团</td><td>2008年3月26日由第11师团改编而来</td><td>北海道札幌市</td><td>1个大队</td></tr>
<tr><td>第12旅团</td><td>2001年3月18日由第12师团改编而来</td><td>东部</td><td>群马县榛东村</td><td>3个联队</td><td>（缺编）</td><td>即应现代化型（空中机动型）</td></tr>
<tr><td>第13旅团</td><td>1999年3月29日由第13师团改编而来</td><td rowspan="2">中部</td><td>广岛县安芸郡海田町</td><td>3个联队</td><td rowspan="2">1个中队</td><td rowspan="2">即应现代化型</td></tr>
<tr><td>第14旅团</td><td>2006年3月27日由第2混成团改编而来</td><td>香川县善通寺市</td><td>2个联队</td></tr>
<tr><td>第15旅团</td><td>2010年3月26日由第1混成团改编而来</td><td>西部</td><td>冲绳县那霸市</td><td>1个联队</td><td>（缺编）</td><td>1个联队（2014年3月26日由群改编为联队）</td><td>（缺编）</td><td>即应现代化型（离岛型）</td></tr>
</table>

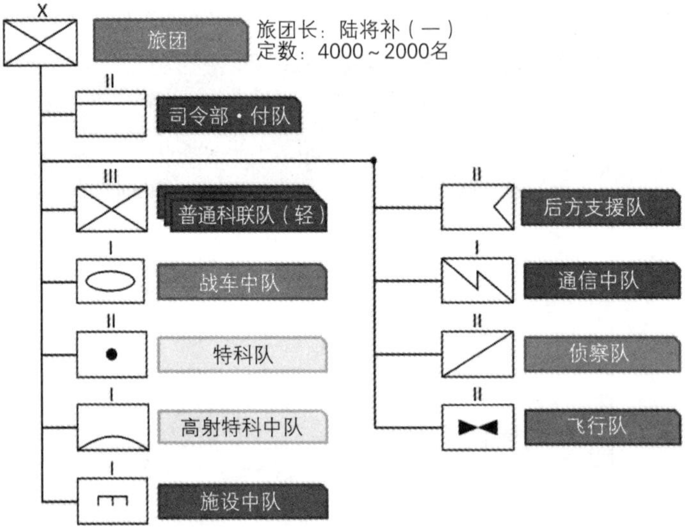

日本陆上自卫队旅团部队的标准编制示意图

日本陆上自卫队师团、旅团部队基本概况列表（截至2014年4月）

<table>
<tr><th rowspan="2">部队番号</th><th rowspan="2">所属方面队</th><th rowspan="2">司令部所在地</th><th colspan="4">下属主要战斗部队</th><th rowspan="2">编制总兵力</th><th rowspan="2">师团长/旅团长工资（俸给）</th><th rowspan="2">突出特色</th></tr>
<tr><th>普通科（步兵）</th><th>特科（野战炮兵）</th><th>高射特科（防空兵）</th><th>主战坦克</th></tr>
<tr><td>第1师团</td><td>东部</td><td>东京都练马区</td><td>3个联队</td><td>1个队</td><td rowspan="4">1个大队</td><td>1个大队</td><td>6300人</td><td rowspan="4">2号俸给①</td><td>绰号“头号师团”</td></tr>
<tr><td>第2师团</td><td>北部</td><td>北海道旭川市</td><td>3个联队</td><td>1个联队</td><td>1个联队</td><td>8100人</td><td>“陆自标杆”、装甲师团第二</td></tr>
<tr><td>第3师团</td><td>中部</td><td>兵库县伊丹市</td><td>3个联队</td><td>1个队</td><td rowspan="4">1个大队</td><td>7000人</td><td></td></tr>
<tr><td>第4师团</td><td>西部</td><td>福冈县春日市</td><td>3个联队</td><td>1个联队</td><td>7000人</td><td>对朝作战师团</td></tr>
<tr><td>第5旅团</td><td>北部</td><td>北海道带广市</td><td>3个联队（轻装）</td><td>1个队</td><td>1个中队</td><td>3600人</td><td>1号俸给</td><td></td></tr>
<tr><td>第6师团</td><td>东北</td><td>山形县东根市</td><td>3个联队</td><td rowspan="2">1个联队</td><td>1个大队</td><td>7000人</td><td>2号俸给</td><td></td></tr>
<tr><td>第7师团</td><td>北部</td><td>北海道千岁市</td><td>1个联队</td><td>1个联队</td><td>3个联队</td><td>5860人</td><td>1号俸给</td><td>日本唯一的装甲师团</td></tr>
</table>

①“俸给”即工资，“1号俸给”，“2号俸给”即1级工资，2级工资，后同。

续表

<table>
<tr><th rowspan="2">部队番号</th><th rowspan="2">所属方面队</th><th rowspan="2">司令部所在地</th><th colspan="4">下属主要战斗部队</th><th rowspan="2">编制总兵力</th><th rowspan="2">师团长/旅团长工资（俸给）</th><th rowspan="2">突出特色</th></tr>
<tr><th>普通科（步兵）</th><th>特科（野战炮兵）</th><th>高射特科（防空兵）</th><th>主战坦克</th></tr>
<tr><td>第8师团</td><td>西部</td><td>熊本县熊本市</td><td>4个联队</td><td rowspan="3">1个联队</td><td rowspan="3">1个大队</td><td rowspan="4">1个大队</td><td>9000人</td><td>2号俸给</td><td>日本唯一的战略机动师团</td></tr>
<tr><td>第9师团</td><td>东北</td><td>青森县青森市</td><td>3个联队</td><td>7000人</td><td rowspan="7">1号俸给</td><td></td></tr>
<tr><td>第10师团</td><td>中部</td><td>爱知县名古屋市</td><td>4个联队</td><td>9000人</td><td>对华作战师团</td></tr>
<tr><td>第11旅团</td><td>北部</td><td>北海道札幌市</td><td>3个联队（轻装）</td><td rowspan="4">1个队</td><td rowspan="4">1个中队</td><td>3600人</td><td>第二支旅团部队</td></tr>
<tr><td>第12旅团</td><td>东部</td><td>群马县榛东村</td><td>3个联队（轻装）</td><td>（缺）</td><td>4000人</td><td>日本唯一的空中机动旅团</td></tr>
<tr><td>第13旅团</td><td rowspan="2">中部</td><td>广岛县安芸郡海田町</td><td>3个联队（轻装）</td><td rowspan="2">1个中队</td><td>3700人</td><td>第一支旅团部队</td></tr>
<tr><td>第14旅团</td><td>香川县善通寺市</td><td>2个联队（轻装）</td><td>2800人</td><td>日本四国岛驻军</td></tr>
<tr><td>第15旅团</td><td>西部</td><td>冲绳县那霸市</td><td>1个联队（轻装）</td><td>（缺）</td><td>1个群</td><td>（缺）</td><td>2100人</td><td>日本唯一的离岛防御部队</td></tr>
</table>

第五节 解读日本陆上自卫队的战术级部队及综合实力

日本陆上自卫队各级战术部队的编制根据日本《自卫队法》施行令及日本陆上自卫队部队组织与编成训令等相关法律制定，具体编制概况如下：

一、日本陆上自卫队“团（旅）”编制概况

日本陆上自卫队中的“团”级编制部队是仅次于方面队、师团和旅团的部队，它相当于外国军队的“旅”。

一般情况下，两个以上的“群”或相当标准的“队”就可编成一个“团”，与师团、旅团不同的是，“团”通常是单职种部队，而师团、旅团是多职种联合部队。

团最高指挥官为团长，由陆将补（二）或一等陆佐（一）级别的军官担任。同时，为了辅助团长工作，团本部设有统管团本部内部一切事务的高级幕僚，这名高级幕僚相当于师团、旅团司令部的幕僚长，他们都承担全面的司令部事务。团本部高级幕僚一般由一等陆佐（三）或二等陆佐军官担任。

通常情况下，日本陆上自卫队中团级编制部队的运用级别都非常高，甚至高于师团、旅团。这些部队或为方面总监直辖，或为日本防卫大臣直辖。在某些特殊情况下，1个普通科联队或第2师团、第7师团下属的战车联队以及第1战车群可与相应师团下属的设施大队、通信大队等直辖部队编成一个“战斗团”，这个战斗团则隶属于相应师团的全权指挥之下。

日本陆上自卫队团级编制部队可分为作战团和支援团两种，前者如特科团、高射特科团、设施团等，后者如通信团、方面混成团等，另外还有一些比较特殊的团，如富士教导团、开发实验团等。

（一）日本陆上自卫队特科团

目前，日本陆上自卫队只有一个特科团（野战炮兵旅），这就是北部方面直辖的第1特科团，这是一支战略级的野战炮兵部队、战略机动部队，由两个特科群和3个岸舰导弹联队编成。

（二）日本陆上自卫队高射特科团

日本陆上自卫队现编有两个高射特科团（防空兵旅），它们都是战略级防空兵部队，分别是北部方面直辖的第1高射特科团和西部方面直辖的第2高射特科团。这两个战略级防空兵部队分别负责日本本土两翼的防空保护任务，第1高射特科团负责北海道全境的防空保护，第2高射特科团负责九州及冲绳全境的防空保护。每个高射特科团各编制2个高射特科群和1个无人机侦察队。

（三）日本陆上自卫队设施团

日本陆上自卫队现编有四个设施团（工兵旅），分别是东部方面直辖的第1设施团、东北方面直辖的第2设施团、中部方面直辖的第4设施团和西部方面直辖的第5设施团，没有第3设施团的编制。每个设施团由两个设施群和数个团直辖中队编成，其中，设施群长由一等陆佐（二）或一等陆佐（三）军官担任，团直辖中队长由二等陆佐至一等陆尉级别军官担任。

（四）日本陆上自卫队通信团

日本陆上自卫队现只编有一个通信团，它就是日本防卫大臣直辖之下的通信团，这支日本陆军中枢通信部队由中央基地系统通信队、中央野外通信群、通信保全监察队、系统防护队、团本部付队和第301映像写真中队编成。

（五）日本陆上自卫队方面混成团

日本陆上自卫队现役方面混成团数量最多，共5个，分别是北部方面直辖的北部方面混成团、东北方面直辖的东北方面混成团、东部方面直辖的东部方面混成团、中部方面直辖的中部方面混成团和西部方面直辖的西部方面混混成团。五个方面混成团都是教育与训练部队，各自承担本方面队的陆士（士兵）、陆曹

（士官）教育与训练任务。从编制上来看，方面混成团以教育团或教育联队为母体、以即应预备自卫官为构成主体的1个普通科联队（简编部队）编成，团长为一等陆佐（一）军官担任。方面混成团具体编制包括1个普通科联队，指挥官为一等陆佐（二）或一等陆佐（三），1个陆曹教育队，指挥官为一等陆佐（三）和1～2个教育大队（指挥官为二等陆佐），这些部队的编制都是方面混成团的标准配置。此外，东部方面混成团还编有第1机甲教育队和女性自卫官教育队，指挥官均为一等陆佐（三）；北部方面混成团编有冬季战技教育队，指挥官为一等陆佐（三）），后三个教育队都只有一个。

此外，日本陆上自卫队还编有其他的团级部队，比富士教导团、开发实验团等。

二、日本陆上自卫队"联队（团）"编制概况

综合来看，"联队"是日本陆上自卫队中最基本的作战单元。

日本陆上自卫队中的"联队"级编制部队是仅次于方面队、师团、旅团和团的部队，它相当于外国军队的"团"，主要有普通科联队（步兵团）、战车联队（坦克团）、特科联队（炮兵团）、高射特科联队（防空团）、后方支援联队（后勤保障团）、岸舰导弹联队（岸舰导弹团）等。

（一）日本陆上自卫队联队发展简史

早在1950年（昭和25年），作为战后日本武装集团的日本警察预备队正式成立。当时，日本警察预备队设置了作为战略单元的4个管区队，各管区队原则上配备3个普通科联队和1个特科联队，普通科联队由联队本部、本部附中队及3个大队编成，特科联队由联队本部、本部附中队及4个大队编成。

1952年（昭和27年）7月24日，根据日本国会答辩，普通科联队定员编制为3210人，下辖3个大队，每个大队定员编制为805人；特科联队定员编制为609人，下辖数个大队。1954年（昭和29年）4月9日，根据日本众议院政府答辩，特科联队编制确定为5个大队。

日本警察预备队时代，普通科联队仍然沿袭日本帝国陆军"步兵第X联队"

的称呼，即“普通科第X联队”。1954年（昭和29年）7月1日，日本陆上自卫队成立后，普通科联队称呼更改为“第X普通科联队”。

1962年（昭和37年）1月，日本陆上自卫队进行师团化改编期间，所有普通科联队下属的大队撤销，联队直辖统辖各中队，于是，联队定员编制减少，减少的队员用于组建新的普通科联队。

（二）日本陆上自卫队联队编制概况

截至2014年，标准的普通科联队编制联队本部、本部管理中队、3～4个普通科中队、重迫击炮中队和反战车中队，轻（轻装）普通科联队没有编制迫击炮中队和反战车中队，联队长由一等陆佐（二）军官担任。

通常情况下，联队置于师团、旅团编制之下。不过，也有一些特殊的联队不是师团、旅团直辖，比如西部方面普通科联队、岸舰导弹联队、普通科教导联队等。

日本陆上自卫队各联队都有联队旗（相当于日本帝国陆军的军旗），在联队编成时要授予联队旗，在联队撤销时要回收联队旗。

在现实的作战环境中，普通科联队可与战车中队（或战车小队）、特科大队（或特科中队）等职种部队编成临时的多兵种联合部队——联队战斗团。联队战斗团接受师团的指挥，这样的作战部队可成为师团、旅团下属的最基本战斗单元。未来，随着日本陆上自卫队“基干联队等指挥控制系统”的不断现代化及实用化，联队战斗团将会发挥出更强大的战斗力。

（三）日本陆上自卫队联队本部编制

目前，日本陆上自卫队联队本部下设第1科、第2科、第3科和第4科，从功能上来看，这四科是方面总监部、师团司令部及旅团司令部四部与四科的融合体。

其中，第1科承担总务及人事业务，科长由三等陆佐或一等陆尉担任；

第2科承担情报收集及保密业务，科长由三等陆佐或一等陆尉担任；

第3科承担防卫、训练计划、警备业务，科长由二等陆佐或三等陆佐担任；

第4科承担补给、兵站等业务，科长由三等陆佐或一等陆尉担任。

（四）日本陆上自卫队联队种类

截至2014年，日本陆上自卫队联队种类可分为普通科联队（步兵团）、战车联队（坦克团）、特科联队（野战炮兵团）、岸舰导弹联队（岸舰导弹团）、高射特科联队（防空团）、后方支援联队（后勤保障团），共6种。

（五）普通科联队（步兵团）

目前，日本陆上自卫队普通科联队番号由第1普通科联队到第52普通科联队，其中有缺编的普通科联队，另有西部方面普通科联队。普通科联队是普通科部队，除西部方面普通科联队外，其他编号联队隶属于各师团、旅团及方面混成团指挥之下。以普通科联队为中心，再编入特科部队、战车部队、兵站部队等多兵种部队便可构成临时的战斗团。

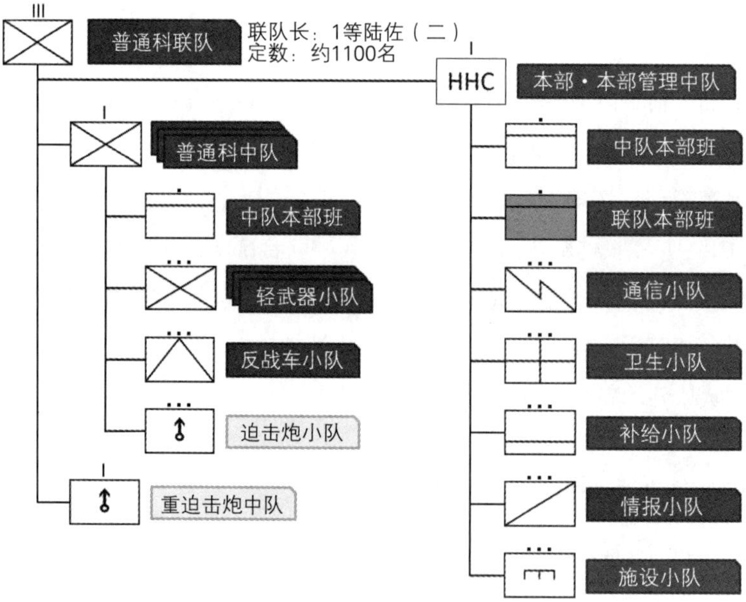

日本陆上自卫队师团直属普通科联队（步兵团）的标准编制示意图

（六）战车联队（坦克团）

目前，日本陆上自卫队的战车联队编制仅有4个，其番号分别是第2战车联队以及第71战车联队、第72战车联队、第73战车联队。这些战车联队都是机甲科部队，它们分别隶属于第2师团和第7师团两个装甲师团编制之下，一般师团、旅团仅编有战车大队或战车队，战车联队也可编成临时的战斗团。标准的战车联队由5到6个战车中队构成，它们的主战坦克装备数量要比其他师团/旅团直属的战车大队或战车中队多很多。

（七）特科联队（野战炮兵团）

目前，日本陆上自卫队特科联队番号由第2特科联队到第10特科联队，其中有缺编的特科联队。特科联队是野战特科部队，隶属于各师团指挥之下，一部分师团没编特科联队，而是规模更小的特科队。特科联队编制联队本部、本部中队、情报中队、第1大队至第5大队，各大队内设置大队本部、本部管理中队、2至5个射击中队。特科队编制队本部、本部管理中队以及3至4个射击中队。

（八）岸舰导弹联队（岸舰导弹团）

目前，日本陆上自卫队共设置5个岸舰导弹联队，分别是北部方面直辖第1特科团下属的第1岸舰导弹联队、第2岸舰导弹联队和第3岸舰导弹联队，东北方面特科队下属的第4岸舰导弹联队，西部方面特科队下属的第5岸舰导弹联队。岸舰导弹联队是特科部队，部队编制联队本部、本部管理中队、第1中队至第4中队，联队长由一等陆佐（二）军官担任。

（九）高射特科联队（防空团）

目前，日本陆上自卫队高射特科联队仅有两个，分别是第7师团下属的第7高射特科联队和2014年3月26日由第6高射特科群改编而来第15旅团下属第15高射特科联队。标准的高射特科联队各编制联队本部、本部管理中队、第1高射中队至第6高射中队，联队长由一等陆佐（二）军官担任。

（十）后方支援联队（后勤保障团）

目前，日本陆上自卫队后方支援联队番号由第1后方支援联队至第10后方支援联队，其中有缺编的联队，联队置于各师团指挥之下。后方支援联队主要针对师团各直辖部队提供兵站支援业务。各师团只编一个后方支援联队，联队番号来自师团番号。后方支援联队编制联队本部、本部付队、第1整备大队、第2整备大队、补给队、运输队和卫生队。

其中，本部付队下设联队本部勤务班和通信小队。

第1整备大队承担除航空科部队之外师团全面的维修支援业务，下设本部付队（包括大队本部勤务班、通信班等部队）、火器车辆整备中队、设施整备队、通信电子整备队和工作回收小队（第7师团为队编制）。

第2整备大队主要针对近身战斗部队（包括普通科部队、特科部队、高射特科部队、战车部队、侦察部队）提供直接的维修支援业务；下设本部付队（包括大队本部勤务班、通信班等部队）、第1至第4普通科直接支援中队（由车辆整备小队以及火器整备班、通信电子整备班、制导武器整备班等部队组成，第7师团仅编1个普通科直接支援中队）、战车直接支援中队（由车辆整备小队以及火器整备班、通信电子整备班等部队组成，车辆整备小队又分为轮式车辆整备班和履带式车辆整备班，第7师团编有3个战车直接支援中队）、特科直接支援中队（由车辆整备小队以及火器整备班、通信电子整备班等部队组成，车辆整备小队又分为轮式车辆整备班和履带式车辆整备班，一部分师团仅编小规模的特科直接支援队）、高射直接支援中队（一部分师团仅编小规模的高射直接支援队）和侦察直接支援小队（第7师团编制为侦察直接支援队）。

卫生队下设本部付队、治疗中队（一部分师团编制为治疗队）和急救车小队；

补给队下设本部付队、补给小队（承担补给物资管理）和业务小队（承担补给物资的维修等业务）。

运输队下设第1至第3运输小队（包括军用卡车小队、人员运输小队等部队）和汽车教习所（人员编制为小队规模）。

师团面向普通科、战车、特科部队的直接支援部队都采取中队编制，面向侦察部队的直接支援部队采取小队规模的直接支援队编制，旅团面向所有部队的直接支援部队都采取小队编制。

三、日本陆上自卫队“群”编制概况

日本陆上自卫队中的“群”编制部队是比联队（团）小、比大队（营）大的部队。一般情况下，几个大队或几个中队便可编成一个群，与联队编制相对固定不同，群的编制非常灵活，它可根据现实需要临时扩编或缩编部队规模，几个群的集合体便构成团。

群的最高指挥官为群长，群长一般由一等陆佐（二）或一等陆佐（三）军官担任，一般情况下，群的编制有群本部及数个大队或中队。

在现实情况中，群编制部队一般作为日本防卫大臣或方面总监的直辖部队进行运用，不过，在有突发情况时，根据需要，群编制部队也可由师团长/旅团长或师团等下属部队长进行直接指挥和运用。

日本陆上自卫队现役群编制部队概况列表（截至2014年3月）

部队名称	下属部队编制	备注
第1战车群	4个战车中队	北部方面队直辖部队，2014年3月26日撤销
特科群	2至3个特科大队	第1特科团编有2个特科群
高射特科群	4个高射中队	各方面队编有1至2个特科群，第6高射特科群于2014年3月26日扩编为第15高射特科联队
设施群	3至4个设施中队以及水际障害中队、坑道中队（也有不编制后两种中队的设施群）	北部方面设施队及4大设施团直辖部队
第1运输直升机群	4个飞行队（每个飞行队装备8架CH-47J运输直升机）	第1直升机团直辖部队
通信群	1个基地系统通信大队 1个指挥所通信大队 1个中枢交换通信（中）队	各方面队直辖部队
中央野外通信群	1个搬送（载波）通信大队 1个通信运用中队	日本陆上自卫队通信团直辖部队
特殊作战群	3个中队	中央即应集团直辖部队

四、日本陆上自卫队“队”编制概况——日本陆军灵活编制之一

日本陆上自卫队中的“队”编制变化多端，规模最大的队，其编制比联队（团）还大，相当于团一级，比如，西部方面特科队和北部方面设施队。规模较小的队，其编制相当于中队一级。最基本的队配属于师团和旅团部队中，比如，侦察队、特科队、航空队、后方支援队、化学防护队、军乐队，这些队编制要冠以师团或旅团部队番号。

（一）相当于“团”规模的队编制

在日本陆上自卫队中，有些队是以“团”部队规模为标准而编成的部队，这些部队的指挥官由一等陆佐（一）军官担任，一等陆佐（一）是日本陆上自卫队中最高级别的陆军上校，另有一等陆佐（二）、一等陆佐（三）。

具体相当于“团”规模的队有东北方面特科队、西部方面特科队、北部方面设施队和方面后方支援队。其中，两个方面特科队是方面直辖部队，其基干力量是特科群，同时，还编入一个具备反登陆作战能力的岸舰导弹联队。北部方面设施队是原第3设施团的缩编部队，它由第12设施群、第13设施队以及几个设施中队编成。方面后方支援队共有5个，它们都是方面队直辖部队，编制包括1～3个全般支援大队以及几个直接支援大队（中队/队）和由一等陆佐（二）指挥官指挥下的方面运输队。

（二）相当于“联队”规模、由陆将补（2星陆军少将）或一等陆佐担任指挥官的队编制

其中，中央业务支援队、中央情报队和中央会计队是独一无二的中央级部队，鉴于其重要性，这些部队指挥官由陆将补（二）或一等陆佐（一）军官担任。

中央运输业务队由于兼任驻屯地管理业务、会计队业务和驻屯地司令职务，故此，其队长由一等陆佐（一）军官担任。

驻屯地业务队根据驻屯地的不同而分为三种，其中，方面总监部所在的驻屯地业务队长由一等陆佐（一）军官担任，师团、旅团司令部所在的驻屯地业务队

长由一等陆佐（二）军官担任，其他驻屯地业务队长由一等陆佐（三）或二等陆佐军官担任。

方面卫生队以“联队”规模为标准编成，其队长由一等陆佐（二）军官担任，直辖1个由二等陆佐担任指挥官的野外医院队和1个由三等陆佐担任指挥官的急救车队。

中央特殊武器防护队指挥官由一等陆佐（二）军官担任，直辖2个具备大队规模的特殊武器防护队。

方面航空队下设数个由一等陆佐（三）或二等陆佐担任指挥官的飞行队，其中，北部方面航空队长和东部方面航空队长由一等陆佐（一）军官担任，其他三个方面航空队由一等陆佐（二）军官担任。

第12直升机队指挥官由一等陆佐（三）军官担任，下设2个飞行队。

方面情报队指挥官由一等陆佐（二）军官担任。

对马警备队是一支增强的诸兵种合成战斗团，故此，其指挥官由一等陆佐（二）军官担任。

部队训练评价队是日本陆上自卫队独一无二的训练评价部队，其指挥官由拥有联队长任职经验的一等陆佐（二）或（三）军官担任。

（三）相当于“大队”规模的队编制

这些类型的队编制主要有师团直辖特科队、旅团直辖特科队、旅团后方支援队、第1电子队、方面指挥所训练支援队、陆曹教育队、师团后方支援联队直辖的卫生队。其中，方面指挥所训练支援队指挥官原则上由拥有联队长任职经验的一等陆佐（二）军官担任。陆曹教育队指挥民由一等陆佐（三）军官担任。

（四）相当于“中队”规模的队编制

其中，方面情报处理队、师团特殊武器防护队指挥官由二等陆佐军官担任。

侦察队指挥官由二等陆佐军官担任，其基干力量构成有3个侦察小队。

反战车队、反舟艇反战车队从人员、装备等编制规模上看与普通科联队反战车中队基本相当，对于方面队、师团直辖部队指挥官由二等陆佐军官担任，旅团直辖部队由三等陆佐军官担任。

设施队编制变化多端，最大规模相当于群编制，可编6个设施中队，比如第13设施队，较小规模可编3个设施中队，通常情况下，对于编制3个设施小队、拥有中队规模的设施队指挥官由二等陆佐军官担任，比如第1设施团直辖的第307设施队。

师团、旅团飞行队鉴于部队运用上的关系由二等陆佐军官担任指挥官，这些飞行队编制包括本部班、1～3个飞行班、整备班、后方班等。

五、日本陆上自卫队“大队”（营）编制概况——日本陆军固定编制之一

大队是日本陆上自卫队战术部队编制之一，介于联队和中队之间，通常情况下由单一职种（兵种）部队编成，编制2～6个中队，它相当于外国军队的“营”级部队编制。

综合来看，大队是可独立采取军事行动的最小战术单元，同时，它还是师团、旅团、联队的基本构成单元。

在日本陆上自卫队中只有几种大队，通常情况下，师团可下设战车大队（坦克营）、设施大队（工兵营）、高射特科大队（防空营）、通信大队（通信营），不过，没有设置普通科大队，只有普通科联队，此外，方面通信群设有基地系统通信大队等大队级部队。在日本陆上自卫队中，只有第1空挺团设置3个普通科大队（步兵营/空降兵营），根据需要，这些普通科大队是由数个诸职种合成的普通科中队构成，每个中队相当于一个中队战斗群。

通常情况下，大队长（营长）由二等陆佐（陆军中校）军官担任，他要接受上级指挥官的指挥与监督、掌管大队本部（营部）的事务以及统筹大队全面事务，兼任驻屯地司令的大队长在任期间可晋升为一等陆佐（三）级别。

大队本部编制副大队长、第1系主任、第2系主任、第3系主任、第4系主任和幕僚，其中，副大队长由三等陆佐军官担任，负责辅助大队长工作，掌管大队本部的内部事务，同时，在大队长因故不在时暂时代理大队长职务，此外，副大队长可兼任第2系主任或第3系主任职务；第1系主任由三等陆佐（陆军少校）或一等陆尉（陆军上尉）军官担任，主管人事和总务工作；第2系主任由一等陆尉军

官担任，主管情报和保密工作；第3系主任由三等陆佐军官担任，主管运用（作战指挥）和训练工作；第4系主任由一等陆尉军官担任，主管兵站和后方工作。

六、日本陆上自卫队“中队”（连）编制概况

中队是日本陆上自卫队战术部队编制之一，介于大队和小队之间，通常情况下由单一职种（兵种）部队编成，普通科中队编制大约200名步兵，特科中队装备4～6门火炮。中队相当于外国军队中的“连”。

中队长（连长）由三等陆佐或一等陆尉军官担任，兼任驻屯地司令职务的中队长可在任期间晋升为二等陆佐，特科联队等大队直辖的射击中队长由二等陆尉军官担任。在日本陆上自卫队中，中队长具备服务指导权、惩戒权和外出许可权。

目前，中队本部编制有中队长、副中队长、系干部和中队付准尉，[①]其中，系干部（军官）是在中队内勤务的军官和准陆尉，他们都要接受中队长指挥，主要包括运用训练干部、后方干部、第1至第4小队等现役军官；中队付准尉就是现在的高级曹长，一般由准陆尉至一等陆曹人员担任，通常称为“先任”，主要承担命令或会报的传达。中队付准尉是中队本部内的最高级陆曹（陆军士官），拥有仅次于中队长的外出许可权。

七、日本陆上自卫队“小队”（排）编制概况

小队是日本陆上自卫队战术部队编制之一，介于中队和班（分队）之间，通常情况下由单一职种（兵种）部队编成，它相当于外国军队中的“排”。小队是军官指挥下的最小战术部队。

日本陆上自卫队小队的编制基于自卫队法施行令（昭和29年6月30日政令第179号）第32条以及平成12年10月27日陆上自卫队训令第25号第2条确定。

目前，日本陆上自卫队中的小队级别部队主要有普通科小队、迫击炮小队、反战车小队、特科小队、战车小队、补给小队、武器整备小队、运输小队、设施小队、卫生小队、通信小队等。

① 字面意义即中队直属准尉，该准尉直接归中队长领导。

（一）普通科小队（步兵排）

在日本陆上自卫队的普通科中队中，每个普通科小队由2个或者3个步枪班（步枪分队）编成，每个步枪班由10名或者8名队员编成。每个普通科小队的主要战斗装备有步枪、机枪、无后坐力炮等轻装武器，同配备3～4辆高机动车，或者7辆轻装甲机动车，每个步枪班至少2辆。

（二）迫击炮小队（迫击炮排）

在日本陆上自卫队的普通科中队中，每个迫击炮小队由一个战斗序列（FO）和一个火力指挥中心（FDC）组成。其中，两个以上的射击分队和1个侦察班组成一个战斗序列（FO），而火力指挥中心（FDC）则具备推算与射击指挥能力；每个迫击炮小队的车辆装备包括至少两辆73式小型军用卡车以及1辆高机动车、1辆73式中型军用卡车等。

在日本陆上自卫队的重迫击炮中队中，每个迫击炮小队由两个或者3个射击分队编成，同时，还编成战斗序列和火力指挥中心，车辆装备包括两辆或者3辆重迫牵引车以及两辆作为指挥用途的73式小型军用卡车、1辆作为物资搬运手段的73式大型军用卡车等。

（三）反战车小队（反坦克排）

在方面队直辖的反舟艇反战车队、师团/旅团等直辖的反战车队以及普通科联队和普通科中队中都编有反战车小队。其中，普通科联队编制4个装备79式反舟艇反坦克导弹的反战车小队，每个反战车小队编制2个射击分队，每个射击分队装备2部反坦克导弹发射装置。普通科中队下属的反战车小队通常由2个射击分队编成。根据装备的不同，这些射击分队可分类为无后坐力炮分队、87式反坦克导弹分队等。

（四）特科小队（炮排、防空排）

在日本陆上自卫队中，特科小队可分为野战炮小队（野战炮兵排）和高射特科小队（防空排）两种。其中，野战炮小队的基本战斗装备是野战火炮，比如，FH-70型155毫米榴弹炮、99式155毫米自行榴弹炮、203毫米自行榴弹炮

（203SPH）等。高射特科小队主要战斗装备有至少3辆搭载导弹发射装置的战斗车辆。

（五）战车小队（坦克排）

在日本陆上自卫队战车联队、战车大队、战车队等坦克部队中均编制战车小队，每个战车小队编制3辆或4辆主战坦克，其中包含每个小队所设置的小队长车（指挥车），每辆主战坦克由3名或4名坦克乘员构成，3个以上战车小队可编成一个战车中队（坦克连）。此外，战车联队、战车大队中另编成司职侦察任务的情报小队以及设施小队、卫生小队等支援部队；旅团等下属的战车中队还编有本部管理小队，这个小队可承担侦察、工程作业、卫生等全面的支援任务。

（六）各种补给小队（辎重排）

在日本陆上自卫队补给队中编有补给小队和业务小队，其中，补给小队承担补给物资的管理和交付业务，业务小队承担补给物资的维护等业务。在方面总监部、师团等直辖的司令部付队中另设有管理小队，这种小队主要承担司令部补给物资等资源的管理业务。综合来看，补给小队、业务小队、管理小队等小队都是后勤保障部队。

（七）武器整备小队（军械排）

在日本陆上自卫队武器大队时代，分别编有武器小队和车辆整备小队等军械部队，其中，武器小队主要承担野战火炮、主战坦克等武器装备的高级维修业务；车辆整备小队主要承担车辆维修业务。随着日本陆上自卫队武器大队纷纷改编为整备大队，武器小队和车辆整备小队也统一改编为火器车辆整备小队，这种小队仍然承担前两种小队所承担的业务。

（八）运输小队（运输排）

日本陆上自卫队各运输部队根据任务需要都编有运输小队，每个运输小队定员编制大约30名队员，主要装备是各型军用卡车等。此外，方面总监部、师团等下属的司令部付队另编有承担要人运输的运输小队。

（九）设施小队（工兵排）

日本陆上自卫队各设施群、设施大队、设施中队等工兵部队根据自身特点都编有设施小队、自动倾斜车辆小队、推土机小队、渡河小队等工兵分队。另外，在普通科联队中，编有承担工程作业任务的设施作业小队。

（十）卫生小队（医务排）

日本陆上自卫队卫生部队中分别编有治疗小队、急救车小队等卫生分队，其中，治疗小队主要承担队员治疗业务，急救车小队主要承担急救车的使用，此外，各部队本部都编有直属的卫生小队。

（十一）通信小队（通信排）

日本陆上自卫队通信部队根据任务需要均编有通信小队，此外，基地通信部队直辖的通信中队分别向各驻屯地、分屯地分派有小队规模的派遣队。

八、日本陆上自卫队“班和分队”编制概况——日本陆军固定编制之一

班和分队都是日本陆上自卫队战术部队之一。

日本陆上自卫队普通科联队普通科步枪小队中的班编制为10名队员，其规模在分队之上。班根据班内分担任务的不同还可分成若干个组，比如监视组、反坦克火器组、机枪组等，每个组编制2名至3名队员。通常情况下，班由班长和班员构成，所有班员都要参加值日，班员在值日期间要辅助班长工作，指挥班员的班员称为班值班员。

日本陆上自卫队普通科联队普通科中队下属的分队规模是比班人员编制还少的战术部队，通常情况下，编制7名或8名队员。

班首长为班长，其军衔为二等陆军士官或三等陆军士官，编制构成有数个组，构成兵力为10人左右。

分队首长为分队长，其军衔为二等陆军士官或三等陆军士官，编制构成有数个组，构成兵力为4至8人的分队员。

组首长为组长，其军衔为三等陆军士官、陆军士官长或一等陆军士兵，编制兵力由2至4名组员构成。

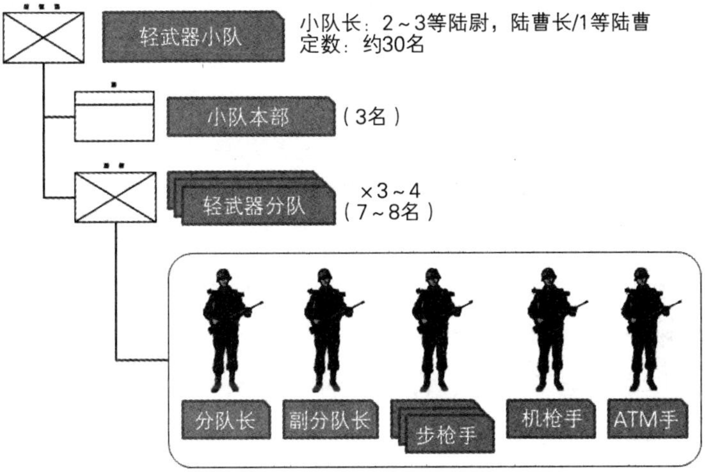

日本陆上自卫队普通科联队步枪小队标准编制示意图

| 第六节 | 解读日本陆上自卫队诸职种（兵种）

日本陆上自卫队的“职种”概念即“兵种”。在日本陆上自卫队中，一等陆佐以下的军官都有指定的职种特性，这种职种特性决定了相应军官的综合素质和技术、战术能力以及相应的教育、训练和配置情况等。综合来看，日本陆上自卫队职种体制大大提高了军官个人及部队的效率，人事管理上也更加容易。

根据《陆上自卫官职种训令》（平成13年度（2001年）日本陆上自卫队训令第18号），日本陆上自卫队共设置15个职种，如果包括特科所细分的野战特科和高射特科2个职种，总计有16个职种。

根据日本自卫队东京地方协力本部募集科（招募科）统计，截至2013年9月，16个职种的陆上自卫官（包括女性自卫官）皆有勤务人员。

在16个职种中，普通科、特科（野战特科和高射特科）、机甲科、设施科和通信科为战斗职种（作战兵种），航空科、武器科、需品科、运输科、化学科、警务科、会计科、卫生科、情报科和音乐科为后方职种（后勤保障兵种）。战斗职种中除高射特科外，其他职种学校都集中于日本陆上自卫队富士学校。后方职种中的警务科、会计科和情报科的职种学校集中于日本陆上自卫队小平学校，其他各职种都有唯一的职种学校，只有音乐科没有职种学校。

日本陆上自卫队16个职种基本概况列表：

职种名称	标识颜色	备注
普通科（步兵）	红色	相当于日本帝国陆军的步兵科（绯色）
机甲科（装甲兵）	橙色	
特科（炮兵、防空兵）	浓黄色	相当于日本帝国陆军的炮兵科（黄色）
航空科（陆军航空兵）	浅葱色	相当于日本帝国陆军的航空兵科（淡绀青）
设施科（工兵）	绛紫色	相当于日本帝国陆军的工兵科（鸢）

续表

职种名称	标识颜色	备注
通信科（通信兵）	青色	
武器科	萌黄色	
需品科	茶色	相当于日本帝国陆军的经理部（银茶）
运输科	紫色	
化学科	金茶色	
卫生科	浓绿色	相当于日本帝国陆军的军医部（深绿）
情报科	水色	
其他职种	蓝色	警务科、会计科、音乐科方面总监部及中央即应集团、师团/旅团司令部诸职种混成部队（后方支援联队、队等）

一、日本陆上自卫队普通科职种（步兵）

普通科是日本陆上自卫队职种和战斗职种之一，也是规模最大的职种。它相当于日本帝国陆军时期的步兵科，相当于外国军队的步兵，其职种标识颜色为红色。

普通科部队是日本陆上自卫队师团、旅团等诸职种联合部队（战斗团）的基干力量，主要承担各种战术行动，包括近身战斗、肉搏、击退敌军、占领必要地形等任务，故此，普通科队员必须具备近身战斗能力。

普通科部队的主要战斗装备分为直接照准武器、间接照准武器和反坦克武器三种。其中，直接照准武器诸如：89式5.56毫米步枪、06式枪榴弹、MINIMI型5.56毫米机枪等轻武器；间接照准武器诸如L16型81毫米迫击炮、RT型120毫米迫击炮等；反坦克武器诸如中距离多目的导弹、01式轻反坦克导弹等。

徒步行动或乘坐各种车辆行动的普通科部队统称为机械化步兵，此外，普通科部队也可采取直升机机降方式展开行动。

综合来看，普通科部队是日本陆上自卫队中最基本的职种，同时也是人员最多的职种。

（一）普通科部队的编制情况

日本陆上自卫队普通科部队的编制有普通科联队（师团属）、轻（装）普通科联队、普通科大队、普通科中队、普通科小队等。

（二）普通科联队（师团属）

其中，普通科联队（师团属）是日本陆上自卫队师团部队中编制规模最大的普通科部队，通常情况下，普通科联队是采取最标准编成方式进行作战的战术部队，其最高指挥官为联队长，由一等陆佐（二）军官担任。根据编制、可能战斗能力的不同，普通科联队（师团属）可分为“甲”和“乙”两种类型。其中，甲编制普通科联队的基干力量或由4个普通科中队、1个重迫击炮中队（简称重迫中队）和1个反战车中队构成，或由6个普通科中队和1个重迫击炮中队构成，前者如第8师团和第10师团下属的普通科联队，后者如第7师团下属的普通科联队。乙编制的普通科联队省略了反战车中队，其他部队与甲编制基本相同。另外，政经中枢型师团下属普通科联队的基干力量全由5个普通科中队构成，这更突出了这种师团的城市巷战能力，而省略了野战能力。1995年时，以第32普通科联队为例，当时乙编制普通科联队各中队的定员编制分别为：本部管理中队212人，普通科中队195人，重迫击炮中队143人。各方面混成团下属的普通科联队应该与乙编制普通科联队基本相同。

目前，普通科联队（师团属）的主要部队编制有本部管理中队、普通科中队、重迫击炮中队、反战车中队和教育队。其中，本部管理中队下设本部班、情报小队、设施作业小队、通信小队、卫生小队和补给小队。

普通科中队的编制数量介于4个到6个之间。对于综合现代化（机甲型）师团，其下属普通科中队有6个，不编反战车小队，政经中枢型师团编制5个普通科中队，其他师团编制4个普通科中队。这些普通科联队下设本部班、步枪小队（3至4个）、迫击炮小队和反战车小队。其中，迫击炮小队装备L16型81毫米迫击炮，反战车小队装备87式反坦克导弹，还有一部分部队装备79式反舟艇反坦克导弹。近年来，反战车小队纷纷装备中距离多目的导弹，因此，这些普通科中队的反装甲战斗火力也得到了不断加强。

某些普通科联队中编制了简编化的普通科中队，一般情况下，这种类型的中队都是第4中队。简编化普通科中队的部队编制有本部班、步枪小队（基本只编一个）、区队、反战车小（分）队和迫击炮小队。其中，区队编制数量介于1个至4个之间，主要承担教育任务，相当于小队。反战车小队和迫击炮小队则会根据需要临时编成。

重迫击炮中队主要向普通科联队提供间接照准的直接掩护火力，随着第1师团改编为政经中枢型师团。平成13年度末，普通科联队下属的重迫击炮中队曾经一度废弃，平成22年度末之后这种中队再次编成。重迫击炮中队的部队编制有本部班、重迫击炮小队和前进侦察班（FO）。其中，重迫击炮小队编制4个，主要装备RT型120毫米迫击炮。

反战车中队主要向普通科联队提供反坦克战斗火力支援，装备79式反舟艇反坦克导弹、中距离多目标导弹等反坦克武器。目前，只有第8师团和第10师团下属的普通科联队编制有反战车中队。

（三）轻（装）普通科联队

轻普通科联队是旅团、方面混成团下属最大规模的普通科部队，通常情况下，它是按照最标准编制方式编成的战术部队。在平成8年度至12年度的中期防卫力整备计划期间，随着混成团纷纷改编为旅团，轻普通科联队成为全新的普通科部队编制，其联队长由一等陆佐（三）军官担任。从战斗序列上来看，它与师团下属的普通科联队属于同序列。

从部队编制上来看，轻普通科联队可以看作是普通科联队（师团属）的简化版，与师团下属的普通科联队相比，轻普通科联队长由一等陆佐中最低级别的军官担任，即一等陆佐（三）；轻普通科联队的基干力量由3个普通科中队构成，并且，与通常的普通科联队（师团属）相比，前者有小幅度的增员；轻普通科联队没有编制重迫击炮中队，取而代之，在本部管理中队内编制由4个射击分队组成的重迫击炮小队。此外，从定员编制上来看，标准的轻普通科联队定员为650人。

除旅团、方面混成团下属的轻普通科联队外，中央即应集团直辖的中央即应联队和西部方面队直辖的西部方面普通科联队也按照轻普通科联队的编制标准编成。

（四）普通科大队

普通科大队是日本陆上自卫队中的专有编制，它是第1空挺团中最大规模的普通科部队。截至2014年，日本陆上自卫队中的普通科大队只存在于第1空挺团中，其他部队都没有这种编制。

普通科大队的基干力量为3个普通科中队，从这点来看，普通科大队与轻普通科联队基本相同，不过，普通科大队的指挥官级别更低，为二等陆佐军衔的军官，其下属部队设置包括由本部与本部管理中队统一缩编而成的本部中队和普通科中队，本部中队内不设置重迫击炮小队；普通科大队下属普通科中队长的指定军衔为一等陆尉，部队军旗为中队旗（乙），而普通科联队（师团属）下属普通科中队长的指定军衔为三等陆佐，部队军旗为中队旗（甲）；普通科大队下属的普通科中队没有设置反战车小队，但在本部中队内设置了1个反战车小队。

与轻普通科联队相比，普通科大队的定员编制大约为380人，同时，与轻普通科联队相同，普通科大队在3个编号普通科中队内设置了3个迫击炮小队。

普通科大队下属本部中队的部队编制有本部班、情报小队、通信小队和反战车小队。

普通科大队下属3个编号普通科中队的部队编制有本部班、步枪小队和迫击炮小队，其中，步枪小队编有3个，一部分部队拥有情报小队和设施作业小队的功能，也装备轻装甲机动车；迫击炮小队装备L16型81毫米迫击炮。

（五）机械化普通科联队（装备装甲车的联队）

截至2014年，日本陆上自卫队中的机械化普通科联队有第11普通科联队、普通科教导联队和中央即应联队。

其中，第11普通科联队隶属第7师团，驻地为北海道千岁市东千岁驻屯地，装备89式装甲战斗车（第1、2、3、5中队）和73式装甲车（第2、4、6中队）；

普通科教导联队隶属日本陆上自卫队富士学校之富士教导团，驻地御殿场市，装备89式装甲战斗车（第1中队）、轻装甲机动车（第2中队）、高机动车（第3中队）和96式轻式装甲车（第4中队）；

中央即应联队隶属中央即应集团，驻地宇都宫市，装备96式轻式装甲车、轻装甲机动车、增加装甲型高机动车（本部管理中队、第1中队、第2中队和第3中队）。

（六）摩托化普通科联队（高机动车辆为主体，一部分装备96式轮式装甲车）

截至2014年，日本陆上自卫队中的摩托化普通科联队有：第3普通科联队，隶属第2师团，驻地旭川市，装备96式轮式装甲车（第1中队）；第25普通科联队，隶属第2师团，驻地纹别郡远轻町，装备96式轮式装甲车（第1中队）；第26普通科联队，隶属第2师团，驻地留萌市，装备96式轮式装甲车（第1中队）；第4普通科联队，隶属第5旅团，驻地带广市，为轻普通科联队；第6普通科联队，隶属第5旅团，驻地网走郡美幌町，为轻普通科联队；第27普通科联队，隶属第5旅团，驻地钏路市，为轻普通科联队；第10普通科联队，隶属第11旅团，驻地泷川市，为轻普通科联队（第3支队）；第18普通科联队，隶属第11旅团，驻地札幌市，为轻普通科联队（第3支队）；第28普通科联队，隶属第11旅团，驻地函馆市，为轻普通科联队（第3支队）；第5普通科联队，隶属第9师团，驻地青森市，为轻普通科联队（第1中队）；第39普通科联队，隶属第9师团，驻地弘前市，为轻普通科联队（第1中队）；第32普通科联队，隶属北部方面混成团，驻地札幌市，为轻普通科联队简编化部队（第一中队）。

上述普通科联队的本部管理中队内也装备少量的装甲车，括号内的中队为装备装甲车的部队。

（七）摩托化普通科联队（高机动车为主体，一部分部队装备轻装甲机动车）

截至2014年，日本陆上自卫队中的摩托化普通科联队[①]有第1普通科联队（第1师团、东京都练马区）、第32普通科联队（第1师团、埼玉市）、第34普通科联队（第1师团、御殿场市）、第7普通科联队（第3师团、福知山市、轻装甲机动车（第1中队、第5中队））、第36普通科联队（第3师团、伊丹市、第5中队）、第37普通科联队（第3师团、和泉市、第3中队）、第16普通科联队（第4师团、大村市、第4中队）、第40普通科联队（第4师团、北九州市、第4中队）、第41普通科联队（第4师团、别府市、第4中队）、第20普通科联队（第6师团、东根市、第4中队）、第22普通科联队（第6师团、多贺城市、第4中队）、第44普通科联队（第

① 括号中的内容按顺序分别为该部队隶属部队、驻地、装轻装甲机动车的部队，有“轻普通科联队”或“简编化部队”字样的，表明该部队的编成参考了轻普通科联队或摩托化普通科联队的简编部队。

6师团、福岛市、第4中队)、第12普通科联队(第8师团、国分市、第3中队、第4中队)、第24普通科联队(第8师团、海老野市、简编部队)、第42普通科联队(第8师团、熊本市、第4中队)、第43普通科联队(第8师团、都城市)、第21普通科联队(第9师团、秋田市、第1中队)、第14普通科联队(第10师团、金泽市、第4中队)、第33普通科联队(第10师团、津市、第4中队)、第35普通科联队、(第10师团、名古屋市、第4中队)、第49普通科联队(第10师团、丰川市、第4中队、简编部队)、第2普通科联队(第12旅团、上越市、轻普通科联队)、第13普通科联队(第12旅团、松本市、轻普通科联队)、第30普通科联队(第12旅团、新发田市、轻普通科联队)、第8普通科联队(第13旅团、米子市、第1至第3中队、轻普通科联队)、第17普通科联队(第13旅团、山田市、第1至第3中队、轻普通科联队)、第46普通科联队(第13旅团、安芸郡海田町、第3中队、轻普通科联队)、第15普通科联队(第14旅团、善通寺市、第3中队、轻普通科联队)、第50普通科联队(第14旅团、香南市、第3中队、轻普通科联队)、第51普通科联队(第15旅团、那霸市、轻普通科联队)、第38普通科联队(东北方面混成团、多贺城市和八户市、简编部队)、第31普通科联队(东部方面混成团、横须贺市、简编部队)、第19普通科联队(西部方面混成团、春日市、第1至第4中队、简编部队)和第47普通科联队(中部方面混成团、安芸郡海田町和善通寺市、第3中队、轻普通科联队、简编部队)。

另有非普通科联队但却按照相同的编成装备表进行编成的部队,主要有第1普通科大队(第1空挺团)、第2普通科大队(第1空挺团)、第3普通科大队(第1空挺团)和对马警备队。

(八)摩托化普通科联队(装备高机动车的联队)

截至2014年,日本陆上自卫队中的摩托化普通科联队有西部方面普通科联队(西部方面队、佐世保市、轻普通科联队)和第48普通科联队(东部方面混成团、群马县榛东村、简编部队)。

目前。普通科部队的唯一兵种学校为日本陆上自卫队富士学校(富士驻屯地)普通科部。

日本陆上自卫队普通科部队编制情况列表

<table>
<tr><th colspan="3" rowspan="2">部队种类</th><th rowspan="2">定员编制</th><th rowspan="2">部队指挥官</th><th colspan="2">普通科中队</th><th rowspan="2">重迫击炮部队</th><th rowspan="2">反战车部队</th></tr>
<tr><th>中队数量</th><th>中队长</th></tr>
<tr><td rowspan="4">联队</td><td rowspan="2">甲编制</td><td>（常规型）</td><td rowspan="4">1100名</td><td rowspan="4">1佐（一等陆佐）（二）</td><td>4个</td><td rowspan="5">3佐（三等陆佐）</td><td rowspan="4">中队编制</td><td>中队编制</td></tr>
<tr><td>（机甲型）</td><td>6个</td><td rowspan="5">无</td></tr>
<tr><td rowspan="2">乙编制</td><td>（常规型）</td><td>4个</td></tr>
<tr><td>（政经中枢型）</td><td>5个</td></tr>
<tr><td colspan="3">联队（轻）</td><td>650名</td><td>1佐（三）</td><td rowspan="2">3个</td><td>小人编制</td></tr>
<tr><td colspan="3">大队</td><td>380名</td><td>2佐（二等陆佐）</td><td>1尉（一等陆尉）</td><td>无</td></tr>
</table>

普通科大队旗，主要授予反战车队，编制上的部队指挥官为二等陆佐

普通科中队旗（甲），编制上的部队指挥官为三等陆佐，主要授予对象是普通科联队下属的普通科中队以及师团等直辖的普通科职种中队等

日本陆上自卫队普通科部队装备的89式5.56毫米步枪

日本陆上自卫队普通科部队装备的MINIMI型5.56毫米机枪

日本陆上自卫队普通科部队装备的RT型120毫米迫击炮

日本陆上自卫队普通科部队装备的L16型81毫米迫击炮

日本陆上自卫队普通科部队装备的01式轻反坦克导弹

日本陆上自卫队普通科部队装备的中距离多目标导弹

二、日本陆上自卫队机甲科职种（装甲兵）

机甲科是日本陆上自卫队甲科职种之一，也是战斗职种之一，主要由战车部队（坦克部队）和侦察部队构成。其中，战车部队以重火力、机动性和装甲防御能力见长，其职种标识颜色为橙色，唯一的职种学校是富士学校。教育支援部队设置两个，分别是富士教导团下属的战车教导队和东部方面混成团下属的第1机甲教育队。

日本陆上自卫队现役主要战车部队有各师团直辖的战车联队和战车大队，以及各旅团（第12旅团和第15旅团除外）直辖的战车大队和战车中队，比如第7师团直辖的第71战车联队、第72战车联队、第73战车联队，第2师团直辖的第2战车联队等。

以前，五大方面队直辖部队中设置有战车部队，比如第1战车团。随着冷战的结束，大规模兵团作战的可能性已经大大降低，于是，方面队直辖的战车部队纷纷撤编。第1战车团撤销于1981年。自2004年制定的《中期防卫力整备计划》之后，战车部队和野战特科部队都成了日本陆上自卫队重点裁撤的对象，尤其是装备了大量主战坦克的北部方面队。2014年3月26日，最后一个由方面队直辖的战车部队——第一战车群也正式撤销，至此，方面队直辖的战车部队全部撤销完毕。

截至2014年，日本陆上自卫队现役战车部队的主战装备有10式主战坦克、90式主战坦克、74式主战坦克等。

日本陆上自卫队现役主要侦察部队有各师团直辖的侦察队，如第2师团第2侦察队、第7师团第7侦察队等。侦察队主要装备有87式侦察警戒车、轻装甲机动车、73式小型军用卡车、侦察摩托车、地面雷达装置1号、野战情报控知装置、轻滑雪车（主要装备部署于积雪地的师团部队）等。侦察队主要承担敌情侦察任务。此外，生化侦察车不是机甲科部队装备，而是化学科装备。

日本陆上自卫队战车部队装备的10式主战坦克

日本陆上自卫队战车部队装备的90式主战坦克

日本陆上自卫队战车部队装备的74式主战坦克

日本陆上自卫队侦察部队装备的87式侦察警戒车（车前涂有“武校”代表这是日本陆上自卫队武器学校的装备）

日本陆上自卫队侦察部队装备的轻装甲机动车

日本陆上自卫队侦察部队装备的侦察摩托车

三、日本陆上自卫队特科职种（炮兵、防空兵）

特科是日本陆上自卫队职种之一，属于战斗职种，相当于日本帝国陆军时期的炮兵科，可再分类为野战特科（野战炮兵）和高射特科（高射炮兵、防空兵），迎接国宾的礼炮任务也由特科部队承担，其职种标识颜色为浓黄色。

（一）野战特科（野战炮兵）

截至2014年，日本陆上自卫队最大规模的野战特科部队有配属于特定方面队的特科团和方面特科队，具体部队有北部方面队直辖的第1特科团、东北方面队直辖的东北方面特科队和西部方面队直辖的西部方面特科队，其他主要的特科部队还有师团和旅团直辖的特科联队或特科队。

目前，野战特科部队的主战装备有FH-70型155毫米榴弹炮、99式155毫米自行榴弹、203毫米自行榴弹炮、多联装火箭系统（MLRS）、88式岸舰导弹、12式岸舰导弹等，其职种学校为日本陆上自卫队富士学校特科部（富士驻屯地）。

（二）高射特科（高射炮兵、防空兵）

截至2014年，日本陆上自卫队最大规模的高射特科部队有方面队直辖的高射特科团或高射特科群，如北部方面队直辖的第1高射特科团、西部方面队直辖的第2高射特科团等。其他主要的高射特科部队还有师团、旅团直辖的高射特科大队（只有第7师团编制为高射特科联队）或高射特科中队（只有第15旅团编制为高射特科联队）。

目前，由于日本航空自卫队已经全面承担了国土防空保护任务，因此，日本陆上自卫队中的高射特科部队只承担特定部队及重点设施等个别目标的防空保护任务，主战装备有中低高度的地空导弹（如81式近距离地空导弹、93式近距离地空导弹、11式近距离地空导弹、03式中距离地空导弹、“霍克”改良型地空导弹等）及87式自行高射机关炮等。

高射特科部队的职种学校为日本陆上自卫队高射学校（下志津驻屯地）及教育支援部队高射教导队。

日本陆上自卫队高射特科部队装备的03式中距离地空导弹系统发射车

日本陆上自卫队高射特科部队装备的81式近距离地空导弹

日本陆上自卫队高射特科部队装备的93式近距离地空导弹

日本陆上自卫队高射特科部队装备的"霍克"改良型地空导弹

日本陆上自卫队高射特科部队装备的87式高射机关炮（高射教导队第3中队装备）

日本陆上自卫队特科部队装备的FH-70型155毫米榴弹炮

日本陆上自卫队特科部队装备的99式155毫米自行榴弹炮

日本陆上自卫队特科部队装备的203毫米自行榴弹炮

日本陆上自卫队特科部队装备的88式岸舰导弹

日本陆上自卫队特科部队装备的12式岸舰导弹

日本陆上自卫队特科部队装备的多联装火箭系统（MLRS）（特科教导队第7中队装备）

四、日本陆上自卫队航空科职种（陆军航空兵）

航空科是日本陆上自卫队职种之一，属于战斗职种，它相当于日本帝国陆军时期的航空兵科，也相当于外国军队的陆军航空兵，其职种标识颜色为浅葱色。

目前，航空科部队主要承担地面部队空中支援、空中机动、人员运输、空中侦察等任务，主战装备为各种飞机（包括固定翼飞机和直升机）。隶属方面航空队直辖的航空野整备队和管制气象部队也都是航空科部队，前者主要承担飞机维修业务，后者主要承担航空交通管制、气象预报等飞机航运支援业务。

航空科部队中最大的部队单位是中央即应集团直辖的第1直升机团（木更津驻

屯地)，其他较大的航空科部队还有各方面队直辖的方面航空队、师团与旅团直辖的飞行队（其中，第12旅团和第15旅团编制直升机队而非飞行队)、由日本防卫大臣直辖的中央管制气象队以及各方面航空队直辖的方面管制气象队。其中，方面管制气象队要向管区内有航空科部队驻扎的驻屯地或分屯地分派派遣队。

航空科唯一的职种学校为位于三重县伊势内的日本陆上自卫队航空学校（明野驻屯地)，其教育研究支援部队为教育支援飞行队。

截至2014年，航空科部队的主要飞机装备有UH-1B/H/J通用直升机、UH-60JA通用直升机、CH-47J/JA运输直升机、OH-6D/J侦察直升机、OH-1侦察直升机、AH-1S“眼镜蛇”反坦克直升机、AH-64D“长弓阿帕奇”攻击直升机等。

日本陆上自卫队航空科部队装备的AH-1S“眼镜蛇”反坦克直升机

日本陆上自卫队航空科部队装备的AH-64D攻击直升机

日本陆上自卫队航空科部队装备的CH-47J/JA运输直升机

日本陆上自卫队航空科部队装备的OH-1侦察直升机

日本陆上自卫队航空科部队装备的OH-6D侦察直升机

日本陆上自卫队航空科部队装备的UH-1J通用直升机

日本陆上自卫队航空科部队装备的UH-60J通用直升机

五、日本陆上自卫队设施科职种（工兵）

设施科是日本陆上自卫队职种之一，相当于外国军队和日本帝国陆军的工兵，主要在战斗任务中通过使用工程技术实力对各部队实施全面的支援业务，包括战斗支援、兵站支援以及情报支援三项基本任务，其职种标识颜色为绛紫色。

目前，日本陆上自卫队设施科部队的具体任务有：雷区、反坦克堑壕等障碍构筑和处理，道路、桥梁等基础设施的破坏、构筑和修复，使用各种渡河器材遂行渡河支援、阵地构筑等任务，面向第一线部队发挥战斗力的支援，道路、机场、码头、港湾等基础设施的建设与维护，不动产业务的技术援助等兵站支援，测量及地图制作，航空照片复制，等等。

截至2014年，日本陆上自卫队最大规模的设施科部队是各方面队直辖的设施团及设施团下辖的9个设施群，同时，各师团直辖有设施大队，各旅团直辖有设施中队。

此外，设施科部队还有设施队、设施器材队（架桥中队、特殊器材中队）、水际障碍中队、自动倾斜车辆中队、坑道中队等部队。其中，坑道中队是挖掘隧道的部队。

设施科部队的职种学校是日本陆上自卫队设施学校，其教育支援部队是该校直辖的设施教导队。

日本陆上自卫队设施科部队装备的道路障碍作业车

日本陆上自卫队设施科部队装备的坑道挖掘装置

日本陆上自卫队设施科部队装备的设施作业车

日本陆上自卫队设施科部队装备的掩体挖掘机

日本陆上自卫队设施科部队装备的物资搬运车

日本陆上自卫队设施科部队装备的自行破碎机

日本陆上自卫队设施科部队装备的中型推土机

日本陆上自卫队设施科部队装备的75式装甲推土机

六、日本陆上自卫队通信科职种（通信兵）

通信科是日本陆上自卫队职种之一，属于战斗职种，相当于外国军队和日本帝国陆军的通信兵（科），主要承担各种通信系统的构建、维护、运营等通信业务，其职种标识颜色为青色。

截至2014年，日本陆上自卫队最大规模的通信科部队是日本防卫大臣直辖的陆上自卫队通信团，其他主要的通信科部队还有五大方面队直辖的方面通信群、师团直辖的通信大队、旅团直辖的通信中队（队）等部队。

通信科部队的职种学校为日本陆上自卫队通信学校（久里滨驻屯地），其教育支援部队为通信教导队。

七、日本陆上自卫队武器科职种

武器科是日本陆上自卫队职种之一，主要承担轻重武器和车辆维修以及哑弹处理任务，其职种标识颜色为萌黄色。

日本陆上自卫队武器科职种人员主要分配于五大方面队的方面后方支援队以及五大补给处内。早在日本陆上自卫队后方支援体制改革之前，方面后方支援队的前身为方面直辖的方面武器队，师团的后方支援联队前身有武器大队，平成21年度末之后，这种后方支援体制彻底终结。此后，日本陆上自卫队武器科部队冠以“武器”名称的只有职种学校——日本陆上自卫队武器学校及其教育支援部队——武器教导队（土浦驻屯地）。

八、日本陆上自卫队需品科职种

需品科是日本陆上自卫队职种之一，相当于日本帝国陆军时期的一部分辎重兵科，其职种标识颜色为茶色，主要面向各部队承担燃料、粮食、军需物资补给与维修以及队员供水、洗浴、洗衣等后勤保障任务，在灾害派遣任务中，主要面向受灾人员提供洗浴、供水支援等任务。

目前，需品科队员主要任职于师团、旅团后方支援联队（队）直辖的补给队

（中队）以及各方面队方面后方支援队中的补给中队内。作为最大规模的补给部队，日本陆上自卫队设置补给统制本部及五大方面队直辖的五大补给处。

需品科部队的职种学校为日本陆上自卫队需品学校（松户驻屯地），其教育支援部队是需品教导队。

九、日本陆上自卫队运输科职种（辎重兵）

运输科是日本陆上自卫队职种之一，相当于日本帝国陆军的辎重兵，其职种标识颜色为紫色。

目前，运输科部队主要通过大型运输车辆等装备实施人员、装备运输业务以及运输管制、交通站业务、道路使用管制等职责。运输科部队的运输业务涉及非常全面，包括陆路运输（汽车、铁路）、海上运输和航空运输。

此外，运输科部队内还设置了汽车教习所，这种设施主要承担汽车驾驶许可资格获取等方面的教习业务。2007年6月，根据日本道路交通法改正的实施，汽车教习所只从事自卫队车辆（军车）的驾驶资格培训业务，不再从事地方大型车辆的驾驶训练。

日本陆上自卫队主要的运输科部队有日本防卫大臣直辖的中央运输业务队、各方面队直辖的方面运输队以及各师团/旅团直辖的后方支援联队（队）运输队。

运输科部队的职种学校为日本陆上自卫队运输学校（朝霞驻屯地），其教育支援部队为第311运输中队。

十、日本陆上自卫队化学科职种（防化兵）

化学科是日本陆上自卫队职种之一，主要承担化学防护作战，职种标识颜色为金茶色。

目前，化学科部队主要承担NBC武器（N代表核武器、B代表生物武器、C代表化学武器）的探测与拆除任务。日本陆上自卫队化学科部队曾经参与的实战经历有东京地铁沙林毒气事件、东海村JCO临界事故等。

截至2014年，日本陆上自卫队主要的化学科部队有中央特殊武器防护队

（大宫驻屯地，堪称日本防化兵部队“第一”）以及各师团、旅团直辖的化学防护队。

在各师团直辖的化学防护队中，由于政经中枢型师团非常重视化学防护业务，故此，其化学科部队均编制为特殊武器防护队，各化学防护队长由二等陆佐军官担任。具体部队有：第1师团第1特殊武器防护队（2010年3月由第1化学防护队改编而来），第2师团第2化学防护队（在师团直辖化学科部队中，这支部队是第一个由师团司令部付队中独立为化学防护小队，同样，后来又第一个成为师团长直辖的化学科部队），第3师团第3特殊武器防护队（2006年3月由师团司令部付队化学防护小队扩编而来），第4师团第4特殊武器防护队（2009年3月由第4化学防护队改编而来），第6师团第6特殊武器防护队（2010年3月由第6化学防护队改编而来），第7师团第7化学防护队，第8师团第8化学防护队，第9师团第9化学防护队和第10师团第10特殊武器防护队（2013年3月由第10化学防护队改编而来）。

在旅团部队中，原来司令部付队下属的化学防护小队纷纷独立。截至2013年3月，所有旅团司令部付队下属的化学防护小队全部独立。具体部队有：第5旅团第5化学防护队（2013年3月26日扩编完成），第11旅团第11特殊武器防护队（2011年4月22日扩编完成），第12旅团第12化学防护队（2013年3月26日扩编完成），第13旅团第13化学防护队（2013年3月26日扩编完成），第14旅团第14化学防护队（2013年3月26日扩编完成）和第15旅团第15特殊武器防护队（2013年3月26日扩编完成）。

日本陆上自卫队化学科部队装备的NBC侦察车

日本陆上自卫队化学科部队装备的化学防护车

化学科部队唯一的职种学校为日本陆上自卫队化学学校（大宫驻屯地），其教育支援部队为化学教导队（大宫驻屯地）。

化学科部队主要装备有NBC侦察车、生物侦察车、化学防护车、除染车等。

日本陆上自卫队化学科部队装备的生物侦察车

十一、日本陆上自卫队警务科职种（宪兵）

警务科是日本陆上自卫队职种之一，主要承担警卫护送、道路交通管制、预防自卫队员违法乱纪、犯罪搜查等部队内部纪律维护业务以及仪仗任务，这个职种相当于宪兵，其职种标识颜色为蓝色，但队旗颜色为鼠灰色。

截至2014年，日本陆上自卫队现役主要的警务科部队有陆上自卫队警务队和保安警务中队，这两支部队都是日本防卫大臣直辖部队，它们主要承担司法警察职务和保安职务。

以前，保安中队曾经是方面总监直辖部队，不过，根据平成19年度末的部队改编计划，保安中队改编为各方面警务队下属的保安警务中队，其职责在传统的保安职务之上又赋予了司法警察职务。

此外，各师团、旅团司令部付队曾经编有保安警务队。后来，根据平成19年度部队改编，这些部队统统改编为师团、旅团司令部驻屯地内的地区警务队本部的直辖部队，其名称改为直接支援保安警务队，主要承担司法警察职务。

通常情况下，保安警务中队主要承担仪仗业务，故此，队员编制以陆士（陆军士兵）为主，警务队主要承担司法警察职务。故此，原则上，保安队队员编制以陆曹（陆军士官）以上人员为主。

警务科部队的职种学校为日本陆上自卫队小平学校（小平驻屯地）的警务教育部。

十二、日本陆上自卫队会计科职种（财务兵）

会计科是日本陆上自卫队职种之一，主要司职经费出纳、工薪计算等财务业务，其职种标识颜色为蓝色。

截至2014年，日本陆上自卫队主要的会计科部队有日本防卫大臣直辖的中央会计队和五大方面队下属的方面会计队。其中，方面会计队队本部设置在方面总监部所在的驻屯地内。同时，方面会计队向管内的各驻屯地分别派遣会计队，通常情况下，各会计队长由三等陆佐或一等陆尉军官担任。根据所派遣驻屯地驻军规模的不同，派遣会计队的编制规模也不同。比如，师团司令部所在驻屯地的会计队编制人数大约为20人，更小驻军规模驻屯地的会计队编制人数大约为10人，一般的会计队编制规模为小队至分队级别，相当于中队规模的会计队要授予部队旗（军旗），会计队装备有各种车辆。

会计科部队唯一的职种学校为日本陆上自卫队小平学校（小平驻屯地）下属的会计教育部。

另外，会计监察队是一支诸职种混成部队，其职种不仅有会计科。

十三、日本陆上自卫队卫生科职种（卫生兵）

卫生科是日本陆上自卫队职种之一，相当于外国军队的卫生兵，其职种标识颜色为浓绿色，具体编制有医官（相当于医师、军医）、牙科医官（牙科医师）、看护官（护士、准护士）等。

目前，卫生科部队主要从事伤病员的治疗业务，卫生科人员主要分配到卫生科部队、驻屯地医务室和自卫队医院内。

日本陆上自卫队主要卫生科部队有中央即应集团直辖的反特殊武器卫生队（朝霞驻屯地）、各方面队直辖的方面卫生队、各师团/旅团直辖的后方支援联队（队）卫生队以及各战斗职种（普通科、机甲科、设施科、特科和通信科）所属部队本部管理中队内配属的少量卫生科队员。

卫生科部队的职种学校有日本陆上自卫队卫生学校以及自卫队中央医院、自卫队医院，其中，自卫队医院只承担准护士的培训业务。卫生科部队的教育支援部队是卫生教导队，研究部队是开发实验团直辖的部队医学实验队（三宿驻屯地）。

十四、日本陆上自卫队情报科职种（情报兵）

情报科是日本陆上自卫队职种之一，相当于外国军队的情报兵，主要从事专业的情报收集和处理业务，同时承担适当情报的发布和广播业务，其职种标识颜色为水色。

在以前的情报领域，日本陆上自卫队并没有设置专业的情报科职种，在此期间，情报收集业务由诸职种队员编成的混成部队负责，然而，基于《中期防卫力整备计划（2005）》，2010年3月26日，日本陆上自卫队正式设置情报科职种，这是自1954年日本陆上自卫队创建以来第一次设置全新的职种。

预计2014年度末，情报科干部定员编制将会达到1300人，陆军士官和士兵将会达到1900人，这些人员都是情报专业人员。

目前，情报科部队的教育机关是位于东京都小平市小平驻屯地内的日本陆上自卫队小平学校情报教育部。

日本陆上自卫队情报科职种的徽章

目前，日本陆上自卫队主要的情报科部队有日本防卫省防卫政策局调查科下属的陆上自卫队队员、陆上幕僚监情报科、五大方面总监部情报部（原调查部）、各师团/旅团司令部第2部、中央即应集团司令部情报部、日本防卫省情报本部所属的陆上自卫队队员、中央情报队（包括下属的地理情报队、基础情报队、情报处理队和现地情报队）、自卫队情报保全（保密）队、沿岸监视队、方面情报队等。

十五、日本陆上自卫队音乐科职种

音乐科是日本陆上自卫队职种之一，相当于日本帝国陆军的军乐部，主要承担音乐演奏任务以提高部队士气，其职种标识颜色为蓝色。

目前，音乐科部队无职种学校，相当职能的部队为日本陆上自卫队中央音乐（军乐）队（朝霞驻屯地）。

| 第七节 | 解读处于深刻军事变革的日本陆上自卫队

近年来，随着中日钓鱼岛冲突不断升级，日本陆上自卫队部队改编的大动作频频，比如2006年第2混成团扩编为第14旅团，2007年作为日本陆上自卫队各大机动部队总司令部的中央即应集团创建，2008年日本陆上自卫队第一支联队级别的快速反应部队——中央即应联队（中即联）创建，2010年承担西南诸岛防御主力的第1混成团扩编为第15旅团，2014年承担日本西南诸岛防空任务的第6高射特科群扩编为第15高射特科联队，2014年至2018年期间正在着手组建水陆机动团（海军陆战旅）和陆上总队，等等。这些新型职能部队的出现都将会大大提高日本陆上自卫队的全新作战能力。

在进行大规模新型职能部队扩编、改编、组建的同时，日本陆上自卫队还在着手裁撤那些不适应现代战争的过时部队，比如2014年3月26日，日本陆上自卫队最后一个方面队直辖的主战坦克部队——第1战车群正式撤编，至此，日本军区级的主战坦克部队全部撤销完毕。日本陆上自卫队还计划于2014年至2018年期间缩编或撤编北部方面队直辖的第1特科团等重装部队。随着冷战的结束，诸如坦克部队等重装甲集群以及野战炮兵部队等，都已经不适应现代战争的需要，故此，它们都成了日本陆上自卫队的主要裁撤目标。

一、进入深刻军事变革的日本陆上自卫队

在现阶段及未来一段时间内（2020年之前），日本陆上自卫队的军事变革将主要突出表现在几个方面，分别是组建陆上总队、进行机动化师团旅团建设、进行海军陆战化建设、进行空中机动化建设、进行特种部队建设。

以全面备战思想为指导，组建陆上总队是日本陆上自卫队未来军事变革中最大的动作。根据目前计划，全新组建的陆上总队将来自现在的中央即应集团。中央即应集团是日本陆上自卫队全军级别机动部队的总司令部，在此基础上，陆上

总队还要扩编、组建更多的直辖机动部队，包括由西部方面普通科联队（西普联）扩编而来的水陆机动团、由五大方面队改编而来的机动化师团和旅团等。这样，在战时条件下，作为日本陆军作战总司令部的陆上总队便可以调集全国范围内的机动部队参战，这在2000年之前是很难想象的。

进行机动化师团旅团改编主要是为了适应陆上总队的创建。事实上，现在日本陆上自卫队中的即应现代化师团旅团和综合现代化师团旅团都具备了一定的全国机动部署能力，但相比于陆上总队的建设目标还差很多。经过机动化改编之后，无论是在军事编制体制上，还是在武器装备上，这些师团旅团将具备更强大、更快速的全国机动部署能力。届时，这些师团旅团可通过陆路投送、海上投送、空中投送三种方式进行全国甚至全球范围内的机动部署。

海军陆战化建设是日本陆上自卫队未来的一个主要目标。自2002年西部方面普通科联队创建以来，海军陆战队正式进入日本陆上自卫队作战序列，这是自1945年日本战败投降后，时隔57年，日本海军陆战队的再次重现。从职责上来看，海军陆战队是一个纯攻击性的海军兵种，这完全违背了日本和平宪法。日本陆上自卫队的海军陆战队建设完全依靠驻日美军。美国海军陆战队对日本的海军陆战队建设提供了全面的帮助和支援，包括编制、体制、作战、训练、武器装备等各个层面。在西部方面普通科联队扩编为水陆机动团期间，美国海军陆战队的帮助更多。此外，美国海军陆战队还将向日本的水陆机动团提供核心的主战装备，这就是美国海军陆战队现役的主战装备AAV−7水陆两栖战车和MV−22“鱼鹰”运输机等。随着海军陆战化建设的不断推进，日本陆上自卫队不会满足一个水陆机动团。以美国海军陆战队为标准，日本至少会建设一个标准化的海军陆战师。

与主战坦克、野战火炮等重火力支援手段相比，空中火力支援更迅速、更安全，维护成本也相对更低。故此，日本陆上自卫队近年来大量裁撤了传统的重火力支援部队，而全力推进陆军航空兵部队的建设，比如中央即应集团第1直升机团的建设、日本陆上自卫队唯一空中机动化旅团——第12旅团第12直升机队的建设、第15旅团第15直升机队的建设以及军区级各大直升机部队的建设，等等。与10年前相比，日本陆军航空兵建设如雨后春笋、遍地开花，今天日本陆上自卫队的空中机动、空中火力支援、空降、空运、空中侦察等作战能力都有了质的飞跃。未来一个阶段，日本陆上自卫队的空中机动化建设仍然是一个重点。

日本陆上自卫队正在积极推进特种部队建设。2004年3月27日，日本陆上自卫队创建了第一专业的特种作战部队，这就是特殊作战群。当今世界，在非对称战争环境中，游击战、恐怖袭击、特种作战等非对称作战手段层出不穷，为了应对这种变化，日本陆上自卫队决心创建一支专业的反恐、反游击、反特种作战部队。当然，日本陆上自卫队的特种部队建设也得到了美国陆军特种部队的帮助和支援，包括编制、体制、作战、训练、武器装备等各个层面。而且，特殊作战群的各种特种作战技能也得到了美国陆军特种部队的全面调教。虽然特殊作战群创建已有10年时间，不过，按照日本陆上自卫队的计划安排，这支特战利剑还没有具备全面的实战能力，距离“剑出鞘”尚待时日。

上述五个方面是日本陆上自卫队未来一段时间内重点建设和深刻转变的内容，此外，还有联队级C^4I作战指挥系统建设、三军联合化、轻装化等建设方向。

第二章
日本防卫大臣直辖陆上自卫队部队

丨第一节丨解读日本陆上自卫队“通信团”

目前，日本防卫大臣直辖的陆上自卫队部队共有9个，分别是通信团（市谷驻屯地）、中央情报队（市谷驻屯地）、陆上自卫队警务队（市谷驻屯地）、陆上自卫队中央会计队（市谷驻屯地）、陆上自卫队中央运输业务队（横滨驻屯地）、陆上自卫队中央管制气象队（市谷驻屯地）、陆上自卫队会计监察队（市谷驻屯地）和陆上自卫队中央军乐队（朝霞驻屯地）等。

上述9个高级司令部都由日本防卫大臣直接领导，它们分别为日本陆上自卫队全军提供指挥通信中枢构建、情报共享、警务纠察、财务业务、运输业务、管制气象业务、财务监察等服务。在日本防卫大臣（国防部长）的直接领导下，日本陆上自卫队各部队军事指挥官不必直接插手部队财务、军纪、财务监察等涉及腐败因素，这从很大程度上让各级作战部队从纷繁的事务性工作中解脱出来，从而专心作战、训练、灾害派遣、民生支援、国际维和等使命和任务。这种事务性、业务性工作与各级部队相分离的做法既提高了部队的遂行作战能力，同时也大大降低了部队腐败的概率，培养了部队清廉高效的作风。

一、陆上自卫队通信团（☆☆）——日本陆军的指挥通信中枢司令部

通信团是日本陆上自卫队“团”级编制部队之一，它相当于中国军队的通信师或通信旅，是日本国内唯一的通信团部队，也是最大规模的通信部队，拥有最高级别的通信司令部，是日本防卫大臣直辖的通信科（通信兵）部队。团本部驻地设在东京都新宿区的市谷驻屯地内。这支部队还负责为日本海上自卫队和日本航空自卫队提供通信支援服务。

目前，通信团主要面向日本防卫省及陆上幕僚监部提供通信和写真（照相）保障业务，所属部队分布于东京都新宿区的市谷驻屯地和神奈川县横须贺市的久里滨驻屯地内，主要业务范围包括通信系统、通信、视频、写真（照相）、保密

位于日本防卫省办公大楼B栋的通信团本部（照片左侧建筑）及通信团所属的通信铁塔

等相当广泛的领域。通信团本部所在地的市谷驻屯地内耸立有承担主要通信业务的通信铁塔。

从全军的角度来看，通信团是日本陆上自卫队通信科部队中的“老大”，它不仅拥有最大规模的部队编制、最先进的装备保障，还拥有最强的业务能力。同时，通信团还是日本陆上自卫队指挥通信中枢所在地，它负责日本全国所有驻屯地、分屯地之间通信运营业务的全面统一管理。

在市谷驻屯地内，除日本陆上自卫队通信团外，还有日本航空自卫队的指挥通信中枢——航空系统通信队以及日本海上自卫队的指挥通信中枢——系统通信队群，这三支军种指挥通信中枢的共同部队为日本自卫队指挥通信系统队，而且，这支部队也部署在市谷驻屯地内。

二、通信团发展历史概况——建军60年

从通信团发展历史来看，它的发展与建设历史与日本陆上自卫队的创建历史同步。

早在1954年（昭和29年）7月1日，随着日本陆上自卫队的创建，作为通信团最早前身部队的第301写真中队正式编成。

1960年（昭和35年）1月14日，日本陆上自卫队正式新编通信团，同时，第301写真中队成为通信团下属部队。

1994年（平成6年）3月，中央系统管理队新编（分驻市谷驻屯地和大宫驻屯地）；11月，随着东部方面总监部搬迁到朝霞驻屯地内，通信团接管市谷驻屯地司令职务。

2000年（平成12年）3月26日，第301写真中队改编为第301映像写真中队，

同时，通信团将市谷驻屯地司令职务移交给中央业务支援队。

2004年（平成16年）3月26日，中央基地通信队改编为中央基地系统通信队。

2005年（平成17年）3月28日，新编系统防护队。

2008年（平成20年）3月26日，中央系统管理队改编为研究本部下属的系统开发队。

三、通信团部队编制和军事领导

截至2014年（平成26年），通信团部队编制包括通信团本部、本部付队（司令部直属队）、中央基地系统通信队（市谷驻屯地）、中央野外通信群（久里滨驻屯地）、通信保全监察队（市谷驻屯地）、系统防护队（市谷驻屯地）和第301映像写真中队（市谷驻屯地）。

目前，通信团的军事指挥官由2人组成，分别是一名团长和一名副团长。

四、中央基地系统通信队（☆）——日本陆军总部通信司令部

通信团下属中央基地系统通信队主要面向陆上幕僚监部及同一地区驻军部队提供通信系统的构建、维护、运营及地方通信系统的运用指挥任务。

（一）日本陆军基地系统通信的运行机制与体制

目前，根据部队构成、主管区域的不同，日本陆上自卫队的基地系统通信部队分为中央通信系统（中央通信系）和地方通信系统（地方通信系）两大类。其中，中央通信系统的构建、维护和运营由通信团下属的中央基地系统通信队负责；地方通信系统的构建、维护和运营则由五大方面通信群下属的基地系统通信大队负责。

五大方面通信群各设置一个基地系统通信大队，而这些基地系统通信大队都由较早服役的基地通信大队与较晚服役的系统管理队统一合并而成。每个基地系统通信大队下设1个基地系统通信中队以及2～4个分属于师团或旅团管内的基地通信中队。除北部、中部之外，其他的基地系统通信中队及全部的基地通信中队都在师团、旅团主管区域的驻屯地及分屯地内设有派遣队。上述这些部队负责构

建、维护和运营日本陆上自卫队的地方通信系统，并向各驻屯地、分屯地内的驻军部队提供各种通信手段。五大通信群所属人员的60%至70%负责常备保障日本陆上自卫队地方通信系统的畅通。

（二）中央基地系统通信队部队编制和军事领导

目前，中央基地系统通信队的部队编制包括队本部、本部付队、信务电信队、电话队、搬送（载波）队、系统运营队和网络运营队。

中央基地系统通信队设队长一名，为一等陆佐（二）军衔。

五、中央野外通信群（☆）——日本陆军总部野外通信司令部

通信团下属中央野外通信群驻地设在神奈川县横须贺市的久里滨驻屯地内，它主要负责包括日本陆上自卫队防卫统合数字通信网完善在内的中央通信系统（野外区间）的构建、维护和运营业务。

早在1968年（昭和43年）3月1日，中央野外通信队扩编为中央野外通信群。

1983年（昭和58年）3月，以中央野外通信群为母体新编东部方面通信群第106通信运用大队和第304搬送（载波）通信中队。

2000年（平成12年）3月，第101通信运用大队缩编为第301通信运用中队，第101搬送（载波）通信大队本部管理中队缩编为本部付队。

截至2014年（平成26年），中央野外通信群的部队编制包括本部付队、第101搬送（载波）通信大队和第301通信运用中队。其中，第101搬送通信大队下设本部付队、第1重搬送中队、第2重搬送中队和构成中队。

中央野外通信群设群长一名，为一等陆佐军衔。

六、通信保全监察队（☆）——日本陆军通信保密与监察司令部

通信团下属通信保全（保密）监察队为通信科部队，主要承担反间谍、通信管理业务，定员编制大约130人，驻地设在市谷驻屯地内。

1987年（昭和62年）3月26日，通信监察队正式改编为通信保全监察队，此

后，开始承担日本陆上自卫队的通信监察、密码设计以及全面的通信安全业务等，下属队员由精通通信技术、密码技术、安全技术的自卫官、事务官和技师构成。与通信保全监察队相似，日本海上自卫队设有系统通信队群保全监察队，日本航空自卫队设有航空系统通信队保全监察群，这3个部队具备相同的任务能力。

截至2014年，通信保全监察队的部队编制包括队本部、保全（保密）队、监察队和作成处理队。

其中，保全队主要负责密码设计。监察队负责对日本陆上自卫队5个领域的通信业务实施实时监察，分别是电波监察，包括无线电台的运用状态（发射功率、发射频率偏差、高次谐波的有无等）；电信监察，包括无线通信规定的履行情况（通信法等）；电话监察，包括有线通信的通话、通信内容（包括电话FAX内容）；电报处理监察，包括收信业务电信规定的履行状态；邮件监察，包括电子邮件规定履行状态。

作成处理队负责日本陆上自卫队所用密码的制作、分配和保管业务。

通信保全监察队设队长一名，为一等陆佐军衔。

七、系统防护队（☆）——日本陆军网络战部队及陆军网络司令部

通信团下属系统防护队是日本陆上自卫队唯一的网络战部队和最高级别的网络战司令部、诸兵种合成部队，其驻地设在东京都新宿区的市谷驻屯地。目前，这支网络战部队主要从事与日本陆上自卫队相关的计算机系统反黑客攻击、网络战以及相关网络战的调查与研究工作。

以2000年日本中央政府机关（省厅）网站主页遭受攻击为契机，日本陆上自卫队正式设立了这支网络战部队。

2001年（平成13年）1月，根据e-japan战略，当时的日本防卫厅决定在日本陆上自卫队通信团下属部队中新编一个反网络战应对部队。

2003年（平成15年）3月26日，日本陆上自卫队通信团正式编成一个作为准备部队的系统防护技术队。

2005年（平成17年）3月28日，系统防护技术队改编为系统防护队，于是，日本第一支网络战部队正式成军。

截至2014年（平成26年），系统防护队的部队编制包括队本部、防护队和技术队，部队首长设一名队长，为一等陆佐军衔。

八、第301映像写真中队——日本陆军摄像、拍照司令部

通信团下属第301映像写真中队，主要承担陆上幕僚监部举行的各种宣传活动支援业务，包括影像拍摄、影像传输、照片拍摄与处理等工作，其驻地设在市谷驻屯地内。

早在1954年（昭和29年）7月1日，随着日本陆上自卫队的创建，第301写真中队在越中岛驻屯地和丰岛分屯地内新编。

1960年（昭和35年）1月，第301写真中队搬迁到市谷驻屯地内，同时，成为通信团的直辖部队。

2000年（平成12年）3月28日，第301写真中队改编为第301映像写真中队。

截至2014年，第301映像写真中队的部队编制包括中队本部、映像小队和写真小队。其中，映像小队的主要任务有向相关司令部传送受灾地区影像、支援灾害派遣部队的编成；写真小队的主要任务有拍摄、编辑和分配日本陆上自卫队的各种活动情况，并对各种宣传活动提供支援。此外，日本陆上自卫队五大方面通信群本部中队还编有映像写真小队，各师团通信大队、各旅团及空挺团通信中队还编有写真班，这些部队都与映像写真中队具备相同的业务范围。

映像写真小队的主要参与的活动有：日本自卫队纪念日中央纪念典礼（中央观阅式）、富士综合火力演习、自卫队音乐节、自卫队伊拉克派遣任务等。

目前，映像写真中队设中队长一名，为三等陆佐（陆军少校）军衔。

丨第二节丨解读日本陆上自卫队“中央情报队”

日本陆上自卫队中央情报队也常常被翻译成军事情报司令部，它负责收集来自各个方面的情报信息与数据。

一、中央情报队（☆☆）——日本陆军最高军事情报司令部

日本陆上自卫队中央情报队是情报科（间谍、谍报）部队，其英文缩写为MIC，可直译为“军事情报司令部”，主要承担公开发行情报收集、翻译、地理情报、地图情报、间谍情报等情报业务，部队定员编制大约600人，驻地设在市谷驻屯地内。

为了高效、统一收集作战所必需的作战情报、侦察情报、地理情报、地图情报等综合情报信息，2007年3月28日，日本陆上自卫队将承担地理情报收集任务的中央地理队（东京都立川市）和承担海外公开军事文献收集、翻译任务的中央资料队（东京都新宿区）统一合并为全新的中央情报队，当时的定员编制就是600人。

整体来看，中央情报队可进行所有情报的统一及专业化处理，从而为部队作战提供情报业务支援。以中央情报队新编构想为背景，日本陆上自卫队联队与中队级别部队的侦察部队可将敌方部队的情报及作战情报迅速传给上级部队，这些部队再将情报汇集到中央情报队，中央情报队再将分析、处理的情报信息传向各作战部队，从而实现情报信息的双向快速交流。

日本陆上自卫队中央情报队（MIC）的部队徽章

二、中央情报队部队编制及军事领导

截至2014年，中央情报队的部队编制包括队本部、本部付队、基础情报队、地理情报队、情报处理队和现地情报队等。

其中，队本部及本部付队的定员编制大约为50人，主要承担中央情报队的总务以及各机关、部队之间的联络协调工作，从人员编制上来看，这是一个异常精干高效的业务司令部。

基础情报队改编自中央资料队，定员编制大约为100人。

地理情报队改编自中央地理队，定员编制大约为360人。

情报处理队定员编制大约为40人。

现地情报队定员编制大约为70人。

目前，中央情报队的军事首长由2人组成，分别是一名队长和一名副队长。

三、基础情报队（☆）——日本陆军公开情报收集司令部

中央情报队下属基础情报队为情报科专业部队，主要承担公开发行情报收集、整理和翻译业务，驻地设在市谷驻屯地内。

2007年3月28日，随着中央情报队的新编，中央资料队改编为中央情报队下属的基础情报队。目前，在陆上幕僚监部进行情报收集业务期间，基础情报队可凭借专业的情报技术及各种外语知识提供必要的情报支援服务。鉴于独特业务的需要，基础情报队队员皆由精通情报、地志[①]及外语能力的诸兵种自卫官（现役军人）及事务官（文职人员）构成。其指挥官，也就是基础情报队长，由拥有驻外武官经历的一等陆佐（二）担任。

截至2014年，基础情报队的部队编制设置队本部、第1科、第2科、第3科、第4科、第5科和技术科等。

其中，第1科主要承担东欧各国相关情报资料的收集和整理业务。

第2科主要承担亚洲各国相关情报资料的收集与整理业务，中近东各国除外。

① 地志学为地理学分支之一，是研究某一地区地理环境特征、结构、发展变化及区域联系的学科。

第3科主要承担北美及中南美各国、西欧各国、中近东各国以及非洲各国相关情报资料的收集和整理业务。

第4科主要承担日本国内相关情报资料的收集和整理业务。

第5科主要承担两个科以上相关情报资料的综合性收集与整理以及外国文件等书面资料的翻译及口译业务。

技术科主要承担科学技术情报资料的收集和整理业务。

四、地理情报队（☆）——日本陆军地理情报收集司令部

中央情报队下属地理情报队为地理情报专业部队，队员构成包括情报科和设施科，主要承担地理测量、地理情报收集和制作，驻地设在东京都立川市的东立川驻屯地内。

2007年（平成19年）3月28日，随着中央情报队的新编，驻东立川驻屯地内的中央地理队由日本防卫大臣直辖部队改编为中央情报队下属的地理情报队。在此次改编之际，地理情报队在中央地理队基础上新编地志中队，从此，采取5个中队的部队编制。

2010年（平成22年）3月26日，随着情报科职种（兵种）的创建，地理情报队队旗由设施科（工程兵）改为情报科部队。

目前，地理情报队的主要业务是在日本陆上自卫队战斗部队实施作战之际向其提供必要的地理情报收集、制作等业务，同时，还要向日本海上自卫队、日本航空自卫队、日本国土地理院等单位提供地理情报支援。

地理情报队的部队徽章

截至2014年，地理情报队的部队编制包括本部管理中队、测图中队、电子地图中队、地志中队和复制补给中队。

地理情报队设队长一名，为一等陆佐（二），兼任东立川驻屯地司令职务。

五、情报处理队（☆）——日本陆军情报共享司令部

中央情报队下属情报处理队是日本陆上自卫队中的情报专业部队，它与接受五大方面总监直接指挥与监督的方面情报处理队不同。

在情报处理队成立之前，日本陆上自卫队的联队（团）部队都设有情报中队或情报小队、侦察队等情报收集部队，这些战术级情报收集部队无法将所获得的情报在上级部队和友邻部队之间共享。随着日本自卫队的基本作战模式转向联合作战，上述战术级情报收集部队所获得的情报需要在方面队范围内进行集中分析和处理，然后再在陆上幕僚监部及各大方面队之间进行共享。在这种共享情报信息及强化情报快速流通态势的大背景下，日本陆上自卫队迫切需要最高级别的情报处理部队，于是便设立了情报处理队。自情报处理队成立之后，日本陆上自卫队联队以下的战术情报收集部队可通过情报数据库、陆上自卫队指挥系统将所获得的情报信息在全军范围内进行实时共享。

从2004年（平成16年）末开始，日本陆上自卫队按照联合作战及情报共享的模式逐次将各大方面总监直辖的方面情报处理队改编为情报收集与处理能力更强的方面情报队。这些方面情报队的部队编制基本都包括队本部、无人侦察机队及其他一些部队。

鉴于特殊业务需要，情报处理队及方面情报处理队队员都由精通地志、外语能力超强等特殊人才构成，其中，情报处理队长由拥有驻外武官经历的一等陆佐担任，各方面情报处理队长由相关经验的二等陆佐担任。

五大方面队下属的情报部队驻地都与方面总监部所在地相同，这些情报部队或是方面情报队，或是方面情报处理队。

其中，北部方面情报处理队驻札幌驻屯地，2005年3月26日创建，2013年3月26日改编为北部方面情报队。

东北方面情报处理队驻仙台驻屯地，2009年3月26日创建，目前尚未进行方面情报队改编。

东部方面情报处理队驻朝霞驻屯地，2008年3月26日创建，目前尚未进行方面情报队改编。

中部方面情报处理队驻伊丹驻屯地，2007年3月28日创建，2010年3月26日改

编为北部方面情报队。

西部方面情报处理队驻健军驻屯地，2005年3月28日创建，2010年3月26日改编为西部方面情报队。

六、现地情报队（☆）——日本陆军间谍情报收集司令部

中央情报队下属现地情报队为间谍情报收集专业部队，其中，“现地”就是现场地区，部队驻地设在朝霞驻屯地内。这是一支新设情报部队，主要从事人工情报收集任务，也就是通常所说的间谍情报收集业务，这支部队可向全世界各个角落派遣间谍。不过，从人员编制上来看，这支部队只有70人编制，只能向特定的对象国派遣间谍，而不能在全世界范围内大量派遣间谍活动。

七、东立川驻屯地——中央情报队之地理情报队母基地

日本陆上自卫队东立川驻屯地位于东京都立川市荣町1段2单元10号地区内，部署中央情报队地理情报队等驻军部队，驻屯地司令由地理情报队长兼任。

目前，东立川驻屯地是日本防卫省技术研究本部、日本陆上自卫队和日本航空自卫队共同使用的基地。其中，技术研究本部航空装备研究所占地面积最大，日本航空自卫队的基地名称为东立川分屯基地，分屯基地司令由日本航空自卫队第4补给处立川分处长兼任。在东立川驻屯地以西大约2000米处还坐落着立川驻屯地，它位于立川市绿町内。

东立川驻屯地正门

（一）东立川驻屯地发展简史

早在日本警察预备队时期的1951年（昭和26年），日本警察预备队立川驻屯地（原立川驻屯地）在日本帝国陆军兽医资材总厂的厂区内正式成立，当时的驻军部队有武器补给处、通信补给处、卫生补给处、武器学校和第502测量中队。

1954年（昭和29年），第101测量大队在立川驻屯地内编成。

1958年（昭和33年），日本航空自卫队第1补给处立川分处、航空医学实验队、技术研究本部第3研究所同时成立，于是，日本航空自卫队立川分屯基地正式成立。

1960年（昭和35年）2月，日本陆上自卫队第101建设队在立川驻屯地内新编，当时，这支部队是日本陆上自卫队唯一的铁道建设部队；3月，第101建设队换防到津田沼。

1961年（昭和36年），航空军乐队（今天的航空中央军乐队）编成。

1963年（昭和38年），立川驻屯地（原立川驻屯地）撤销，随后，这座驻屯地改编为隶属于小平驻屯地管辖下的立川分屯地。

1965年（昭和40年），东京地方联络部三多摩地区队（今天的东京地方协力本部三多摩地区队）编成。

1974年（昭和49年），立川分屯地升格为日本陆上自卫队东立川驻屯地，直到今天。

1982年（昭和57年），航空安全管理队编成。

1995年（平成7年），第101测量大队改编为中央地理队。

2007年（平成19年），中央地理队改编为中央情报队之地理情报队。

2013年（平成25年）8月，随着日本航空自卫队第1补给处撤销，原第1补给处立川分处划归第4补给处编制之下。

（二）东立川驻屯地驻军部队

截至2014年，东立川驻屯地内的驻军部队有中央情报队之地理情报队、第307会计队、第305基地系统通信中队东立川派遣队、第126地区警务队东立川联络班、东立川驻屯地业务队和东京地方协力本部三多摩地区队。

其中，地理情报队是日本防卫省唯一的地理情报专业部队，主要承担地图及航空照片的制作与补给、三维地理情报与地志资料的维护与提供以及各种地理测量支援业务。

处于工作状态中的地理情报队

地理情报队的机房

地理情报队的资料库

地理情报队制作的三维地图，可供作战部队使用

东立川驻屯地业务队主要负责东立川驻屯地驻军部队所需生活、勤务环境（包括衣、食、住、行）的维护、管理及福利保健业务。

第307会计队主要面向驻军部队提供经费、采购、薪饷等财务业务。

第305基地系统通信中队东立川派遣队主要面向驻军部队提供通信系统的构建、维护、运营以及方面指挥系统的维护和运营业务。

第126地区警务队东立川联络班主要负责军纪、要人警戒与防护、交通管制等警备业务。

东京地方协力本部三多摩地区队主要负责队员的招募、预备自卫官的招集、部外联络与支援等业务。

（三）日本航空自卫队立川分屯基地驻军部队

日本航空自卫队立川分屯基地内的驻军部队有日本航空自卫队第4补给处立川分处、航空开发实验集团航空医学实验队第1部和第2部、航空安全管理队和航空中央军乐队。

其中，立川分处主要承担日本航空自卫队所需图书资料的受领、保管、配发、印刷及复印业务。

航空医学实验队主要负责航空医学及心理学上的各种调查研究工作。

航空安全管理队负责航空事故调查支援及与飞行安全相关的教育业务。

航空中央军乐队负责在日本国家活动及重大活动中的音乐演奏任务，每年的日本全国演奏次数大约有100次。

（四）日本防卫省航空装备研究所

日本防卫省驻军部队有日本防卫省技术研究本部航空装备研究所（原第3研究所），该研究所主要承担飞机、机载装备及机载制导武器的研究与试验等业务。

| 第三节 | 解读日本陆上自卫队“警务队”

日本陆上自卫队警务队是由警务队本部、中央警务队及五大方面警务队构成的2星日本陆军宪兵司令部，部队司令部驻地设在市谷驻屯地内，作为宪兵司令部最高军事长官的警务队长由一名2星陆军少将担任。

一、日本陆军宪兵部队运行体制与编制

在2007年（平成19年）度末的大规模改编中，日本陆上自卫队警务队对下属搜查部队及保安部队进行了集中统一改编，在下属五大方面警务队之下集中设置了18个地区警务队和5个保安警务中队。

目前，日本陆上自卫队五大方面警务队分别配置在五大方面队管区内，各自承担分管区域的宪兵职责。五大方面警务队的部队编制基本相同，都由方面警务队本部、几个地区警务队以及1个保安警务中队构成。其中，方面警务队本部都随各自的方面总监部部署在相同的驻屯地内，各方面警务队长都由一等陆佐（陆军上校）担任。

通常情况下，地区警务队配置到每个师团、旅团司令部，并承担分管区域的宪兵职责。除师团、旅团配属的地区警务队之外，另有三个非师团、旅团配属的地区警务队，分别是第127地区警务队、第128地区警务队和第129地区警务队。其中，第127地区警务队主管第1空挺团等部队的管区，具体主管地区有茨城县和千叶县，第128地区警务队主管富士教导团等部队的管区，具体主管地区有山梨县和静冈县，第129地区警务队主管防卫大学、日本陆上自卫队高等工科学校等部队，具体主管地区有神奈川县。所有地区警务队本部都与各自部队司令部或本部部署在相同的驻屯地内，各地区警务队长也都由一等陆佐（陆军上校）担任。

地区警务队根据师团、旅团等下属部队再分担警务职责，对于不同师团、旅团下属部队所在的驻屯地、分屯地，地区警务队再向这些不同级别的陆军基地分

配警务派遣队或警务联络班规模的宪兵部队。这些警务派遣队长、警务联络班长由一等陆尉（陆军上尉）至三等陆尉（陆军少尉）级别的军官担任，最高级别不超过三等陆佐（陆军少校）。

在执行海外派遣任务时，通常情况下，没有常设的宪兵部队，派遣部队可从下属部队中选拔人员组成警务班与部队随行。不过，在伊拉克派遣任务中，由于部队规模庞大，宪兵部队设置的是警务派遣队，而不是警务班。从指挥关系上来看，这些随军警务班或警务派遣队接受派遣部队指挥官的指挥与监督，这些宪兵部队可基于刑事诉讼法行使司法警察职务，在行使司法警察职务时，宪兵部队可不接受派遣部队指挥官的指挥。

日本陆上自卫队正在执勤当中的警务官（日本陆上自卫队执行宪兵任务的军人统称为警务官

按照惯例，每个警务队要每三年举行一次警务队战技竞技会，期间，主要竞技项目有3种，分别是鉴定术、逮捕术、耐力跑。

目前，日本陆上自卫队宪兵部队主要承担两种职责，分别是司法警察职务和保安职务，其中，司法警察职务包括犯罪搜查和嫌疑犯逮捕；保安职务包括交通管制、警卫护送、犯罪预防、违法事件预防等。

日本陆上自卫队宪兵部队（警务科部队）使用的白色涂装73式小型军用卡车

日本陆上自卫队宪兵部队使用的两种警务车辆。

日本陆上自卫队宪兵部队使用的白色涂装摩托车，可见车身英文为日本本田公司所产

二、日本陆上自卫队警务队发展历史概况

1952年（昭和27年）7月，日本警察预备队第400保安大队在松户地区正式编成。

1953年（昭和28年）6月15日，此时的日本保安队宪兵部队正式拥有司法警察职务。在日本保安队时代的昭和28年，当时的各级警务队在日本全国27座驻屯地内共配属了大约800名警务人员，其中，被日本保安队指定的警务官及警务官补总人数为122人。

1973年（昭和48年）3月，日本陆上自卫队宪兵部队开始设置地区警务队。

2000年（平成12年）3月26日，基于日本防卫厅整体搬迁计划，日本陆上自卫队警务队本部及本部付警务队[①]分别由芝浦驻屯地和桧町驻屯地搬迁到市谷驻屯地内，直到今天。

2008年（平成20年）3月26日，日本陆上自卫队警务队进行大规模部队改编。其中，原有的地区警务队全部撤销，并且都改编为全新的18个地区警务队；原来作为方面总监直辖部队的保安中队全部改编为保安警务中队，并且全部编入到各方面警务队的编制之下，同时接管司法警察职务；原来作为师团、旅团司令部付队下属的保安警务队全部改编为直接支援保安警务队，这些新编部队都编入各地区警务队编制之下，同样也接管司法警察职务。

2011年（平成23年）4月22日，日本陆上自卫队警务队新编中央警务队（相当于陆海空三军纠察），这支宪兵部队集中了陆海空特殊犯罪搜查机能，部队组成人员分别来自日本陆海空三军自卫队的警务官。随着中央警务队的编成，原日本陆上自卫队警务队本部付警务队撤销。

三、日本陆上自卫队警务队部队编制

目前，日本陆上自卫队警务队的部队编制包括警务队本部（市谷驻屯地）、中央警务队（市谷驻屯地）、北部方面警务队（札幌驻屯地）、东北方面警务队（仙台驻屯地）、东部方面警务队（朝霞驻屯地）、中部方面警务队（伊丹驻屯地）和西部方面警务队（健军驻屯地）。

其中，警务队本部下设总务科、企画（规划）训练科、搜查科和保安科。

中央警务队承担日本陆上自卫队宪兵部队中央指挥所的警备任务。

北部方面警务队下设第119地区警务队（旭川驻屯地，原第106地区警务队）、第120地区警务队（真驹内驻屯地，原第101地区警务队）、第121地区警务队（带广驻屯地，原第107地区警务队）、第122地区警务队（东千岁驻屯地，原第108地区警务队）和第301保安警务中队（札幌驻屯地，原第301保安中队）。

东北方面警务队下设第123地区警务队（青森驻屯地，原第109地区警务队）、

① 日语中“x付”意思是指附属于该机构，本部付警务队，相当于本部直属警务队。

第124地区警务队（神町驻屯地，原第110地区警务队）和第305保安警务中队（仙台驻屯地，原第305保安中队）。

东部方面警务队下设第125地区警务队（相马原驻屯地，原第111地区警务队）、第126地区警务队（练马驻屯地，原第102地区警务队）、第127地区警务队（习志野驻屯地，原第112地区警务队）、第128地区警务队（富士驻屯地，原第104地区警务队）、第129地区警务队（久里滨驻屯地，原第113地区警务队）和第302保安警务中队（市谷驻屯地，原第301保安中队，现特别仪仗队）。

中部方面警务队下设第130地区警务队（守山驻屯地，原第114地区警务队）、第131地区警务队（千僧驻屯地，原第115地区警务队）、第132地区警务队（海田市驻屯地，原第118地区警务队）、第133地区警务队（善通寺驻屯地，原第116地区警务队）和第304保安警务中队（伊丹驻屯地，原第304保安中队）。

西部方面警务队下设第134地区警务队（福冈驻屯地，原第103地区警务队）、第135地区警务队（北熊本驻屯地，原第117地区警务队）、第136地区警务队（那霸驻屯地，原第105地区警务队）和第303保安警务中队（健军驻屯地，原第303保安中队）。

此外，地区警务队还下设大量的警务派遣队、联络班以及直接支援保安警务队等部队，后续相关章节另解。

目前，日本陆上自卫队警务队的主要军事指挥官由2人组成，分别是一名队长和一名副队长。

|第四节|解读日本陆上自卫队“中央会计队”

作为日本陆军财务部队司令部，日本陆上自卫队中央会计队掌管着日本陆军全军范围内的经费、资金、采购等财务业务。从运行机制上来看，中央会计队可让日本陆军各级作战部队从纷繁复杂的财务业务中分离出来，让更加职业化的专业部队去承担此项业务。这不仅提高了各级作战部队的战斗力和任务遂行能力，还培养了清廉高效的部队作风、杜绝了作战部队的各种腐败。

一、中央会计队（☆☆）——日本陆军财务部队司令部

中央会计队驻地设在东京都新宿区的市谷驻屯地内，为日本陆上自卫队防卫大臣直辖部队之一。

目前，中央会计队除承担陆上幕僚监部及陆上幕僚长指定部队的会计（财务）业务之外，还负责北部方面会计队、东北方面会计队、东部方面会计队、中部方面会计队和西部方面会计队这五方面会计队的会计（财务）业务指挥与管理。

中央会计队由6个科组成，各科科长由二等陆佐（陆军中校）军衔军官担任，中央会计队的指挥官由一名2星陆军少将（二）担任。如果是一等陆佐（陆军上校）军官就任这个职务，那么，在任职期间必定会晋升到2星陆军少将军衔。

二、中央会计队发展历史概况——早于日本陆上自卫队的创建历史

早在1952年（昭和27年）10月15日，随着日本警察预备队改编为日本保安队，日本保安队中央会计队在越中岛驻屯地内正式创建。

1954年（昭和29年）7月1日，随着日本保安队改组为日本陆上自卫队，日本保安队中央会计队也改编为日本陆上自卫队中央会计队，直到今天。

1960年（昭和35年）1月，中央会计队由越中岛驻屯地搬迁到桧町驻屯地内。

2000年（平成12年）3月，基于日本防卫厅制定的大规模搬迁计划，中央会计队由桧町驻屯地搬迁到市谷驻屯地，直到今天。

三、中央会计队部队编制

目前，中央会计队的部队编制包括总务科、审查科、电计科、债权岁入科、契约科和业务科等。

其中，总务科主要承担中央会计队的总务、人事和宣传报道业务。

审查科主要承担与金钱财务相关的审查及报告业务。

电计科主要承担与经费及收入相关的调查、供给关系的电子计算机处理以及电子计算机的维护与管理业务。

债权岁入科主要承担与债权管理及岁入（年收入）征收相关的事务。

契约科主要承担物资及劳务的采购。

业务科主要承担供给、差旅费及其他经费的支付业务。

目前，中央会计队的主要军事领导由2人组成，分别是一名队长和一名副队长。

|第五节|解读日本陆上自卫队“中央运输业务队”

日本陆上自卫队中央运输业务队是日本陆军陆上运输司令部，辖运输科和会计科2个兵种，其驻地设在神奈川县横滨市的横滨驻屯地内，为日本陆上自卫队防卫大臣直辖部队之一。

从运行机制上来看，中央运输业务队的存在也让日本陆军各级作战部队由纷繁的运输业务中解脱出来，从而专职于作战、训练等核心任务。目前，日本陆军作战部队的活动范围遍布日本全国及全世界，对于这些部队及随行武器装备、物资的运输业务都由中央运输业务队统管。

一、中央运输业务队发展历史概况

1983年（昭和58年）3月24日，日本陆上自卫队京滨港湾处理队、青函地区运输联络队及第391会计队统一合并为中央运输业务队。

1996年（平成8年）1月，中央运输业务队新编移动支援队。

2006年（平成18年）3月26日，中央运输业务队撤销青函地区和京滨地区队，同时，新编运输处理队，并将移动支援队分割成3个队。

2008年（平成20年）3月26日，第3移动支援队由函馆驻屯地换防到横滨驻屯地内。

二、中央运输业务队基本任务

目前，中央运输业务队的运输业务覆盖范围遍布全球，主要服务对象为日本陆、海、空三军自卫队。整体来看，中央运输业务队的基本任务可分为4项，分别是国外运输、国内运输、有偿援助采购（FMS）和相关运输业务的调查研究工作。

其中，国外运输包括伴随日本自卫队参加国外训练而产生的运输业务和伴随日本自卫队执行国际维和支援行动所产生的运输业务。前者比如每年日本陆上自卫队的特科部队（炮兵部队）、高射特科部队（防空兵部队）等作战部队要前往美国各大演习场、靶场参加实弹射击训练，这些部队的运输计划及实施都由中央运输业务队负责，此外还包括日本海上自卫队、日本航空自卫队的海外训练运输业务；后者比如日本自卫队参加国外的国际维和使命、国际紧急援助队等任务时，这时的部队及装备运输也由中央运输业务队负责。

国内运输包括训练运输、补给运输和灾害派遣运输等运输业务。训练运输比如每年的北方、南方跨区联合机动演习等全国范围的作战训练都要由中央运输业务负责，伴随训练而产生的各种弹药采购、运输、补给等运输业务也由中央运输业务队负责。

有偿援助采购是指从美国接收和发送采购的武器装备业务。基于日本国与美利坚合众国签订的《相互防卫援助协定》，日本政府每年要向美国政府采购大量的武器装备、军事物资。这些物资的接收以及面向日本陆、海、空三军自卫队的配送也都由中央运输业务队负责。

运输调查研究包括与运输相关资料的收集、与运输业务相关的研究工作等，这些调查研究工作都是为了更好完成各种国内外的运输业务。

三、中央运输业务队部队编制

目前，中央运输业务队的部队编制包括队本部、运输处理队、第1移动支援队、第2移动支援队和第3移动支援队。

其中，队本部下设总务科、企画（规划）科、运用科、管理科和会计（财务）科。总务科主要负责中央运输业务队的总务、人事等基本业务以及横滨驻屯地的宣传、福利保健等基地业务。企画科主要负责中央运输业务队的防卫警备、教育训练、调查研究等基本业务以及横滨驻屯地的警备、消防等基本业务。运用科主要承担与日本自卫队国外维和支援活动、各种演习训练等相关的运输业务以及国内面向两个方面区相关的灾害派遣、演习训练、补给等运输业务。管理科主要负责中央运输业务队的补给、维修等基本业务以及横滨驻屯地的基础设施管理、薪饷等基本业务。会计科主要负责中央运输业务队的运输劳务合同业务以及横滨驻屯地薪饷、物品采购等基本业务。

运输处理队的基本业务领域有国内外运输和有偿援助采购两个方向，前者基本业务有运输劳务的监督与检查，部队、补给物资的数量检查和质量检查，具体的部队与补给物资的装运、卸载业务；后者基本业务有国内运输的运输劳务采购以及实施进出口的业务通关工作。

第1移动支援队、第2移动支援队和第3移动支援队的业务范围都只限于国外运输和国内运输方面，包括运输劳务的监督与检查，部队与补给物资的数量检查和质量检查，部队与补给物资的装运和卸载等业务。

四、中央运输业务队主要装备及军事领导

目前，中央运输业务队的主要装备有73式小型军用卡车、73式中型军用卡车、73式大型军用卡车、业务车1号、人员运输车、64式7.62毫米步枪等。

中央运输业务队设队长一名，为一等陆佐（二）军衔，同时，兼任横滨驻屯地司令职务。

五、横滨驻屯地——中央运输业务队母基地、日本陆军最小驻屯地

日本陆上自卫队横滨驻屯地位于神奈川县横滨市保土谷区冈泽町273单元地区内，部署中央运输业务队等驻军部队，驻屯地司令由中央运输业务队长兼任。

目前，横滨驻屯地是日本陆、海、空三军设在横滨市内唯一的自卫队基础设施（军事设施）。综合日本全国的陆上自卫队驻屯地来看，横滨驻屯地是其中占地规模最小的驻屯地。

从地理位置上来看，横滨驻屯地几乎坐落在横滨市中央丘陵地带的一角，驻屯地周边被住宅区所包围。

横滨驻屯地全景航拍照片

横滨驻屯地全景卫星照片，可见基地内只有办公楼、篮球场、小型操场等必要基础设施

横滨驻屯地正门悬挂的各驻军部队番号牌

（一）横滨驻屯地发展简史

早在1957年（昭和32年）1月，第107特科大队由习志野驻屯地换防到横滨市，第391会计队也由樱木町分屯地换防过来，于是，日本陆上自卫队正式开设横滨驻屯地。

1960年（昭和35年）1月，第384基地通信队和第367警务队本部在横滨驻屯地内新编。

1966年（昭和41年）3月，第107特科大队换防到松户驻屯地，同时，京滨港湾处理队由樱木町分屯地换防到横滨驻屯地，第367警务队本部换防到久里滨驻屯地，横滨驻屯地配置横滨联络班。

1967年（昭和42年）4月，横滨驻屯地司令部办公楼建成。

1973年（昭和48年）3月，第367警务队横滨联络班改编为第113地区警务队横滨联络班。

1975年（昭和50年）3月，第384基地通信队改编为第309基地通信中队横滨派遣队。

1983年（昭和58年）3月，京滨港湾处理队、青函地区运输联络队和第391会计队统一合并、改编为中央运输业务队。

1994年（平成6年）1月，第309基地通信中队横滨派遣队改编为第316基地通信中队横滨派遣队。

1996年（平成8年）3月，中央运输业务队新编一个移动支援队。

2006年（平成18年）3月，京滨地区队和青函地区队撤销，同时，运输处理队和3个移动支援队重新组建改编为中央运输业务队。

2008年（平成20年）3月，第3移动支援队由函馆驻屯地换防到横滨驻屯地，同时，第113地区警务队横滨联络班改编为第129地区警务队横滨联络班。

（二）横滨驻屯地的驻军部队

正在执勤的第129地区警务队横滨联络班

截止2014年，横滨驻屯地内的驻军部队有中央运输业务队（包括队本部、运输处理队、第1移动支援队、第2移动支援队和第3移动支援队）、第316基地通信中队横滨派遣队和第129地区警务队横滨联络班。

其中，第316基地通信中队横滨派遣队主要承担电话、电报、有线工程等基本通信业务保障职责。

第129地区警务队横滨联络班主要负责自卫队内部犯罪搜查与预防、交通管制、要人警卫护送、部队内部军纪维护等职责。

｜第六节｜解读日本陆上自卫队“中央业务支援队”

日本陆上自卫队中央业务支援队是诸兵种合成部队、日本防卫省市谷地区陆海空三军军事基地综合管理业务部队，其驻地设在市谷驻屯地内，为日本陆上自卫队防卫大臣直辖部队之一。从功能上来看，中央业务支援队与日本陆上自卫队各驻屯地内的驻屯地业务队类似，不过，两者之间在部队规模、管辖范围、业务领域等方面有区别。

一、中央业务支援队综合概况——三军基地总业务队

2000年3月28日，随着当时的日本防卫厅总部由桧町驻屯地整体搬迁到今天的市谷驻屯地内，原桧町驻屯地内的驻屯地业务队、人事统计队、印刷补给队以及市谷驻屯地业务队4支部队统一合并为中央业务支援队。其中，前3支部队为日本防卫厅长官直辖部队，后者是东部方面队直辖部队。

自成立之日起，中央业务支援队的主要任务是各种后勤保障支援业务以及日本防卫省市谷地区驻屯地业务的主要实施者，其主要服务对象不仅面向日本陆上自卫队的陆上幕僚监部，而且还面向日本防卫省本省、统合幕僚监部、情报本部、海上幕僚监部、航空幕僚监部等各大中央司令部。

目前，中央业务支援队队员主要由自卫官（现役军人）以及事务官（文职人员）、技官（技师）组成，这两部分人员各占半数左右，中央业务支援队长还兼任日本陆上自卫队市谷驻屯地司令职务。

二、中央业务支援队部队编制

目前，中央业务支援队的部队编制包括总务部、人事统计部和印刷补给部三大部。

其中，总务部下设总务科、管理科、车辆科、厚生科和卫生科。

人事统计部改编自桧町驻屯地时期的人事统计队，目前主要承担人事资料的处理、保管以及相关的电子计算机维护管理业务。

印刷补给部改编自桧町驻屯地时期的印刷补给队，目前主要承担日本陆上自卫队各种业务所使用的定型用纸及教范类印刷品制作业务。

目前，中央业务支援队的主要军事领导由2人组成，分别是一名队长和一名副队长。

第七节 解读日本陆上自卫队“中央管制气象队”

日本陆上自卫队中央管制气象队是航空科（陆军航空兵）部队，主要承担空中交通管制、航空天气预报等管制与气象业务，其驻地设在市谷驻屯地内，编成地为桧町驻屯地，为日本陆上自卫队防卫大臣直辖部队之一。

综合目前情报来看，中央管制气象队主要承担三个方面的业务：其一，对五大方面队下属的方面管制气象队进行空中交通管制与航空气象业务指挥与控制；其二，为陆上幕僚监部提供气象业务支援；其三，承担日本防卫省办公大楼A栋屋顶部直升机机场的管理业务。

一、中央管制气象队发展历史概况

1968年（平成43年）3月1日，以航空保安通信队为母体，日本陆上自卫队在桧町驻屯地内正式新编中央管制气象队。

1974年（昭和49年）8月，中央管制气象队由日本航空自卫队手中接管隶属于日本陆上自卫队业务范围之内的飞行管理业务。

1979年（昭和54年）4月，中央管制气象队新设副队长职务，同时，在日本航空自卫队府中基地内新编气象中枢勤务班。

1998年（平成10年）2月，中央管制气象队随当时的日本防卫厅搬迁到市谷驻屯地内，2000年（平成12年）4月，历时两年多的搬迁任务全部结束。

2004年（平成16年）3月，中央管制气象队由东部方面航空队手中接管市谷驻屯地屋顶直升机机场管理业务。

二、中央管制气象队部队编制及军事领导

目前，中央管制气象队的部队编制有本部班、飞行管理班、通信班、气

象班、气象中枢班（日本航空自卫队府中基地）和市谷直升机机场运航支援班。

目前，中央管制气象队的主要军事指挥官由2人组成，分别是一名队长和一名副队长，其中，队长为一等陆佐（三）军衔。

| 第八节 | 解读日本陆上自卫队“会计监察队”

日本陆上自卫队会计监察队是诸兵种合成部队、日本陆军会计监察业务部队，其驻地设在市谷驻屯地内、编成地为越中岛驻屯地，为日本陆上自卫队防卫大臣直辖部队之一。

会计监察队的部队徽章

一、会计监察队业务概况——日本陆军腐败案件的稽查者

目前，会计监察队的主要任务是针对日本陆上自卫队各部队及总部机关实施经费管理、采购管理、物品管理和基础设施管理4个领域的会计监察业务，这些是日本陆军范围内部的监察行为。此外，基于会计监察规则，会计监察队还可遵照上至陆上幕僚长及日本防卫省共济组合（互助会）的会计监察指示而实施监察业务。

会计监察队既是日本陆上自卫队的会计监察主体，同时，也是接受会计监察的对象，即接受外部会计检查监督的客体。来自日本防卫省及日本自卫队外部的会计检查院可从日本国家行政机关层面对会计监察队实施外部会计监察，在这种情况下，会计监察队必须全力配合来自部队外部的会计检查。在受检期间，会计监察队不是作为部队单位，而是作为像驻屯地、基地单位一样接受会计检查。

会计监察队都由会计监察官构成，而监察官只由陆上自卫官构成。作为会计监察队指挥官的队长及方面分遣队长、本部副队长共7名主要监察官都由一等陆佐军官担任。

二、会计监察队发展历史概况——早于日本陆上自卫队的创建历史

早在日本警察预备队时期的1952年（昭和27年）4月，会计监察队正式创建。1952年10月15日，随着日本警察预备队改编为日本保安队，日本警察预备队会计监察队正式更名为日本保安队会计监察队。

1954年（昭和29年）7月1日，日本保安队会计监察队改编为日本陆上自卫队会计监察队。

2000年（平成12年）3月，基于日本防卫厅的搬迁计划，会计监察队由桧町驻屯地搬迁到今天的市谷驻屯地内。

三、会计监察队部队编制及军事领导

目前，会计监察队的部队编制包括1个队本部及5个方面分遣队，分别是队本部（市谷驻屯地）、北部方面分遣队（札幌驻屯地）、东北方面分遣队（仙台驻屯地）、东部方面分遣队（朝霞驻屯地）、中部方面分遣队（伊丹驻屯地）和西部方面分遣队（健军驻屯地）等。

其中，队本部主要面向陆上幕僚监部及市谷驻屯地驻军部队实施会计监察业务，而下属5个方面分遣队主要面向各方面队辖区内的驻军部队、上级机关等实施会计监察业务。

会计监察队本部下设第1监察科、第2监察科和第3监察科。第1监察科主要承担与武器装备、航空、化学及总务业务相关的会计监察以及与经费相关业务的会计监察任务；第2监察科主要承担与基础设施及通信相关业务的会计监察；第3监察科主要承担与卫生、军需、福利及运输相关业务的会计监察。

目前，会计监察队的主要军事领导由2人组成，分别是一名队长和一名副队长，其中，队长由一等陆佐（一）军官担任。

第三章

日本陆上自卫队
“中央即应集团（陆上总队）”

|第一节|解读日本陆上自卫队之中央即应集团（陆上总队）

中央即应集团是日本陆上自卫队中由日本防卫大臣直辖的机动运用部队和战略机动部队，简称“中即团”，英文缩写为CRF，创建于2007年3月28日，目前编制总兵力大约4200人，相当于一个师团的兵力，其主管责任区为日本全国，集团司令部驻地设在神奈川县相模原市的座间驻屯地内。

作为日本国家级的战略机动部队，在应对和处理各种冲突及紧急事态时，中央即应集团可派遣两种部队执行任务，分别是机动运用部队和专门部队（专业部队）。其中，机动运用部队包括第1空挺（空降）团和第1直升机团，专门部队包括特殊作战群、中央特殊武器防护队等部队。同时，在执行相关国际和平支援活动方面的研究及教育训练时，中央即应集团可派遣国际活动教育队、指定的国际和平支援活动派遣部队等执行任务。在日本国内机动部署时，中央即应集团主要作为增援部队及紧急应对部队而发挥作用；在国外机动部署时，中央即应集团可作为国外部署部队的指挥机构而发挥作用。

刚刚创建时，中央即应集团的编制总兵力大约为3200人。2008年3月末，随着3支部队的新编，部队定员编制则攀升到大约4200人，直到目前。

中央即应集团的部队徽章

一直以来，日本陆上自卫队的高级指挥官采用师团长、旅团长、某某长或总监的职务名称。不过，中央即应集团一改惯例，其指挥官均使用“司令官”的职务名称。比如，中央即应集团的最高指挥官为司令官，军衔为3星陆军中将军衔，指定职3号，另外各设一名承担国内业务主管和国际业务主管的副司令官，由2星陆军少将担任。

一、中央即应集团的发展历史概况——日本陆军的全新利剑

整体来看，自创建以来，中央即应集团就像是日本陆军的一把“利剑”，在国内及国际事务中发挥着不可替代的战略作用。

2007年（平成19年）3月28日，日本陆上自卫队中央即应集团正式编成，当时的作战序列包括第1空挺（空降）团、特殊作战群、第1直升机团、第101特殊武器防护队和国际活动教育队；3月31日，中央即应集团的创建典礼在朝霞驻屯地内隆重举行；4月1日，根据日本政府通过的《国际和平协力（支援）法》，作为军事观察员，中央即应集团向联合国尼泊尔支援团（UNMIN）派遣了6名队员；7月17日，在新泻县中越海面地震发生之际，中央即应集团下属部队执行了灾害派遣任务，8月13日，部队结束任务返回；8月24日，中央即应集团参加了联合国第24次的戈兰高地派遣任务，这也是中央即应第一次执行海外派遣任务；10月29日，中央即应集团在日本关东地区至九州地区的广大地域内举行了一次演习。

2008年（平成20年）2月4日，参加日本自卫队联合演习，这是一次指挥所（司令部）演习；2月17日，参加戈兰高地第25次海外派遣任务；3月26日，新编中央即应联队和反特殊武器卫生队，同时，第101特殊武器防护队改编为中央特殊武器防护队；6月30日，为了锻炼反恐、反游击的作战能力，中央即应集团接到来自北海道洞爷湖顶峰的支援命令；8月21日，参加联合国第26次戈兰高地派遣任务；10月24日，根据日本政府《阁议决定》，中央即应集团开始向联合国苏丹派遣团（UNMIS）司令部派遣军事观察人员。

2009年（平成21年）2月21日，参加联合国第27次戈兰高地派遣任务；5月16日，在索马里海盗对策部队派遣任务中，为了支援日本海上自卫队向非洲之角国家吉布提部署P-3C巡逻机，中央即应集团编成由50名警戒队员组成的支援部队；5月18日，中央即应集团支援部队随派遣海盗对处航空队先遣队出发；5月28日，中央即应集团支援部队随派遣海盗对处航空队总队出发；7月21日，中央即应集团举行演习；11月5日，参加日本自卫队的实战联合演习。

2010年（平成22年），中央即应集团分别参加海地大地震、戈兰高地、巴基斯坦、东帝汶的海外派遣任务以及APEC峰会的安保支援。

2011年（平成23年），中央即应集团分别参加尼泊尔、戈兰高地、苏丹和南苏丹的海外派遣任务以及福岛第一核电站事故的处理任务。

2012年（平成24年），中央即应集团分别参加南苏丹、戈兰高地和东帝汶的海外派遣任务。

2013年（平成25年）1月15日，戈兰高地派遣任务结束；3月15日，海地派遣任务结束；3月26日，中央即应集团司令部及司令部付队搬迁到座间驻屯地内，同时，中央即应集团司令部幕僚长开始担任座间驻屯地司令职务。

二、中央即应集团的基本任务

目前，中央即应集团的基本任务可分为国内任务和国际任务两种。

在国内任务中，一旦日本国内发生自然灾害及各种紧急事态时，中央即应集团负责全力派遣下属第1空挺团、第1直升机团、中央即应联队、中央特殊武器防护队等部队向五大方面队提供增援。

中央即应集团的国际任务主要有基于《联合国维和行动等相关法律》的国际维和任务、基于《国际紧急援助队派遣相关法律》的国际紧急援助任务、基于《特别措置法》的人道复兴支援任务、日本海外侨民运输任务等。

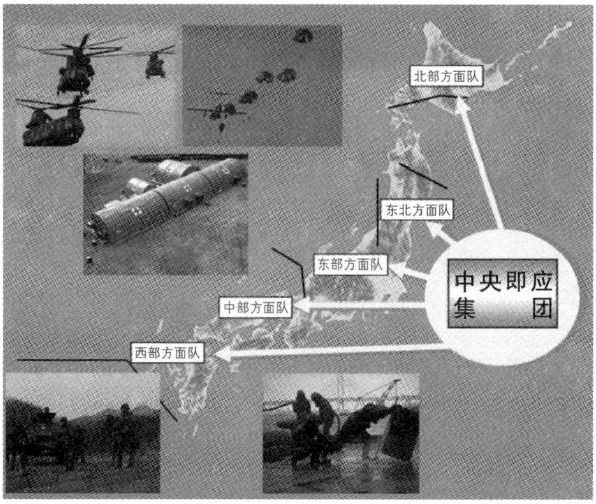

中央即应集团执行国内任务示意图

三、中央即应集团的部队编制——旅团级部队

截至2014年，中央即应集团部队编制包括中央即应集团司令部、司令部付队（定员编制395人）、第1空挺（空降）团（定员编制大约1900人）、第1直升机团（定员编制大约900人）、中央即应联队（定员编制大约700人）、特殊作战群（定员编制大约300人）、中央特殊武器防护队（定员编制155人）、反特殊武器卫生队（定员编制大约70人）、国际活动教育队（定员编制大约80人）以及国际和平协力（支援）活动等派遣部队。

中央即应集团的基干作战力量为第1空挺团、第1直升机团、中央即应联队和特殊作战群。

四、中央即应集团的驻军基地——以座间驻屯地为核心的7座陆军基地

目前，有中央即应集团下属部队驻军的陆军基地共有7座，分别是座间驻屯地、朝霞驻屯地、宇都宫驻屯地、习志野驻屯地、木更津驻屯地、大宫驻屯地和驹门驻屯地等。

其中，座间驻屯地为中央即应集团司令部驻地，它是中央即应集团的大本营，具体驻军有中央即应集团司令部及司令部付队。

中央即应集团的核心作战基地有3个，分别是宇都宫驻屯地、习志野驻屯地和木更津驻屯地，其中，宇都宫驻屯地进驻中央即应联队，习志野驻屯地进驻第1空挺团和特殊作战群，木更津驻屯地进驻第1直升机团。

此外，朝霞驻屯地驻军有反特殊武器卫生队。大宫驻屯地驻军有中央特殊武器防护队。驹门驻屯地驻军有国际活动教育队。

五、中央即应集团司令部（☆☆☆）——日本中央快速反应部队指挥中枢

刚刚创建时，中央即应集团司令部驻地设在东京都练马区的朝霞驻屯地内。

2013年3月26日，集团司令部搬迁到驻日美国陆军座间军事大营内，此后，日本陆上自卫队座间分屯地因为中央即应集团司令部的到来而升格为座间驻屯地。在座间军事大营内与中央即应集团司令部合署办公的美军部队有美国陆军第1军司令部以及驻日美国陆军司令部等高级军事司令部。

日本陆上自卫队师团、旅团司令部下属各部采取数字编号标记，比如第一部、第二部、第三部和第四部等。与此不同，中央即应集团司令部直接采用职能名称来标记，比如人事部、情报部、防卫部等。尽管部名称标记方法不同，但是它们所分管的职能还是基本相同的，比如师团、旅团司令部的第一部相当于中央即应集团司令部的人事部、第二部相当于情报部、第三部相当于防卫部、第四部相当于后方补给部。

在司令部幕僚副长的设置方面，中央即应集团司令部与五大方面总监部相同，都设置2名幕僚副长，这说明这个司令部的级别要高于师团和旅团司令部。

具体来看，中央即应集团司令部的组织机构设置有幕僚长、幕僚副长（2人）、人事部（G−1）、情报部（G−2）、防卫部（G−3）、后方补给部（G−4）、总务科、会计科、通信科、民生协力科、报道官、医务官、监察官、法务官、幕僚干事和副官等。

其中，幕僚长直接接受中央即应集团司令官的命令，向下负责统管各部长、各科长、报道官、医务官、监察官及法务官的职务，同时，还负责预算管理、队务高效运作以及其他中央即应集团司令官指令的事务。

两名幕僚副长由陆上自卫官担任，在中央即应集团司令官规定的职权范围之内，幕僚副长接受幕僚长的命令，负责辅助幕僚长工作。

四部及四科都是中央即应集团的常设办事机构，各部设部长，各科设科长，部长和科长都由陆上自卫官担任，其中，情报部、防卫部和后方补给部还增设一名副部长。

中央即应集团司令部的报道官（宣传工作）、医务官（医务工作）、监察官（部队监察工作）和法务官（法律事务）都设一人，由陆上自卫官担任。

中央即应集团司令部设置幕僚干事和副官职务，不止一人，他们都由陆上自卫官担任，幕僚干事负责辅助幕僚长工作，副官负责中央即应集团司令官或中央即应集团副司令官的总务工作。

截至2014年，中央即应集团司令部指挥核心由6人组成，多于五大方面总监部的4人指挥核心，这说明中央即应集团司令部的级别和规格要高于五大方面总监部。

这6人指挥核心分别是一名司令官，为3星陆军中将，现任司令官为2012年7月26日就职的日高政广中将；两名副司令官，均为2星陆军少将，其中，现任副司令官（国内）为2011年4月27日就职的西洗德少将，现任副司令官（国际）为2012年7月26日就职的岩村公史少将；一名幕僚长，为一等陆佐军衔，兼任座间驻屯地司令，现任幕僚长为2012年4月1日就职的河井繁树上校；两名幕僚副长，均为一等陆佐军衔，其中，现任幕僚副长（行政）为2013年4月1日就职的佐佐木俊哉上校，现任幕僚副长（防卫）为2013年4月1日就职的菅野隆上校。

六、中央即应集团司令官（☆☆☆）

自2007年创建以来，中央即应集团司令官一直由一名3星陆军中将担任，截至2014年，共经历了6任，这些司令官平均任期不到2年时间，所有司令官均为日本防卫大学毕业生，前5任司令官还没有一位升任陆上幕僚长（陆军司令员）职务。

七、中央即应集团现任（第6任）司令官——日高政广3星陆军中将简历

中央即应集团现任司令官日高政广中将于1979年（昭和54年）3月日本防卫大学第23期毕业。

1980年（昭和55年）3月，服役第13特科联队（出云驻屯地）。

1986年（昭和61年）3月，担任第13特科联队某中队长。

1987年（昭和62年）8月，进入日本陆上自卫队干部学校学习“指挥幕僚课程”（目黑驻屯地）。

1989年（平成元年）8月，任职于装备开发实验队（富士驻屯地）。

1992年（平成4年）8月，任职于陆上幕僚监部防卫部（桧町驻屯地）。

1994年（平成6年）9月，任职于卢旺达难民救援队（非洲扎伊尔）；12月，任职于陆上幕僚监部防卫部（桧町驻屯地）。

1997年（平成9年）8月，附属于陆上幕僚监部，进入防卫研究所深造（目黑驻屯地）。

1998年（平成10年）7月，就任第12师团司令部第3部长（相马原驻屯地）。

2000年（平成12年）3月，担任陆上幕僚监部防卫部编成班长（市谷驻屯地）。

2002年（平成14年）4月，就任第5特科联队长（带广驻屯地）。

2003年（平成15年）7月，担任陆上幕僚监部厚生科长（市谷驻屯地）。

2005年（平成17年）7月，担任富士学校特科部长（富士驻屯地）。

2007年（平成19年）3月，就任北部方面总监部幕僚副长（札幌驻屯地）。

2008年（平成20年）8月，担任第1特科团长（北千岁驻屯地）。

2009年（平成21年）12月，就任中部方面总监部幕僚长，兼任伊丹驻屯地司令。

2011年（平成23年）8月，晋升3星陆军中将，担任第6师团长（神町驻屯地）。

2012年（平成24年）7月，担任第6任中央即应集团司令官（座间驻屯地）。

中央即应集团现任司令官——日高政广3星陆军中将

八、中央即应集团面向“陆上总队”的改编

2013年（平成25年）12月17日，日本国家安全保障会议及第2次安倍内阁的内阁会议正式通过平成26年度之后防卫计划大纲（简称为“25大纲”）和新一期的中期防卫力整备计划，即中期防卫力整备计划（2014）。

中期防卫力整备计划（2014）的实施年度为平成26年度（2014年4月）至平成30年度（2019年3月），为期5年，根据这份全新的中期防卫力整备计划，中央即应集团撤销后改组为陆上总队，同时，五大方面队的一部分机能也将重新评价，中央即应集团撤销后其下属部队全部编入新成立的陆上总队。

就目前来看，日本陆海空三军自卫队中只有航空自卫队的航空总队司令官可对日本全国的空军实战部队实施统一的指挥，而陆上自卫队和海上自卫队都不具备这样的机能。比如，日本陆上自卫队由五大方面总监、日本海上自卫队由自卫舰队司令官和五大地方总监对全国的实战部队分区进行指挥。这样，日本陆军和海军的指挥权没有统一。尽管2006年，日本陆海空三军幕僚长的部队指挥权集中统一于新设的统合幕僚长，但就军种范围来看，指挥权的不统一问题仍然存在。

目前，日本陆上自卫队最大的部队单位是方面队，全国分为北部、东北、东部、中部和西部五大管区。一旦有事，五大方面队要分别下命令，即使是统合幕僚监部对陆上自卫队下命令，也需要每个方面队进行必要的调整，这样效率低下。鉴于此，日本政府为了解决这个问题开始探讨设立陆上总队的方案。

日本政府最早于2004年出台的防卫计划大纲开始探讨设立陆上总队的构想，不过，几经周折，安倍内阁才正式这将一构想付诸实施，如果顺利的话，在未来4～5年时间内，一个全新的陆上总队将会诞生。届时，陆上总队将会成为日本全国陆军机动部队的总司令部，以统一指挥日本全国的机动作战部队。

九、座间驻屯地——中央即应集团司令部驻地

日本陆上自卫队座间驻屯地位于神奈川县相模原市南区新户2985号地区的驻日美国陆军座间军事大营内，部署中央即应集团司令部、第4设施群本部等驻军部队。目前，座间驻屯地司令由中央即应集团司令部幕僚长兼任，驻屯地正式开设于2013年，是日本陆上自卫队最新的一座驻军基地。

在中央即应集团司令部进驻座间驻屯地之前，座间驻屯地是朝霞驻屯地的分屯地，其正式名称为朝霞驻屯地座间分屯地。2013年3月26日，随着中央即应集团司令部搬迁过来，座间分屯地的地址也由驻日美国陆军第1军前方司令部所在地的神奈川县座间市座间地区更改为相模原市，同时，分屯地升格为驻屯地。截至2013年3月25日，座间分屯地司令由第4设施群长担任。

（一）座间驻屯地发展简史

早在1937年（昭和12年），世界闻名的日本帝国陆军士官（军官）学校搬迁

到今天的座间驻屯地内，直到第二次世界大战结束。

1945年（昭和20年），美军接收了曾经作为日本帝国陆军精英人才培养的士官学校，此后，这里成为驻日美军的军事基地。

1950年（昭和25年），驻日美国陆军第8军司令部正式进驻座间地区。

2001年（平成13年），随着第3设施群撤销，第4设施群本部由宇都宫驻屯地换防到座间分屯地内。

2013年（平成25年）3月26日，座间分屯地升格为座间驻屯地，与此同时，中央即应集团司令部及司令部付队由朝霞驻屯地换防到座间驻屯地内，同时，第4设施群本部将驻屯地司令职务移交给中央即应集团司令部。同一天，朝霞驻屯地业务队座间派遣队撤销，同时新编座间驻屯地业务队；东部方面会计队本部座间派遣队撤销，同时新编第441会计队。

（二）座间驻屯地驻军部队

目前，座间驻屯地的驻军部队有中央即应集团司令部及司令部付队、第4设施群本部及本部管理中队、第388设施中队、第390设施中队、东部方面后方支援队第102设施直接支援大队第1直接支援中队、座间驻屯地业务队、东部方面会计队第441会计队、第305基地系统通信中队座间派遣队和第129地区警务队座间联络班。

（三）图解座间驻屯地基础设施

驻日美国陆军座间军事大营和日本陆上自卫队座间驻屯地全景

第二节 解读大名鼎鼎的第1空挺团

中央即应集团直辖第1空挺团是日本陆上自卫队“团级”（相当于国际标准的师旅级）编制部队之一，是日本陆海空三军自卫队现役唯一的空降部队，创建于1958年6月25日，其团本部及主力部队驻地都设在千叶县船桥市的习志野驻屯地内。纵观中央即应集团下属所有部队，第1空挺团是编制规模最大的部队，也是日本陆上自卫队现役唯一特种作战部队——特殊作战群的创建母体。第1空挺团的建军口号是“精锐无比”。

第1空挺团的部队徽章，为一个伞降中的翅膀

一、第1空挺团的军事概要——日本陆军空降精英部队

总体来看，第1空挺团可通过两种途径进行空降作战，一声通过日本航空自卫队航空支援集团下属三个运输航空队（第1运输航空队、第2运输航空队和第3运输航空队）装备的C-1中型运输机和C-130H大型运输队进行空降地面作战，这是一种空军、陆军两大军种的联合作战，属于大规模、远程、高强度的对抗性战争；二是通过日本陆上自卫队的空运直升机进行空降地面作战，这是一种空降兵和陆军航空兵两个兵种之间的联合作战，属于小规模、中近距离、低强度的战役对抗。

从世界标准来看，第1空挺团也算是名列世界前列的精锐轻装步兵部队。这支“利剑”除可与正规军展开地面空降作战之外，还可实施小规模的反游击、反突击作战。

近年来，鉴于日本周边反恐、反游击等非常规作战形势日趋复杂，于是，日本政府决定整合日本陆上自卫队的特种作战部队，在这种背景下，2007年3月28日，第1空挺团由东部方面队编制之下划入新成立的中央即应集团作战序列之内。

每年1月，在习志野驻屯地附近的习志野演习场内，第1空挺团要通过日本航空自卫队的C-1中型运输机进行伞降训练，这就是“第1空挺团伞降训练开训期”

在“第1空挺团伞降训练开训期”期间，队员正通过CH-47重型运输直升机进行快速绳降训练

在每年1月习志野演习场内的“第1空挺团伞降训练开训期”期间，第1空挺团都要进行训练展示活动。在演习场内，第1空挺团正在进行利用轻装甲机动车（LAV）展开突击行动

二、第1空挺团发展历史概况——来自日本帝国陆军的空降部队

从整体的发展历史来看，第1空挺团的服役历史可分为初创时期、东部方面队直辖的发展时期和中央即应集团直辖的发展时期，具体概况如下。

（一）第1空挺团源自日本帝国陆军挺进团的历史根源

从发展历史上来看，日本陆上自卫队第1空挺团的前身为日本帝国陆军挺进团（组建于第二次世界大战期间，其作战序列由第1挺进团、第2挺进团、滑翔步兵联队、挺进飞行团和第1挺进集团组成）。在太平洋战争后期，日本帝国陆军挺进团曾经参加了著名的南方作战（荷印作战）中的各种空降作战任务，战功显著，故此有“空之神兵”的绰号。

在日本陆上自卫队第1空挺团创建早期，担任下属空挺教育队第一任队长的军官是衣笠骏雄上校，后来衣笠骏雄上校还担任了第1空挺团的第一任团长。衣笠骏雄上校是日本帝国陆军军官，在日本帝国陆军战后解散时，其最后军衔为陆军少佐。而作为第1空挺团创建前期准备部队的空挺教育队，就是以衣笠骏雄这些原日本帝国陆军挺进团组成队员为核心而组建起来的空降教育与研究部队。早期空挺教育队的第1批研究员由20名日本帝国陆军挺进团队员组成，而后，以这些研究员为基础创建了空挺教育队，然后，再以空挺教育队为基础创建了第1空挺团。这就是今天日本陆上自卫队第1空挺团的早期衍生谱系。

（二）第1空挺团初创时期

1954年（昭和29年）9月，在日本陆上自卫队创建仅2个月之后，以衣笠骏雄原日本帝国陆军少佐为核心组成的日本陆上自卫队第1批空降研究员部队就从零开始进行空降研究与训练，当时这支准备部队驻扎在日本福冈县香椎地区的驻日美军拉卡桑兹军事大营内，美军第187空降团也驻扎在这座军事基地内；10月，第1批空降研究员共20名队员通过日本航空自卫队C-46运输队进行了战后日本陆军的第一次伞降训练。

1955年（昭和30年）1月，以20名第1批空降研究员为核心，日本陆上自卫队正式创建临时空挺练习队；4月，临时空挺练习队由驻日美军拉卡桑兹军事大营

换防到习志野驻屯地内，直到今天；8月，临时空挺练习队第1期培训任务正式拉开序幕。

1956年（昭和31年）1月，在20名第1批空降研究员的基础上，日本陆上自卫队第101空挺大队正式编成；8月，55式式伞（分离式）降落伞正式装备部队；10月8日至10月10日，在日本陆上自卫队岛松演习场内，第101空挺大队作为对抗实战部队参加了由第7混成团（今天的第7师团）主导下的日本陆上自卫队第一次反空降演习。

1958年（昭和33年）1月，第101空挺大队开始进行突击集合训练；6月25日，日本陆上自卫队东部方面队第1空挺团正式编成，衣笠骏雄上校担任第一任团长职务。

（三）东部方面队直辖第1空挺团发展时期

1961年（昭和36年）4月，第1空挺团开始装备60式主伞（分离式）降落伞；11月，开始从事自由下降方面的研究工作。

1962年（昭和37年）4月，开始第1期突击课程教学任务。

1969年（昭和44年）4月，开始第1期自由下降课程训练任务。

1972年（昭和47年）6月，第1空挺团开始通过日本航空自卫队装备的C-1运输机进行空降试验。

1973年（昭和48年）3月，第1空挺团下属空挺装甲运输队正式编成。

1982年（昭和57年）1月，第1空挺团下属空挺普通科群新编第4中队。

1984年（昭和59年）6月，第1空挺团开始通过日本航空自卫队装备的C-130H大型运输机进行空降试验。

1994年（平成6年）7月，第1空挺团完成50万次无事故伞降的纪录。

1995年（平成7年）5月，第1空挺团普通科群一个中队参加日本邪教——奥姆真理教的待机处理任务，当时，一个中队以训练名义驻守在富士驻屯地内，这支部队可随时对奥姆真理教的武装分子采取行动；7月，开始列装MC-4型全新的自由降落伞。

2000年（平成12年）7月，由法国研制、日本藤仓航装株式会许可生产的12式降落伞开始列装部队，这种降落伞的法国产品型号为M696M1型。

2002年（平成14年）3月，第1空挺团管理中队和降落伞整备中队统一合并为全新的后方支援队。

2004年（平成16年）3月，第1空挺团进行大规模部队改编，其中空挺普通科群撤销后改编为3个普通科大队，团本部中队下属的通信小队分离独立为通信中队，设施队扩编为设施中队。

2006年（平成18年）4月，第1空挺团作为警备部队参加了第10次伊拉克复兴支援群的海外派遣任务。

（四）中央即应集团直辖第1空挺团发展时期

2007年（平成19年）3月28日，第1空挺团由东部方面队直辖部队编入中央即应集团的作战序列之内。

2008年（平成20年）4月，第1空挺团进行部队改编，部队定员编制确定为1900人，这次部队改编一直保持到今天。

2012年（平成24年），第1空挺团代表日本陆上自卫队第一次参加了在澳大利亚举办、有美英法加以及东南亚各国特种部队参与的各国军队对抗射击大会。不过，由于准备仓促，在此次参赛15个国家中，日本陆上自卫队的名次只排第14位。

2013年（平成25年）5月1日至5月16日，第1空挺团再次参加在澳大利亚主办的各国军队对抗射击大会。根据前一次的经验，第1空挺团在整个部队选择优秀选手，因此在参赛17个国家中名次上升到第9位。

三、第1空挺团的部队编制及军事领导

在成立半个多世纪的时间里，第1空挺团的部队编制处于不断变化之中，其整体趋势是不断进行扩编，综合战斗力不断加强。

1975年时，第1空挺团的定员编制是1350人，部队编制有团本部、普通科群、特科大队等部队。

1999年时，出于对日本海外侨民保护的目的，第1空挺团扩编了一个由50人组成的诱导队（引导队），这个诱导队是采取轮换形式编成的。此外，另有空挺

教育队主要承担空降队员的教育与训练任务。

2004年3月，第1空挺团进行了较大规模的部队改编，这个编制体制直到2008年没有太大变化。

2007年3月28日，第1空挺团在进行上级部队转换改编期间部队编制并没有太大的改变。

2008年4月，第1空挺团最终形成今天的部队编制规模。

截至2014年，第1空挺团的部队编制包括团本部、团本部中队、第1普通科大队、第2普通科大队、第3普通科大队、空挺特科大队、空挺后方支援队、通信中队、设施中队和空挺教育队等。

其中，团本部及团本部中队是第1空挺团的指挥核心，团本部中队下设侦察小队和降下诱导小队，侦察小队负责侦察任务，降下诱导小队的主要服务对象是修完自由下降课程的队员，这两个小队主要承担先遣伞降任务。

目前，第1空挺团本部核心指挥官由3人组成，分别是一名团长，为2星陆军少将，兼任习志野驻屯地司令，现任团长为2013年12月18日就职的岩村公史少将；一名副团长，为一等陆佐（陆军上校），现任副团长为2013年8月1日就职的山口耕司上校；一名高级幕僚，为一等陆佐，现任高级幕僚为2012年7月26日就职的三塚克也上校。

四、第1普通科大队——日本第1空降步兵营

第1空挺团下辖第1普通科大队为轻装空降步兵营，编制总兵力大约380人，创建于2004年3月27日，驻地设在千叶县船桥市的习志野驻屯地内，警备主管责任区为日本全国。

（一）第1普通科大队简史

第1普通科大队最早前身部队是创建于1958年（昭和33年）6月的空挺普通科群。

1956年（昭和31年）1月，日本陆上自卫队第101空挺大队编成。

1958年（昭和33年）6月，随着第1空挺团的创建，第101空挺大队改编为空

挺团下属的空挺普通科群。

1982年（昭和57年）1月，空挺普通科群创建第4中队。

2004年（平成16年）3月26日，空挺普通科群正式撤销，从此结束了46年服役历史，撤销时的部队编制包括群本部、本部中队、第1中队、第2中队、第3中队和第4中队，定员编制大约为1000人；3月27日，第1空挺团以原空挺普通科群第1中队为母体扩编了第1普通科大队。

2006年（平成18年）4月，第1普通科大队作为警备部队参加了第10次伊拉克复兴支援群的海外派遣任务；8月，在没有任何战斗等伤亡的情况下，第1普通科大队作为后卫部队圆满完成伊拉克派遣任务。

2008年（平成20年）3月，迫击炮中队撤销，与此同时，下属3个普通科中队各配备了一个迫击炮小队；11月20日至11月26日，在富士演习场及周边地区，第1普通科大队实施了自平成15年度改编之后连续6夜7天的普通科大队（步兵营）战斗群检阅行动。

（二）第1普通科大队部队编制

目前，第1普通科大队部队编制包括大队本部（营部）、本部中队（营直属连）、第1中队、第2中队和第3中队，其中，本部中队下设情报小队、通信小队和反战车小队。

（三）第1普通科大队主要装备

第1普通科大队的主要装备有73式小型军用卡车、73式中型军用卡车、73式大型军用卡车、高机动车、轻装甲机动车（LAV）、89式5.56毫米步枪、反单兵狙步枪、9毫米微型机枪、MINIMI型5.56毫米机枪、01式轻反坦克导弹（LMAT）、L16型81毫米迫击炮等。

第1普通科大队设大队长（营长）一名，为二等陆佐（陆军中校）军衔。

五、第2普通科大队——日本第2空降步兵营

第1空挺团下辖第2普通科大队为轻装空降步兵营，编制总兵力大约380人，

创建于2004年3月27日，驻地设在千叶县船桥市的习志野驻屯地内，警备主管责任区为日本全国。

（一）第2普通科大队简史

2004年（平成16年）3月27日，第1空挺团以原空挺普通科群第2中队为母体扩编了第2普通科大队。

2008年（平成20年）3月，第2普通科大队迫击炮中队撤销，与此同时，下属3个普通科中队各配备了一个迫击炮小队。

（二）第2普通科大队部队编制

目前，第2普通科大队部队编制包括大队本部（营部）、本部中队（营直属连）、第4中队、第5中队和第6中队，其中，本部中队下设情报小队、通信小队和反战车小队。

（三）第2普通科大队主要装备

第2普通科大队的主要装备有73式小型军用卡车、73式中型军用卡车、73式大型军用卡车、高机动车、轻装甲机动车（LAV）、89式5.56毫米步枪、反单兵狙步枪、9毫米微型机枪、MINIMI型5.56毫米机枪、01式轻反坦克导弹（LMAT）、L16型81毫米迫击炮等。

第2普通科大队设大队长（营长）一名，为二等陆佐（陆军中校）军衔。

六、第3普通科大队——日本第3空降步兵营

第1空挺团下辖第3普通科大队为轻装空降步兵营，编制总兵力大约380人，创建于2004年3月27日，驻地设在千叶县船桥市的习志野驻屯地内，警备主管责任区为日本全国。

（一）第3普通科大队简史

2004年（平成16年）3月27日，第1空挺团以原空挺普通科群第3中队为母体

扩编了第3普通科大队。

2006年（平成18年）1月，第3普通科大队作为警备部队参加了第9次伊拉克复兴支援群的海外派遣任务。

2008年（平成20年）3月，第3普通科大队迫击炮中队撤销，与此同时，下属3个普通科中队各配备了一个迫击炮小队。

（二）第3普通科大队部队编制

目前，第3普通科大队部队编制包括大队本部（营部）、本部中队（营直属连）、第7中队、第8中队和第9中队，其中，本部中队下设情报小队、通信小队和反战车小队。

（三）第3普通科大队主要装备

第3普通科大队的主要装备有73式小型军用卡车、73式中型军用卡车、73式大型军用卡车、高机动车、轻装甲机动车（LAV）、89式5.56毫米步枪、反单兵狙步枪、9毫米微型机枪、MINIMI型5.56毫米机枪、01式轻反坦克导弹（LMAT）、L16型81毫米迫击炮等。

第3普通科大队设大队长（营长）一名，为二等陆佐（陆军中校）军衔。

七、空挺特科大队——日本空降炮兵营

第1空挺团下辖空挺特科大队为空降炮兵营，编制总兵力大约240人，与第1空挺团同时创建于1958年6月25日，驻地设在千叶县船桥市的习志野驻屯地内，警备主管责任区为日本全国。空挺特科大队的正式名称为第1空挺团特科大队。

作为特科大队，空挺特科大队是日本陆上自卫队现役唯一装备120毫米重迫击炮的空降部队。目前，日本陆上自卫队的主力榴弹炮是FH-70型155毫米榴弹炮。由于这款火炮全重太大，空中运输非常困难，空挺特科大队便装备了120毫米重型迫击炮。

（一）空挺特科大队部队编制

目前，空挺特科大队部队编制包括队大队本部（营部）、本部中队（营部直属连）、第1中队和第2中队。

（二）空挺特科大队主要装备

目前，空挺特科大队的主要装备有73式小型军用卡车、73式中型军用卡车、73式大型军用卡车、高机动车（LAV）、RT型120毫米重迫击炮、JMPQ-P13型反迫击炮雷达装置、89式5.56毫米步枪等。

空挺特科大队设大队长（营长）一名，为二等陆佐（陆军中校）军衔。

八、空挺后方支援队——日本陆军空降后勤保障部队

第1空挺团下辖空挺后方支援队为空降后勤保障部队，为武器科、需品科、运输科和卫生科诸兵种联合部队，编制总兵力大约250人，创建于2002年3月27日，驻地设在千叶县船桥市的习志野驻屯地内，警备主管责任区为日本全国。

空挺后方支援队主要承担第1空挺团所属部队的后勤保障业务，为此，部队的编制规模及后勤保障能力都为空降作战进行了全方面的强化和优化。日本陆上自卫队对这些业务范围进行了极其严格的限制。同时，空挺后方支援队还承担特殊作战群的后勤保障业务，此外，还有灾害派遣、民生支援、国际维和等任务。

空挺后方支援队的正式名称为第1空挺团后方支援队。

（一）空挺后方支援队简史

2002年（平成14年）3月，第1空挺团下属管理中队、降落伞整备中队、卫生队以及运输小队统一合并为全新的后方支援队。

（二）空挺后方支援的部队编制

目前，空挺后方支援队部队编制包括队本部（队部）、队付队（队部直属队）、整备中队、降落伞整备中队、卫生小队和运输小队。

其中，整备中队下设车辆整备小队、通信整备小队和火器整备小队。降落伞整备中队下设捆包小队、投下支援小队和回收小队。

（三）空挺后方支援的主要装备

目前，空挺后方支援队的主要装备有73式小型军用卡车、73式中型军用卡车、73式大型军用卡车、74式特大型军用卡车、轻型牵引车、3吨半水罐车、野外炊事车、净水装置（车载型）、1吨半急救车、89式5.56毫米步枪、M2型12.7毫米重机枪、91式单兵便携式地空导弹等。

空挺后方支援队设队长一名，为二等陆佐（陆军中校）军衔。

九、空挺教育队——日本陆军空降兵教育、训练与研究部队

第1空挺团下辖空挺教育队为空降作战教育、训练与研究部队，它是第1空挺团下属部队中创建最早的部队，同时，也是第1空挺团的创建准备队。空挺教育队创建于1955年8月31日，为诸兵种联合部队，驻地设在千叶县船桥市的习志野驻屯地内，编成地为香椎地区，简称“空教”，警备主管责任区为日本全国。

目前，空挺教育队的主要任务是从事相关空降作战方面的教育与训练业务，同时，对空降部队运用、降落伞及空降特殊装备等相关方面进行教育、研究和调查。截至2014年，空挺教育队是日本陆上自卫队中唯一的空降作战研究部队。

空挺教育队不仅承担日本陆上自卫队空降队员的教育与训练任务，此外，还负责日本海上自卫队和日本航空自卫队相关空降方面的委托业务。比如，空挺教育队还负责日本海上自卫队固定翼飞机飞行员等机组人员的伞降训练业务，主要是由伞降塔来实施的模拟伞降训练，至于真正的空投伞降则不在空挺教育队的业务范围之内。同时，日本航空自卫队救援员的《基本降下课程》及《空降突击课程》教学也由空挺教育队委托承担。而且，近年来，日本海上自卫队特别警备队的《基本降下课程》也由空挺教育队委托担任。

（一）空挺教育队简史

早在日本陆上自卫队创建的第二年，即1955年（昭和30年）7月，作为空挺教育队前身的临时空挺练习队在福冈县香椎地区内创建；8月，临时空挺练习队正式更名为空挺教育队；10月，空挺教育队换防到习志野驻屯地内，直到今天。

1970年代，空挺教育队开始承担空降突击课程的教学任务。

截至2014年，空挺教育队的教学课程有4门，分别是《基本降下课程》《降下长课程》《自由降下课程》和《干部（军官）/陆曹（陆军士官）空挺突击课程》。

（二）空挺教育队的部队编制

目前，空挺教育队部队编制包括总务科、降落伞整备科、研究科和学生队。

其中，总务科负责空挺教育队的总务业务。降落伞整备科主要承担降落伞及空降特殊装备等的保存、维护及维修业务。研究科主要承担空降部队基础运用、物体数量空投等方面的教育、训练、调查研究以及专业图书管理业务。学生队设队长一名，主要承担学生教育与训练、教材等事务。

空挺教育队设队长一名，为一等陆佐（陆军上校）军衔。

十、习志野驻屯地——中央即应集团最核心的作战基地与训练基地

日本陆上自卫队习志野驻屯地位于千叶县船桥市药元台三段20单元1号地区内，部署第1空挺团、特殊作战群等驻军部队。

目前，习志野驻屯地司令由第1空挺团队长兼任，最近演习场有习志野演习场，习志野驻屯地内的驻军部队都利用习志野演习场进行各种训练。此外，习志野演习场还建有一座大型室内轻武器射击场、一座汽车教习所、一座供日本航空自卫队第1高射队使用的“爱国者”PAC−3型地空导弹发射阵地等全面的基础设施。

第1空挺团驻地——日本陆上自卫队习志野驻屯地

习志野驻屯地正门

（一）习志野驻屯地发展简史

从发展历史来看，习志野驻屯地经历了日本帝国陆军骑兵学校、驻日美军帕马兵营、日本警察预备队习志野驻屯地、日本保安队习志野驻屯地及日本陆上自卫队习志野驻屯地几个时期。

2004年（平成16年）3月，作为日本防卫厅长官直辖部队的特殊作战群在习志野驻屯地内编成。

2007年（平成19年）3月，驻习志野驻屯地内的第1空挺团和特殊作战群全部划归中央即应集团指挥之下；11月，第1高射队开始配备“爱国者”PAC-3型地空导弹。

（二）习志野驻屯地的驻军部队

截至2014年，习志野驻屯地内的驻军部队有中央即应集团第1空挺团和特殊作战群、东部方面会计队第316会计队、东部方面通信群第320基地通信中队习志野派遣队、第127地区警务队本部和习志野驻屯地业务队。

此外，习志野演习场内建有日本航空自卫队的习志野分屯基地，其驻军部队为日本航空自卫队航空总队第1高射群第1高射队。

（三）习志野驻屯地与第1空挺团的空降训练

目前，习志野驻屯地设有日本国内唯一的空降训练设施——一座大型多功能空降训练塔。通过空降训练塔进行空降训练的队员称为“空降训练生”。在日本自卫队中，空降训练生必须具备几项条件限制：其一，空降训练生必须是年龄未满36周岁的陆曹（陆军士官）和年龄未满28周岁的陆士（陆军士兵）；其二，空降训练生要进行全方面的适应性检查，包括智力、性格、作业素质、职业适应性这些基础条件的适应性检查；其三，空降训练生的体能标准必须具备日本陆上自卫队的5级以上，主要包括单双杠、悬垂、跳板等比较繁杂的测试项目；其四，空降训练生的体格标准有着详细的规定，具体有身高161厘米以上、体重49千克以上、胸围78.5厘米以上、肺活量3200厘米^{3}以上、握力30千克以上、呼吸停止50秒以上、34周岁以上的血压要保持在140～100mmHg和90mmHg以下，此外，还有其他一些专业检查标准。

习志野驻屯地内最核心的训练设施——空降训练塔

（四）习志野驻屯地开放活动

习志野驻屯地分别于每年日本的樱花节和纳凉夏节开放两次。

每年4月份第1周（有时候也是第2周）的星期六或星期日举办樱花节。

每年8月份第1周星期六至星期日连续2天举办纳凉夏节活动，这是惯例，基本不变。在纳凉夏节期间，习志野驻屯地以伞降训练塔周边的广场为中心搭建很多看台，通常情况下，日本自卫队和来自全国各地的日本市民各置一侧，当地的很多市民也会集中到这些看台中来。参与节日活动的日本市民可亲身体验日本自卫队车辆驾驶经历、伞降经历等互动环节，同时，还可围绕伞降训练塔举行盂兰盆舞（男女老少聚集性舞蹈）。此外，在活动第一天还要举办烟花燃放晚会，期间，会引来很多当地市民驻足观看。

（五）习志野驻屯地周边的重要基础设施

目前，习志野驻屯地周边的重要军事基础设施有日本防卫省技术研究本部第2研究所饭冈支所、日本海上自卫队市原送信所（发射台）、日本海上自卫队饭冈受信所（接收台）、日本陆上自卫队松户驻屯地（承担日本首都圈防空）、日本航空自卫队柏送信所等。

（六）图解习志野驻屯地基础设施

西部的习志野驻屯地和东部的习志野演习场全景卫星照片

丨第三节丨解读第1直升机团

中央即应集团直辖第1直升机团为陆军航空兵部队，主要承担航空作战任务，创建于1968年3月1日，团本部及主力部队驻地设在千叶县木更津市的木更津驻屯地内，警备主管责任区为日本全国。

目前，第1直升机团的主要作战任务是承担空中机动支援，尤其是空中机动运输支援，其密切支援对象是驻扎在习志野驻屯地内的第1空挺团和特殊作战群。这三支力量共同组成日本陆上自卫队的空中机动突击集团。其中，第1空挺团执行空降地面突击作战，特殊作战群执行全球特种作战，而第1直升机团则负责提供空中机动突击运输支援。除空运任务外，第1直升机团还承担航空侦察、人员与物资空运、要人空运、灾害派遣、国际紧急援助队、日本海外侨民空运等各种任务。

第1直升机团的空中支援主力是第1运输直升机群，这个直升机群共设置4个飞行队，它们集中配备了日本陆上自卫队列装的CH-47J/JA型重型运输直升机，第102飞行队配备了UH-60JA通用多功能直升机（编成时只配备了5架）。此外，第1直升机团还编成了一个承担日本皇室成员、内阁总理大臣等政府要员运输任务的特别运输直升机队，这个直升机部队主要装备EC-225LP直升机。

同在木更津驻屯地内，日本陆上自卫队还部署着以AH-1S“眼镜蛇”反坦克攻击直升机为主力的东部方面航空队之第4反坦克直升机。

一、第1直升机团发展历史概况——不断扩编的陆军战役级机动部队

早在1959（昭和34年）3月20日，日本陆上自卫队航空学校第1直升机队在霞浦驻屯地正式新编，它就是今天第1直升机团的前身。

1968年（昭和43年）3月1日，在霞浦驻屯地内，第1直升机队增强扩编为日本陆上自卫队第1直升机团，此时下属部队编成有团本部、第1直升机队和第2直升机队；3月22日，团本部和第1直升机队换防到木更津驻屯地内；6月1日，第2直升机队（除第2飞行队之外）和第1直升机野整备队也换防到木更津驻屯地内。至此，第1直升机团主力部队全部换防到木更津驻屯地内，直到今天。

1969年（昭和44年）8月，第2直升机队第2飞行队换防到木更津驻屯地内。

1974年（昭和49年），第1直升机团本部管理中队开始装备LM-1飞机。

1975年（昭和50年）3月，第1直升机团所有直升机队全部装备V-107直升机。

1977年（昭和52年）3月，第1直升机团直升机队开始装备OH-6直升机，本部管理中队装备LR-1飞机。

1986年（昭和61年）12月19日，第1直升机团特别运输飞行队新编，同时，开始装备AS-332L直升机。

1988年（昭和63年）3月，直升机队开始装备CH-47J运输直升机。

1995年（平成7年）3月，所有直升机队全部装备CH-47J直升机。

1998年（平成10年）12月，直升机队开始装备CH-47JA直升机。

2000年（平成12年）1月，本部管理中队开始装备LR-2飞机。

2006年（平成18年）3月27日，第1直升机团本部管理中队飞行班增强扩编为联络侦察飞行队，这个新编部队主要集中运用部署在日本本州地区内的LR-2型螺旋桨联络侦察机。联络侦察飞行队编成后，第1直升机团本部管理中队以及东北方面航空队、东部方面航空队、中部方面航空队4支部队本部付队所属的LR-1及LR-2型联络侦察机全部移交给联络侦察飞行队。同时，特别运输飞行队开始装备EC-225LP直升机。

2007年（平成19年）3月27日，第1直升机团由日本防卫大臣直辖部队编入新成立的中央即应集团作战序列之内。

2008年（平成20年）3月28日，各编制2个飞行队的第1直升机队和第2直升机队同时撤销，随后改编为全新的第1运输直升机群。同时，新编第102飞行队，装备UH-60JA直升机，特别运输飞行队改编为特别运输直升机队。

2013年（平成25年）10月29日至11月22日期间，中央即应集团在日本九州及冲绳地区实施“中央即应集团演习”，其主要假想敌就是中国军队。第1直升机团参加了本次演习，参演主力为第1运输直升机群，这支部队与西部方面队及日本海上自卫队之间展开了联合训练，主要训练科目有CH-47J物资空运、人员空运、战斗部队空降等。

二、第1直升机团部队编制

截至2014年，第1直升机团部队编制包括团本部、本部管理中队、第1运输直升机群、第102飞行队、特别运输直升机队、第1直升机野整备队和联络侦察飞行队。

其中，第1运输直升机群装备CH-47J/JA运输直升机。第102飞行队装备UH-60JA通用多功能直升机和OH-6D侦察直升机。特别运输直升机队装备EC-225LP运输直升机。

联络侦察飞行队装备LR-2联络侦察机。

目前，第1直升机团本部核心指挥官由3人组成，分别是一名团长，为2星陆军少将，兼任木更津驻屯地司令，现任团长为2012年7月26日就职的田中重伸少将；一名副团长，为一等陆佐（陆军上校），现任副团长为2010年12月1日就职的佐佐木博茂上校；一名高级幕僚，为二等陆佐，现任高级幕僚为2012年12月4日就职的成山诚上校。

三、现任（第24任）第1直升机团长——田中重伸2星陆军少将简历

田中重伸少将于1963年（昭和38年）12月生于日本千叶县富津市，1986年（昭和61年）3月，日本防卫大学第30期毕业。

1986年（昭和61年）10月，进入北部方面航空队第2飞行队服役（北海道）。

1997年（平成9年）3月，进入日本住友商事株式会社进修（东京）。

田中重伸2星陆军少将

2000年（平成12年）12月，进入德国联邦国防军指挥学院学习“综合幕僚课程”。

2006年（平成18年）8月，就任陆上幕僚监部防卫部情报通信研究科研究班长（市谷驻屯地）。

2008年（平成20年）3月，担任中部方面航空队长，兼任八尾驻屯地司令（大阪）。

2010年（平成22年）8月，就任日本陆上自卫队研究本部主任研究开发官。

2011年（平成23年）4月，担任统合幕僚监部防卫计划部计划科长。

2012年（平成24年）7月，担任第1直升机团长，兼任木更津驻屯地司令。

四、本部管理中队——第1直升机团本部支援部队

目前，第1直升机团本部管理中队主要承担团本部的业务支援以及飞机救援、消防安全等业务。

本部管理中队配备的航空救援消防车

五、第1运输直升机群（☆）——第1直升机团核心基干力量

第1直升机团直辖第1运输直升机群为陆军航空兵部队，创建于2008年3月28日，驻地设在千叶县木更津市的木更津驻屯地内，其警备主管责任区为日本全国以及全球。

目前，第1运输直升机群主要承担战斗部队的空中机动运输以及面向日本国内外的各种灾害派遣任务。

（一）第1运输直升机群简史

2008年（平成20年）3月28日，根据第1直升机团部队改编计划，第1直升机队和第2直升机队撤销，同时，以这两个直升机队下属的4个飞行队（直升机飞行队）为基础新编第1运输直升机群。新编时，第1运输直升机群下属的4个飞行队各装备8架CH-47J/JA运输直升机，总计装备32架。

（二）第1运输直升机群部队编制

截至2014年，第1运输直升机群的部队编制包括群本部、本部付队（直属队）、第103飞行队（HGP III）、第104飞行队（HGP IV）、第105飞行队（HGP V）和第106飞行队（HGP VI），共4个运输直升机飞行队。

目前，第1运输直升机群设群长一名，为一等陆佐（陆军上校）军衔。

（三）第1运输直升机群主要装备

目前，第1运输直升机群的主要装备有CH-47J/JA重型运输直升机、73式小型军用卡车、73式中型军用卡车、73式大型军用卡车、3吨半水罐车、3吨半燃料罐车、10 000升燃料罐车、JTPN-P20型着陆引导装置、JMMQ-M5型气象测定装置、JMRM-A2导航援助装置、吊货网兜、吊货带、野外支援车、野外炊事车、1吨半急救车、64式7.62毫米步枪、9毫米手枪、M2型12.7毫米重机枪等。

第1运输直升机群装备的一架CH-47J重型运输直升机（机身编号27），主要用于人员、物资空运业务，巡航速度大约270千米/时，续航距离大约540千米，机上座位数3+55

第1运输直升机群装备的一架CH-47JA重型运输直升机（机身编号69），主要用于人员、物资空运业务，巡航速度大约260千米/时，续航距离大约1000千米，机上座位数3+55

六、特别运输直升机队

第1直升机团下属特别运输直升机队主要在日本国家重大活动期间承担国内外政府要人的空运业务，目前，部队装备EC-225LP运输直升机。

特别运输直升机队装备的一架EC-225LP运输直升机，主要承担政府要人空运业务，巡航速度大约270千米/时，续航距离大约940千米，机上座位数2+24

七、联络侦察飞行队

第1直升机团下属联络侦察飞行队主要承担陆军航空兵指挥联络、航空侦察两项核心任务，目前，部队装备LR-1、LR-2侦察指挥联络飞机。

联络侦察飞行队装备的一架LR-1飞机，主要承担侦察、指挥联络，巡航速度大约440千米/时，续航距离大约2000千米，机上座位数2+5

联络侦察飞行队装备的一架LR-2飞机，主要承担侦察、指挥联络，巡航速度大约550千米/时，续航距离大约1800千米，机上座位数2+8

八、第102飞行队

第1直升机团下属第102飞行队主要承担空中机动、航空侦察等战斗支援任务，在执行这些任务期间，所属飞机要与地面部队密切配合，目前，第102飞行队装OH-6D侦察直升机和UH-60JA多用途直升机。

第102飞行队装备的一架OH-6D直升机，主要承担侦察、侦察、指挥联络业务，巡航速度大约240千米/时，续航距离大约430千米，机上座位数1+3

第102飞行队装备的一架UH-60JA直升机，巡航速度大约240千米/时，续航距离大约470千米，机上座位数2+15

九、第1直升机野整备队

第1直升机团下属第1直升机野整备队主要面向第1直升机团所属各航空部队提供航空器材补给以及全面的航空维修业务，这支维修部队可实施野外条件下的现场维修业务，故称“野整备队”。

第1直升机野整备队所属航空维修车间，可见一辆小型履带式起重机正在对一架CH-47运输直升机进行吊装操作

第1直升机野整备队装备的航空野外高空作业台车

十、木更津驻屯地——日本陆军最重要的陆军航空兵基地

日本陆上自卫队木更津驻屯地位于千叶县木更津市吾妻地区的东京湾东部沿海附近，部署第1直升机团、东部方面航空队等陆军航空兵驻军部队，驻屯地司令由第1直升机团长兼任。

木更津军用机场及木更津驻屯地全景航拍照片

（一）木更津驻屯地发展简史

早在日本帝国时代，木更津驻屯地就曾经是大日本帝国海军的航空基地，当时这座军用机场是采取填海造地方式建成的，木更津海军航空队基地建成后，1937年（昭和11年）4月，木更津海军航空队正式进驻，这支海军航空兵部队主要承担日本帝都的防御，同时，驻军基地也用于日本本土与硫黄岛的联络等用途。当时，木更津海军航空队是与鹿屋海军航空队同时创建的海军航空兵部队，他们都是日本最早的陆上攻击机部队，主要承担轰炸、攻击、侦察任务。

第二次世界大战末期，木更津海军航空队基地还曾经是日本第一款喷气式飞机——“橘花”战斗机的首飞基地。

1945年（昭和20年）9月，美国海军和陆军接管了木更津海军航空队基地，不久之后，木更津海军航空队基地成为驻日美国空军的木更津空军基地。

1956年（昭和31年），随着驻日美国空军返还部分基础设施，日本航空自卫队木更津基地正式成立，当时，这座日本空军基地主要供日本航空自卫队的运输机部队及飞行点检队等驻军部队使用。

1958年（昭和33年）10月，日本航空自卫队运输航空团木更津航空队正式进驻木更津基地。

1961年（昭和36年）4月，木更津空军基地内的驻日美国空军全部换防到立川机场内，于是，木更津空军基地的基础设施管辖权由驻日美国空军移交给驻日美国海军。

1962年（昭和37年）10月，日本海上自卫队木更津航空补给处正式成立。

1968年（昭和43年）3月，木更津基地内的日本航空自卫队驻军部队全部换防到入间基地内，于是，日本陆上自卫队第1直升机团由霞浦驻屯地换防到木更津基地内，与此同时，日本陆上自卫队木更津驻屯地正式成立，直到今天。

1972年（昭和47年）3月，驻日美国海军通信人员撤离木更津基地。

1974年（昭和49年）8月，日本陆上自卫队木更津驻屯地业务队新编。

1977年（昭和52年），驻日美国海军全部撤离木更津空军基地搬迁到横须贺海军基地内，从此，日本陆上自卫队全部接管木更津军用机场内的基础设施。

1986年（昭和61年），第1直升机团新编特别运输飞行队。

1992年（平成4年）3月，东部方面航空队第4反战车直升机队在木更津驻屯地内新编。

1937年，木更津海军航空队进驻木更津航空基地时的盛况场面

1960年代，日美共用木更津基地的时代

日本陆上自卫队独自使用木更津驻屯地时期

（二）木更津军用机场

木更津驻屯地内建有木更津军用机场，机场海拔高度为3米（10英尺），可供日本陆上自卫队、日本海上自卫队、日本航空自卫队和驻日美国海军共同使用。机场维护和管理者为日本陆上自卫队第1直升机团。

目前，木更津军用机场内仅建有一条飞行跑道，跑道方向为02/20，设计全长为1830米、全宽为45米，采取沥青材料加固了跑道路面。

机场航空管制共有3种，分别是TWR（塔台管制）、APP（进近管制）和RESCUE（救援），其中，TWR和RESCUE由日本陆上自卫队东部方面管制气象队第3派遣队负责，而APP由日本国土交通省东京航空局东京机场事务所航空管制官承担。

航空保安无线设施有2种，分别是VOR和DME①，全天24小时开通，这些保安无线设施的日常维护由日本国土交通省东京航空局东京机场事务所航空管制技术官承担。

（三）木更津军用机场的重要军事作用

目前，木更津军用机场具有极其重要的军事作用。首先，这里是日本陆军空

① VOR和DME为两种不同的无线航空导航系统，对应不同的频段。

中战略机动部队重要组成部分第1直升机团的驻地，在战争条件下及其他各种冲突情况下，第1直升机团所属CH-47运输直升机可迅速起飞赶赴其北部50千米外的习志野驻屯地，然后，根据作战任务指示，第1直升机团可在较短时间内将驻习志野驻屯地内的第1空挺团和特殊作战群队员空运到日本全国各地的冲突现场。

而且，日本海上自卫队可利用木更津军用机场与其北部60千米外的下总航空基地进行物资、人员等转运，然后，下总航空基地再与日本全国的海上自卫队航空基地进行物资、人员等转运。

同时，日本航空自卫队入间基地内的C-1运输机可使用木更津军用机场内的基础设施，从而，木更津分屯基地可与日本全国的空军基地进行物资、人员等运输往来。

根据日美地位协定2条4项（II-4a），木更津军用机场及木更津驻屯地内虽然没有驻日美军部队，不过，木更津军用机场却是指定的驻日美军辅助机场，驻日美军可随时使用这座军用机场设施。在《日美安全保障条约》上，木更津军用机场的设施编号为FAC3033。

除第1直升机团及可供日本陆海空三军、驻日美军使用的机场设施，木更津驻屯地内还部署一个重要的外事活动支援部队，这就是特别运输直升机队。在世界主要国家首脑峰会等重要国际会议期间，外国政府首脑到达日本期间都要使用木更津军用机场设施，同时，特别运输直升机队要承担全面的外事接待任务，各国首脑在日本国内的活动都要乘坐特别运输直升机队装备EC-225LP直升机。

（四）木更津驻屯地的驻军部队

截至2014年，木更津驻屯地内的驻军部队主要来自第1直升机团、东部方面航空队及基地后勤保障部队。

其中，来自第1直升机团的驻军部队有第1直升机团本部及本部管理中队、第1运输直升机群（装备CH-47J/JA直升机）、第102飞行队（装备UH-60JA直升机和OH-6D侦察直升机）、特别运输直升机队（装备EC-335LP直升机）、第1直升机野整备队和联络侦察飞行队（装备LR-1、LR-2联络侦察机）。

来自东部方面航空队的驻军部队有第4反坦克直升机队（装备AH-1S“眼镜蛇”武装攻击直升机、OH-1侦察直升机）、东部方面管制气象队第3派遣队和第

101全般支援队整备中队木更津派遣队。

基地后勤保障部队有东部方面会计队第428会计队、东部方面通信群第320基地通信中队木更津派遣队、第127地区警务队木更津联络班、千叶县地域援护中心木更津驻屯地援护室和木更津驻屯地业务队。

（五）木更津驻屯地周边的重要基础设施

目前，木更津驻屯地周边的重要军事基础设施有日本航空自卫队木更津分屯基地和日本海上自卫队木更津基地。

其中，日本海上自卫队木更津基地与日本陆上自卫队木更津驻屯地相邻而建，基地内的驻军是日本海上自卫队的航空补给处总处。

日本航空自卫队的木更津分屯基地不在陆自和海自所组成的基地内，它是一块飞地，位于陆自和海自基地的东北角处。陆自基地和空自飞地之间有单向2条行车道的道路连接起来，这条道路的东侧和西侧沿线建有大量的民宅。木更津分屯基地内的驻军有第4补给处木更津支处和日本防卫大臣直辖部队的木更津地方警务队，由木更津支处长兼任分屯基地司令。

第四节 | 解读中央即应联队

日本陆上自卫队中央即应联队简称为“中即联”，英文缩写为CRR，创建于2008年3月26日，为日本陆上自卫队中最精锐的快速反应步兵部队，编制总兵力大约700人，建军口号为“舍我其谁”，部队司令部及主力驻地设在日本栃木县宇都宫市内的宇都宫驻屯地内，部队标志上绣有巴纹（像水旋涡样的纹样），警备主管责任区为日本全国。

在任务分配上，中即联主要承担海外派遣先遣队以及各种紧急状态下的应急快速反应任务，其包括部队编制等在内的构成与美国陆军的第75突击联队非常相似。不过，中即联只具备第75突击联队那样的空降资格和突击资格。

由于所执行的任务特殊，故此，与其他日本陆上自卫队部队相比，中即联非常重视射击训练，据说中即联是日本实弹训练部队之一。此外，中即联驻地所在地的宇都宫驻屯地警卫队也与其他部队存在着明显的不同，这支由中即联部队担当的警卫队在站岗值勤期间为全副武装，除负责基地正门的警卫任务外，还承担全基地的守卫职责。

利用96式轮式装甲车进行突击训练的中即联队员们，可见装甲车尾部标有“中即”字样

一、中即联概况——日本陆军特战精英部队之一

中即联为日本陆上自卫队中央即应集团的核心骨干部队，在日本国内发生灾害以及恐怖袭击、游击攻击等紧急事态时，作为日本陆上自卫队各大方面队的增援部队，中即联需要快速行动对事态进行处理，在国际和平合作活动等任务中，中即联作为日本先遣部队参与国际相关领域的和平合作。

在担当海外派遣任务的先遣队时，中即联可通过航空运输或两栖海上运输携带轻装甲机动车（LAV）、96式轮式装甲车等机动性高的轮式装甲武器。此外，还要携带大约100辆的高机动车、73式大型军用卡车等地面支援车辆，为了构建临时宿营地的需要，还要携带各种专业的工程设施与器材。总之，在海外派遣任务中，中即联可携带非常全面的武器与支援装备。

在中央即应集团正式成立之前，日本陆上自卫队预定创建一支名为“紧急即应联队”的部队，这支部队编制规模为1100人，不过，由于兵员招募出现问题，所以整个计划不得不推迟。随后，紧急即应联队又更名为中央即应联队，构成队员采取日本全国选拔的方式组建。一切就绪后，2008年3月26日，中即联在宇都宫驻屯地正式编成。

从编制上来看，中即联的定员为700人，较一般普通科联队（步兵团）650人的定员多出50人。其中，联队本部（团部）与本部管理中队（团部直属连）的合计定员是大约280人，下属3个普通科中队（步兵连）的每个中队定员是大约140人。

从兵员招募及兵员构成来看，中即联所属队员不是采取选拔制度而是采取志愿制度构成，队员平均年龄31岁。队员中擅长突击作战、空降作战等特种作战技能的人数约占部队全员编制的30%。

中即联驻地的宇都宫驻屯地距离同在栃木县宇都宫市内的北宇都宫驻屯地很近，北宇都宫驻屯地拥有与宇都宫机场共用的1700米长飞机跑道，这条跑道可起飞C-1中型运输机以及C-130H大型运输机，常驻北宇都宫驻屯地还有各种直升机，这些飞机装备都可供中即联使用，从而为其在日本全国及全球范围内展开和部署提供了便利条件。

中即联的单兵装备特点非常突出，所有队员在左肩部都戴着由LEM军需部制作的大臂口袋，这样，在参加各种典礼活动时，可将89式步枪拆卸下来的部件放

在口袋里。中即联队员使用的反单兵狙击步枪都进行了迷彩涂装，枪身的涂装色在日本陆海空三军自卫队也非常罕见，并且，大部分队员都配带9毫米手枪等贴身武器。中即联还是日本陆上自卫队中第一个配发沙漠迷彩战斗服的部队。

二、中即联的发展历史——“一支新兴的特战精英”

早在2006年（平成18年）8月，东部方面总监部及第6岸舰导弹联队分别设置了中央即应联队准备室，以着手中央即应联队的创建工作。

2007年（平成19年）3月，中央即应联队准备队作为中央即应集团司令部的一部分正式进驻宇都宫驻屯地；8月1日，第1任中央即应联队长山本一等陆佐就职。

2008年（平成20年）3月26日，中即联在宇都宫驻屯地内正式编成。

2009年（平成21年）5月16日，在索马里沿海海盗对策部队派遣任务中，为了全力支援派遣至非洲之角国家吉布提内的日本海上自卫队P-3C巡逻机，中即联编成由50名队员组成的警卫与保护部队，随后，5月18日，这支部队作为派遣海盗处理航空队先遣队正式进驻东非吉布提国际机场内的日本海上自卫队基地开始承担基地保卫任务。

2010年（平成22年）2月6日，在海地大地震之后，作为“海地派遣国际救援队”国际和平合作活动的先遣队，中即联向海地紧急派遣了200名救援队员；10月，中央即应联队参加“平成22年度自卫队纪念日观阅式”，这是该部队第一次参加国家规格的阅兵式活动。

2011年（平成23年）3月，在日本东北地区大地震中，为了抗震救灾，日本自卫队组织了作战名称为“大和一丸作战”的灾害派遣计划，中即联也首次在日本国内执行了紧急条件下的派遣行动。在福岛第一核电站事故中，中即联负责在划定的警戒区域内搜索失踪者，对所有受灾者提供支援。

2012年（平成24年）2月19日，在联合国南苏丹派遣任务中，作为南苏丹国际和平合作队工程队第1次派遣队的主力，中即联组建了由大约100名队员构成的南苏丹派遣部队。

2013年（平成25年）6月至10月，中央即应联队编成第13次派遣海盗处理行动航空队以执行吉布提派遣任务。

2008年3月，中央即应联队的编成仪式

2010年，第一次参加自卫队纪念日观阅式的中央即应联队96式轮式装甲车车队

三、中即联的任务分配

目前，中即联的任务包括国内任务和国际任务两种。

其中，国内任务是在日本国内发生紧急事态的情况下，中即联要作为方面队的增援部队负责为五大方面队的军事行动提供支援。

中即联的国际任务主要以国际维和使命为主。为了对各种紧急国际事态进行快速反应，中即联将首先派遣一支先遣队执行国际任务，主力部队随后到达。

执行任务途中的中即联96式轮式装甲车车队

警戒状态中的中即联部队

四、中即联的部队编制——以轻装步兵团为标准

从编成方式上来看，中即联的部队编制以日本陆上自卫队师团、旅团下属的轻装普通科联队（步兵团）为标准。它与西部方面普通科联队（西普联）的编制也基本相同。

截至2014年，中央即应联队的部队编制包括联队本部（团部）、本部管理中队（团部直属连）、第1中队、第2中队和第3中队。其中，本部管理中队的部队编制有情报小队、反战车小队和重迫击炮小队；下属3个普通科中队各编制有一个狙击班。

中即联设联队长一名，为陆军上校军衔。

五、中即联现任（第3任）联队长——阿部洋一陆军上校简历

阿部洋一陆军上校是日本大分县人，所属职种（兵种）为普通科（步兵），日本防卫大学第34期毕业。

2000年（平成12年）8月，阿部洋一勤务于第6普通科联队第1中队（美幌驻屯地）。

2002年（平成14年）8月，任职第1师团司令部第3部（练马驻屯地）。

2005年（平成17年）3月，任职日本防卫省内局防卫局防卫政策科（市谷驻屯地）。

2007年（平成19年）3月，任职陆上幕僚监部防卫部（市谷驻屯地）。

2011年（平成23年）8月，任职第2师团司令部第3部（旭川驻屯地）。

2013年（平成25年）4月，担任中央即应联队长。

六、中即联的武器配备

整体来看，中即联的武器配备相当精良，包括轻装甲机动车、96式轮式装甲车等轻型轮式装甲车以及经过防弹功能改良的高机动车、73式大型军用运输卡车等野战车辆。

具体来看，中即联主要的车辆装备有73式小型军用卡车（1/2吨卡车）、73式中型军用卡车（1吨半卡车）、73式大型军用卡车（3吨半卡车）、高机动车、侦察用摩托车、轻装甲机动车、82式指挥通信车、96式轮式装甲车（B型）、中型二轮半挂车、1吨半急救车、83式地雷敷设装置、重型牵引车、中型推土机、汽车式起重机等。

中即联主要的步兵武器装备有9毫米手枪、89式5.56毫米步枪、反单兵狙击步枪、M2型12.7毫米重机枪、84毫米无后坐力炮、110毫米单兵便携式反坦克导弹、01式轻反坦克导弹、87式反坦克导弹、JGVS-V8单兵夜视装置、2型防弹马夹、L16型81毫米迫击炮、RT型120毫米迫击炮、国际和平合作活动用帐篷、警戒监视塔、远距离监视装置等。

七、宇都宫驻屯地——东部方面队野战炮兵基地、“中即联”驻地

日本陆上自卫队宇都宫驻屯地位于枥木县宇都宫市茂原1段5单元45号地区内，部署第12特科队、中央即应联队、第307设施队等驻军部队。宇都宫驻屯地与有机场设施的北宇都宫驻屯地之间的直接距离大约为4000米，大约20分钟车程，两座陆军基地之间不存在任何隶属关系。

目前，宇都宫驻屯地司令由第12特科队长兼任。

宇都宫驻屯地正门

第12特科队和中央即应联队的队员宿舍

宇都宫驻屯地全新建设的防卫资料馆（军事博物馆）

（一）宇都宫驻屯地发展简史

早在日本警察预备队刚刚创建后的1950年（昭和25年）11月，日本警察预备队宇都宫驻屯地在原日本帝国陆军军需工厂——关东工业株式会社的厂区内正式成立。

2001年（平成13年）3月，作为东部方面直辖部队的第6岸舰导弹联队在宇都宫驻屯地内新编。

2008年（平成20年）3月26日，宇都宫驻屯地驻军进行大规模部队改编及换防，其中，新编部队有中央即应集团之中央即应联队，同时，第4设施群第362设施中队换防到古河驻屯地内，第303水际障害中队换防到小郡驻屯地内，并划归第9设施群编制之下。

2011年（平成23年）4月21日，宇都宫驻屯地驻军再次进行大规模部队改编及换防。其中，第6岸舰导弹联队和东部方面后方支援队第301特科直接支援中队撤销，于是，宇都宫驻屯地司令职务由第6岸舰导弹联队移交给第2特科队，同时，第307设施队由高田驻屯地换防到宇都宫驻屯地内。

（二）宇都宫驻屯地的驻军部队

截至2014年，宇都宫驻屯地内的驻军部队有中央即应集团之中央即应联队、第12特科队、第1设施团之第307设施队、第334会计队、第317基地通信中队宇都宫派遣队、宇都宫驻屯地业务队、第125地区警务队宇都宫派遣队和自卫队栃木地方协力本部。

宇都宫驻屯地分布范围示意图

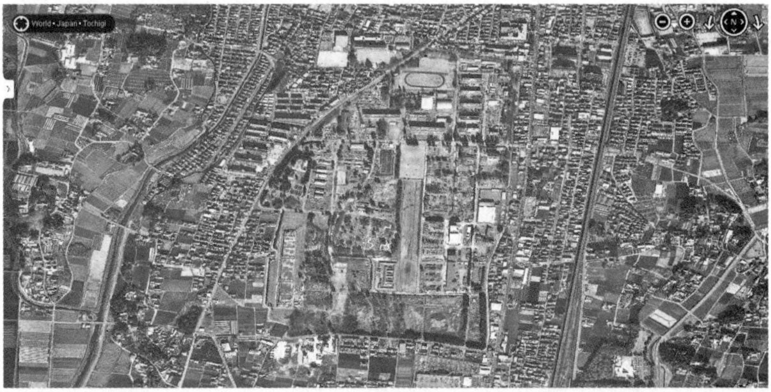

宇都宫驻屯地全景卫星照片，可见驻屯地南部区域建有室内轻武器射击场、汽车教习所、步兵训练场、大规模车场和车库、补给仓库、弹药库等设施

宇都宫驻屯地主干道北部的司令部办公区全景，可见环形操场、体育馆、军人食堂、司令部办公楼、驻军营房等设施

宇都宫驻屯地主干道南部设施，可见训练场、直升机机场、大规模车场等设施

训练场、阅兵场、操场特写

南部的汽车教习所、弹药库、直升机机场、大规模车场、多功能车库设施

宇都宫驻屯地最南端的步兵战术训练场全景

驻屯地西南部的室内轻武器射击场、步兵战术训练场、汽车教习所、弹药库、直升机机场

轻武器射击场及周边

大型多功能室内轻武器射击场特写

轻武器射击场、弹药库、汽车教习所全景

| 第五节 | 解读特殊作战群

日本陆上自卫队特殊作战群创建于2004年3月27日，它是特种作战部队、空降作战部队等诸兵种联合部队，日本陆军出类拔萃的精英部队之一。特殊作战群是日本陆上自卫队第一支特种作战部队，目前编制总兵力大约300人，驻地设在日本千叶县船桥市内的习志野驻屯地内，简称有“特战群”、“特战”、“特作”，一般队员简称其为S，目前隶属于中央即应集团指挥之下，曾经是日本防卫厅长官（前日本国防部长）和日本防卫大臣（现日本国防部长）的直辖部队，其警备主管责任区为日本全国及全世界。

目前，特战群的主要任务是反恐作战、反特种部队作战和反游击作战。不过，未来的特战群会与美国陆军的特种部队（比如:“绿色贝雷帽”特种部队、“三角洲”特种部队等）一样，也可在世界任何一个角落的所谓“目标国”遂行特种侦察、直接行动、斩首行动、情报战等多任务行动，届时，特战群将会成为世界标准的一流特种作战部队。

在日本国内，鉴于特战群的地位极其特殊，因此，将它置于最高级别的情报管理体制下，相关特战群的任务想定、部队编成、训练内容、武器装备等一切信息从部队创建时开始就一直处于高度保密状态下，要想在公开场合看到特战群的部队状况只有在中央即应集团举行的典礼仪式上。尽管如此，在仪式期间，特战群队员的脸部仍被罗宋帽（套至颈部只露出双眼的帽子）罩住。

列队参加中央即应集团编成仪式的特殊作战群队员，可见队员头部都罩着罗宋帽

一、特殊作战群军事概况——日本最高级别的保密部队

特战群创建于2004年3月27日，群本部与第1空挺团本部都设在日本东京“首都圈”附近的习志野驻屯地内。第一任群长由直接创建部队的荒谷卓陆军上校出任，部队任务以反恐作战为核心，同时可以遂行各种特种作战任务。特战群的创建以美国陆军的“绿色贝雷帽”特种部队、“三角洲”特种部队为样板，部队的编成、装备及训练均沿袭这些世界一流的陆军特种部队，部队全员编制大约300人，其中战斗人员大约200人。

作为基本原则，有资格参加特战群队员选拔考试的日本陆上自卫队队员必须是拥有突击作战能力的优秀陆军下士以上的队员，所有选拔考试以美国陆军“绿色贝雷帽”特种部队的选拔标准为基准，选拔考试极其严格，选拔合格后要进行长期的特种课程训练，最后能成为特战群战斗人员的队员比例只有参加选拔考试全员的大约十分之一。此外，确认成为特战群战斗人员的队员还必须具备自由伞降、潜水、山岳潜入等各种特种潜入技能。根据每名队员的特点，特战群队员还要掌握各种外国语言以及近距离巷战（CQB）、狙击、核生化防护（NBC）、情报、心理战等各种专业技能。因此，这些战斗人员的训练不仅需要漫长的时间，还需要巨额的经费投入。

据日本军事评论家小川和久的观点来看，目前特战群的部队规模、技战术水平、训练时间等全部要素都处于发展期间，不过，作为特战群第一任群长的荒谷卓陆军上校对此评论却未知可否。荒谷卓表示特战群的训练与技战术水平是外人不得而知的高度军事秘密，每名军人都有守秘的义务。对于特战群的任何信息，荒谷卓一字不提。

在特战群创建期间，时任日本陆上幕僚长（日本陆军司令）的先崎一4星陆军上将召开了专门的新闻发布会，在面对记者群的询问中，先崎一表示特战群队员必须具备扎实的知识和特种技能以及智力准备，对于特战群的实战化大约需要10年至15年时间，也就是说要在2015年前后才能具备实战能力。

在日本国内或世界范围有紧急情况发生时，特战群可与其他中央即应集团的下属部队展开全国规模的联合作战行动，如第1空挺团、第1直升机团（特指第102飞行队）、中央即应联队等。

2006年11月27日，在日本自卫队伊拉克派遣任务表彰中，日本政府对参与日本自卫队伊拉克复兴支援群编成的22支部队给予了隆重的表彰。这些部队分别接受日本陆上幕僚长颁发的第2级奖状和第3级奖状，特战群接受了第2级奖状。在日本自卫队伊拉克复兴支援群中，特战群承担与当地治安相关的情报收集以及危险地域警备、VIP人员警卫与护送等任务。从反恐的观点来看，特战群在伊拉克派遣任务中进行了一次非常全面的反恐实战训练。

据查，在伊拉克派遣任务之前，特战群与一般的普通科部队（步兵部队）展开了实弹合训，在合训期间，特战群队员以自己身体作为标靶参加实弹射击训练。在相距10米以上的距离内，队员边在各个场所内移动边进行实弹射击射击，有些队员遭受手枪枪弹命中，这在日本陆上自卫队其他部队中是不可能进行的训练。特战群队员的特种作战研究欲望非常高，很多队员甚至在休假期间自费远赴美、英等欧美国家到知名的民营军事公司内研究特种作战的技能。

二、特殊作战群部队经历——超凡脱俗的“前世今生”

早在1998年（平成10年），第1空挺团在极其保密的情况下成立了特种作战研究部队与特战群编成准备室两个G、S对抗部队。

2000年（平成12年），日本陆上自卫队提出与特战群相关的后勤保障设施建设要求。

2001年（平成13年），日本政府开始为特战群提供预算要求。随着海外特种作战学习人员的回国以及相关后勤保障基础设施的建成服役，特战群预先准备队编成结束，这个预先准备队主要由群本部基干人员及训练支援小队组成。

2002年（平成14年）夏季至2003年（平成15年）春季，特战群准备队经历第1次至第3次三次编成后，整个部队的编制基本建成。与此同时展开的还有特战群队员选拔标准、训练要领以及训练标准的设定工作。在此期间，群本部人员与群本部直属中队人员的队员招募和选拔工作也正式开始。

2003年（平成15年）12月，极少数具备初级作战能力的准备队员作为第1次伊拉克复兴业务支援队成员进入伊拉克境内，后来，这些队员直接编入正式成立的特战群。

2004年（平成16年）3月27日，特战群作为日本防卫厅长官直辖部队在习志野驻屯地内编成完毕。

2006年（平成18年）5月，日本防卫厅对外宣布特战群随第10次伊拉克复兴支援群参与伊拉克派遣任务。

2007年（平成19年）3月28日，特战群由日本防卫大臣直辖部队变成中央即应集团下属部队。

2008年（平成20年）1月17日至2月2日，20名特战群队员与美国陆军“绿色贝雷帽”特种部队在驻冲绳县美国海军陆战队汉森大营的巷战基础设施内进行了联合特种实战训练与研究；3月26日，特战群的英文缩写由SOG（Special Operations Group“特种作战大队”）更改为SFGp（Special Forces Group“特种部队大队”），日本的“群”编制相当于美国的“大队”。

三、特殊作战群的部队编制——参考美军特战部队标准

截至2014年，特战群的部队编制包括群本部（群司令部）、本部管理中队（群司令部直属连）、第1中队、第2中队、第3中队和特殊作战教育队。其中，群本部下设第1科（承担统筹、总务等业务）、第2科（承担情报业务）、第3科（承担作战预案、部队运用、训练计划业务）和第4科（承担后勤补给业务）。

特战群设群长一名，为一等陆佐（陆军上校）军衔。

自2004年3月27日至2014年8月，特殊作战群长历任4任，这些群长均为陆军上校军衔，可以说他们都是日本国内最权威的特种作战专家。

四、特殊作战群的各种装备

特战群主要的车辆装备只有轻装甲机动车。

特战群主要的单兵武器装备有M4卡宾枪（不配军用光学瞄准器）、9毫米手枪、89式5.56毫米步枪、MINIMI型5.56毫米机枪、H&K USP（装备消声器）冲锋枪、反步兵狙击步枪（涂有迷彩涂装）、闪光发烟筒、88式钢盔、JGVS-V8单兵夜视装置、2型防弹马夹等。

特战群可能装备的特种作战武器有特种手枪（由J.P.Sauer&Sohn公司制造）、11.4毫米大口径手枪、4.6毫米微型冲锋枪（黑克尔和科赫有限公司 MP7）、特种步枪（B、黑克尔和科赫有限公司产品）、反器材狙击步枪（枪种不明）、霰弹枪（枪种不明）等。

目前，日本陆上自卫队的战斗服有很多种，其中隶属于特战群队员穿着的有“巷战街区用战斗服”等。经过特种作战训练的特战群队员都要佩戴“特殊作战徽章”，这样，在日本自卫队军事基础设施内可以方便对这些特种作战队员进行辨认，尤其是确认特战群长。特殊作战徽章要求佩戴在队员左胸口袋上。

从基本设计上来看，特战群的特殊作战徽章是由日本国旗——“日之丸”（中国俗称的“太阳旗”）、代表正义与军事实力等意味的“剑”、以春风得意姿态急速奔袭的“鸢”、日本陆上自卫队的徽章——“樱星”以及自古以来作为日本神木的“榊”五种图案组成。

丨第六节丨解读日本的海军陆战队："西普联"

西部方面普通科联队创建于2002年3月，简称西普联（WAiR），为日本陆上自卫队西部方面队直辖轻装步兵联队，编制总兵力大约650人，编成地为日本相浦，驻地为长崎县佐世保市内的相浦驻屯地，其警备主管责任区为九州岛、琉球群岛。从部队功能上来看，西普联是日本典型的离岛快速反应机动部队、海军陆战队，主要承担岛屿防卫与警备任务。

目前，西普联的主要训练科目有登陆作战训练、水路战技训练、各种射击训练、空中潜入训练、突击作战训练等。

一、西普联的作战能力——日本海军陆战队

从作战任务上来看，西普联主要承担岛屿防卫与岛屿争夺，登陆作战训练是西普联最核心的训练内容，故此，日本国内报道也将西普联称为"日本的海军陆战队"。

从作战能力上来看，西普联与美国海军陆战队武装侦察部队基本相似，其主要作战任务是通过潜入敌人防区和以游击的方式对敌人构筑阵地进行破坏、遮断通信、情报收集以及登陆部队引导。

在西普联中，不仅局限于突击小队，拥有突击作战能力的普通队员也非常多，所有队员几乎都可参加一线的作战任务，日常训练除登陆作战外，还有航道潜入训练等特种训练。目前，日本防卫省并未对外公开西普联的具体运用细节，不过，从日本防卫白皮书来看，西普联可在距离海岸大约10千米的海面上利用橡胶艇实施航道潜入，可通过运输直升机进行机降岛屿作战。

西普联可通过日本陆上自卫队中央即应集团第1空降团进行伞降，或通过直升机空降至敌后方区域，在使用直升机或橡胶艇等登陆舟艇后，西普联可实施潜入离岛的隐蔽行动或其他突击行动。在主力部队发起突击行动之前，西普联可率

先潜入攻击目标离岛，通过各种侦察手段进行情报收集等特工活动，为部队突击行动提供全方面的准备。

在利用直升机进行突击行动之际，西普联可充分使用日本陆上自卫队西部方面航空队和驻冲绳第15直升机队的航空装备；在实施由海至岸的突击行动时，西普联可搭载于日本海上自卫队3艘大隅级运输舰上，到达目标海域后，使用1号级气垫登陆艇（LCAC）对指定目标进行突袭。另外，2013年度，西普联还计划采购美国的AAV-7型两栖突击车辆。

在训练期间，西普联还经常与日本海上自卫队佐世保警备队展开联合训练，其中，西普联指导佐世保警备队下属陆警队的基地警备技能，而海上自卫队的潜水员则对西普联的潜水技术进行指导。此外，西普联还可使用佐世保地方队的水中处理母舰进行自卫队员的运输等联合训练任务。

二、西普联成立背景——剑指中国威胁论

作为西普联上级司令部的日本陆上自卫队西部方面队，主要承担日本九州及冲绳防御，其作战责任区由朝鲜海峡的对马岛延伸至巴士海峡附近的与那国岛。这片浩如烟海的防守区域南北全长1200千米、东西全宽900千米，包括有人岛和无人岛在内总计有2600多座离岛，在日本称为“不安定之弧”（即第一岛链）的西端，隔着海洋与日本相望的有朝鲜半岛、中国大陆和台湾。日本军方认为，如果像中国这样的国家攻击日本离岛，在没有任何准备的情况下，日本陆上自卫队对责任区内离岛的防御非常困难，鉴于此，为了夺回遭敌占领的离岛，2002年3月，日本陆上自卫队正式创建了作为离岛夺回的先遣部队，这就是今天的西普联。

创建之初，日本陆上自卫队曾经计划将西普联的驻地选择在冲绳县境内，不过，考虑到中国因素及冲绳市民对日本政府在冲绳县内的一切军事活动采取激烈反对的态度，同时，为了确保西普联的作战纵深性，日本最后决定将西普联的驻地选择在靠近五岛列岛、男女群岛、壹岐岛、对马岛，更利于通过舰艇及直升机紧急展开的长崎县佐世保市内。

在西普联创建之前，西部方面队对所属作战责任区内的所有岛屿、丛林及山

岳地形展开了一番详细的调查，以供西普联未来反游击战的情报资料，作为特殊部队，西普联的创建过程一直备受日本国内及全世界的高度关注。

在西普联创建期间，应长崎县当地商业店铺的邀请，西普联举行了通过商业街的纪念游行阅兵式。阅兵式之前，按照预定西普联队员可携带步枪，不过，考虑到长崎是遭受原子弹轰炸的地方，为了牢记历史教训，最后的阅兵式采取徒手队列行进方式实施。整体来看，西普联的创建阅兵式与第1空降团的创建阅兵式基本保持了相同的动作要领。

三、西普联部队编制——标准轻装步兵团的规模

截至2014年，西普联定员编制为660人，不过，实际编制规模大约为600人。除了承担后方支援任务的司令部直属中队外，西普联构成队员中的大约70%人员都具备突击作战能力。此外，所有队员还要接受日本海上自卫队的潜水课程训练。

西普联部队编制由联队本部（团部）、本部管理小队（司令部直属排）、第1中队、第2中队、第3中队三个步兵中队构成，除本部管理小队外，第1中队至第3中队三个步兵中队都编制一个突击小队。因此，西普联是日本自卫队中第一个设置常备突击作战部队的部队。每个步兵中队的编制由3个步枪小队（包括一个突击小队在内）、1个反坦克小队、1个81毫米迫击炮小队以及1个120毫米迫击炮小队构成。

本部管理小队定员编制大约60人，第1中队编制大约200人，第2中队编制大约200人，第3中队编制大约200人。

西普联设联队长一名，为一等陆佐（陆军上校）军衔，自2002年3月27日以来至今，共有5任联队长。

四、西普联的武器配备（轻装步兵的配备）

西普联主要的车辆装备如下：73式小型军用卡车（1/2吨卡车）、73式中型军用卡车（1吨半卡车）、73式大型军用卡车（3吨半卡车）、高机动车。

西普联主要的武器装备如下：9毫米全自动微型冲锋枪、89式5.56毫米步枪、MINIMI型5.56毫米机枪、反步兵狙击步枪、84毫米无后坐力炮、L16型81毫米迫击炮、RT型120毫米迫击炮、空降背囊（内装日本陆上自卫队制式“一式粮食”，在1周时间内没有后勤支援的情况下，它可维持队员生存）、日本陆上自卫队一式攀登用具、CRRC（战斗突袭侦察舟艇、橡胶材料制成的小艇）、日本陆上自卫队一式游泳侦察兵装备、JGVS-V8单兵夜视装置、隐蔽行动用战斗迷彩服、2型防弹马夹（与战斗防弹马夹联合使用）等。

五、西普联的部署经历

自创建以来，西普联参与了大量的作战行动，具体活动概况如下：

2005年9月11日，日本防卫厅公开了西普联参加伊拉克派遣部队的活动情况，在所公开的照片中，西普联队员正在承担日本陆上自卫队阿尔霍尔特小学（萨马沃分校）施工的警备任务，可见西普联队员手持89式5.56毫米步枪。

2006年1月，西普联向美国加利福尼亚州圣迭戈市内的美国海军科罗纳多海军两栖基地（北岛海军航空兵基地南部、美国海豹突击队设在太平洋一侧的训练大本营）派遣了125名队员，这些队员与美国海军陆战队之间展开了代号名称为“铁拳作战”的岛屿争夺联合处理训练。西普联的具体训练科目包括在海上侦察期间对所使用的侦察游泳技巧进行练习、对潜入离岛的技能进行练习、对展开等技能进行训练等。在这次日美联合训练期间，西普联对两栖突击登陆作战的基础性技能进行了飞跃性的提高，这为未来执行相关的作战任务奠定了基础，至于今后日美是否会进行两栖实战性的训练还尚未确定。

2006年10月，日本新闻播放了西普联的部队训练情况。在训练中，西普联队员着JGVS-V8单兵夜视装置，部队训练规模为中队级，小队长由陆军士官担任，训练条件为夜间，训练内容有直升机机降，山岳地带的快速移动，小队规模的夜间攻击训练等。通常情况下，西部方面步兵联队的部队突击训练在相浦基地内的广大地域内展开，在后半期技能训练课程中还有飞机、舰艇等使用的内容。

2010年12月，在当年的日美联合演习中，在日出生台演习场，西普联第一次与第1空降团展开了联合训练。

2011年12月，西普联开始针对日中钓鱼岛争端展开训练，主要训练内容有游泳训练、自带一周粮食和饮用水的野外生存训练、超近距离的射击训练以及反步兵狙击训练。训练期间，所有队员全部剃成光头。这样做主要是考虑在执行任务中可能会发生徒手格斗的情况，敌人就无法抓住队员的头发。

装备MINIMI型5.56毫米机枪的西普联队员行进在美国海军佩累利乌号通用两栖突击舰的飞行甲板上，他们正在美国加利福尼亚州圣克莱门特岛上进行日美联合突击训练。

2006年，在"铁拳作战"的日美岛屿争夺联合处理训练中，与美国海军陆战队一同参加训练的西普联队员们

西普联第2中队（WAiR2Co）队员在美国海军佩累利乌号通用两栖突击舰的机库甲板内进行89式5.56毫米步枪的使用训练，从照片中队员所使用的各种单兵装备来看，他们就是西普联队员

正在进行登陆训练的西普联队员，可见队员手持训练用的橡胶制枪械

六、相浦驻屯地——西普联的母基地

日本陆上自卫队相浦驻屯地位于长崎县佐世保市大泻町678单元地区内，部署西部方面混成团、西部普通科联队等驻军部队，驻屯地司令由西部方面混成团长兼任，最近训练场有相浦早岐基本射击场。

从地理位置上来看，相浦驻屯地距离日本铁路佐世保站以西9000米处，坐落于日本西海国立公园九十九岛的一角，周边自然风光非常优美。这里是佐世保市西部的沿海地区，其东部大约5000米处是日本海上自卫队的佐世保基地及驻日美国海军第七舰队的佐世保海军基地。

目前，相浦驻屯地占地总面积927 161米^2，建筑总面积53 355米^2，位于佐世保市针尾岛有福町内的相浦早岐基本射击场占地总面积770 880米^2，建筑总面积471 281米^2。

相浦驻屯地内的西部方面混成团教学楼设施

（一）相浦驻屯地发展简史——日本帝国海军陆战队基地、日本百年海军陆战队基地

早在1857年（安政4年）至1865年（庆应元年），今天相浦驻屯地的周边地区是一片沿海开拓地。

1941年（昭和16年）11月21日，日本帝国海军佐世保镇守府第2海兵团（海军陆战团）正式成立。

1944年（昭和19年）1月4日，第2海兵团更名为相浦海兵团。

1945年（昭和20年）至1955年（昭和30年），美国陆军进驻，在这10年期间，这里是美国陆军的“莫阿兵营”，当时这座军事基地主要用作轮换基地。

1955年（昭和30年）8月，美国陆军将莫阿兵营返还给日本政府；10月21日，日本陆上自卫队相浦驻屯地正式成立，与此同时，第8新队员教育队由针尾驻屯地换防过来。

1956年（昭和31年）1月12日，第5陆曹教育队由福冈驻屯地换防过来。

1959年（昭和34年）8月13日，第8新队员教育队改编为第2教育联队。

1963年（昭和38年）8月1日，第5陆曹教育队换防到大村驻屯地。

1969年（昭和44年）8月1日，第3教育团本部新编，而后由别府驻屯地换防到相浦驻屯地，同时，第2教育联队改编为第118教育大队。

1974年（昭和49年）1月24日，第5陆曹教育队再次由大村驻屯地换防回来。

1999年（平成11年）3月29日，第118教育大队第336共通教育中队撤销。

2002年（平成14年）3月27日，西部方面普通科联队新编，同时，授军旗。

2003年（平成15年）3月27日，新编第301普通科直接支援队。

2004年（平成16年）3月20日，车辆教育队编入第118教育大队。

2013年（平成25年）3月25日，第3教育团改编为西部方面混成团。

每年度防灾日之际，佐世保消防局、警察局、陆上自卫队、海上自卫队、驻日美国海军、各种当地自治体等大约40个单位、1300多人齐聚相浦驻屯地实施综合防灾训练演习，这种防灾演习主要以地震、暴雨等灾害为假想背景。

（二）相浦驻屯地驻军部队

截至2014年，相浦驻屯地内的驻军部队有西部方面混成团本部及第5陆曹教育队和第118教育大队、西部方面普通科联队、西部方面后方支援队第301普通科直接支援队、相浦驻屯地业务队、第395会计队、第321基地通信中队相浦派遣队、情报保全队和第134地区警务队相浦派遣队。

其中，西部方面混成团是日本陆上自卫队陆士、陆曹及预备自卫官教育部队，年均培训人员大约3700人，主要培训对象为九州及冲绳地区入队人员，截至2013年3月，共培训人员大约21万人。

（三）图解相浦驻屯地基础设施

相浦驻屯地分布范围示意图，白线范围之内，可见这是一座近岸的陆军基地，非常适合于驻扎海军陆战队

相浦驻屯地与东侧不远处（两座军事设施之间相距两三千米）佐世保湾内的驻日美国海军佐世保舰队基地和日本海上自卫队佐世保基地全景，这样，日美海军非常便于对西普联提供海上支援和协同

相浦驻屯地全景俯瞰，可见近岸滩头及港口设施都可供西普联训练使用，条件非常便利，建筑设施全部位于驻屯地北部

位于相浦驻屯地东南部的西普联驻地，主要基础设施有环形操场、车场、车库、驻军营房等

相浦驻屯地东侧的汽车教习所全景

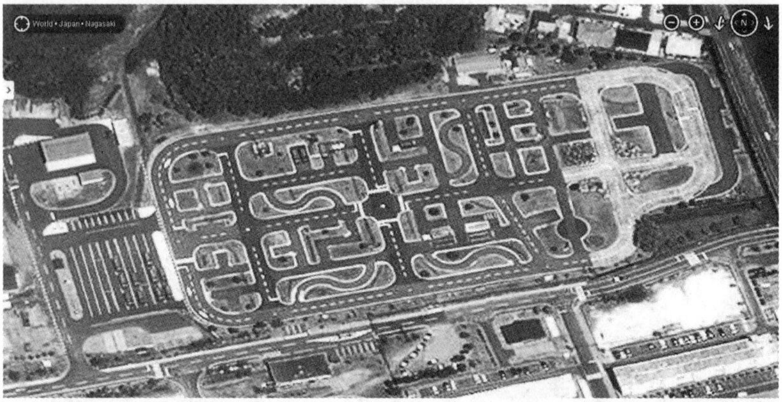

汽车教习所特写

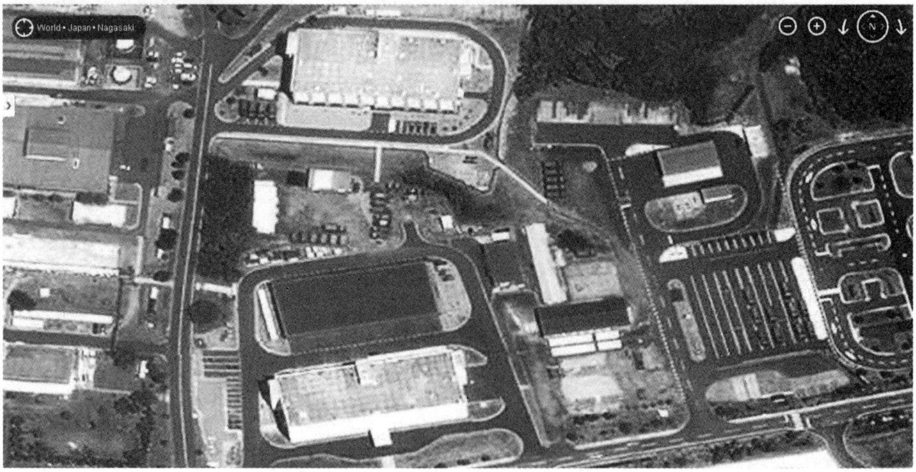

汽车教习所附属的建筑设施

西部方面混成团教学区全景，主要设施有西部方面混成团司令部办公楼、教学楼、军人食堂、体育馆、俱乐部等

相浦驻屯地西部的基础设施区，可见多功能车库、车场等设施

相浦驻屯地最西端，可见弹药库等设施

相浦驻屯地西南端的西普联训练码头设施

相浦驻屯地中南部的训练场、弹药库、简易直升机机场等设施

位于相浦驻屯地中部的大型步兵战术训练场，包括两栖作战训练场、登陆训练场、反登陆训练场等

西普联驻地南部的训练场全景

相浦驻屯地岸边码头、港口设施全景

| 第七节 | 解读水陆机动团

水陆机动团是日本安倍内阁正在计划创建中的部队，这是一支名副其实的海军陆战队、纯攻击性部队，其主要任务方向是中国钓鱼岛，主要作战对象是中国军队，从编制上来看这是一支海军陆战旅，从综合作战能力上来看，它相当于一个美国海军陆战师，具体概况如下：

一、水陆机动团创建的大背景——日本安倍内阁的主要扩军内容

2013年（平成25年）12月17日，日本国家安全保障会议及第2次安倍内阁的阁议正式通过平成26年度之后防卫计划大纲（简称为“25大纲”）和新一期的中期防卫力整备计划，即中期防卫力整备计划（2014）。

中期防卫力整备计划（2014）的实施年度为平成26年度（2014年4月）至平成30年度（2019年3月），为期5年，根据这份全新的中期防卫力整备计划，日本陆上自卫队将设立陆上总队及新编水陆机动团。

水陆机动团将由西南诸岛防御专业部队——西部方面普通科联队改编而来，目前，西部方面普通科联队置于西部方面队直辖之下，部队定员编制大约700人，联队司令部设在长崎县佐世保市内的相浦驻屯地内。根据中期防卫力整备计划（2014），水陆机动团将在西部方面普通科联队基础上改编为3个海军陆战团，即第1联队、第2联队和第3联队，编制总兵力在2000人至3000人之间。新编的水陆机动团本部（部队司令部）驻地仍然设在佐世保市内的相浦驻屯地内，附近的美国海军第七舰队两栖投送舰队及日本海上自卫队未来的两栖登陆舰都可对这支部队进行远洋投送。

二、水陆机动团的扩编预想——中央即应集团（陆上总队）第三个新编的“团级”部队（2星司令部）

从编制上来看，水陆机动团隶属于新设陆上总队的编制之下，而不再隶属于西部方面队直辖之下，故此，水陆机动团将是一支日本全国的机动运用部队。作为陆上总队直辖部队，水陆机动团可与驻日美军以及陆上总队下属的第1空挺团、第1直升机团、特殊作战群、中央即应联队等部队实施联合作战。水陆机动团的级别也将与第1空挺团、第1直升机团一致，都为2星陆军司令部。

根据构想，水陆机动团将于平成30年度（2018年）末完成改编，其主要作战任务方向是解决日中钓鱼问题，根据中国陆海空三军的反应，水陆机动团将会作出有效的应对。从这个方面来看，水陆机动团是中国军队未来所要面临的最主要劲敌之一。

从改编预想来看，水陆机动团的核心主战力量是第1联队，因此，第1联队将在西部方面普通科联队基础上进行发展性改组，第1联队司令部仍然设在长崎县佐世保市内的相浦驻屯地。至于第2联队和第3联队的部队司令部驻地仍然是未知数，每个联队的预定编制总兵力介于700人至900人之间。

水陆机动团的改编将会参照美国海军陆战队，无论是编制体制、作战任务、部队训练，还是武器装备，都会有所体现。就武器装备来看，水陆机动团的主战装备是水陆两用车（水陆两栖战车），同样，水陆两栖战车也是美国海军陆战队的主战装备。根据平成25年度和平成26年度的国防预算，到平成26年度末期的两年时间内，水陆机动团将会先期装备6辆试制型的水陆两栖战车。在运用试验基础上，到平成30年度末期，水陆机动团将会按照计划装备52辆水陆两栖战车。

三、水陆机动团的作战预想——未来日本陆海空三军联合作战的中坚力量

根据日本陆上自卫队制定的水陆两栖战车投入作战构想，在日本西南诸岛遭受敌军攻击之际，水陆两栖战车将会距离战斗地域岛屿数千米之外的海上出发，然后，通过战车将战斗部队投送到作战岛屿上。此外，日本陆上自卫队还预计采

购美国海军陆战队装备的MV-22“鱼鹰”倾转旋翼垂直起降运输机，这也是水陆机动团的核心装备之一，届时，“鱼鹰”运输机也可向作战前线投送水陆机动团的作战部队。

从更大的作战背景来看，在日本西南诸岛遭受攻击之际，新设的陆上总队司令官（3星陆军中将）将会统一指挥日本陆海空三军部队参战。在日本陆军部队指挥方面，陆上总队司令官除了可以充分运用水陆机动团等直辖部队之外，还可调动日本全国五大管区内由五大方面队指挥下的机动运用部队，包括未来将要进行改编的机动师团和机动旅团部队。根据现在的改编计划，未来的日本陆上自卫队机动师团和机动旅团将会向全国派遣“即应机动联队”，这些高效、机动的作战部队可迅速由日本全国各地向西南诸岛展开部署以全力支援水陆机动团作战。

在未来的作战体制中，日本陆海空三军除了可通过统合幕僚监部（联队司令部）实施联合作战，作为日本陆海空三军自卫队核心作战力量的陆上总队、自卫舰队和航空总队也要实施密切的联合作战，而且，陆上总队司令官将会主导由日本陆上自卫队陆上总队、日本海上自卫队作战主力——自卫舰队以及日本航空自卫队航空总队之间实施的联合作战及作战协调。与此同时，陆上总队还将加强与驻日美军之间的联合作战及作战协调，根据计划安排，未来的陆上总队司令部将与驻日美国陆军司令部所在地的座间军事大营（位于神奈川县座间市等地）合署办公。

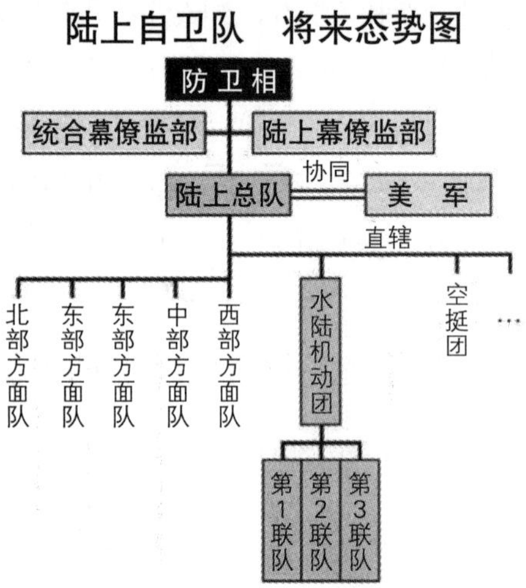

陆上总队以及水陆机动团的编制示意图

第四章

日本陆上自卫队“五大方面队”

第一节 | 解读日本陆上自卫队之北部方面队

北部方面为日本陆上自卫队五大方面队之首，简称“北方”或NA，创建于1952年10月15日，其防务责任区为日本北海道地区，主要任务是承担整个北海道地区的安全防御、警备、灾害派遣、民生支援等任务。北部方面队核心指挥中枢的北部方面总监部目前设在日本北海道最大都市札幌市中央区的札幌驻屯地内，札幌驻屯地是北海道地区的日本陆军指挥中心。

北部方面队核心作战力量由两个师团、两个旅团、1个特科团、1个高射特科团组成，另有大约50个直辖部队，编制总兵力大约36 000人。它是日本陆上自卫队中最大的方面队，堪称“日本陆军之首”。

根据日本安倍晋三内阁制订的最新中期防卫力整备计划（2014），预计到平成26年度末（2015年3月），北部方面队将缩编为两个师团、两个旅团、定员编制30 000人、主战坦克300辆、野战火炮200门/辆。这项改编计划主要是为了应对中国军队的现代化进程，以及重视西南诸岛防御的战略考虑。在未来5年时间内，日本陆上自卫队将削减大量的主战坦克和野战火炮，不过，仍然现役的这些主战装备中的大部分还是装备到北部方面队。

截至2014年，由北部方面队担任指挥官的日美共同训练共实施了55次，其中，日美共同方面队指挥所演习13次、与美国陆军之间的实兵训练23次、与美国海军陆战队之间的实兵训练19次，由此来看，日美两军的联合作战能力非常之高。

北部方面队的部队徽章，可见为日本北海道的地理图标

位于札幌驻屯地内的北部方面总监部司令部办公大楼

北部方面队基干力量构成、管区及分布示意图，可见道北地区为第2师团、道东地区为第5旅团、道西地区为第11旅团、道南地区为第7师团，其中，矢臼别大演习场在第5旅团管区内，北海道大演习场在第7师团管区内，同时，日俄争议岛屿的南千岛群岛（日称北方领土）在北部方面队的管区内

一、北部方面队整体概况——日本陆军最强部队、唯一重装集团

目前，北部方面队的核心作战力量由两个师团和两个旅团构成，辖区内共建有28座驻屯地（陆军基地）、10座分屯地（陆军分基地）和4个地方协力本部。日本陆上自卫队现役唯一的重型装甲师团第7师团就编制在北部方面队内。在冷战期间，北部方面队曾经是日美对苏防御的最前线部队，因此，北部方面队的建设受到了日本陆上自卫队的高度重视，于是，一切陆军新装备都优先部署至北部方面队辖区内。

在冷战期间，北部方面队的部队编制达到了鼎盛时期，当时编制4个满编师团、总兵力达5万人、主战坦克600辆、火炮400门/辆。随着苏联解体，日本陆上自卫队和北部方面队的总兵力及现役装备都有了大幅度的削减。近年来，为了有效应对中国军队的现代化进程，日本陆上自卫队将战略重心由北部方面队转向西部方面队。根据日本陆上自卫队整体编制体制调整计划，预计现役主战坦克和火炮都削减至400辆/门，这些削减装备中的大多数配额都从北部方面队出。

二、北部方面队的发展历史概况——“北方”62年

早在日本警察预备队时期，1950年（昭和25年）12月，第2管区总监部正式创建。1952年（昭和27年）10月15日，随着日本保安队的正式创建，扩充兵员势在必行，于是，作为中级司令部的北部方面总监部及北部方面队在札幌驻屯地内挂牌成立。当时，北部方面总监部下属部队除第2管区队外还有作为直辖部队的北部方面特科团（炮兵团）、独立第一特车大队（坦克大队）、独立第一设施群、北部方面通信大队等部队。主管责任区为日本北海道地区以及东北地区北部的青森县、岩手县和秋田县三个县。其中，北海道北部和东部地区由第2管区队承担防务，其他地区防务由方面队直辖部队承担。

1953年（昭和28年）4月1日，第1管区队开始承担日本东北地区北部的防务，于是，北部方面队的主管责任区只剩下北海道地区。

1954年（昭和29年）9月，北部方面队新编第5管区队，由它承担北海道东部地区的防务。

1955年（昭和30年）12月，北海道南部地区的防务由新编第7混成团（今天的第7师团）接管，从创建时开始，第7混成团就计划成为一支机械化部队。

1962年（昭和37年）1月至8月，北部方面队进行大规模部队改编，下辖部队编制由原来的2个管区队和1个混成团体制变为全新的4个师团体制，这种整体格局基本保持至今。

1982年（昭和57年）2月，日美共同指挥所演习（YS演习）在北部方面队辖区内实施；10月，日美共同实兵训练在北部方面队管区内实施。

2000年（平成12年）3月，北部方面后方支援队和北部方面卫生队成立，同

综合作战演习

与美军共同训练

协同机动演习

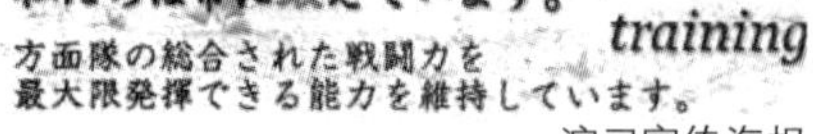

演习宣传海报

北部方面队的综合战斗力演习、与美国陆军共同实兵训练、协同转地演习示意图

时，引入即应预备自卫官制度，第7师团进行简编化。

2001年（平成13年）3月，北部方面指挥所训练支援队新编。

2004年（平成16年）3月，第5师团改编为第5旅团。

2008年（平成20年）3月，基于中期防卫力整备计划（2005），北部方面队下属部队又有了改编和新编，其中第11师团改编为第11旅团，第3设施团改编为北部方面设施队，第11师团下辖的1个反战车队（反坦克队）和1个普通科联队（步兵团）统一合并为1个普通科中队（步兵连），新编作为北部方面直辖部队的北部方面反舟艇反战车队。同时，作为北部方面总监直辖部队的第301保安中队划归北部方面警务队编制之下。

2009年（平成21年）12月，日美共同指挥所演习（YS-57）在北部方面队管区内实施。

2010年（平成22年）3月，北部方面队创建情报科职种（兵种）；8月，北部方面队综合战斗力演习实施。

2011年（平成23年）4月，北部方面队再次进行部队改编和新编，其中，第2师团和第5旅团进行了部队改编，北部方面教育联队改编为北部方面混成团，新编第52普通科联队等部队。

2013年（平成25年）3月，新编北部方面情报队。

2014年（平成26年）3月，第7师团进行部队改编（结束即应预备自卫官训练任务）及撤销第1战车群。

2015年（平成27年）3月，随着自卫队札幌医院新医疗基础设施的建成，丰平驻屯地预计撤销。

三、平成25年度自卫队统合演习（25JX）

2013年（平成25年）11月1日至11月18日，日本陆、海、空三军自卫队在冲绳县及福冈县内实施自卫队统合训练（25JX）。其中，北部方面队派遣第1特科团下属第3岸舰导弹联队以及第1高射特科团下属第1高射特科群和第4高射特科群参加演习。

此次三军联合大演习旨在提高日本自卫队面对武力攻击情况下的陆、海、空三军联合作战能力，日本陆上自卫队五大方面队都派遣了反舰、防空部队参演。其中，来自北部方面队的第3岸舰导弹联队前沿突出部署到冲绳县宫古岛内，这支部队可对假想攻击中的中国海军舰队实施反击作战，这也是北部方面队所属部队第一次前沿部署到宫古岛。另外，第1高射特科群和第4高射特科群部署到福冈县境内，主要实施防空战斗训练。

在平成25年度自卫队统合演习中，日本陆海空三军参演总兵力达34 000人，其中，来自北部方面队的兵力有155人，车辆大约70辆。

通过渡轮前往日本西部地区的北部方面队车辆

登船的北部方面队参演部队

四、北部方面队的部队编制

从整体来看，北部方面队的部队编制可分为司令部机关、基干作战部队和方面队作战支援部队（方面队直辖部队）三个部分组成。

其中，司令部机关部队编制有北部方面总监部（北部军区司令部）和北部方面总监部付队（直属队）。

基干作战部队编制有第2师团（基干为3个普通科联队、1个战车联队））、第5旅团（基干为3个普通科联队）、第7师团（基干为3个战车联队、1个普通科联队）和第11旅团（基干为3个普通科联队）。具体部队编制包括第2师团下辖第3普通科联队、第25普通科联队、第26普通科联队和第2战车联队；第5旅团下辖第4普通科联队、第6普通科联队和第27普通科联队；第7师团下辖第71战车联队、第72战车联队、第73战车联队和第11普通科联队；第11旅团下辖第10普通科联队、第18普通科联队和第28普通科联队。

方面队作战支援部队（方面队直辖部队）有第1特科团（炮兵团）、第1高射特科团（防空炮兵团）、北部方面混成团、北部方面设施队、第1战车群（坦克群）、第1电子队、北部方面通信群、北部方面航空队、北部方面后方支援队、北部方面会计队（财务队）、北部方面卫生队、北部方面军乐队、北部方面指挥所训练支援队、北部方面情报处理队、北部方面反舟艇反战车队（坦克队）、北海道补给处、札幌医院、24个驻屯地业务队及4个地方本部等。

五、平成22年度北部方面队综合战斗力演习（代号“玄武–2010”）

纵观日本陆上自卫队，北部方面队保持常年的高度战备状态，日美联合演习、自卫队联合演习、演习场训练、不同科目的战斗训练等年度训练此起彼伏、接连不断，下面通过“玄武–2010”综合战斗力演习来管窥北部方面的基本训练情况。

2010年（平成22年）8月23日至9月22日，在为期一个月时间内，北部方面队在北海道大演习场东千岁地区及惠庭地区（千岁市、惠庭市）、矢臼别大演习场（别海町）、上富良野演习场（上富良野町）、札幌驻屯地（札幌市）、真驹内驻屯地（札幌市）等地实施“平成22年度北部方面队综合战斗力演习”，演习代号为“玄武-2010”，参演总兵力大约15 000人，参演主战装备包括主战坦克大约120辆、野战火炮大约40门、作战飞机大约50架。

此次陆军大演习的实施内容分为两项，分别是“防卫作战准备”和“攻势（攻击）作战”。8月23日至9月5日期间，实施防卫作战准备（国土防御作战）演练，主要演习阵地、指挥所、通信设施、工程设施等防御工事构筑。9月10日至9月14日期间，实施攻势作战（方面队规模的综合战斗力展示）演练，主要演习通过防势（防御）阻止敌人的进攻态势，然后由防守态势转入攻势的大规模作战。

“玄武-2010”演习的导演部指挥官为时任北部方面总监的千叶3星陆军中将，参演部队以北部方面队为主，包括北部方面队下属北部方面总监部、第2师团、第7师团、第11旅团、第1特科团、第1高射特科团、北海道补给处等直辖部队；中央即应集团第1空挺团和第1直升机团以及日本航空自卫队等，这些参演部队都为空中支援部队。

“玄武-2010”演习的作战想定是：针对敌之地面攻击部队，预先配置的部队实施阻击作战，同时，坦克部队等反攻部队实施反击作战，在空中火力等支援下，反击部队与空降部队、直升机机降部队联合对敌地面部队实施毁灭性的打击，在反击作战期间，后方支援部队提供人力和物力两个方向的全面支援

“玄武-2010”演习的主要参演装备有90式主战坦克、89式装甲战斗车、87式侦察警戒车、99式155毫米自行榴弹炮、92式地雷原（布雷区）处理车、改良型霍克远程地空导弹、87式自行高射机关炮、轻装甲机动车、90式坦克回收车、99式弹药供弹车、OH-1侦察直升机、AH-1S反坦克直升机等，这些都是日本陆上自卫队的现役现役主战装备。

综合来看，北部方面队例行举办的“综合战斗力演习”是日本陆上自卫队中方面队级别里规模最大的陆军综合演习，其参演主力部队由第一线作战部队到后方部队，无所不包，这些演习内容及科目会不断提高北部方面队的综合技战术水平以及陆、海、空三军协同作战能力。

“玄武-2010”演习想象示意图（包括红、蓝双方）：针对敌之地面攻击部队，预先配置的部队实施阻击作战，同时，坦克部队等反攻部队实施反击作战，在空中火力等支援下，反击部队与空降部队、直升机机降部队联合对敌地面部队实施毁灭性的打击，在反击作战期间，后方支援部队提供人力和物力两个方向的全面支援

在东千岁驻屯地内，来自北海道各地的大约15 000名队员参加“玄武-2010”演习的开训式

“玄武-2010”演习中的某部作战会议室

“玄武-2010”演习主要参演装备，90式主战坦克

“玄武-2010”演习主要参演装备：99式155毫米自行榴弹炮

六、平成24年度北部方面队综合战斗力演习

北部方面队的综合战斗力演习不仅包括大规模作战、战斗演习，还包括各级作战部队在后方区域展开的各种支援、配合演习。

2012年（平成24年）8月27日至9月12日期间，北部方面队在北海道地区各演习场、训练场、靶场、驻屯地及部队外部地区（包括奥尻岛、天买岛、烧尻岛、利尻岛、礼文岛、羽幌町、札幌市等地）实施“平成24年度北部方面队综合战斗力演习（后方地域）”。

这次陆军大演习旨在应对北海道地区及日本国内所有的紧急事态，它可最大限度提高北部方面队现有编成部队及装备的战斗力及技术、战术水平，演练主体在于后方地区的行动，包括国民保护、国家战争动员等内容。

在演习期间，北部方面队共实施了4个方面总监直辖部队的训练检阅、北部地域自卫队综合演习、北部方面队职种协同训练三项内容。同时，北部方面队还参加了由北海道地区自治体主办的防灾训练以及与防灾机关相关的共同训练。在演习过程中，根据各师团长、旅团长等部队首长制订的计划，参演部队还实施了养成训练，并提高应对各种事态的技战术水平。此外，本次演习还与预备自卫官募集训练相衔接，整个训练期间也对预备自卫官运用进行了实际的训练。

由北部方面设施队第105设施器材队架设好的门桥可让90式主战坦克自由通过

北部方面总监直辖部队训练检阅

8月24日至9月12日期间，导演部分别对4个北部方面总监直辖部队实施了训练检阅，这4个部队分别是北部方面设施队、第1电子队、北部方面反舟艇反战车队和北部方面军乐队，通过对训练成果的评价，这些部队的战斗能力都得到了进一步提升。

北部方面设施队坑道挖掘中队正在挖掘装备防护用途的隧道

北部方面设施队第13设施队正在构筑北部方面队预备指挥所（作战室）

第1电子队正在进行车辆点检

（一）北部地域自卫队综合演习

8月27日至8月30日期间，导演部实施北部地域自卫队综合演习，主要演练不法行动处理的要领。该项演习不仅提高了北部方面总监部等首长机关协同危机处理的能力，还强化了日本北方地区各自卫队部队的综合运用体制。

第52普通科联队与日本海上自卫队之间的海上机动协同训练

第52普通科联队与日本航空自卫队之间的协同

（二）由北海道地区自治体主办的防灾训练以及与防灾机关相关的共同训练

在此次演习中，北部方面队参加了由北海道地方自治体主办的一些防灾训练，如8月28日参加由函馆市举办的防灾训练、8月30日参加钏路市举办的防灾训练等，北部方面通信群参加了北海道防灾训练、第27普通科联队参加了北海道防灾训练及钏路市防灾训练、第28普通科联队参加函馆市防灾训练等。

北部方面队与北海道地方自治体组建的防灾合同联络所

七、北部方面总监部（☆☆☆）——北部军区司令部

目前，北部方面总监部设置在日本札幌市中央区的札幌驻屯地内。

截至2014年，北部方面总监部指挥核心由4人组成，分别是一名方面总监（军区司令员），为3星陆军中将军衔，现任方面总监为2013年8月27日就职的田边挥司良中将；一名幕僚长（参谋长），为2星陆军少将军衔，兼任札幌驻屯地司令，现任幕僚长为2013年12月18日就职的田浦正人少将；一名幕僚副长（行政），为2星陆军少将军衔，现任幕僚副长（行政）为2013年8月22日就职的西浩德少将；一名幕僚副长（防卫），为2星陆军少将军衔，现任幕僚副长（防卫）为2013年3月28日就职的甲斐芳树少将。

同时，北部方面总监部的幕僚集团由各机关部长等成员组成。

八、北部方面总监（☆☆☆）——北部军区司令员

自1952年以来，北部方面总监一直由一名3星陆军中将担任，截至2014年，共经历了34任，这些方面总监平均任期2年时间，最长任期不超过3年。其中，较著名的北部方面总监有第4任的高山信武中将、第15任的渡部敬太郎中将、第16任的中村守雄中将、第19任的志摩笃中将、第20任的志方俊之中将、第21任的富泽晖中将、第23任的渡边信利中将、第25任的矶岛恒夫中将、第27任的先崎一中将等。其中，7任总监后来晋升陆上幕僚长。前16任方面总监均由日本帝国陆军退役人员担当。

九、现任北部方面总监——田边挥司良3星陆军中将简历

作为日本陆上自卫队作战实力最强大的一支主力部队，下面通过现任田边挥司良3星中将总监的任职经历来管窥一下日军核心力量最高指挥官的基本任职情况。

田边挥司良中将生于1957年（昭和32年）7月，为日本广岛县人，工学博士，职种（兵种）为设施科（工兵），1980年（昭和55年）3月，日本防卫大学24期本科毕业，1988年（昭和63年），获得日本神户大学研究生院授予的工学博士学位。

1991年（平成3年）1月，晋升三等陆佐（陆军少校）。

1994年（平成6年）7月，晋升二等陆佐（陆军中校），同时担任第382设施中队长兼富山驻屯地司令。

1999年（平成11年）1月，晋升一等陆佐（陆军上校）。

2002年（平成14年）8月1日，担任第7设施群长，在此期间，作为第3次东帝汶派遣设施群长而参加了东帝汶派遣任务。

2003年（平成15年）12月5日，担任陆上幕僚监部人事部任免科长。

2005年（平成17年）7月28日，晋升陆将补（2星陆军少将）。

2006年（平成18年）3月27日，担任第5设施团长兼小郡驻屯地司令。

2007年（平成19年）9月1日，担任自卫队东京地方协力本部长。

2009年（平成21年）7月21日，担任陆上幕僚监部装备部长。

2011年（平成23年）8月5日，晋升陆将（3星陆军中将），同时，担任第9师团长。

2012年（平成24年）7月26日，担任防卫大学干事。

2013年（平成25年）8月27日，担任第34任北部方面总监。

综上可以看出，田边挥司良中将拥有丰富的工兵部队指挥官任职经验，也有大机关不同业务首长的经历，但担任主力作战部队指挥官的经验很少。

十、北部方面总监部幕僚长（☆☆）——北部军区参谋长

一直以来，北部方面总监部幕僚长由一名2星陆军少将担任，其中著名的幕

僚长有吉江诚一少将、益田兼利少将、中谷正宽少将、火箱芳文少将等。这些幕僚长基本都可晋升至师团长职务和3星陆军中将军衔。此外，前期幕僚长都由日本帝国陆军退役人员担任。

十一、现任北部方面总监部幕僚长——田浦正人2星陆军少将简历

下面概况看看现任北部方面总监部幕僚长田浦正人少将的基本任职经历。

田浦正人少将生于1961年（昭和36年）12月2日，日本长崎县人，一等陆佐之前的职种为机甲科（装甲兵），曾经在美国肯塔基州的美国陆军装甲学校深造，同时，学完了美国海军陆战队指挥幕僚课程。

田浦正人少将于1984年（昭和59年）3月，防卫大学第28期本科毕业。1995年（平成7年）1月，晋升三等陆佐。

1998年（平成10年）7月，晋升二等陆佐。

2002年（平成14年）12月1日，担任第3战车大队长兼今津驻屯地司令。

2003年（平成15年）1月，晋升一等陆佐。

2004年（平成16年）6月，担任第2次伊拉克复兴业务支援队长。

2007年（平成19年）4月1日，担任第7师团第72战车联队长。

2008年（平成20年）8月1日，担任陆上幕僚监部运用支援情报部运用支援科长。

2009年（平成21年）7月21日，晋升陆将补；12月7日，担任中央即应集团副司令官（国际主管）。

2011年（平成23年）3月，担当福岛第一核电站事故处理现场协调所长一职；8月5日，担任第34任日本陆上自卫队干部候补生学校校长兼前川驻屯地司令。

2013年（平成25年）12月，担任北部方面总监部幕僚长兼札幌驻屯地司令。

十二、札幌驻屯地——北部方面总监部驻地、北海道地区陆军指挥中枢

日本陆上自卫队札幌驻屯地位于北海道札幌市中央区南26条西10段1单元1号

地区内，部署北部方面总监部等驻军部队，驻屯地司令由北部方面总监部幕僚长兼任。

目前，札幌驻屯地西侧有日本国道230号线（石山通线），札幌市的市道将驻屯地分成南北两个部分，驻屯地内设有女性自卫官（WAC）宿舍区、南部训练场、南部统一汽车调度场等基础设施。

1952年（昭和27年）10月15日，随着日本保安队的正式创建，札幌驻屯地正式成立。2007年（平成19年）11月，随着真驹内发射台的开通，作为札幌驻屯地飞地存在的月寒发射台正式关闭。

札幌驻屯地是北部方面总监部驻地、北部方面队最重要的陆军基地之一，具体驻军部队有北部方面总监部、北部方面总监部付队、北部方面警务队本部及第301保安警务中队、自卫队情报保全（保密）队北部情报保全队本部、会计监察队北部方面分遣队、北部方面后方支援队第101通信直接支援队、北部方面通信群、北部方面会计队、北部方面情报队、札幌驻屯地业务队、自卫队札幌地方协力本部西部地区队及札幌地域援护中心等。

坐落于札幌市中心城区南部的日本陆上自卫队札幌驻屯地全景卫星照片，可见北部的补给仓库区（3座补给仓库）、中部的司令部办公楼群设施、南部的停车场以及环形操场、宿舍楼等基础设施，札幌驻屯地南部环形操场西侧就是日本国道230号线（石山通线）

札幌驻屯地环形操场特写

|第二节|解读日本陆上自卫队之东北方面队

东北方面队是日本陆上自卫队五大方面队之一，简称“东北方”、NEA，创建于1960年1月14日，其防务责任区为日本东北地区6县。其中，南部3县的宫城县、山形县和福岛县由第6师团主管，北部3县的青森县、岩手县和秋田县由第9师团主管，方面队的主要任务是承担整个东北地区的安全防御、警备、灾害派遣、民生支援（包括哑弹处理、节庆活动支援、教育支援等）等任务。

东北方面队的部队徽章

目前，东北方面队的核心基干兵力由2个师团构成，13个方面队直辖部队，管内共设置13个驻屯地、1个分屯地和6个地方本部，编制总兵力大约20 000人。整体来看，东北方面队是日本陆上自卫队五大方面队中最小的一个。

除承担日本东北地区防务外，在关东地区发生冲突的情况下，东北方面队还要与富士教导团共同支援日本关东地区的防务，也就是说，东北方面队还要承担日本首都防卫预备队的职责。

位于仙台驻屯地内的东北方面总监部办公大楼

一、东北方面队的发展历史概况——创建较晚的方面队

1960年（昭和35年）1月14日，随着日本陆上自卫队引入“方面管区制”以强化地区防务，东北方面总监部在仙台驻屯地内正式成立，新编东北方面通信队。此时，东北方面队的基干力量由第6管区队和第9混成团组成。

1964年（昭和39年）3月，东北方面武器队成立。

1968年（昭和43年）3月，东北方面通信队改编为东北方面通信群。

2006年（平成18年）3月27日，东北方面混成团、东北方面后方支援队以及东北方面卫生队新编。

2008年（平成20年）3月26日，第305保安中队编入东北方面警务队编制之下；6月，东北方面队参加岩手宫城内陆地震的抗震救灾派遣任务。

2009年（平成21年）3月，新编东北方面情报处理队。

2010年（平成22年）3月26日，随着第9师团改编为即应现代化师团，第2特科群改编为东北方面特科队，同时第4岸舰导弹联队也编入其编制之下。

2011年（平成23年）3月14日至7月1日，为了全面应对与处理日本东北地区大地震，以东北方面总监君塚荣治3星中将为最高首长，在东北方面队责任区内，东北方面队编成总兵力达10万规模的陆海空三军统合任务部队，以全力抗震救灾。

二、东北方面队主要年度训练科目

目前，东北方面队的主要年度训练科目有应对真正侵略事态的战斗训练、地面防御作战训练、反游击与反特种部队攻击训练等。

其中，应对真正侵略事态的战斗训练是东北方面队历年最主要的训练科目，这种训练主要着眼本土防御，同时要对侵略敌军实施毁灭性打击，其训练内容涉及方方面面，包括各种射击训练、直升机机降训练、战场医疗训练等。

地面防御作战训练也是东北方面队的主要训练科目之一。针对侵略敌军之地面部队及空降部队，地面防御作战要尽可能捕捉敌之弱点，即在我之沿岸海域和海岸地带之间以及登陆地点对敌实施先发制人式的打击。侵略敌军在运用军舰和

军机进行海上、空中机动期间以及登陆前夕和之后，这些登陆作战都处在最弱时，在此期间，反登陆部队可最大程度发挥综合战斗力的优势。主要训练科目包括岸舰导弹射击训练、重机枪射击训练、地面部队反登陆攻击训练、主战坦克火力支援训练等。

反游击和反特种部队攻击训练是一项共同训练科目。在训练期间，东北方面队要与日本政府其他省厅及地方公共团体共同实施，主要训练科目包括共同实兵训练、共同图上训练等。

东北方面队正在实施FH-70型155毫米榴弹炮射击训练

正在实施中的直升机机降训练

负伤队员救护训练

东北方面队与日本警察共同实施反游击和反特种部队攻击训练

东北方面队与日本警察就反游击和反特种部队攻击实施共同实兵训练

东北方面队与日本警察就反游击和反特种部队攻击实施共同图上训练

东北方面队反游击和反特种部队攻击训练

三、东北方面队与驻日美军之间的共同训练

目前，东北方面队经常与驻日美军、本土美军实施“日美共同训练”，以提高和强化日美两军的联合作战能力及军事同盟关系。东北方面队与美军之间的联合训练既包括指挥所演习，也有实兵演习。演习地域可位于日本，也可位于美国本土。

日美之间的共同训练通常设定假想的战场情况，其中，指挥所演习可提高指挥官的判断能力及参谋集团的协调能力，而在演习场及训练海空域所实施的实兵演习则可提高日美两军的实战能力。

东北方面队所属部队前往美国本土展开的“日美诸兵种联合训练”

在日本本土实施的日美共同指挥所演习

在日本本土实施的日美共同指挥所演习

东北方面所所属部队与驻日美国海军陆战队之间的实兵训练

东北方面队所属部队与驻日美国陆军之间的实兵训练

四、东北方面队的部队编制——基干为2个师团

从整体来看，东北方面队的部队编制可分为司令部机关、基干作战部队和方面队直辖部队三个部分组成。

其中，司令部机关部队编制有东北方面总监部（东北军区司令部）和东北方面总监部付队（司令部直属队）。

基干作战部队编制有第6师团（基干为3个普通科联队）和第9师团（基干为3个普通科联队）。具体部队编制包括第6师团下辖第20普通科联队、第22普通科联队和第44普通科联队；第9师团下辖第5普通科联队、第21普通科联队和第39普通科联队等。

方面队直辖部队有第2设施团、东北方面混成团、东北方面特科队、第5高射特科群、东北方面通信群、东北方面航空队、东北方面后方支援队、东北方面会计队、东北方面指挥所训练支援队、东北方面情报处理队、东北方面军乐队、东北方面卫生队和东北补给处等。

此外，东北方面队还有自卫队仙台医院、各地方协力本部等机关。

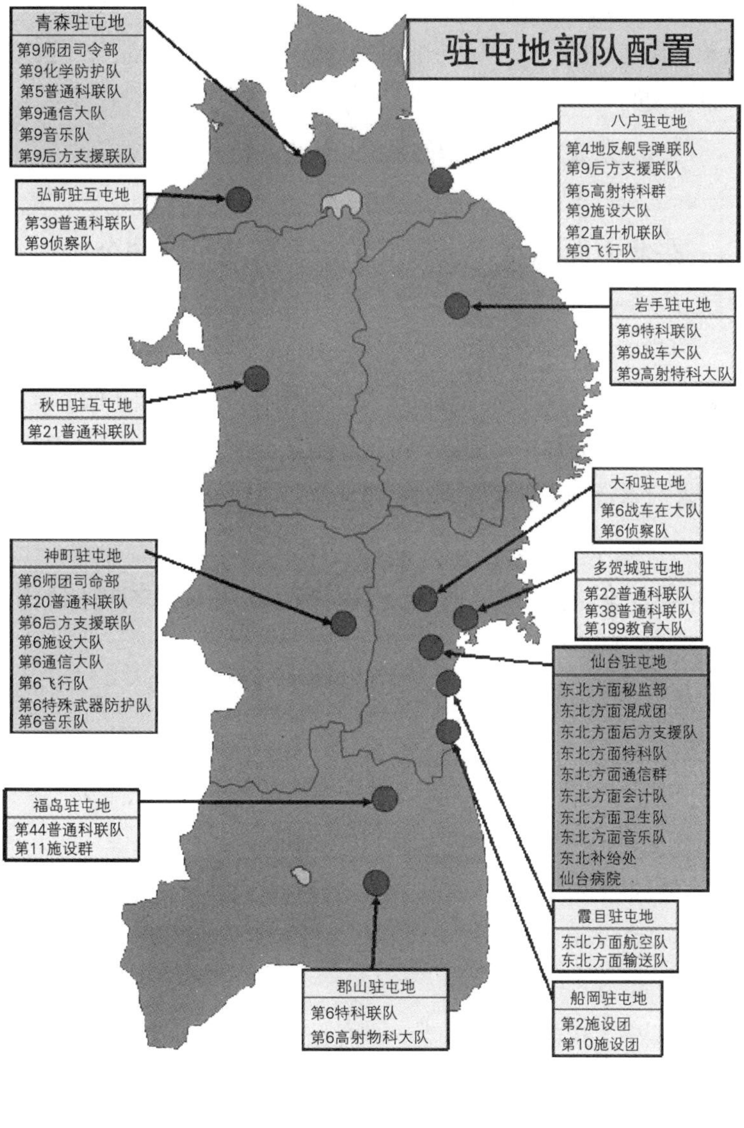

东北方面队驻屯地分布及驻军部队配置示意图

五、东北方面总监部（☆☆☆）——东北军区司令部

目前，东北方面总监部设置在日本仙台市宫城野区的仙台驻屯地内。

截至2014年，东北方面总监部指挥核心由4人组成，分别是一名方面总监（军区司令员），为3星陆军中将军衔，现任方面总监为2012年7月26日就职的田中敏明中将；一名幕僚长（参谋长），为2星陆军少将军衔，兼任仙台驻屯地司令，现任幕僚长为2013年8月22日就职的赤松雅史少将；一名幕僚副长（行政），为2星陆军少将，现任幕僚副长（行政）为2012年1月31日就职的高田祐一少将；一名幕僚副长（防卫），为2星陆军少将军衔。现任幕僚副长（防卫）为2012年8月27日就职的手塚信一少将。

此外，东北方面总监部的幕僚集团由各机关部长组成。

六、东北方面总监（☆☆☆）——东北军区司令员

自1960年以来，东北方面总监一直由一名3星陆军中将担任，截至2014年，共经历了37任，这些方面总监平均任期2年时间，最长任期不超过3年，其中，只有第34任君塚荣治中将晋升为陆上幕僚长。此外，前10任方面总监均由日本帝国陆军和日本帝国海军退役人员担当。

七、现任东北方面总监——田中敏明3星陆军中将简历

现任东北方面总监田中敏明中将是日本山形县人，生于1956年（昭和31年）7月20日。

1979年（昭和54年）3月，田中中将于日本防卫大学第23期毕业，所学专业为应用化学；10月，进入第12特科联队服役。

1981年（昭和56年）3月，进入第1空挺团服役。

1986年（昭和61年）8月，进入日本陆上自卫队干部学校学习“指挥幕僚课程”。

1988年（昭和63年）8月，任职日本陆上自卫队富士学校特科部。

1990年（平成2年）3月，进入日本筑波大学深造研究生学位。

1991年（平成3年）3月，任职陆上幕僚监部调查科。

1993年（平成5年）3月，任职陆上幕僚监部会计科。

1996年（平成8年）3月，担任第1空挺团特科大队长。

1997年（平成9年）8月，附属于陆上幕僚监部后，进入防卫研究所学习“一般课程”。

1998年（平成10年）8月，担任防卫研究所所员（事务人员）。

1999年（平成11年）3月，担任陆上幕僚监部会计科预算班长。

2001年（平成13年）3月，任职干部学校教官；12月，就任第4特科联队长。

2003年（平成15年）3月，担任陆上幕僚监部运用科长。

2005年（平成17年）3月，就任北部方面总监部幕僚副长。

2007年（平成19年）3月，就职中央即应集团副司令官（主管国内事务）。

2008年（平成20年）8月，担任陆上幕僚监部教育训练部长。

2010年（平成22年）7月，晋升3星陆军中将，担任第2师团长。

2011年（平成23年）8月，担任日本防卫大学干事。

2012年（平成24年）7月，就任东北方面总监。

现任东北方面总监田中敏明3星陆军中将

八、东北方面总监部幕僚长（☆☆）——东北军区参谋长

一直以来，东北方面总监部幕僚长由一名2星陆军少将担任，这些幕僚长基本都可晋升3星陆军中将师团长职务，其中前期幕僚长都由日本帝国陆军退役人员担任。

九、仙台驻屯地——东北方面总监部驻地、日本东北地区作战指挥中枢

日本陆上自卫队仙台驻屯地位于宫城县仙台市宫城野区南目馆1单元1号地区内，部署东北方面总监部、方面直辖部队等驻军部队，驻屯地司令由东北方面总监部幕僚长兼任，最近演习场有王城寺原演习场。

仙台驻屯地正门

目前，仙台驻屯地是东北方面队最核心的陆军基地，日本东北地区的作战指挥中心所在地。

纵观仙台驻屯地的发展历史，可分为日本帝国陆军时代、盟军占领时代和日本陆上自卫队时代三个阶段。

（一）日本帝国陆军的辉煌时代

早在1938年（昭和13年），日本帝国陆军开始在东仙台地区建设陆军造兵厂，也就是陆军兵工厂设施。

1941年（昭和16年），日本帝国陆军东京第一陆军造兵厂仙台制造所正式成立，当时这座陆军兵工厂主要负责为日本帝国陆军生产机枪枪弹、步枪枪弹等弹药。

1942年（昭和17年），为了将陆军造兵厂围于城中，原町工业都市建设土地区划整理事业全面开工，这项工程直到第二次世界大战结束后仍在继续。

1945年（昭和20年）7月10日，鉴于仙台地区存在大量的军事工业设施，于是，盟军当天对仙台市实施了大规模空袭，不过，仙台陆军造兵厂幸免于难。

（二）盟军占领时代

1945年（昭和20年）8月，随着日本战败投降，仙台陆军造兵厂关闭；9月，盟军接收了仙台陆军造兵厂。此后，这里成为希梅尔芬尼希兵营，简称希梅兵

营，别名苦竹兵营。当时的苦竹兵营驻军主要为美军，具体驻军部队有第11空降师、加利福尼亚国民警卫队第20步兵师、第24步兵师、第1骑兵师等。

1950年（昭和25年），战后日本国内第一支准军事部队——日本警察预备队在苦竹兵营内正式创建，后来，日本警察预备队又改编为日本保安队，直到创建日本陆上自卫队，从这种意义上来看，仙台驻屯地也可看作是战后日本陆军的发源地。

1957年（昭和32年）7月，盟军部队结束在苦竹兵营内的驻军使命；11月，苦竹兵营正式由日本防卫厅接管。

（三）日本陆上自卫队仙台驻屯地时代

1958年（昭和33年）3月，在原盟军苦竹兵营内，日本陆上自卫队南仙台驻屯地正式成立，同时，编成第2特科群；5月，日本陆上自卫队北仙台驻屯地成立；6月，东北地区补给处成立；7月，第22普通科联队编成。

1960年（昭和35年）1月14日，东北方面总监部正式成立；8月，北仙台驻屯地和南仙台驻屯地正式统一合并为日本陆上自卫队仙台驻屯地。

1961年（昭和36年）7月，第22普通科联队换防到多贺城驻屯地。

1964年（昭和39年）3月，东北方面武器队新编。

1968年（昭和43年）3月，东北方面通信群新编。

1971年（昭和46年）7月2日，自卫队仙台医院在仙台驻屯地内开设。

1982年（昭和57年）3月，第305保安中队编成。

1998年（平成10年）3月，第2特科群第109特科大队撤编，同时，新编第2特科群第130特科大队。

2005年（平成17年）3月，东北方面通信群进行部队改编，同时，新编东北方面指挥所训练支援队。

2006年（平成18年）3月，东北方面武器队撤编，同时，东北方面混成团、东北方面后方支援队和东北方面卫生队新编，东北补给处进行改编。

2008年（平成20年）3月26日，第305保安中队改编为第304保安警务中队，同时，由东北方面总监直辖编入东北方面警务队编制之下。

2010年（平成22年）3月26日，第2特科群改编为东北方面特科队。

截至2014年，仙台驻屯地内的驻军部队有东北方面总监部、东北方面总监部付队、东北方面警务队本部、第305保安警务中队、自卫队情报保全（保密）队东北情报保全队本部、会计监察队东北方面分遣队、东北方面通信群本部、东北方面混成团本部、第2陆曹教育队、东北方面后方支援队本部、东北方面后方支援队本部付队、第108全般支援大队、第102特科直接支援队、第303通信直接支援队、东北方面会计队、东北补给处总处、东北方面卫生队、东北方面指挥所训练支援队、东北方面情报处理队、东北方面军乐队、自卫队仙台医院以及仙台驻屯地业务队。

（四）仙台驻屯地防卫馆

目前，仙台驻屯地内建有一座防卫馆。这是一座军事博物馆，馆内收藏自日本战国时代至昭和天皇时代与历届战争及日本陆上自卫队相关的照片和文字资料。

防卫馆开馆时间为上午9时整至下午4时整。

闭馆时间为星期六、星期日、法定节日、年末年初。尽管如此，在闭馆时间内，如有事先申请也可开馆提供参观服务。

十、图解仙台驻屯地基础设施

仙台驻屯地分布范围示意图，白线范围之内，左下角的白线矩形范围之内是自卫队仙台医院所在地（中间有红十字）

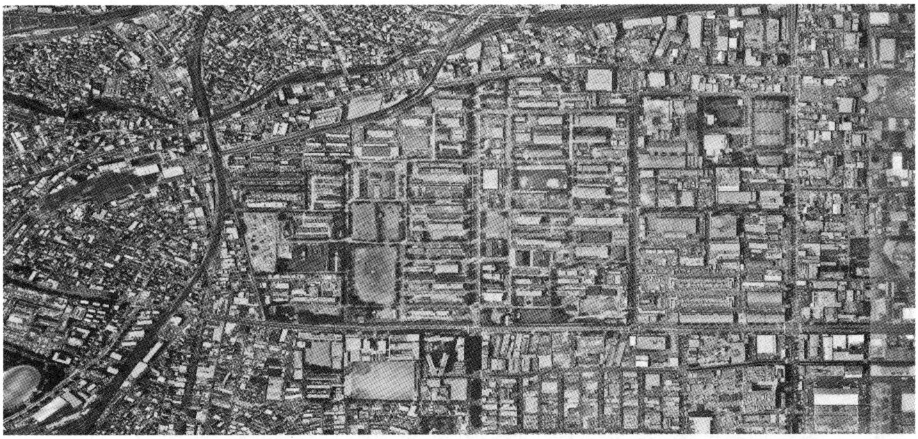

仙台驻屯地及周边城区对比全景卫星照片，中间区域为仙台驻屯地

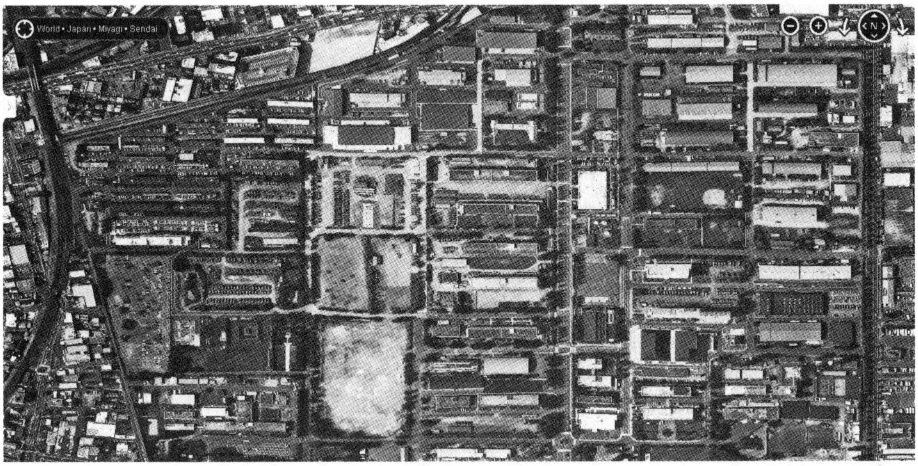

仙台驻屯地近距离全景照片，从功能划分来看，驻屯地西北角是宿舍区，西南角是自卫队仙台医院所在地，东南角是诸业务队所在地（包括驻屯地业务队、通信中队、警备队等），东北角是补给仓库区，司令部办公区集中在驻屯地中部（包括东北方面总监部），驻屯地中间北部是车库和车场区、南部是训练区，一条主干道贯通驻屯地南北，南北各设一个出入口，南面出入口是驻屯地的正门

仙台驻屯地西北角的宿舍区全景，其东侧是大规模的车场及车库设施

东北方面总监部司令部办公楼东侧基础设施，道东为仙台驻屯地之外区域

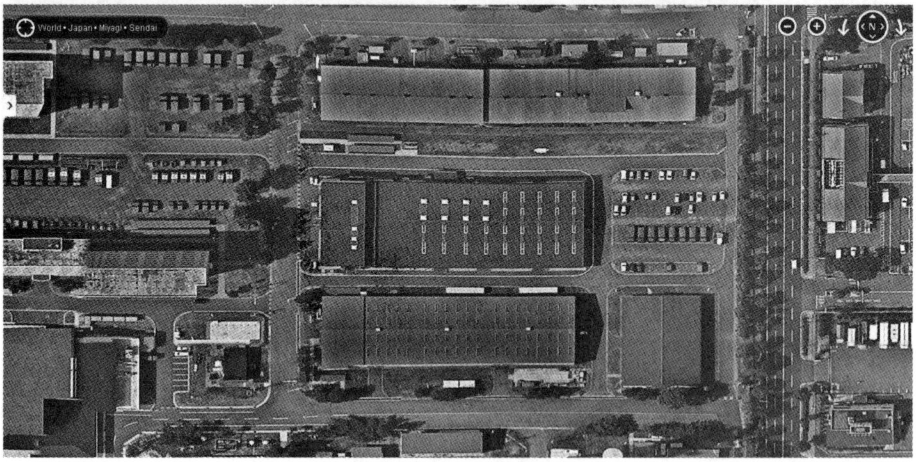

东北方面总监部司令部办公楼东南部基础设施全景，其南面是基地通信塔

东北方面总监部司令部办公楼正南基础设施全景

业务诸队办公区特写

第三节 解读日本陆上自卫队之东部方面队

东部方面队是日本陆上自卫队五大方面队之一，简称“东方”、EA，创建于1960年1月14日，其警备主管责任区为日本关东地区、甲信越地区以及静冈县和小笠原诸岛，主要任务是承担整个防区的安全防御、警备、灾害派遣、民生支援等任务。

东部方面队的部队徽章，中间是一个日文汉字的“东”

目前，东部方面队的核心基干兵力由1个师团和1个旅团构成，管内共设置34个驻屯地、2个分屯地和11个地方协力本部（原地方联络部）。这些部队主要承担日本首都圈的防卫与警备任务。同时，他们参加日本政府举办的各种国家活动也非常多。比如与东部方面总监部驻地所在的朝霞驻屯地相连接的朝霞训练场每3年要举办一次中央观阅式活动，而中央观阅式是日本陆海空三军自卫队三大阅兵式之一。

一、东部方面队的发展历史概况——与东北方面队同时创建的方面队

早在1960年（昭和35年）1月14日，东部方面总监部在市谷驻屯地内正式成立，当时的部队主力为第1管区队，即后来的第1师团。

1962年（昭和37年）1月18日，东部方面队下属的第1管区队分割改编为第1师团和第12师团。

1964年（昭和39年），东部方面总监部参加东京奥运会支援任务。

1970年（昭和45年）11月25日，东部方面总监部发生了“三岛事件”。当时，三岛由纪夫、森田必胜等人监禁了时任东部方面总监的益田兼利3星陆军中将，这些人意图说服部队兵变。然而，陆上自卫官没有人响应他们的行动，三岛等人最后剖腹自杀。

1989年（平成元年）2月24日，东部方面队参加了昭和天皇逝世的国丧活动。

1990年（平成2年）1月23日，东部方面队参加了平成天皇即位的大典。

1992年（平成4年），东部方面队派遣人员参加柬埔寨国际维和使命。

1993年（平成5年），东部方面队派遣人员参加非洲莫桑比克国际维和使命。

1994年（平成6年），东部方面总监部由市谷驻屯地搬迁到朝霞驻屯地内。

1997年（平成7年），东部方面队执行了阪神淡路大地震以及东京地铁沙林毒气事件的灾害派遣任务。

1997年（平成9年），东部方面队派遣运输队参加戈兰高地国际维和使命，同年，参加YS-37日美联合方面队指挥所演习。

2001年（平成13年），第12师团改编为第12旅团，同年，第6岸舰导弹联队新编。

2002年（平成14年）3月，在第1师团进行改编的同时，作为东部方面直辖部队的后方支援队和卫生队双双创建。

2003年（平成15年）3月，东部方面调查队撤销，同时，东部方面指挥所训练支援队新编。

2004年（平成16年），东部方面队执行新泻县中越地震的灾害派遣任务。

2006年（平成18年），东部方面队派遣人员参加伊拉克人道复兴支援活动，其中，第9次任务派遣以第1师团为主力，第10次任务派遣以第12旅团为主力。

2007年（平成19年）3月28日，东北方面队下属第1空挺团（空降团）和第101化学防护队（后来更名为第101特殊武器防护队）划归新成立的中央即应集团编制之下；7月至8月，实施新泻县中越海面地震的灾害派遣任务。

2008年（平成20年）3月26日，东部方面情报处理队新编，同时，第302保安中队划归东部方面警务队的编制之下；12月，东部方面队参加YS-55日美联合方面队指挥所演习。

2011年（平成23年）4月22日，第1教育团改编为东部方面混成团，同时第6岸舰导弹联队撤销。

2013年（平成25年）3月26日，第12旅团进行基干兵力改编，此后，基干兵力由3个普通科联队构成。

二、东部方面队的部队编制——基干为1个师团和1个旅团

从整体来看，东部方面队的部队编制可分为司令部机关、基干作战部队和方面队直辖部队三个部分组成。

其中，司令部机关部队编制有东部方面总监部（东部军区司令部）和东部方面总监部付队（司令部直属队），这2支部队都部署在朝霞驻屯地内。

基干作战部队编制有第1师团（基干为3个普通科联队）和第12旅团（基干为3个普通科联队）。具体部队编制包括第1师团下辖第1普通科联队、第32普通科联队和第34普通科联队；第12旅团下辖第2普通科联队、第13普通科联队和第30普通科联队。其中，第1师团司令部驻练马驻屯地、第12旅团司令部驻相马原驻屯地。

方面队直辖部队有第1设施团（古河驻屯地）、东部方面混成团（武山驻屯地）、第2高射特科群（松户驻屯地）、东部方面通信群（朝霞驻屯地）、东部方面航空队（立川驻屯地）、东部方面后方支援队（朝霞驻屯地）、东部方面会计队（朝霞驻屯地）、东部方面指挥所训练支援队（朝霞驻屯地）、东部方面情报处理队、东部方面军乐队（朝霞驻屯地）、东部方面卫生队（朝霞驻屯地）和陆上自卫队关东补给处（霞浦驻屯地）。

此外，还有各驻屯地业务队、自卫队富士医院（富士驻屯地）、自卫队地方协力本部等支援部队。

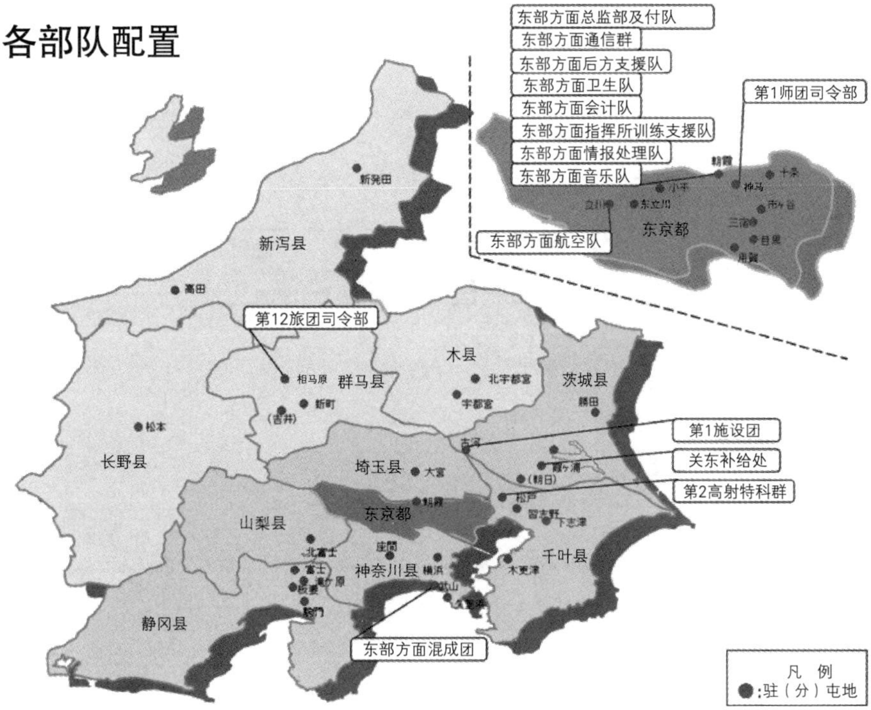

东部方面队各部队编制及配置示意图

三、东部方面队辖区与基本任务

目前，东部方面队的辖区（警备主管责任区、管区）为东部方面区，东部方面区下辖日本关东地区、甲信越地区及静冈县内的总计1都10县。东部方面队的基本任务是负责东部方面区的防卫、警备等任务，同时，在日本首都东京发生地震及东海发生地震时，受日本防卫大臣的命令，东部方面队负责组建抗震救灾的“统合任务部队”参与大规模灾害派遣。此外，根据命令，东部方面队还要参加国际维和使命等任务。

从规模上来看，东部方面区占日本国土总面积的大约20%，辖区内海岸线漫长，并且，拥有伊豆诸岛、小笠原诸岛、佐渡岛等众多离岛。

从资源比例上来看，东部方面区占日本总人口的大约40%，占日本国内生产总值（GDP）的大约40%以上，其中包括日本政治、经济、文化中心的首都东京等重要地区。

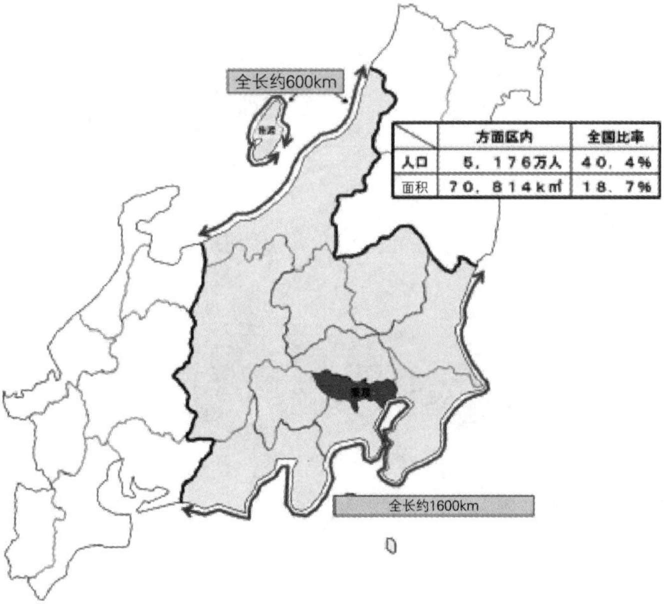

东部方面队辖区的东部方面区，其北部海岸线长达600千米，南部海岸线长达1600千米，人口占40%以上，土地占20%左右

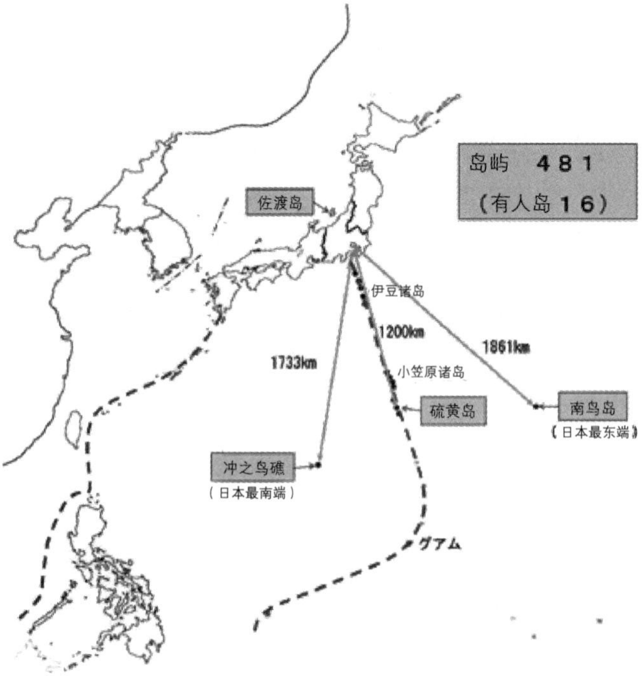

东部方面区内的众多离岛，包括北部的佐渡岛、南部的伊豆诸岛、小笠原诸岛、硫黄岛、南鸟岛、部之鸟岛等。

四、东部方面总监部（☆☆☆）——东部军区司令部

目前，东部方面总监部设置在日本东京都练马区的朝霞驻屯地内。

截至2014年，东部方面总监部指挥核心由4人组成，分别是一名方面总监（军区司令员），为3星陆军中将，现任方面总监为2013年8月22日就职的矶部晃一中将；一名幕僚长（参谋长），为2星陆军少将，兼任朝霞驻屯地司令，现任幕僚长为2012年7月26日就职的江口直也少将；一名幕僚副长（行政），为2星陆军少将，现任幕僚副长（行政）为2012年7月26日就职的竹本龙司少将；一名幕僚副长（防卫），为2星陆军少将，现任幕僚副长（防卫）为2012年12月4日就职的冲邑佳彦少将。

此外，东部方面总监部的幕僚集团由各机关部长组成。

平成6年之前由东部方面总监部使用的司令部办公大楼，现为日本防卫省所在地。这栋办公楼建于1934年（昭和9年），后来，由日本陆军省及参谋本部使用，战后由美军接收，在东京远东国际军事法庭开庭期间，这里是日本战犯的审判法庭，昭和34年，驻日美军将这栋建筑返还给日本政府，此后一直由东部方面总监部使用，1970年（昭和45年）11月25日“三岛事件”就发生在这栋建筑里。平成6年，东部方面总监部搬迁到今天的朝霞驻屯地内。此后，这栋建筑一直由日本防卫省使用至今

五、东部方面总监（☆☆☆）——东部军区司令员

自1960年以来，东部方面总监一直由一名3星陆军中将担任，截至2014年，共经历了37任，这些方面总监平均任期2年时间，最长任期不超过3年，其中，共有7任方面总监晋升为陆上幕僚长，这说明东部方面总监部及东部方面总监在日本陆上自卫队占据着非常重要的地位。此外，前期方面总监中共有14任均由日本帝国陆军退役人员担当。

六、现任（第37任）东部方面总监——矶部晃一3星陆军中将简历

下面概况了解现任也就是第37任东部方面总监矶部晃一中将的任职经历。

矶部晃一生于1958年（昭和33年）1月，日本四国地区的德岛县人，1980年（昭和55年）3月，日本防卫大学第24期毕业，所学专业为国际关系论，毕业后到日本陆上自卫队航空科部队（陆军航空兵部队）服役。与矶部同期毕业的防大同学佼佼者有番匠幸一郎、中谷元、田边挥司良等人。

1989年（平成元年）8月，矶部借调到日本外务省北美局安全保障科工作，主要承担调查班付科长的辅助工作。

1991年（平成3年）8月，任职于陆上幕僚监部防卫科。

1995年（平成7年）3月，留学美国海军陆战队指挥幕僚大学，获得军事学硕士（修士）学位。

1996年（平成8年）8月，再次任职于陆上幕僚监部防卫科。

1998年（平成10年）3月，担任第9师团第9飞行队长。

1999年（平成11年）8月，任职于陆上幕僚监部任免科。

2000年（平成12年）8月，担任陆上幕僚监部演习班长。

2002年（平成14年）3月，留学美国国防大学，获得战略学硕士学位。

现任东部方面总监——矶部晃一3星陆军中将

2003年（平成15年）8月，担任研究本部主任研究开发官；12月，担任陆上幕僚监部防卫部防卫科长。

2005年（平成17年）7月，晋升为2星陆军少将。

2006年（平成18年）3月，担任东部方面总监部幕僚副长。

2007年（平成19年）3月，担任中央即应集团国际主管副司令官。

2009年（平成21年）7月，担任统合幕僚监部防卫计划部长。

2011年（平成23年）8月，晋升3星陆军

中将，就任第7师团长。

2012年（平成24年）7月，担任统合幕僚副长。

2013年（平成25年）8月22日，就任第37任东部方面总监；10月至11月，就任伊豆大岛灾害综合任务部队指挥官。

七、东部方面总监部幕僚长（☆☆）——东部军区参谋长

一直以来，东部方面总监部幕僚长由一名2星陆军少将担任，这些幕僚长基本都可晋升3星陆军中将师团长职务，其中前期幕僚长都由日本帝国陆军退役人员担任。

八、朝霞驻屯地——东部方面总监部驻地、日本关东地区作战指挥中枢

日本陆上自卫队朝霞驻屯地位于东京都练马区大泉学园町9单元4号地区内，部署东部方面总监部、陆上自卫队研究本部等驻军部队，基地最早开设于1960年。目前，驻屯地司令由东部方面总监部幕僚长兼任。

整体来看，朝霞驻屯地占地面积庞大，整个基地区横跨东京都练马区以及埼玉县朝霞市、和光市和新座市4个行政区，共计1都1县1特别区3市，其中，东京

朝霞驻屯地一角

都练马区内的驻军部队只有东部方面总监部办公大楼和驻屯地的正门。今天，朝霞驻屯地正门右侧建有日本陆上自卫队的宣传中心，此外，基地附近还建有朝霞训练场，日本陆海空三军自卫队在自卫队纪念日举办的中央观阅式就在朝霞训练内实施，这项庞大的日本阅兵式每3年举办一次。

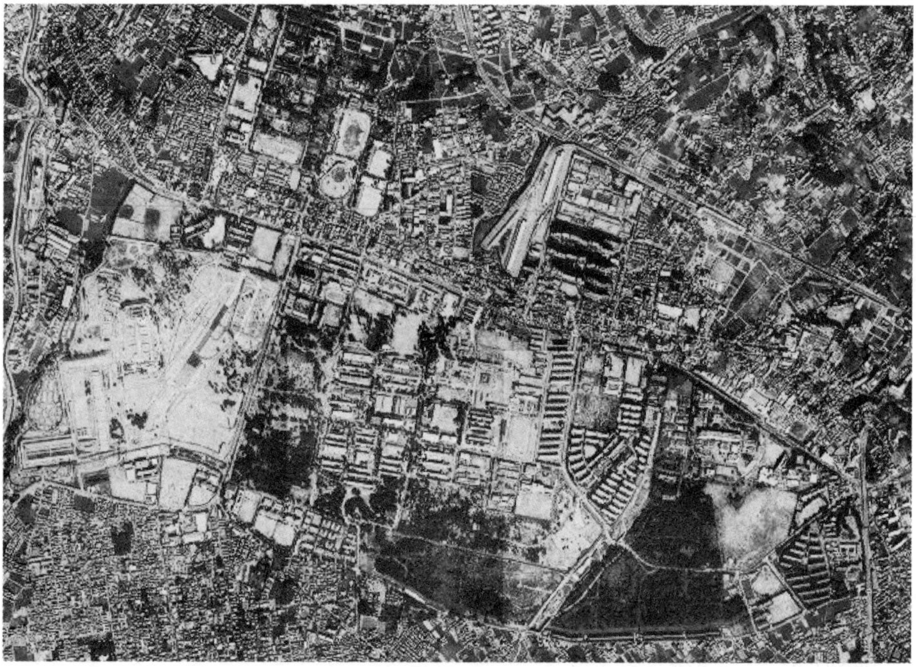

朝霞驻屯地及其西部的朝霞训练场全景

（一）朝霞驻屯地发展历史概况

早在1930年（昭和5年），包括今天朝霞驻屯地在内的广大地区为日本东京高尔夫俱乐部朝霞球场所在地。

1940年（昭和15年），日本陆军省收购了朝霞球场用于陆军基地建设。

1941年（昭和16年），日本帝国陆军预科士官学校由市谷搬迁到朝霞，而东京高尔夫俱乐部则搬迁到狭山地区，故此，今天朝霞驻屯地内的大水池——“琵琶湖”仍然保留着第3个高尔夫球短距离球穴的名称。

1960年（昭和35年），日本陆上自卫队朝霞驻屯地正式建成。

1971年（昭和46年）8月21日夜，朝霞驻屯地发生“朝霞自卫官杀害事件”。

1978年（昭和53年），“振武台纪念馆”在朝霞驻屯地开设，它主要用于展示和保管自日本帝国陆军预科士官学校时期以来的史料。

1994年（平成6年）11月，根据日本防卫厅搬迁计划，日本防卫厅本厅搬迁到市谷驻屯地内，与此同时，东部方面总监部则由市谷驻屯地搬迁到朝霞驻屯地内。

2001年（平成13年）3月，第1设施团由朝霞驻屯地换防到古河驻屯地，取而代之，第1设施大队则由古河驻屯地换防到朝霞驻屯地内，同时，东部方面通信群之第106通信运用大队第304搬送（载波）通信中队也由久里滨驻屯地换防到朝霞驻屯地内。

2002年（平成14年）3月，第31普通科联队换防到武山驻屯地内，同时，日本陆上自卫队宣传中心在朝霞驻屯地内开设。

2007年（平成19年）3月28日，朝霞驻屯地新编日本陆上自卫队中央即应集团。

2013年（平成25年）3月，根据中央即应集团司令部的搬迁计划，朝霞驻屯地下属的座间分屯地升格为座间驻屯地。

朝霞驻屯地内的振武台纪念馆

建于东京高尔夫俱乐部时期的琵琶湖

截至2014年，朝霞驻屯地是东部方面队最核心的陆军基地，为东部方面队最高指挥中枢，具体驻军部队包括东部方面总监部、东部方面总监部付队、东部方面警务队本部、自卫队情报保全队东部情报保全队本部、会计监察队东部方面分遣队、东部方面卫生队、东部方面通信群本部、东部方面会计队、东部方面后方支援队本部、东部方面指挥所训练支援队、东部方面情报处理队和东部方面军乐队以及中央即应集团反特殊武器卫生队、中央情报队现地情报队等。

其他驻军部队还有第1设施大队、女性自卫官教育队、中央军乐队、陆上自卫队运输学校、陆上自卫队研究本部、自卫队体育学校、第2高射特科群第335高射中队和朝霞驻屯地业务队等。

（二）朝霞训练场（朝霞驻屯地演习场）

朝霞训练场位于朝霞驻屯地西侧，旧称朝霞驻屯地演习场，这座小型陆军演习场主要用于陆军普通科（步兵）职种（兵种）的小规模演习以及各种步兵训练，其中最突出的功能是日本自卫队三年一次的中央观阅式举办地。

目前，朝霞训练场的管理者是朝霞驻屯地业务队管理科训练场管理班，主要使用者是日本陆海空三军受阅部队以及朝霞驻屯地驻军部队。

日本陆上自卫队广报中心的展厅大楼

（三）日本陆上自卫队广报中心（宣传中心）

日本陆上自卫队广报中心位于朝霞驻屯地内，于2002年4月5日正式开馆运营，广报中心主管部门是日本防卫省，管理运营部门是日本陆上自卫队，主要从事日本陆上自卫队武器装备展示及宣传业务。

（四）宣传中心的基本概况

日本陆上自卫队广报中心是日本陆上自卫队现役最大的公开宣传设施，它是继2002年4月滨松市开馆的日本航空自卫队滨松广报馆（宣传馆）、佐世保市开馆的日本海上自卫队佐世保史料馆之后的日本自卫队第三座公开宣传机构。目前，这座宣传中心建筑总面积为2400米^2，主要从发展历史、组织机构、武器装备等不同侧面展示和介绍日本陆上自卫队，主要宣传对象为广大的日本国民。日本国民可免费入馆参观。

以最早的90式主战坦克、89式步枪展示为契机，现在的广报中心以更广阔的视角向日本国民介绍日本陆上自卫队，包括地下指挥所的展示与介绍、军装与武器装备体验一角、射击模拟装置体验等各具特色。截至2010年7月23日，日本陆上自卫队广报中心的到馆参观人数突破100万人。

日本陆上自卫队广报中心的具体位置是面向日本254号国道（川越街道）的朝霞驻屯地朝霞门附近的右手侧。目前入馆参观不需要预约。

（五）广报中心基础设施及展示区、展示品

目前，日本陆上自卫队广报中心分室内展示区和室外展示区两个部分，展示车辆包括退役型车辆、试制型车辆以及配备部队的量产型车辆，这与日本其他驻屯地只展示退役车辆完全不同。

广报中心室内展示区分1层和2层展示。其中，1层展示区的主要展示武器装备和基础设施有90式主战坦克（试制车辆）、侦察摩托车（XLR250R型）、AH-1S反坦克直升机、远隔操纵侦察系统（无人直升机）、89式5.56毫米步枪、MINIMI型5.56毫米机枪、74式车载7.62毫米机枪、91式便携式地空导弹、美军1吨炸弹（已做哑弹处理）、飞行模拟器（AH-1S反坦克直升机的飞行模拟装置）、3D视频播放中心、军装体验一角（可试穿迷彩服）、装备体验一角（可试穿体验2型防弹马夹、背囊、空降伞）、射击模拟装置（可选择主战坦克和AH-1S的射击模拟装置）、开放剧场等。

2层主要展示日本陆上自卫队组织机构、作用以及发展历史，另设研修室和会议室。

室外展示区主要展示武器装备和基础设施有10式主战坦克（1号试制车辆）、74式主战坦克、89式装甲战斗车（试制车辆）、96式轮式装甲车（试制车辆）、轻装甲机动车（试制车辆）、74式105毫米自行榴弹炮、75式155毫米自行榴弹炮、87式自行高射机关炮（试制车辆）、94式水际地雷敷设装置、中距离多目的导弹（试制品）、UH-1H多用途直升机、地下指挥所等。

| 第四节 | 解读日本陆上自卫队之中部方面队

中部方面队是日本陆上自卫队五大方面队之一，简称“中方”、MA，创建于1960年1月14日，其警备主管责任区为日本东海地区（静冈县除外）、北陆地区、近畿地区、中国地区及四国地区的2府19县，这些管区占日本全国土地总面积的大约30%，主要任务是承担整个防区的安全防御、警备、灾害派遣等任务，方面队司令部驻地设在兵库县伊丹市的伊丹驻屯地内。

中部方面队的部队徽章，中间是一个日文汉字的“中”

目前，中部方面队的核心基干兵力由2个师团和2个旅团构成，管内共设置31个驻屯地（陆军基地）、4个分屯地和21个地方协力本部（原地方联络部）。

综合比较来看，日本陆上自卫队五大方面队中，中部方面队的综合战斗力排名第二位，仅次于北部方面队。

位于伊丹驻屯地正门附近的中部方面总监部办公大楼

一、中部方面队的发展历史概况——与东北方面队、东部方面队同时创建的方面队

早在1960年（昭和35年）1月14日，中部方面总监部正式成立，这宣布中部方面队进入服役期。

1999年（平成11年）3月，第13师团改编为第13旅团。

2004年（平成16年）3月，中部方面后方支援队与中部方面卫生队新编。

2005年（平成17年），中部方面队执行第5次和第6次伊拉克复兴支援群的海外派遣任务。

2006年（平成18年）3月26日，第2混成团改编为第14旅团；4月1日，中部方面队作为高级曹长制度验证队开始检验日本陆上自卫队的高级曹长制度。

2007年（平成19年）3月28日，中部方面情报处理队新编。

2008年（平成20年）3月26日，基于《中期防卫力整备计划（2005）》，中部方面队进行部队改编，其中，第13旅团进行部队改编，第2教育团改编为中部方面混成团，中部方面移动监视队作为方面队直辖部队在今津驻屯地内新编，第304保安中队划归中部方面警务队编制之下。

2010年（平成22年）3月26日，中部方面情报处理队改编为中部方面情报队，同时，新编的无人侦察机队与中部方面移动监视队统一合并。

平成25年度自卫队统合防灾演习（25JXR）的“设施调整所”

2013年（平成25年）7月1日至7月5日期间，在伊丹驻屯地、川西驻屯地、久代训练场以及各参演部队所在驻屯地，中部方面队参加“平成25年度自卫队统合防灾演习（25JXR）”，此次演习主要演练在联合防灾行动中的各种指挥与参谋业务，统合幕僚监部负责整体规划、统合任务部队的编成以及演习结果的评价；9月19日，驻日美国陆军司令官布扎少将访问中部方面总监部。

驻日美军布扎少将访问中部方面总监部

二、中部方面队的主要训练科目

目前，中部方面队的主要年度训练科目有突击队员训练、美国射击训练、北海道协同转地训练、市街地战斗训练（巷战训练）、日美共同训练、新队员教育与训练等。

其中，美国射击训练主要有两个训练场所，分别是美国西海岸华盛顿州雅基马陆军演习场和美国新墨西哥州麦克格雷戈亚陆军演习场，主要训练科目有霍克地空导弹部队的实弹射击训练（麦克格雷戈亚演习场）、AH-1S“眼镜蛇”反坦克直升机部队的反坦克火箭弹实弹射击训练和“陶式”（TOW，导管发射、光学跟踪、有线制导反坦克导弹）反坦克导弹实弹射击训练（雅基马演习场）、90式主战坦克部队的实弹射击训练、79式反舟艇反坦克导弹部队的实弹射击训练、多联装火箭系统（MLRS）部队的实弹射击训练（雅基马演习场）等。

日美共同训练的主要科目有日美联合作战训练、日美联合直升机机降训练、日美联合突击训练、日美联合除染训练、日美联合野战医疗训练等科目。

中部方面队的市街地战斗训练主要实施场所是东富士演习场内的巷战训练场等。

中部方面队与驻日美国陆军进行联合除染训练

中部方面队与驻日美国陆军实施联合战斗训练

三、中部方面队的部队编制——基干为2个师团和2个旅团

从整体来看，中部方面队的部队编制可分为司令部机关、基干作战部队和方面队直辖部队三个部分。

其中，司令部机关部队编制有中部方面总监部（中部军区司令部）和中部方面总监部付队（司令部直属队），这两支部队都部署在伊丹驻屯地内。

基干作战部队编制有第3师团（基干为3个普通科联队（步兵团））、第10师团（基干为4个普通科联队）、第13旅团（基干为3个普通科联队）和第14旅团（基干为2个普通科联队）。具体部队编制包括第3师团下辖第7普通科联队、第36普通科联队和第37普通科联队；第10师团下辖第14普通科联队、第33普通科联队、第35普通科联队和第49普通科联队；第13旅团下辖第8普通科联队、第17普通科联队和第46普通科联队；第14旅团下辖第15普通科联队和第50普通科联队。

方面队直辖部队有第4设施团、中部方面混成团、第8高射特科群、中部方面通信群、中部方面航空队、中部方面后方支援队、中部方面会计队、中部方面指挥所训练支援队、中部方面情报队、中部方面军乐队、中部方面卫生队、陆上自卫队关西补给处、自卫队阪神医院、驻屯地业务队（24个）和地方协力本部（21个）。

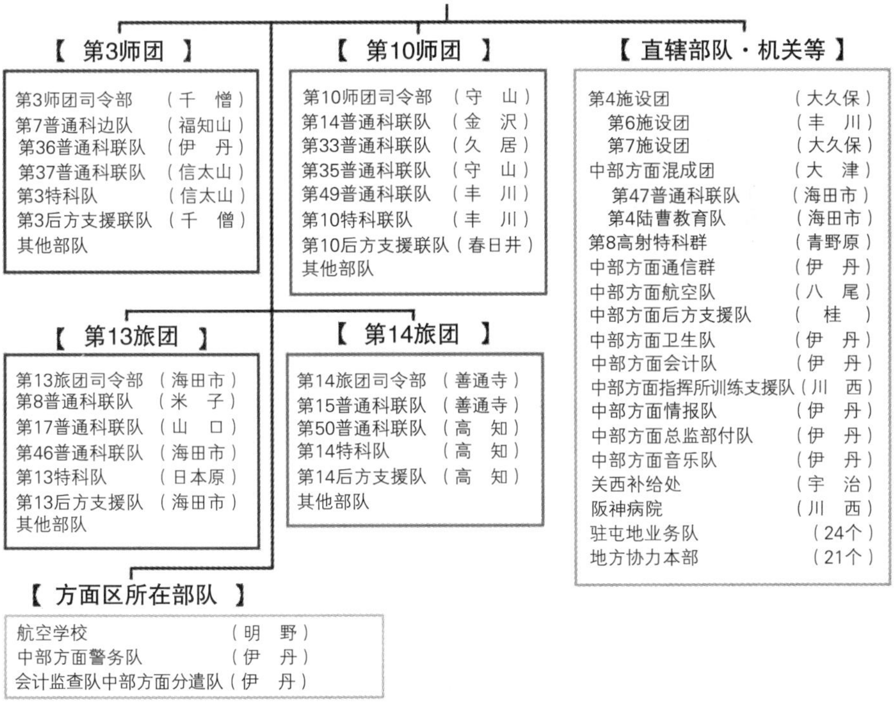

中部方面队部队编制示意图

四、中部方面总监部（☆☆☆）——中部军区司令部

目前，中部方面总监部设置在日本兵库县伊丹市的伊丹驻屯地内。

至2014年，中部方面总监部指挥核心由4人组成，分别是一名方面总监（军区司令员），为3星陆军中将军衔，现任方面总监为2013年8月22日就职的堀口英利中将；一名幕僚长（参谋长），为2星陆军少将军衔，兼任伊丹驻屯地司令，现任幕僚长为2013年8月22日就职的角南良儿少将；一名幕僚副长（行政），为2星陆军少将军衔，现任幕僚副长（行政）为2012年3月30日就职的山中洋二少将；一名幕僚副长（防卫），为2星陆军少将军衔，现任幕僚副长（防卫）为2013年8月22日就职的铃木直荣少将。

此外，中部方面总监部的幕僚集团由各机关部长组成。

五、中部方面总监（☆☆☆）——中部军区司令员

自1961年以来，中部方面总监一直由一名3星陆军中将担任，截至2014年，共经历了31任，这些方面总监平均任期2年时间，最长任期不超过3年，其中，共有6任方面总监晋升为4星上将的陆上幕僚长，这说明中部方面总监部及中部方面总监在日本陆上自卫队占据着非常重要的地位。此外，前期方面总监中共有10任均由日本帝国陆军退役人员担当。

六、第27任中部方面总监——火箱芳文3星陆军中将简历

下面概况了解担任第27任中部方面总监火箱芳文中将的基本任职经历。

火箱芳文中将是日本福冈县人，生于1951年，1974年至2011年之间服役，服役期间曾经担任第10师团的师团长、中部方面总监部的总监以及第32任陆上幕僚长等核心要职，在担任陆上幕僚长期间，制定了“创造强韧陆上自卫队”的统率方针，2011年以4星陆军上将军衔从陆上幕僚长职务上退出现役，目前担任日本最大军工企业三菱重工的顾问。

1974年（昭和49年）3月，火箱芳文于日本防卫大学第18期毕业，同时加入

日本陆上自卫队服役。

1988年（昭和63年）7月，晋升二等陆佐（陆军中校）军衔。

1993年（平成5年）1月，晋升一等陆佐（陆军上校）军衔。

1995年（平成7年）3月23日，担任陆上幕僚监部防卫部防卫科业务计划班长。

1997年（平成9年）4月1日，担任第3普通科联队长，兼任名寄驻屯地司令。

1998年（平成10年）7月1日，担任陆上幕僚监部人事部任免科长。

1999年（平成11年）7月9日，晋升陆将补（2星陆军少将）军衔。

2000年（平成12年）6月30日，担任中部方面总监部幕僚副长。

2002年（平成14年）3月22日，担任第20任第1空挺团长，兼任习志野驻屯地司令。

2003年（平成15年）3月27日，担任北部方面总监部幕僚长，兼任札幌驻屯地司令。

2005年（平成17年）7月28日，晋升陆将（3星陆军中将）军衔，同时，就任第24任第10师团长。

2007年（平成19年）3月28日，担任日本防卫大学干事。

2008年（平成20年）3月24日，就任第27任中部方面总监。

2009年（平成21年）3月24日，就任第32任陆上幕僚长。

2011年（平成23年）8月5日，退出现役。

2009年8月24日，在帝国宾馆出席太平洋地区陆军参谋总长等会议期间的火箱芳文4星上将

七、现任（第31任）中部方面总监——堀口英利3星陆军中将简历

堀口英利中将生于1957年（昭和32年）1月，日本群马县人，1979年（昭

现任中部方面总监——堀口英利陆军中将

和54年）3月加入日本陆上自卫队服役，曾就读于日本防卫大学，在日本陆上自卫队干部学校学习《指挥幕僚课程》，在统合幕僚学校学习《特别课程》。

1999年（平成11年）7月，就任陆上幕僚监部装备部装备计划科企画班长。

2001年（平成13年）8月，担任第4设施群长。

2003年（平成15年）8月，担任陆上自卫队研究本部主任研究开发官；12月，就任陆上幕僚监部教育训练部教育科长。

2004年（平成16年）3月，就任陆上幕僚监部教育训练部教育训练计划科长。

2005年（平成17年）1月，担任第1设施团长。

2006年（平成18年）8月，就任东部方面总监部幕僚副长。

2007年（平成19年）9月，担任日本防卫省防卫监察本部监察官。

2008年（平成20年）8月，担任第12旅团长。

2011年（平成23年）4月，担任第8师团长。

2012年（平成24年）3月，担任补给统制本部长。

2013年（平成25年）8月，担任中部方面总监。

八、中部方面总监部幕僚长（☆☆）——中部军区参谋长

一直以来，中部方面总监部幕僚长由一名2星陆军少将担任，这些幕僚长基本都可晋升3星陆军中将师团长职务，其中前期幕僚长都由日本帝国陆军退役人员担任。

九、伊丹驻屯地——中部方面总监部驻地、日本关西地区作战指挥中枢

日本陆上自卫队伊丹驻屯地位于兵库县伊丹市绿丘7段1单元1号和川西市久代5段地区内，部署中部方面总监部、第36普通科联队等驻军部队，基地最早开设于1951年。目前，驻屯地司令由中部方面总监部幕僚长兼任。

伊丹驻屯地最南端入口处及靠近入口处的中部方面总监部办公大楼

伊丹驻屯地是中部方面队直辖部队的驻军大本营，基地附近还有千僧驻屯地和川西驻屯地，三座驻屯地之间彼此相距不足千米，川西驻屯地坐落在伊丹驻屯地北侧，千僧驻屯地坐落在南侧，三座驻屯地的最近演习场有长尾山演习场。

（一）伊丹驻屯地发展历史概况

早在1951年（昭和26年），根据日本警察预备队的成立，日本警察预备队伊丹驻屯地也正式开设，同时，第3管区总监部也由宇治驻屯地换防到伊丹驻屯地内。

1959年（昭和34年），第3管区总监部换防到千僧驻屯地内。

2004年（平成16年），设在伊丹驻屯地内的伊丹邮局自卫队内分室撤销。

2005年（平成17年）3月，隶属伊丹驻屯地管辖下的分屯地——丰中分屯地关闭。

截止2014年，伊丹驻屯地是中部方面队最核心的陆军基地，为中部方面队最高指挥中枢，具体驻军部队包括中部方面总监部、中部方面总监部付队、中部方面警务队本部及第304保安警务中队、自卫队情报保全队中部情报保全队本部、会计监察队中部方面分遣队、第36普通科联队、中部方面卫生队、中部方面通信

群本部、中部方面会计队、中部方面后方支援队第302通信直接支援队、中部方面情报队、中部方面军乐队和伊丹驻屯地业务队。

十、图解伊丹驻屯地基础设施

由西向东俯瞰伊丹驻屯地全景

伊丹驻屯地北部全景，可见西北角的弹药库、球场，中间的中央训练场、车场，东部的大规模车场、运动场和多功能车库

驻屯地西北角弹药库特写（由西向东看），可见共由8个地上弹药库组成，包括弹药、枪械处理建筑

中间训练场及车场特写，训练场可兼做阅兵场、简易直升机机场

东北部大规模车场和多功能车库特写（由西向东看），中间最大建筑为多功能车库，右侧的小型建筑为加油站，另有一些各型仓库

伊丹驻屯地北部营区车场全景，可见多功能车库的正面处于关闭状态

多功能车库特写

车场特写，可见大部分车辆为军用卡车，另有少量急救车、二轮半拖车、高机动车等车辆

弹药库及训练场北部全景

室外灯光球场和训练场南部全景

东部运动场特写

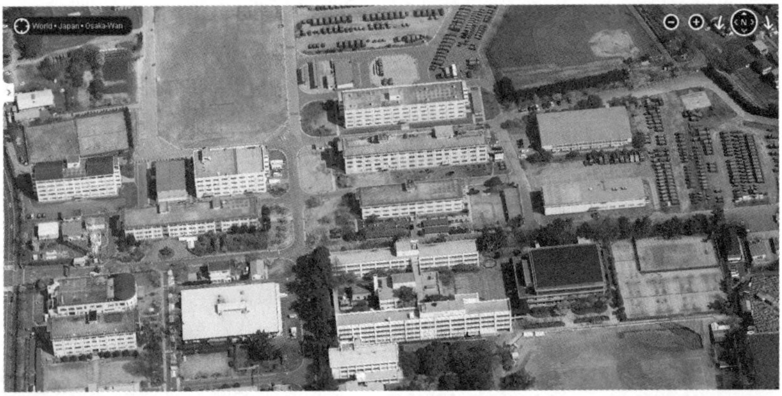

伊丹驻屯地中部第36普通科联队营区全景，中间的几栋建筑为驻军营房设施，东侧区域仍是大规模车场

第36普通科联队营区全景

伊丹驻屯地正门北侧附近全景，可见司令部办公楼和水塔建筑

第五节 解读日本陆上自卫队之西部方面队

西部方面队是日本陆上自卫队五大方面队之一，简称“西方”、WA，创建于1955年12月1日，其警备主管责任区为日本西部，包括九州地区和西南诸岛的冲绳县全境，主要任务是承担整个防区的安全防御、警备、灾害派遣、民生支援等任务，方面队司令部驻地设在熊本县熊本市的健军驻屯地内。

目前，西部方面队的核心基干兵力由2个师团和1个旅团构成，另加一个西部方面总监直辖的西部方面普通科联队（西普联），管内共设置24个驻屯地（陆军基地）、8个分屯地和8个自卫队地方协力本部（原地方联络部）。综合来看，西部方面队的综合战斗力排名日本五大方面队第三，仅次于北部方面队和中部方面队。

从地理位置上来看，西部方面队的主管区域南北全长大约1200千米，东西全宽大约900千米，管区最西端是与台湾岛相邻的与那国岛，由西部方面总监部所在地的熊本市到冲岛本岛大约有1500千米的距离，在这片广大的管区内有2500座离岛，其中有人岛大约200座。

西部方面队的部队徽章，中间是一个日文汉字的“西”

从防御阵线上来看，西部方面管区与朝鲜半岛以及中国大陆、台湾岛等地相邻，其中，对马岛与韩国的直线距离只有43千米，与那国岛与台湾岛的直线距离只有110千米，由此来看，西部方面队面临错综复杂的防务。

一、西部方面队的发展历史概况——紧随北部方面队创建的日本陆上自卫队第二个方面队

早在1955年（昭和30年）12月，日本陆上自卫队创建一年后正式成立西部

方面队。西部方面队是北部方面队创建之后日本陆上自卫队第二个方面队。创建时，西部方面队的主要下属部队有第4管区队（今天的第4师团）和第8混成团（今天的第8师团）。

1956年（昭和31年）2月，西部方面总监部由福冈驻屯地换防到健军驻屯地内，直到今天；同年，北熊本驻屯地成立。

1957年（昭和32年），健军驻屯地内的西部方面总监部司令部办公楼建成投入使用；同年，玖珠驻屯地和别府驻屯地分别成立。

1960年（昭和35年），参加陆上幕僚监部指名演习。

1962年（昭和37年）1月18日，根据日本陆上自卫队师团改编计划，西部方面队下属第4管区队改编为第4师团，第8混成团改编为第8师团。

1963年（昭和38年），佐多对空射击场开始防空射击训练。

1964年（昭和39年），开始实施师团对抗指挥所演习。

1966年（昭和41年），接受陆上幕僚监部的训练检阅。

1968年（昭和43年），参加海上机动演习。

1970年（昭和45年），第4师团和第8师团实施反空降演习。

1971年（昭和46年），开始实施“镇西演习”（对抗演习），同年，装备霍克地空导弹的部队开始美国年度射击训练。

1973年（昭和48年）7月25日，随着美国政府将冲绳管辖权移交给日本政府，日本陆上自卫队在冲绳地区创建第1混成团。

1981年（昭和56年），参加陆海空统合实兵训练。

1986年（昭和61年），首次参加北部机动特别演习。

1987年（昭和62年），首次参加日美共同训练。

1988年（昭和63年），实施反空降、直升机机降战斗演习。

1992年（平成4年），实施西部方面队火力演习。

1994年（平成6年），在北熊本驻屯地内，实施日美共同指挥所演习，同年，全新的西部方面总监部司令部办公大楼建成投入使用。

1998年（平成10年），开始即应预备自卫官训练业务。

2001年（平成13年），参加YS-39日美共同指挥所演习。

2002年（平成14年）3月，西部方面普通科联队新编。

2003年（平成15年）3月，西部方面后方支援队和西部方面卫生队新编。

2005年（平成17年）3月，西部方面情报处理队和西部方面通信情报队新编。

2006年（平成18年），在健军驻屯地内，参加YS-49日美共同指挥所演习。

2008年（平成20年）3月24日，日本陆上自卫队城野分屯地撤销；3月26日，第303保安中队划归西部方面警务队编制之下。

2010年（平成22年）3月26日，西部方面队进行部队改编，其中，第1混成团改编为第15旅团；西部方面情报处理队和西部方面通信情报队统一合并为西部方面情报队。

2011年（平成23年），在健军驻屯地内，参加YS-59日美共同指挥所演习。

2013年（平成25年）3月，第3教育团及第19普通科联队统一合并改编为西部方面混成团，从此，第4师团基干力量由3个普通科联队构成；9月3日，韩国合同军事大学一行354人前往西部方面总监部参观访问，期间，西部方面总监部隆重接待了这个韩国军事访问团；11月29日，驻日美国陆军司令官访问西部方面总监部，以加强日本陆上自卫队以及西部方面队与驻日美国陆军之间的合作关系。

二、西部方面队的部队编制——基干为2个师团和1个旅团

从整体来看，西部方面队的部队编制可分为司令部机关、基干作战部队和方面队直辖部队三个部分。

其中，司令部机关部队编制有西部方面总监部（西部军区司令部）和西部方面总监部付队（司令部直属队），这两支部队都部署在健军驻屯地内。

基干作战部队编制有第4师团（基干为3个普通科联队（步兵团））、第8师团（基干为4个普通科联队）和第15旅团（基干为1个普通科联队）。具体部队编制包括第4师团下辖第16普通科联队、第40普通科联队和第41普通科联队；第8师团下辖第12普通科联队、第24普通科联队、第42普通科联队和第43普通科联队；第15旅团下辖第51普通科联队。

方面队直辖部队有第5设施团、西部方面混成团、第2高射特科团、西部方面特科队、西部方面后方支援队、西部方面普通科联队（西部方面总监直辖的1个步兵团）、西部方面反舟艇反战车队、西部方面通信群、西部航空方面队、西部

方面会计队、西部方面卫生队、西部方面指挥所训练支援队、西部方面军乐队西部方面情报队和九州补给处。

三、西部方面总监部（☆☆☆）——西部军区司令部

目前，西部方面总监部设置在日本熊本县熊本市的健军驻屯地内。

截至2014年，西部方面总监部指挥核心由4人组成，分别是一名方面总监（军区司令员），为3星陆军中将军衔，现任方面总监为2013年8月22日就职的番匠幸一郎中将；一名幕僚长（参谋长），为2星陆军少将军衔，兼任健军驻屯地司令，现任幕僚长为2013年8月22日就职的永井昌弘少将；一名幕僚副长（行政），为2星陆军少将军衔，现任幕僚副长（行政）为2013年8月22日就职的吉田圭秀少将；一名幕僚副长（防卫），为2星陆军少将军衔，现任幕僚副长（防卫）为2013年12月28日就职的河本宏章少将。

此外，西部方面总监部的幕僚集团由各机关部长组成。

四、西部方面总监（☆☆☆）——西部军区司令员

自1955年以来，西部方面总监一直由一名3星陆军中将担任，截至2014年，共经历了35任，这些方面总监平均任期2年，最长任期不超过3年，其中，只有1任方面总监晋升为4星上将的陆上幕僚长，这说明西部方面总监部及西部方面总监在日本陆上自卫队的地位远不及北部方面队、东部方面队和中部方面队。此外，前期西部方面总监中共有8任均由日本帝国陆军退役人员担当。

五、第35任（现任）西部方面总监——番匠幸一郎3星陆军中将简历

下面概况了解现任西部方面总监番匠幸一郎中将的基本任职经历。

番匠幸一郎中将是日本鹿儿岛县鹿儿岛市人，生于1958年（昭和33年）1月，从1980年（昭和55年）开始进入日本陆上自卫队服役（不包括防卫大学的四年学习生活），在担任西部方面总监之前曾经担任日本陆上自卫队干部候补生学校校

长、陆上幕僚监部防卫部长、陆上幕僚副长、第3师团长等核心要职。

1980年（昭和55年）3月，番匠幸一郎于日本防卫大学第24期本科毕业，所学专业为国际关系论，同期毕业生中的显赫同学有中谷元（日本政治家、自由民主党众议院议员、自民党副干事长、2001年曾经担任日本历史上最年轻的防卫厅长官（国防部长））、田边挥良司（3星陆军中将、2013年8月27日担任第34任北部方面总监）、矶部晃一（3星陆军中将、2013年8月22日就任第37任东部方面总监）、松尾幸弘（3星陆军中将、2013年8月22日就任陆上自卫队研究本部长）、福田筑（2星陆军少将、曾经担任日本自卫队体育学校校长）等人。防大毕业经过日本陆上自卫队干部候补生学校短期培训后，番匠分配到第30普通科联队服役，所属职种（兵种）为普通科（步兵）。

1987年（昭和62年），进入日本陆上自卫队富士学校学习第33期《指挥幕僚课程》。

1989年（平成元年），借调日本外务省亚洲局东北亚科勤务。

1991年（平成3年）1月，晋升三等陆佐（陆军少校）军衔，就任第45普通科联队长。

1993年（平成5年），任职于陆上幕僚监部防卫部防卫科。

1994年（平成6年）7月，晋升二等陆佐（陆军中校）军衔。

1996年（平成8年），任职于陆上幕僚监部防卫部运用科。

1999年（平成11年）1月，晋升一等陆佐（陆军上校）军衔；3月，附属中央资料队，而后留学美国陆军战略大学（美国陆军战争学院），主攻专业为战略学硕士。

2000年（平成12年），担任陆上幕僚监部防卫部防卫科防卫班长。

2002年（平成14年）12月，担任第3普通科联队长兼名寄驻屯地司令。

2004年（平成16年）1月，作为第1次伊拉克复兴支援群长参加日本自卫队的伊拉克海外派遣任务；6月，担任陆上幕僚监部监理部总务科宣传室长。

2005年（平成17年）7月，晋升陆将补（2星陆军少将）军衔，同时，担任西部方面总监部幕僚副长职务。

2007年（平成19年）7月，担任第31任日本陆上自卫队干部候补生学校校长兼前川原驻屯地司令。

2009年（平成21年）3月24日，担任陆上幕僚监部防卫部长。

2011年（平成23年）3月11日至4月12日，在东日本大地震的抗震救灾行动中附属于统合幕僚监部，担任日美两国共同危机应对小组负责人（日美共同调整所长）；8月5日，晋升陆将（3星陆军中将）军衔，同时，担任第3师团长职务。

2011年，在东日本大地震期间，担任日美两国危机应对小组负责人的番匠幸一郎3星中将

中谷元议员

2012年（平成24年）7月26日，担任第49任陆上幕僚副长。

2013年（平成25年）8月22日，担任第35任西部方面总监。

2010年10月，担任陆上幕僚监部装备部长期间的田边挥司良（右手前面人物、主持人）与驻日美军召开协调会

2011年2月，时任西部方面总监部幕僚长的松尾幸弘中将会见驻日美军将领

六、西部方面总监部幕僚长（☆☆）——西部军区参谋长

一直以来，西部方面总监部幕僚长由一名2星陆军少将担任（极个别情况由3星陆军中将担任），这些幕僚长多数都可晋升3星陆军中将师团长职务，其中前期幕僚长都由日本帝国陆军退役人员担任。

七、健军驻屯地——西部方面总监部驻地、日本西部地区作战指挥中枢

日本陆上自卫队健军驻屯地位于熊本县熊本市东区东町1段1单元1号地区内，部署西部方面总监部、第5岸舰导弹联队等驻军部队，驻屯地司令由西部方面总监部幕僚长兼任，最近演习场有大矢野原演习场和黑石原演习场。

目前，健军驻屯地是西部方面队直辖部队的驻军大本营，当地的通称为“健军自卫队”，驻屯地内的樱花非常有名。作为驻屯地外部支援设施的熊本送信所（发射台）坐落在益城町内。

（一）健军驻屯地发展历史概况——来自三菱重工的军机工厂

早在1941年（昭和16年），三菱重工名古屋飞机制作所下属的分工厂在今天的健军驻屯地内正式开工建设，当时这座工厂是日本官设的民营工厂。

1944年（昭和19年），熊本飞机制作所正式建成投产，这期间主要生产四式重爆击机（重型轰炸机）和基-67“飞龙”战斗机，至第二次世界大战结束，共生产了42架。

1945年（昭和20年），熊本飞机制作所更名为第九制作所。

1956年（昭和31年），西部方面总监部由福冈驻屯地搬迁到第九制作所内，于是，日本陆上自卫队健军驻屯地正式成立。

1960年（昭和35年），熊本国际机场在原熊本机场（原日本帝国陆军健军机场）内开港，于是，第8师团航空队託麻原分屯地正式成立。

截至2014年，健军驻屯地是西部方面队最核心的陆军基地、西部方面队最高指挥中枢所在地，具体驻军部队包括西部方面总监部、西部方面总监部付队、西部方面警务队本部及第303保安警务中队、自卫队情报保全队西部情报保全队本部、会计监察队西部方面分遣队、西部方面通信群本部、西部方面会计队、西部方面卫生队、西部方面指挥所训练支援队、西部方面情报队及通信情报队（原西部方面通信情报队）、西部方面军乐队、九州补给处健军分处、西部方面特科队第5岸舰导弹联队和健军驻屯地业务队。

八、图解健军驻屯地基础设施

位于西南角的健军驻屯地司令部办公区全景，可见健军驻屯地东西两侧的出入口、军人食堂、俱乐部、体育馆等基础设施

健军驻屯地内最核心的基础设施之一——九州补给处健军分处的大型补给设施，补给设施周边分布游泳池、通信塔、车场、停车场等设施

健军驻屯地内的司令部办公楼及大型补给设施全景

健军驻屯地西北区内的环形操场、训练场、车场、球场、车场、停车场等基础设施

健军驻屯地东部弹药库周边基础设施全景

弹药库设施特写，可见共有7座地面弹药库，1座在建岸舰导弹仓库，1座弹药处理建筑

第五章

日本陆上自卫队“作战精英部队”

| 第一节 | 解读日本陆上自卫队第1师团

第1师团是日本陆上自卫队师团部队之一，为摩托化步兵，绰号“头号师团”，创建于1962年1月18日，编制总兵力大约为6300人，为东部方面队下属的政经中枢师团。

目前，第1师团司令部设在日本东京都练马区的练马驻屯地内，其警备主管责任区为日本关东地区南部，也就是所谓的“日本首都圈”，包括东京都、神奈川县、埼玉县、静冈县、山梨县、千叶县和茨城县，共计1都6县，主要任务是承担管内的防卫警备、灾害派遣、民生支援、国际维和使命等任务。

根据日本帝国陆军的传统，番号为第1号的师团必须将师团司令部设在首都东京地区，因此，今天日本陆上自卫队的头号师团，即第1师团也沿袭这个传统将师团司令部设在东京。

在日本陆上自卫队中，截至2014年，只有第1师团和第3师团的分类被确定为政经中枢师团。所谓的“政经中枢（政治经济中心）师团”是指部署在日本的大都市里、高度重视城市巷战能力的师团部队，也可以将其理解为“部署于政治经济中心的师团”，这样的师团均采取轻便装备，并且，非常重视部队的机动作战能力。

第1师团的部队徽章，背景为代表日本的地理标志——富士山

在日本极左过激派及左翼市民团体中，第1师团素有“治安弹压部队”的不雅绰号，这源于20世纪70年代的安保斗争时代第1师团经常出动镇压游行队伍的原因。

一、第1师团发展历史概况——日本的头号师团

截至2014年，第1师团的发展历史可分为日本帝国陆军第1师团、日本陆上自卫队第1管区队和日本陆上自卫队第1师团3个时期。

（一）日本帝国陆军第1师团

日本帝国陆军时期的第1师团创建于1888年5月14日的日本东京，为步兵师团，编制总兵力约25 000人，驻地先后为日本东京、中国东北、北印度支那和菲律宾。自组建以来，第1师团参加了中日甲午战争、日俄战争、乾岔子岛事件、对苏诺门坎事件以及太平洋战争，在太平洋战争中，第1师团参加菲律宾防御战、塞班岛防御战等岛屿防御战，在最后的塞班岛防御战中，兵力仅存800人。

（二）日本陆上自卫队第1管区队时代

日本陆上自卫队第1师团前身是日本警察预备队时代创建的第1管区队。当时，第1管区队的警备主管责任区是日本东北地区南部至中部地区的一部分。

1954年（昭和29年）9月25日，第14普通科联队编成；10月9日，第14普通科联队划归第1管区总监的指挥之下。

1956年（昭和31年）11月12日至11月15日，在日本那须高原大田原市的周边地区，第1管区队和第6管区队在演习场外实施了CPX联合对抗演习，此次对抗演习参演总兵力达5000人，车辆900台。

1958年（昭和33年）6月26日，第14普通科联队由第1管区队划归第10混成团编制之下。

（三）日本陆上自卫队第1师团时代

1962年（昭和37年）1月，第1管区队正式改编为第1师团。

1975年（昭和50年），第1军乐队新编。

1992年（平成4年）3月，第1师团新编后方支援联队和高射特科大队。

1994年（平成6年）3月，第1飞行队新编。

1995年（平成7年），第1师团执行东京地铁沙林毒气事件的灾害派遣任务。

1996年（平成8年）6月，第1师团下属第32普通科联队在市谷驻屯地内实施了日本陆上自卫队自创建以来的第一次城市地区反恐训练任务。

1999年（平成11年）11月，第32普通科联队由市谷驻屯地换防到大宫驻屯地内。

2002年（平成14年）3月27日，第1师团由甲种师团（定员编制为9000人）改编为政经中枢师团（定员编制为6600人），第1特科联队和第1反战车队撤销，与此同时，新编第1特科队和化学防护队，此外，在撤销重迫击炮中队的基础上，第1师团下属4个基干普通科联队还新编了第5中队，故此，每个普通科联队由5个基干普通科中队构成；9月，第34普通科联队远赴美国参加由美国主导下的日本陆上自卫队第一次日美联合训练。

2010年（平成22年）3月26日，第1化学防护队改编为第1特殊武器防护队。

2011年（平成23年）4月22日，第31普通科联队划归东部方面混成团编制之下，与此同时，第1师团下属3个普通科联队再次创建重迫击炮中队，根据这些改编措施，第1师团定员编制削减到6300人。

2012年（平成24年）4月8日，第1师团在驻地练马驻屯地内举办第1师团创建50周年的纪念庆典，时任东京都知事石原慎太郎等人参加。

2013年（平成25年）10月27日，在朝霞驻屯地训练内，第1师团下属多个部队参加“平成25年度日本自卫队纪念日观阅式”活动。

二、第1师团的部队编制——基干为3个普通科联队和1个战车大队

截至2014年，第1师团部队编制包括第1师团司令部、第1师团司令部付队（直属队）、第1普通科联队（步兵团）、第32普通科联队、第34普通科联队、第1战车大队（坦克营）、第1侦察队、第1特科队（炮兵队）、第1高射特科大队（防空兵营）、第1飞行队、第1设施大队（工兵营）、第1后方支援联队（后勤保障团）、第1通信大队（通信营）、第1特殊武器防护队（防化队）和第1军乐队。

其中，作为核心基干力量的3个步兵团，即第1普通科联队、第32普通科联队和第34普通科联队各由5个普通科中队（步兵连）构成，第1战车大队由2个战车中队（坦克连）构成。

三、第1师团所属陆军基地——以练马驻屯地为核心的7座陆军基地

目前，隶属第1师团管辖下的陆军基地共有7座，分别是练马驻屯地、大宫驻屯地、板妻驻屯地、北富士驻屯地、驹门驻屯地、朝霞驻屯地和立川驻屯地。

其中，练马驻屯地为第1师团司令部驻地，为第1师团的核心基地，进驻部队有第1师团司令部、第1师团司令部付队、第1普通科联队（根据日本帝国陆军传统，日本帝国陆军的头号步兵联队也要驻扎在首都东京，日本帝国陆军步兵第1联队驻扎在东京的麻布兵营内）、第1后方支援联队、第1通信大队、第1军乐队、第1侦察队和第1特殊武器防护队。

大宫驻屯地驻军有第32普通科联队。

板妻驻屯地驻军有第34普通科联队，日本陆上自卫队的第34普通科联队番号继承了日本帝国陆军的步兵第34联队。

北富士驻屯地驻军有第1特科队。

驹门驻屯地驻军有第1战车大队和第1高射特科大队。

朝霞驻屯地驻军有第1设施大队。

立川驻屯地驻军有第1飞行队。

四、第1师团司令部及师团长（☆☆☆）

目前，第1师团司令部核心指挥官由3人组成，分别是一名师团长，为3星陆军中将军衔，现任师团长为2012年3月30日就职的反怖谦一中将；一名副师团长，为2星陆军少将军衔，兼任练马驻屯地司令，现任副师团长为2013年3月28日就职的蛭川利幸少将；一名幕僚长（参谋长），为一等陆佐军衔，现任幕僚长为2011年8月5日就职的九鬼东一上校。

五、现任第1师团长——反怖谦一3星陆军中将简历

现任（第34任）第1师团长反怖谦一陆军中将是日本北海道人，日本防卫大学第23期毕业。

2009年（平成21年）7月，反怖谦一晋升2星陆军少将军衔，同时，就任第1混成团长（冲绳县那霸市）。

2010年（平成22年）3月，随着第1混成团扩编为第15旅团，反怖谦一就任第一任第15旅团长。

2011年（平成23年）4月，担任北部方面总监部幕僚长（北海道札幌市）。

2012年（平成24年）3月，晋升3星陆军中将，同时，就任第34任第1师团长。

六、第1普通科联队（☆）——绰号“头号联队”步兵团、日本陆军精锐部队

第1师团下辖第1普通科联队为步兵团，绰号“头号联队”，创建于1954年7月1日，驻地设在日本东京都练马区的练马驻屯地内。今天的第1普通科联队沿袭了日本帝国陆军步兵第1联队的番号。

整体来看，第1普通科联队是日本首都东京市区内唯一的普通科联队（步兵团），其警备主管责任区为东京23区，其中，第1中队管区为东京千代田区、港区、品川区、中央区和大田区，第2中队管区为文京区、板桥区、北区、丰岛区和练马区，第3中队管区为葛饰区、江东区、江户川区和墨田区，第4中队管区为杉并区、新宿区和中野区，第5中队管区为足立区、荒川区和台东区，重迫击炮中队管区为涉谷区、世田谷区和目黑区。目前，第1普通科联队的主要任务是负责各个管区的灾害派遣和防卫警备，此外，还要参加国宾欢迎仪式等国家规模的活动、国际维和使命、民生支援等任务。

（一）第1普通科联队简史

早在1951年（昭和26年）5月，日本警察预备队第1管区队普通科第1联队在神奈川县横须贺市的久里滨驻屯地内新编；9月，普通科第1联队换防到东京都练马区的练马驻屯地，直到今天。

1954年（昭和29年）7月1日，随着日本陆上自卫队的成立，普通科第1联队更名为第1普通科联队。

1962年（昭和37年）1月，随着日本陆上自卫队实施师团化改编，第1普通科

参加平成25年度观阅式的第1普通科联队方队

联队划归第1师团编制之下。

2002年（平成14年）3月，随着第1师团进行政经中枢师团改编，第1普通科联队撤销重迫击炮中队而新编第5中队。

2011年（平成23年）4月，第1普通科联队再建重迫击炮中队，所部人员由撤销的第6岸舰导弹联队转编而来。

2013年（平成25年）10月27日，在朝霞训练场，第1普通科联队作为徒步方队之一参加日本自卫队纪念活动观阅式。

（二）第1普通科联队部队编制

目前，第1普通科联队部队编制包括联队本部（团部、团指挥所）、联队本部管理中队（团部直属连）、第1中队、第2中队、第3中队、第4中队、第5中队和重迫击炮中队。

（三）第1普通科联队主要装备

第1普通科联队的主要装备有73式小型军用卡车、73式中型军用卡车、73式大型军用卡车、高机动车、89式5.56毫米步枪、MINIMI型5.56毫米机枪、84毫米无后坐力炮、L16型81毫米迫击炮、RT型120毫米迫击炮等。

第1普通科联队设联队长（团长）一名，为一等陆佐（陆军上校）军衔。

固定枪托型89式5.56毫米步枪，这款步枪是平成元年（1989年）开始制式装备的自动步枪，它是64式7.62毫米步枪的取代型，新型步枪的一部分使用了增强塑料，故此，照比64式更加轻便化

89式步枪

第1普通科联队使用的89式步枪

第1普通科联队装备的高机动车，可高速行驶于普通道路上

七、第32普通科联队（☆）——日本陆军精锐步兵团之一

第1师团下辖第32普通科联队为步兵团，创建于1962年1月18日，驻地设在埼玉县埼玉市的大宫驻屯地内，警备主管责任区为埼玉县。

（一）第32普通科联队简史

1962年（昭和37年）1月18日，以第1普通科联队第2大队为母体，第1师团新编第32普通科联队。

1995年（平成7年）3月，第32普通科联队参加东京地铁沙林毒气事件的处理与应对任务。

1999年（平成11年）11月，基于日本防卫厅的换防计划，第32普通科联队由市谷驻屯地换防到大宫驻屯地内，在换防之前，第32普通科联队和第1普通科联队共同承担日本首都东京的防卫任务，其中，第32普通科联队主要承担东京都南侧部分的防卫与警备任务。

2002年（平成14年）3月，随着第1师团进行政经中枢师团改编，第32普通科联队撤销重迫击炮中队而新编第5中队。

2010年（平成22年）4月，第32普通科联队第4中队进行轻装甲机动车装备部队的改编。

2011年（平成23年）4月，第32普通科联队再建重迫击炮中队，此时部队编制是5个普通科中队再加1个重迫击炮中队。

（二）第32普通科联队部队编制

目前，第32普通科联队部队编制包括联队本部（团部、团指挥所）、联队本部管理中队（团部直属连）、第1中队、第2中队、第3中队、第4中队、第5中队和重迫击炮中队。

（三）第32普通科联队主要装备

第32普通科联队的主要装备有73式小型军用卡车、73式中型军用卡车、73式大型军用卡车、高机动车、轻装甲机动车、89式5.56毫米步枪、MINIMI型5.56毫米机枪、84毫米无后坐力炮、L16型81毫米迫击炮、RT型120毫米迫击炮等。

第32普通科联队设联队长（团长）一名，为一等陆佐军衔。

第32普通科联队装备的轻装甲机动车（LAV），主要用于作战行动期间的步兵运输，于平成14年开始装备部队，车上可使用普通科部队装备的5.56毫米机枪和轻反坦克导弹等轻武器，可通过运输直升机进行空运，非常适合于空陆联合作战，这款车型的主要设计诸元：乘员4人，空车重量大约4吨半，最高速度100千米/时，作战半径500千米

八、第34普通科联队（☆）——绰号“橘”步兵团、继承日本帝国陆军“军神”传统的步兵团

第1师团下辖第34普通科联队为步兵团，绰号“橘”，创建于1962年1月18日，驻地设在静冈县御殿场市的板妻驻屯地内，警备主管责任区为静冈县全境（第1战车大队主管的南伊豆地区除外），主要训练场有富士地区演习场。

今天的第34普通科联队继承了日本帝国陆军步兵第34联队（驻地静冈县）的番号，在历史上，第34联队在橘周太中佐带领下参加了日俄战争和辽阳会战，因而拥有“橘联队”的绰号，同时，橘周太中佐是日本帝国陆军的“军神”。

（一）第34普通科联队简史

从发展历史来看，今天的第34普通科联队完全继承了日本帝国陆军静冈步兵第34联队的光荣传统，第34联队就是著名的橘联队。

甲午战争结束后，日本帝国陆军为了进一步扩军备战于是创建了静冈步兵第34联队，部队驻地设在静冈市，兵员构成大多数为当地人，故此，是纯粹的乡土部队。

1904年（明治37年），日俄战争爆发后，静冈步兵第34联队首次出征前线。

在日俄战争初期的一次决战中，也就是辽阳会战中，第34联队的橘周太大队长战死于此次会战的最大激战地，即首山堡。橘周太后来被日本帝国陆军尊崇为“军神”。

第二次世界大战结束后，静冈步兵第34联队撤销。

1962年（昭和37年）1月，以第13普通科联队第3大队为基干，日本陆上自卫队新编第34普通科联队，第1任联队长为山田积昭一等陆佐。第34普通科联队与静冈步兵第34联队的创建地都是静冈县御殿场市的板妻地区，这也正是为了纪念第34联队，同时，部队番号仍然沿用第34普通科联队。

1963年（昭和38年）2月，第34普通科联队参加三八暴雪的灾害派遣任务。

1998年（平成10年）8月，第34普通科联队参加函南町暴雨的灾害派遣任务。

2002年（平成14年）3月，随着第1师团进行政经中枢师团改编，第34普通科联队撤销重迫击炮中队而新编第5中队；9月，参加远赴美国的实兵训练任务。

2006年（平成18年），参加第9次伊拉克复兴支援群的派遣任务，同时，第34普通科联队长担任第9次伊拉克复兴支援群长一职。

2011年（平成23年）3月，参加日本东北地区大地震的灾害派遣任务；4月，第34普通科联队重建重迫击炮中队。

（二）第34普通科联队部队编制

目前，第34普通科联队部队编制包括联队本部（团部、团指挥所）、本部管理中队（团部直属连）、第1中队、第2中队、第3中队、第4中队、第5中队和重迫击炮中队。

（三）第34普通科联队主要装备

第34普通科联队的主要装备有73式小型军用卡车、73式中型军用卡车、73式大型军用卡车、高机动车、89式5.56毫米步枪、MINIMI型5.56毫米机枪、84毫米无后坐力炮L16型81毫米迫击炮、RT型120毫米迫击炮等。

第34普通科联队设联队长（团长）一名，为一等陆佐军衔，兼任板妻驻屯地司令一职。

九、第1战车大队——第1师团装甲兵部队、日本陆军首个10式主战坦克部队、日本陆军精锐装甲兵部队

第1师团下辖第1战车大队为装甲兵部队、第1师团唯一的坦克部队，创建于1962年1月18日，驻地设在静冈县御殿场市的驹门驻屯地内，编成地为习志野。

目前，第1战车大队的警备主管责任区为日本静冈县伊豆地区，其中，本部管理中队管区为热海市和伊东市，第1中队管区为下田市、东伊豆町和河津町，第2中队管区为南伊豆町、松崎町和西伊豆町。第1战车大队的主要任务是承担各个管区的防卫、警备、灾害派遣等任务，此外，还参加日本自卫队纪念日观阅式、富士综合火力演习等日本自卫队范围内的重大活动。

参加富士综合火力演习的第1战车大队

（一）第1战车大队简史

早在1954年（昭和29年）9月，日本陆上自卫队第1特车大队在相马原驻屯地内新编；10月，第1特车大队换防到习志野驻屯地内。

1959年（昭和34年），第1特车大队再次换防到相马原驻屯地内。

1962年（昭和37年），第1特车大队更名第1战车大队，并且，换防到驹门驻屯地内。

2002年（平成14年）3月，第3中队撤销。

2011年（平成23年）3月20日，在福岛第一核电站事故中，为了清除现在的瓦砾垃圾，第1战车大队向事故现场派遣了2辆74式主战坦克和1辆78式战车回收车。

2012年（平成24年）12月，第1战车大队开始配备日本陆上自卫队最新锐的10式主战坦克。

2013年（平成25年）3月11日，在东富士演习场，第1战车大队使用10式主战坦克实施了自服役以来的第一次实弹射击训练；10月27日，参加平成25年度日本自卫队纪念日观阅式，第1战车大队长担任观阅战车部队指挥官职务。

参加平成25年度观阅式的第1战车大队

（二）第1战车大队部队编制

目前，第1战车大队部队编制包括大队本部（营部）、大队本部管理中队（营部直属连）、第1中队（装备10式主战坦克）和第2中队（装备74式主战坦克）。

第1战车大队的主要装备有10式主战坦克、74式主战坦克、96式轮式装甲车、73式小型军用卡车、73式中型军用卡车、73式大型军用卡车、89式5.56毫米步枪等。

第1战车大队设大队长（营长）一名，为二等陆佐（陆军中校）军衔。

十、第1侦察队——第1师团侦察兵部队、装甲精英

第1师团下辖第1侦察队是一支机甲科（装甲兵、坦克兵）部队，创建于1951年5月，驻地设在东京都练马区的练马驻屯地内，主要面向第1师团所属各部队提供侦察任务，此外，还承担日本西多摩地区的灾害派遣任务。

（一）第1侦察队简史

早在1951年（昭和26年）5月，日本警察预备队第1侦察中队在松本驻屯地内编成。

1952年（昭和27年）5月，第1侦察中队换防到新町驻屯地内。

1959年（昭和34年）3月，第1侦察中队换防到相马原驻屯地内。

1962年（昭和37年）1月，第1侦察中队换防到练马驻屯地内，同时，更名为第1侦察队。

1992年（平成4年），第1侦察队新编电子侦察小队。

2002年（平成14年），随着日本陆上自卫队引入即应预备自卫官制度，第1侦察队下属1个小队进行简编化。

2010年（平成22年），简编部队撤销。

2011年（平成23年）4月，随着第1师团进行改编，第1侦察小队扩编1个小队。

（二）第1侦察队部队编制

目前，第1侦察队部队编制包括队本部（队部、队司令部）、本部付队（队司令部直属小队）、第1小队、第2小队、第3小队和电子侦察小队。

第1侦察队的主要装备有侦察摩托车、87式侦察警戒车、轻装甲机动车等。

第1侦察队设队长一名，为二等陆佐军衔，现任队长为2011年8月就职的植田宜孝中校。

十一、第1特科队（☆）——第1师团野战炮兵部队

第1师团下辖第1特科队为炮兵部队，创建于2002年3月27日，驻地设在山梨县南都留郡忍野村的北富士驻屯地内。第1特科队长兼任山梨县境内唯一的驻屯地——北富士驻屯地的驻屯地司令职务。

目前，第1特科队警备主管责任区为山梨县全境，其中，第1中队管区为中北地区的6市1町，第2中队管区为峡东地区的3市，第3中队为富士东部地区的4市2町6村，峡东地区的5町，主要任务是承担各个管区的灾害派遣、防卫警备、民生支援等。

第1特科队的最主要特殊之处在于它是日本自卫队唯一的国宾、外宾来访期间的礼炮鸣放业务部队。

（一）第1特科队简史

第1特科队前身部队是1954年（昭和29年）创建的第1特科联队。在第1特科联队时代，联队本部及下属第1大队、第2大队和第3大队三个大队驻扎在驹门驻屯地内，下属第4大队和第5大队两个大队驻扎在北富士驻屯地内，其中，联队长兼任驹门驻屯地司令，第5大队长兼任北富士驻屯地司令。

1960年（昭和35年）11月，1个特科大队换防到北富士驻屯地。

1962年（昭和37年），第1特科联队本部、本部中队及3个特科大队换防到静冈县驹门驻屯地。

1969年（昭和44年）3月，1个特科大队由宇都宫驻屯地换防到北富士驻屯地。

1992年（平成4年）3月，第1特科联队第5大队改编为第1高射特科大队。

2002年（平成14年）3月27日，随着第1师团改编为政经中枢师团，第1特科联队在北富士驻屯地缩编为第1特科队。

2011年（平成23年）4月，第1特科队进行部队改编。

2013年（平成25年）10月27日，在朝霞驻屯地训练场，第1特科队参加平成25年度日本自卫队观阅式活动，在此次观阅式中，第1特科队长担任野战特科部队的指挥官，另有下属100名队员参加了徒步阅兵式，所属4门FH-70型155毫米榴弹炮也参加了观阅行进。

参加平成25年度自卫队观阅式的第1特科队

（二）第1特科队部队编制

目前，第1特科队部队编制包括队本部（队部）、本部管理中队（队部直属连）、情报中队、第1中队、第2中队、第3中队和第4中队。

（三）第1特科队主要装备

目前，第1特科队的主要装备有73式小型军用卡车、73式中型军用卡车、73式大型军用卡车、重修理车（安装有起重机设备）、FH70型155毫米榴弹炮、JTPS-P16型反火炮雷达装置、JMPQ-P13型反迫击炮雷达装置、89式5.56毫米步枪等。

第1特科队设队长一名，为一等陆佐军衔，兼任北富士驻屯地司令一职。

第1特科队装备的FH-70型155毫米大口径野战榴弹炮，后面背景为富士山

十二、第1高射特科大队——第1师团防空兵部队

第1师团下辖第1高射特科大队是一支防空兵部队、地空导弹部队，创建于1992年3月，驻地设在静冈县御殿场市的驹门驻屯地内，警备主管责任区为日本关东地区南部。

（一）第1高射特科大队简史

早在1951年（昭和26年）5月，日本警察预备队特科61联队第5大队在丰川驻屯地内编成。

1953年（昭和28年）3月，特科61联队第5大队更名为第1特科联队第5大队。

1962年（昭和37年），第1特科联队第5大队更名为第1特科联队第6大队。

1968年（昭和43年），第1特科联队第6大队换防到驹门驻屯地内。

1992年（平成4年）3月，第1特科联队第6大队改编为第1高射特科大队。

（二）第1高射特科大队部队编制

目前，第1高射特科大队部队编制包括大队本部（营部）、本部管理中队（营直属连）、第1中队和第2中队。

（三）第1高射特科大队主要装备

第1高射特科大队的主要装备有81式短距离地空导弹、93式近距离地空导弹、JTPS−P14型防空雷达装置、JTPS−P18型低空雷达装置、73式小型军用卡车、73式中型军用卡车、73式大型军用卡车、89式5.56毫米步枪等。

第1高射特科大队设大队长（营长）一名，为二等陆佐军衔。

第1高射特科大队装备的81式短距离地空导弹（简称“短SAM”），这是地面发射的短程防空导弹，整个武器系统由1部射击统制装置（火控系统）和2部发射装置构成，这些构成单元都搭载于一辆3吨半型大型军用卡车上，可独自进行机动发射，1982年（昭和57年）开始配备部队，可同时处理2个防空目标，具备连续发射能力

短SAM发射装置后视图

搭载于3吨半型大型军用卡车上的射击统制装置

第1高射特科大队装备的93式近距离地空导弹发射装置（前方视图），这是一款地面发射的近程防空导弹，简称“短SAM”，发射装置搭载于高机动车上，可独自进行机动发射，于平成6年度开始装备部队

短SAM发射装置侧视图

发射状态中的短SAM

十三、第1飞行队——第1师团陆军航空兵部队

第1师团下属第1飞行队是师团唯一的航空科部队，部队驻地设在立川驻屯地内，主要承担航空侦察、物资运输、指挥联络等全面的地面部队支援任务。

目前，第1飞行队设队长一名，为二等陆佐军衔。

十四、第1设施大队——第1师团工程兵（工兵）部队

第1师团下辖第1设施大队是一支设施科（工兵）部队，创建于1956年1月，驻地设在东京都练马区的朝霞驻屯地内，这支部队主要面向第1师团所属各部队提供工程作业任务，同时，第1设施大队的大队长兼任第1师团司令部的设施科长一职。

整体来看，第1设施大队是第1师团中唯一的设施科部队（工兵部队），主要装备救生系统、自行架柱桥、推土机、油压挖掘机、油压起重机等建筑机械，故此，可实施各种土木工程的支援。

目前，第1设施大队的警备主管责任区为日本东京都的南多摩地区，其中，第1中队管区为福生市、羽村市、秋留野市和瑞穗町（3市1町），第2中队管区为八一下子市、日野市和町田市（3市），第3中队管区为青梅市、奥多摩町、日之出町和桧原村（1市2町1村）。第1设施大队的主要任务是承担各个管区的防卫、警备、灾害派遣等任务。

正在进行架桥训练的第1设施大队

（一）第1设施大队简史

早在日本警察预备队时期的1951年（昭和26年）5月，第1设施大队最早前身的第510设施大队在京都福知山创建。

1952年（昭和27年）1月，第510设施大队更名为第1设施大队，后来，曾经换防到爱知县丰川驻屯地内。

1954年（昭和29年）1月，第1设施大队又换防到茨城县古河驻屯地，在此驻军时间长达46年。

2001年（平成13年）3月，第1设施大队由古河驻屯地换防到朝霞驻屯地内。

2011年（平成23年）4月，第4中队撤销。

2013年（平成25年）6月7日，第1设施大队在日本东京皇居（新宫殿东庭）参加法国总统奥朗德来访的国宾欢迎仪式，这是自1951年创建以来第1设施大队第一次参加最高规格的国宾列队欢迎任务。

参加法国总统欢迎仪式的第1设施大队

（二）第1设施大队部队编制

目前，第1设施大队部队编制包括大队本部（营部）、本部管理中队（营直属连）、第1中队、第2中队和第3中队。

（三）第1设施大队主要装备

第1设施大队的主要装备有70式地雷原（布雷区）爆破装置、89式地雷原探测装置、75式装甲推土机、81式自行架柱桥、中型推土机、大型推土机、平路机、掩体掘削机、资材搬运车、斗式装载车、汽车式起重机、轻徒桥、73式小型军用卡车、73式中型军用卡车、73式大型军用卡车、74式特大型军用卡车、89式5.56毫米步枪、MINIMI型5.56毫米机枪、M2型12.7毫米重机枪、84式无后坐力炮、110毫米单兵便携式反坦克导弹等。

第1设施大队设大队长（营长）一名，为二等陆佐（陆军中校）军衔。

第1设施大队装备的带遥控装备的中型推土机

十五、第1后方支援联队（☆）——第1师团后勤保障部队

第1师团下辖第1后方支援联队为师团后勤保障部队，创建于1992年3月26日，驻地设在东京都练马区的练马驻屯地内，主要承担第1师团的后勤保障业务，此外，还负责灾害派遣、民生支援、国际维和使命等任务。

（一）第1后方支援联队简史

1995年（平成7年），第1后方支援联队参加了阪神淡路大地震的灾害派遣任务。

2002年（平成14年），撤销武器大队的第1后方支援联队采取2个整备大队的编制，其中，新编第2整备大队配备一名二等陆佐军衔的大队长。

2004年（平成16年），参加新泻县中越地震的灾害派遣任务。

2007年（平成19年），参加新泻县中越海面地震的灾害派遣任务。

2011年（平成23年）4月21日，第2整备大队第2普通科直接支援队撤销，其取代部队为东部方面后方支援队第302普通科直接支援中队。

（二）第1后方支援联队部队编制

目前，第1后方支援联队部队编制包括联队本部（团部）、本部付队（团部直属队）、第1整备大队、第2整备大队、补给队、卫生队和运输队。

其中，第1整备大队下设大队本部、本部付队（营直属队）、火器车辆整备中队、通信电子整备队、设施整备队（朝霞驻屯地）和工作回收小队；

第2整备大队下设大队本部、本部付队、第1普通科直接支援中队（驻练马驻屯地，承担第1普通科联队的支援业务）、第3普通科直接支队中队（驻大宫驻屯地，承担第32普通科联队的支援业务）、第4普通科直接支援中队（驻板妻驻屯地，承担第34普通科联队的支援业务）、特科直接支援中队（北富士驻屯地）、高射直接支援队（驹门驻屯地）、战车直接支援中队（驹门驻屯地）和侦察直接支援小队（练马驻屯地）。

（三）第1后方支援联队主要装备

目前，第1后方支援联队的主要装备有73式小型军用卡车、73式中型军用卡车、73式大型军用卡车、74式特大型军用卡车、重修理车（安装有起重机设备）、中型二轮半拖车、重轮式回收车、3吨半水罐车、3吨半燃料罐车、3吨半航空燃料罐车、野外支援车、野外炊事车、野外洗濯车2型、野外入浴装置2型、反浸透型净水装置（车载型）、野外手术系统、1吨半救护车、89式5.56毫米步枪、9毫米手枪、M2型12.7毫米重机枪、91式单兵便携式地空导弹等。

第1后方支援联队设联队长（团长）一名，为一等陆佐（一等陆佐）军衔。

第1后方支援联队装备的反浸透型净水装置（车载型），它可在野外河流中取水，然后，进行可饮水净化处理，源水中所含有泥沙、灰尘、细菌等有害物质均可除去

反浸透型净水装置

第1后方支援联队装备的野外炊事车1号（改），它可在不到1小时时间内为大约200人烹调饮食，既可用于作战训练，也可用于灾害派遣，通过大型卡车，这款炊具可非常方便地移动，移动期间也可进行烹调，这款新型炊具还具有冷冻、冷藏、储水、给水、排水以及自动打火功能

野外炊事车1号（改）构成诸元

第1后方支援联队装备的野外手术系统（左侧是手术准备车，右侧是手术车），这套系统可在野外环境下实施生命挽救的外科手术，系统由手术车、手术准备车、减菌车和卫生补给车4个部分构成，在有4名医生勤务的情况下，整个系统每天可对10～15人实施外科手术

十六、第1通信大队——第1师团通信部队

第1师团下辖第1通信大队是一支通信科（通信兵）部队，创建于1962年1月18日，驻地设在东京都练马区的练马驻屯地内，这支部队主要面向第1师团所属各部队提供通信业务，同时，第1通信大队的大队长兼任第1师团司令部的通信科长一职。

目前，第1通信大队是第1师团唯一的通信兵部队，主要承担师团通信系统的构建、维护、运营以及照相、摄影、视频拍摄业务。在灾害派遣任务期间，第1通信大队负责面向师团灾害派遣部队提供通信保障业务以及生活支援等任务。

正在进行通信保障业务的第1通信大队

（一）第1通信大队简史

早在1951年（昭和26年），1月，第1通信中队在神奈川县久里滨驻屯地内创建，随后换防到千叶县习志野驻屯地内；11月，换防到练马驻屯地。

1954年（昭和29年），第1通信中队扩编为第1通信队。

1962年（昭和37年）1月，第1通信队扩编为第1通信大队，直到今天。

2002年（平成14年）3月，基于日本陆上自卫队后方支援体制（后勤保障制度）的变化，第1通信大队的本部管理中队缩编为本部付队。

2013年（平成25年）10月27日，第1通信大队参加平成25年度日本自卫队纪念日观阅式，这是日本陆上自卫队通信科部队第一次作为观阅部队参与国家规格的阅兵式活动。除观阅部队之外，第1通信大队还参加了阅兵部队指挥、本部勤务、通信保障、警备等各项支援业务；11月，在东富士演习场，第1通信大队实施了防御状态下的通信保障训练。

第1通信大队参与阅兵式的观阅部队

参与阅兵式各项保障业务的第1通信大队

（二）第1通信大队部队编制

目前，第1通信大队部队编制包括大队本部（营部）、本部付队（营直属队）、第1中队和第2中队。

第1通信大队的主要装备有JMRC−C4卫星单一通信装置、JPRC−C1卫星单一通信装置、高机动车（通信车）、73式小型军用卡车、73式中型军用卡车、73式大型军用卡车、89式5.56毫米步枪等。

第1通信大队设大队长（营长）一名，为二等陆佐军衔。

十七、第1特殊武器防护队——第1师团防化兵部队

第1师团下属第1特殊武器防护队是师团唯一的化学科部队，主要承担核、生物、化学武器侦察以及除染等任务。

第1特殊武器防护队主要装备化学防护车、除染车等先进装备。

第1特殊武器防护队装备的化学防护车（前视图），这是一款可自由进入遭受放射性物质等污染地区的轮式装甲车，车内设计有空气净化装置、放射线测定器等设备，车身后方装有自动操作机械臂，因此，可以不用置身车外就对车外的污染情况进行确认

化学防护车的后视图，可见车身后部的自动机械臂

第1特殊武器防护队装备的除染车，这是一款改自日本自卫队大型军用卡车的特种车辆，车上装备水箱、除染剂散布喷嘴和回温装置，车身前面和后面也装有散布喷嘴，这些喷嘴可在大范围内散布大量的除染剂

除染车后视图

第二节 解读日本陆上自卫队第7师团

日本陆上自卫队第7师团创建于1962年8月15日，它是日本陆上自卫队中现役唯一以主战坦克为力量主体而构成的重型装甲师团、唯一的机动打击师团、日本战略部队、日本陆军的主力机动作战部队，基干力量由3个战车联队（坦克团）和1个普通科联队（步兵团）组成，可执行机动重火力打击任务，编制总兵力大约为5860人（2012年）。

目前，第7师团的核心任务是毁灭敌国侵略部队，同时，为其他方面队提供重火力支援。

综合来看，第7师团拥有三大作战优势，其一：以主战坦克为力量主体而形成的强大的打击火力；其二：全员可乘坐主战坦克、装甲车等重装行进，如遇战况可迅速向路外机动，因此，具备轻快敏捷的战斗能力；其三：在占尽机动优势的同时又拥有数种防空武器，这些防空装备在与主战装备行进时可发挥果敢的防空战斗能力，从而为整个部队提供防空保障。

第7师团的部队徽章，北海道地理图标代表北部方面队，另外标志代表第7师团

第7师团司令部设在北海道千岁市的东千岁驻屯地内，在和平环境下，这支部队主要承担北海道胆振地区和日高地区的防务、安全警备、灾害派遣、民生支援、国际维和使命等任务。

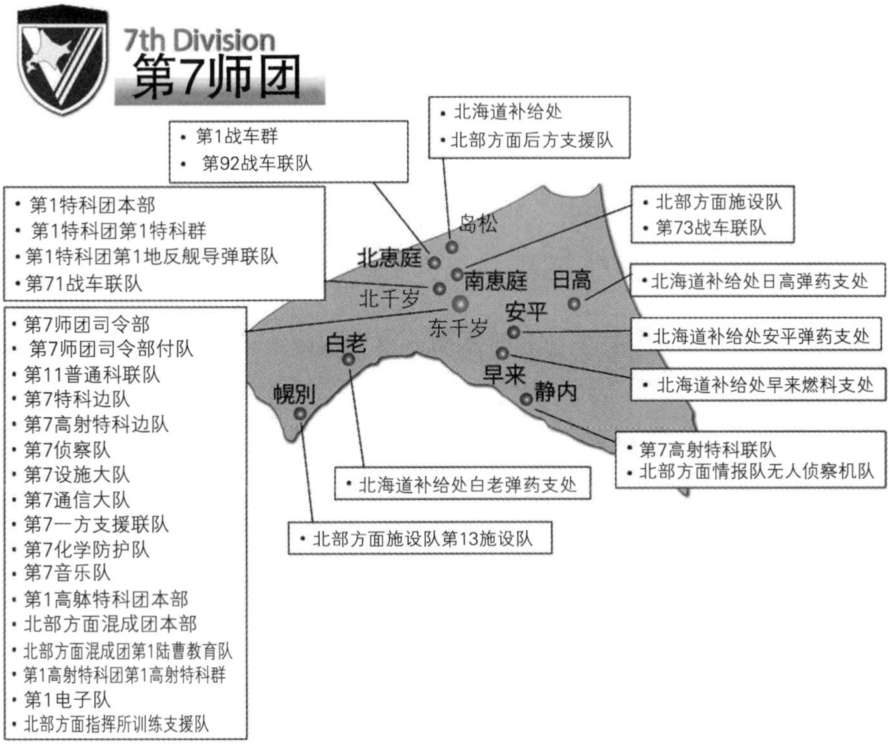

第7师团管区（道南地区）、第7师团驻军驻屯地分布以及第7师团和部分北部方面直辖部队分布示意图

一、第7师团发展历史概况

截至2014年，第7师团的发展历史可分为日本帝国陆军第7师团、日本陆上自卫队第7混成团和日本陆上自卫队第7师团3个时期。

（一）日本帝国陆军第7师团时代

日本帝国陆军第7师团创建于1896年5月12日的日本札幌，为北镇部队，1904年率先参加日俄战争，参加了旅顺战役、奉天（沈阳）会战，1917年后驻扎中国东北2年，随后出兵西伯利亚。1931年，参与“九一八”事变。1934年和1936年，出兵中国东北。1938年2月，隶属日本关东军指挥之下。1939年6月，参与对苏作战。1940年，返回日本北海道。

（二）日本陆上自卫队第7混成团时代

1955年（昭和30年）12月1日，日本陆上自卫队在真驹内驻屯地正式创建第7混成团，即第7师团的前身。

1956年（昭和31年）1月，第7混成团所属部队全部编成；10月8日至10月，第7混成团在岛松演习场内实施了日本陆上自卫队自创建以来的第一次反空降演习。

1961年（昭和36年）2月，第7混成团改编为机械化部队。

1962年（昭和37年）1月，第7混成团换防到东千岁驻屯地内；8月，根据日本陆上自卫队进行师团化改编创建13个师团体制的计划，第7混成团改编为第7师团，此时师团主力部队编制有第11普通科联队、第23普通科联队和第24普通科联队。

（三）日本陆上自卫队第7师团时代

1976年（昭和51年）2月，第7师团开始装备74式主战坦克。

1977年（昭和52年）8月，第7师团执行有珠山火山喷发灾害派遣任务。

1981年（昭和56年）3月，第7师团改编为装甲师团，下属第7战车大队改编为第71战车联队，同时，北部方面直辖的第1战车团撤销后分别改编为第72战车联队和第73战车联队，第23普通科联队撤销，第11普通科联队扩编，第24普通科联队划归第8师团编制之下，并换防到海老野驻屯地内。

1982年（昭和57年）9月，第7师团首次参加日美联合实兵训练。

1991年（平成3年）9月，通过训练中心方式，第7师团实施第一次战车中队训练。

1992年（平成4年）6月，第71战车联队率先开始配备当时日本陆军最先进的90式主战坦克；10月，第11普通科联队开始配备89式装甲战斗车。

1993年（平成5年）4月，第7师团参加柬埔寨国际和平协力业务第2批派遣部队。

1995年（平成7年）1月，第7师团参加日本阪神淡路大地震灾害派遣任务。

1996年（平成8年）9月，第7师团参加美国坦克射击训练。

1997年（平成9年）6月，第7师团执行由联合国主导下的撤兵监视队（NUDOF）派遣任务。

1999年（平成11年）9月，第7师团参加北海道防灾综合训练。

2000年（平成12年）3月，第73战车联队进行简编，第7后方支援联队进行改编；4月，第7师团开始录用即应预备自卫官及相关训练业务。

2002年（平成14年）3月，第7师团新编第7化学防护队；4月，执行东帝汶国际和平协力业务（国际维和使命）。

2003年（平成15年）8月，执行台风10号灾害派遣任务；9月，执行十胜海面地震灾害派遣任务。

2004年（平成16年）2月，执行第1次伊拉克复兴支援群派遣任务；5月，执行第2次伊拉克复兴支援群派遣任务；6月，执行国际紧急援助队待机任务。

2005年（平成17年）1月，执行印度尼西亚苏门答腊岛海面的国际紧急医疗与航空援助队派遣任务。

2011年（平成23年）3月，执行东日本大地震灾害派遣任务，主要面向岩手县、福岛县和宫城县派遣生活支援队、核能灾害处理与多目的支援队；10月，实施协同转地训练（跨区联合机动训练），下属联队都进行了跨区机动。

二、第7师团的部队编制——基干为3个战车联队和1个普通科联队

截止2014年，第7师团部队编制包括第7师团司令部、第7师团司令部付队（直属队）、第71战车联队（坦克团）、第72战车联队、第73战车联队、第11普通科联队（步兵团）、第7侦察队、第7特科联队（炮兵团）、第7高射特科联队（防空兵团）、第7飞行队、第7设施大队（工兵营）、第7后方支援联队（后勤保障团）、第7通信大队（通信营）、第7化学防护队（防化队）和第7军乐队。

其中，作为核心基干力量的3个主战坦克团，即第71战车联队、第72战车联队和第73战车联队的基干力量各由5个战车中队（坦克连）构成，第73战车联队为简编部队，第11普通科联队的基干力量由6个普通科中队（步兵连）构成，同时，这支步兵团也是一支装甲化部队。

三、第7师团所属陆军基地——以东千岁驻屯地为核心的6座陆军基地

目前，隶属第7师团管辖下的陆军基地共有6座，分别是东千岁驻屯地、北千岁驻屯地、北惠庭驻屯地、南惠庭驻屯地、静内驻屯地和丘珠野驻屯地。

其中，东千岁驻屯地为第7师团司令部驻地，为第7师团的核心基地，进驻部队包括第7师团司令部、第7师团司令部付队、第11普通科联队、第7特科联队、第7高射特科联队第4高射中队、第7后方支援联队、第7设施大队、第7通信大队、第7侦察队、第7军乐和第7化学防护队。

北千岁驻屯地驻军有第71战车联队。

北惠庭驻屯地驻军有第72战车联队。

南惠庭驻屯地驻军有第73战车联队。

静内驻屯地驻军有第7高射特科联队（第4高射中队除外）。

丘珠驻屯地驻军有第7飞行队。

四、第7师团司令部及师团长（☆☆☆）

目前，第7师团司令部核心指挥官由3人组成，分别是一名师团长，为3星陆军中将军衔，现任师团长为2013年12月18日就职的太田牧哉中将；一名副师团长，为2星陆军少将军衔，兼任东千岁驻屯地司令，现任副师团长为2013年3月28日就职的伊东伸基少将；一名幕僚长（参谋长），为一等陆佐（陆军上校）军衔，现任幕僚长为2012年7月26日就职的石田裕上校。

第7师团核心军事指挥官基本任职概况列表

职务	姓名	军衔	任职日期	毕业学校及期	前期任职
师团长	太田牧哉	陆将（3星陆军中将）	2013年12月18日	防大24期	北部方面总监部幕僚长
副师团长（兼东千岁驻屯地司令）	伊东伸基	陆将补（2星陆军少将）	2013年3月28日	防大27期	航空学校副校校长
幕僚长	石田裕	一等陆佐（陆军上校）	2012年7月26日	防大28期	研究本部主任研究开发官

五、现任第7师团长——太田特哉3星陆军中将简历

现任第7师团长太田牧哉3星陆军中将是日本秋田县人，生于1959年（昭和34年）8月，1982年（昭和57年）3月，日本防卫大学第26期毕业，所学专业为土木工程。

1982年（昭和57年）3月，进入干部候补生学校学习，同时，加入日本陆上自卫队服役，所属职种（兵种）为普通科（步兵）。

1983年（昭和58年）3月，服役于第21普通科联队服役（秋田驻屯地）。

1989年（平成元年）3月，任职于富士学校普通科部（富士驻屯地）。

1990年（平成2年）8月，进入日本陆上自卫队干部学校深造。

1992年（平成4年）8月，进入日本三菱综合研究所进修。

1993年（平成5年）8月，担任第5普通科联队某中队长（青森驻屯地）。

1994年（平成6年）8月，任职陆上幕僚监部人事部任免科（桧町驻屯地）。

1996年（平成8年）8月，任职陆上幕僚监部防卫部防卫科。

2000年（平成12年）3月，附属于中央资料队。

2001年（平成13年）8月，任职陆上幕僚监部监理部总务科（市谷驻屯地）。

2002年（平成14年）8月，担任陆上幕僚监部人事部人事计划科制度班长。

2004年（平成16年）8月，担任第41普通科联队长（别府驻屯地）。

2005年（平成17年）7月，担任陆上幕僚监部宣传室长。

2007年（平成19年）7月，担任西部方面总监部幕僚副长（健军驻屯地）。

2009年（平成21年）7月，担任富士学校普通科部队。

2011年（平成23年）4月，就任统合幕僚监部总务部长。

2013年（平成25年）3月，就职北部方面总监部幕僚长（札幌驻屯地）；12月，任第7师团长。

六、第7师团司令部付队——最强师团司令部的支援部队

目前，第7师团司令部付队主要面向第7师团司令部提供运输、情报、补给、交通等全方面的支援业务。

第7师团司令部付队的前身部队是第7混成团本部付中队。早在1955年（昭和30年）12月，第7混成团本部付中队在真驹内驻屯地新编。

1956年（昭和31年）1月，第7混成团正式创建。

1960年（昭和35年）4月，第7混成团本部内务队编成。

1961年（昭和36年）2月，第7混成团本部付中队更名为第7混成团付中队；12月，第7混成团付中队与第7混成团本部内务队合并。

1962年（昭和37年）1月，第7混成团主力换防到东千岁驻屯地；8月，第7混成团付中队正式更名为第7师团司令部付队，直到今天。

1975年（昭和50年）8月，第7师团司令部付队军乐队独立分离为第7军乐队。

1988年（昭和63年）3月，第7师团司令部付队新设化学防护小队。

1994年（平成6年）3月，化学防护小队改编为化学防护队。

2000年（平成12年）3月，第7师团司令部付队下属化学防护队和保安警务队进行简编化改编。

2002年（平成14年）3月，化学防护队分离独立为第7化学防护队。

2008年（平成20年）3月，第7师团司令部付队下属保安警务队改编为直接保安警务队后与第122地区警务队合并。

七、第71战车联队（☆）——绰号“铁牛”坦克团、日本陆军精锐部队

第7师团下辖第71战车联队为主战坦克团，创建于1981年7月1日，驻地设在北海道千岁市的北千岁驻屯地内，警备主管责任区为道央地区（北海道中部地区），包括室兰市、登别市、伊达市、壮瞥町和洞爷湖町。

第71战车联队的部队标志中有“铁牛”，故此，有“铁牛”坦克团的爱称，整个部队标志由北海道地理图标、数字7和铁牛图案组成，其中，数字7代表第71战车联队继承了第7师团第7战车大队光荣传统的意思。

（一）第71战车联队简史

早在1961年（昭和36年）2月28日，日本陆上自卫队第7特车大队正式编成。

1962年（昭和37年）1月18日，第7特车大队更名为第7战车大队；8月28日，第7战车大队驻地由东千岁驻屯地换防到北千岁驻屯地内；12月14日，第7战车大队开始装备61式主战坦克。

1976年（昭和51年）2月24日，第7战车大队开始装备74式主战坦克。

1981年（昭和56年）3月，随着第7师团改编为装甲师团，第1战车团一部分与第7战车大队统一扩编为第71战车联队。

1992年（平成4年）6月，第71战车联队开始装备90式主战坦克。

1996年（平成8年）9月，第71战车联队前往美国参加坦克射击训练，这是日本陆上自卫队自创建以来的第一次远赴美国坦克射击训练。

2003年（平成15年）7月，第71战车联队完全称霸第7师团坦克射击竞技会。

2005年（平成17年）11月，第71战车联队在第7师团坦克射击竞技会中取得优胜。

2006年（平成18年）11月，第71战车联队再次完全称霸第7师团坦克射击竞技会。

2010年（平成22年）10月，第71战车联队完全称霸北部方面队射击竞技会。

（二）第71战车联队的常年训练内容

目前，第71战车联队自新年开训期开始后就要进行大量的训练业务，下面通过2013年的训练情况来管窥这些训练科目。

2013年（平成25年）1月10日，在北千岁驻屯地及北海道大演习场岛松地区内，第71战车联队所属263名队员、10辆90式主战坦克及2辆87式侦察警戒车实施年初开训仪式。开训仪式期间，按照惯例，主要内容有联队长训示、各中队长宣誓以及90式主战坦克及87式侦察警戒车的开训射击训练等。

2013年6月10日至6月24日，第71战车联队在联队长带领下在北海道大演习场千岁地区实施“平成25年度近身战斗训练（AC-TESC）”，下属5个战车中队全部参加训练，主要训练目标是提高机动战斗能力。

2013年7月5日至10月17日，第71战车联队开始承担“坦克操纵新兵特技课程”及“机甲类一般曹候补生课程后期”培训任务。此次教学任务的教育队长由第71战车联队副联队长担任，学员46人，主要培训坦克车手所必需的各种基础知识与操作技能，结业后所有学员都可获得日本陆上自卫队机甲科职种（兵种）的资格。培训过程中，第72战车联队、第73战车联队、第7侦察队、北千岁汽车教习所及东千岁汽车教习所都提供了大量的业务支援。通过这次培训，46名学员取得了73式APC（装甲运兵车）及铲斗等大型特种车辆的驾驶资格，并掌握了通信、车载武器、坦克弹药、坦克构造与功能以及坦克操纵方面的基础知识。10月17日结业后，46名学员以机甲科（装甲兵）队员身份被分配到第7师团内各装甲兵种部队服役。

2013年10月7日至10月11日，第71战车联队在联队长带领下参加在北海道大演习场第1坦克靶场内实施的“平成25年度方面队坦克射击竞技会”。在此次坦克射击比赛中，由第1战车中队长指挥的山中小队获得1172点成绩、中村小队获得1332点成绩，合计2504点，全靶命中，从而获得参与中队规模对抗的16个中队中的第一名。而且，中村小队在小队规模的对抗比赛中取得46个参赛小队中的第一名。

在近身战斗训练（AC-TESC）中，第71战车联队第1战车中队联合步兵实施地面攻击

平成25年度年初的第71战车联队开训仪式

接受90式主战坦克驾驶培训的46名学员

第71战车联队参加“平成25年度方面队坦克射击竞技会”

（三）第71战车联队部队编制

目前，第71战车联队部队编制包括联队本部（团部）、本部管理中队（团部直属连）、第1中队、第2中队、第3中队、第4中队和第5中队。

第71战车联队的主要装备有90式主战坦克、73式装甲车、87式侦察警戒车、73式小型军用卡车、73式中型军用卡车、73式大型军用卡车、89式5.56毫米步枪、9毫米手枪等。

（四）第71战车联队军事指挥官

第71战车联队设联队长（团长）一名，为一等陆佐（陆军上校）军衔。

（五）现任第71战车联队长——武田敏裕上校简历

作为第18任联队长、现任第71战车联队长的武田敏裕上校于1991年（平成3年）3月24日进入日本陆上自卫队服役。

1992年（平成4年）3月20日，进入第71战车联队（北千岁驻屯地）服役。

1995年（平成7年）3月23日，担任日本防卫大学指导教官。

1997年（平成9年）3月21日，任职第7侦察队（东千岁驻屯地）。

1998年（平成10年）8月1日，担任富士学校机甲科部教育科侦察教官（富士驻屯地）。

1999年（平成11年）8月1日，进入日本陆上自卫队干部学校学习“指挥幕僚课程”。

2001年（平成13年）8月1日，担任第2战车联队某中队长（上富良野驻屯地）。

2003年（平成15年）3月23日，任职于陆上幕僚监部人事部厚生科。

2006年（平成18年）3月23日，担任第5侦察队长兼别海驻屯地司令。

2007年（平成19年）3月23日，任职统合幕僚监部运用部运用第1科。

2010年（平成22年）3月23日，就学于日本早稻田大学研究生院公共经营硕士。

2011年（平成23年）3月23日，担任日本陆上自卫队干部学校教官；7月1日，任职陆上幕僚监部运用支援情报部运用支援科；8月1日，担任陆上幕僚监部运用支援第1班长。

2013年（平成25年）8月1日，就任第71战车联队长。

八、第72战车联队（☆）——绰号“白马”坦克团、日本陆军精锐部队

第7师团下辖第72战车联队为主战坦克团，创建于1981年3月25日，驻地设在北海道惠庭市的北惠庭驻屯地内，警备主管责任区为道央地区（北海道中部地区），包括夕张市、栗山町、由仁町、南幌町和长沼町，编成为北惠庭，绰号“白马”坦克团。

第72战车联队全员及带有“白马”图案的部队标志，可见本联队配备有规模庞大的坦克集群

第72战车联队装备的90式主战坦克，可见坦克上的“白马”标志

（一）第72战车联队简史

早在1954年（昭和29年）10月，日本陆上自卫队新编第103特车大队。

1962年（昭和37年）1月，第103特车大队更名为第1战车群第103战车大队。

1974年（昭和49年）8月，随着第1战车群改编为第1战车团，第103战车大队改编为第2战车群，其基干力量为5个战车中队。

1978年（昭和53年）7月，第2战车群开始装备74式主战坦克。

1981年（昭和56年）3月，根据第7师团改编为装甲师团的计划安排，第1战车团由北部方面直辖配属给第7师团，同时，第2战车群改编为第72战车联队，其基干力量由4个战车中队组成。

1990年（平成2年）3月，第72战车联队新编第5中队。

1995年（平成7年）8月，第72战车联队开始装备90式主战坦克。

1996年（平成8年）9月，第72战车联队前往美国参加坦克射击训练，这是日本陆上自卫队自创建以来的第一次远赴美国坦克射击训练。

目前，第72战车联队的年初开训在北海道大演习场内的第1战车靶场与第1战车道之间展开。北部方面队及第7师团实施的战车射击竞技会也都在第1靶场内展开。

行进在北海道大演习场第1战车道上的第72战车联队坦克群

（二）第72战车联队部队编制

目前，第72战车联队部队编制包括联队本部（团部）、联队本部管理中队（团部直属连）、第1中队、第2中队、第3中队、第4中队和第5中队。

上述6个中队的中队长由三等陆佐（陆军少校）至一等陆尉（陆军上尉）军衔的军官担任。

（三）第72战车联队主要装备

第72战车联队的主要装备有90式主战坦克、73式装甲车、87式侦察警戒车、73式小型军用卡车、73式中型军用卡车、73式大型军用卡车、89式5.56毫米步枪、M3A1型11.4毫米微型机枪、9毫米手枪等。

（四）第72战车联队军事指挥官

第72战车联队设联队长（团长）一名，为一等陆佐（陆军上校）军衔。

九、第73战车联队（☆）——绰号“胜儿”坦克团、日本陆军精锐部队

第7师团下辖第73战车联队为主战坦克团，创建于1981年3月25日，驻地设在北海道惠庭市的南惠庭驻屯地内，警备主管责任区为道央地区（北海道中部地区），包括苫小牧市和白老町，编成为南惠庭，爱称为“胜儿”。与第71战车联队和第72战车联队相比，第73战车联队的最大特点在于它是由日本陆上自卫队以即应预备自卫官为主体构成的简编部队、骨干部队、种子部队。

第73战车联队所承担的即应预备自卫官募集训练内容有坦克射击训练、坦克中队之间的联合训练、滑雪行军、雷达操作、障碍清除、滑雪比赛、沙盘演练、步枪射击、野战无线电台操作、重机枪调试等。

第73战车联队装备的90式主战坦克

（一）第73战车联队简史

早在1952年（昭和27年）11月，日本警察预备队在群马县新町驻屯地内新编独立第1特车大队。

1953年（昭和28年）7月8日，独立第1特车大队换防到南惠庭驻屯地内。

1954年（昭和29年）6月，独立第1特大队更名为第101特车大队；9月，换防到北惠庭驻屯地。

1956年（昭和31年）1月25日，第101特车大队改编为第1特车群下属第104特

车大队。

1961年（昭和36年）4月，第104特车大队开始装备美制M41型轻型坦克。

1962年（昭和37年）1月18日，第1特车群更名为第1战车群，同时，第104特车大队也更名为第104战车大队。

1969年（昭和44年）5月，第104战车大队开始装备61式主战坦克。

1974年（昭和49年）8月，随着第1战车团的新编，第104战车大队改编为第3战车群，其基干力量由5个战车中队构成。

1979年（昭和54年）6月，第3战车群开始装备74式主战坦克。

1981年（昭和56年）3月，根据第7师团改编为装甲师团的计划安排，第1战车团由北部方面直辖配属给第7师团，同时，第3战车群改编为第73战车联队，其基干力量由4个战车中队组成。

1990年（平成2年）3月，第73战车联队新编第5中队，同时，换防到南惠庭驻屯地，至今。

1999年（平成11年）7月，第73战车联队开始装备90式主战坦克。

2000年（平成12年）3月，第73战车联队进行简编化改编。

2013年（平成25年）末，第73战车联队结束即应预备自卫官训练任务，而后进行满编化改编。

（二）第73战车联队部队编制

目前，第73战车联队部队编制包括联队本部（团部）、本部管理中队（团部直属连）、第1中队、第2中队、第3中队、第4中队和第5中队。

接受检阅的第73战车联队第2中队90式主战坦克群

其中，联队本部幕僚人员包括副联队长和最先任上级曹长（资深高级军士长）各一名，以及第1科长、第2科长、第3科长、第4科长和6名中队长，6名中队的中队长分别由三等陆佐至一等陆尉军官担任。

第73战车联队的主要装备有90式主战坦克、73式装甲车、87式侦察警戒车、73式小型军用卡车、73式中型军用卡车、73式大型军用卡车、89式5.56毫米步枪、M3A1型11.4毫米微型机枪、9毫米手枪等。

第73战车联队设联队长（团长）一名，为一等陆佐（陆军上校）军衔。

十、第11普通科联队（☆）——重装机械化步兵团、日本陆上自卫队最大规模步兵团、日本陆军步兵之“首”

第7师团下辖第11普通科联队为机械化步兵，编制总兵力大约为1500人（一般普通科联队的定员编制大约为650人），创建于1951年5月1日，驻地设在北海道千岁市的东千岁驻屯地内，警备主管责任区为道央地区的千岁市，编成地为东千岁驻屯地。

整体来看，第11普通科联队是日本陆上自卫队中唯一达到完全轮式装甲车化的步兵团，而且，从部队编制规模上来看，它也比其他步兵团大出近一倍，部队建军口号为“精强无比”。

东千岁驻屯地内的第11普通科联队司令部办公楼

（一）第11普通科联队简史

早在1951年（昭和26年）5月1日，日本警察预备队在小月地区新编普通科第11联队，当时，这支联队归属第4管区编制之下，部队编制包括联队本部以及驻小月的第1大队、驻曾根的第2大队和驻中津的第3大队；10月20日至10月26日，第11联队执行山口县的台风灾害派遣任务，这是日本警察预备队自创建以来实施的第一次灾害派遣任务。

1952年（昭和27年）1月15日，第3大队换防到前川驻屯地内，同时，部队更名为普通科第10联队第3大队；1月20日，于1951年5月1日至1952年1月19日驻守在福冈驻屯地内的普通科第10联队第2大队更名为普通科第11联队第3大队。

1954年（昭和29年）7月1日，随着日本陆上自卫队创建，普通科第11联队正式更名为第11普通科联队，直到今天；9月19日，第11普通科联队开始换防到北海道地区，9月20日上午9时整，第11普通科联队搭乘美国海军奥卡纳甘号运输舰由日本门司港出发，9月23日上午10时整到达日本室兰港，并登陆完毕，下午4时30分，整个步兵联队全部进驻东千岁驻屯地，从此划归第5管区队编制之下。

1956年（昭和31年）1月23日，随着新编第7混成团的成立，第11普通科联队下属第6中队队员归划第18普通科联队编制之下。

1961年（昭和36年）2月22日，第11普通科联队划归第7混成团编制之下；2月28日，根据第7混成团的改编计划，由第11普通科联队第1大队和第2大队第4中队、第1特科团第113特科大队第3中队为基干重新组建作为机械化步兵团的第11普通科联队，此时部队编制包括联队本部、本部管理中队、4个普通科中队和迫击炮队，与此同时，原第11普通科联队第3大队成为新编第23普通科联队的基干，第2大队所属部队分配到第11普通科联队、第23普通科联队和第24普通科联队内。

1963年（昭和38年）4月30日，第11普通科联队装备26挺62式7.62毫米机枪。

1981年（昭和56年）3月25日，根据第7师团改编为装甲师团的计划安排，撤销的第23普通科联队和换防的第24普通科联队一部分队员重新编入第11普通科联队内，经过扩编后的第11普通科联队部队编制包括6个普通科中队和1个重迫击炮中队，重迫击炮中队又由6个小队构成。

1987年（昭和62年）11月1日，根据时任源川幸夫师团长的提案，第11普通科联队设立了装甲太鼓。

1992年（平成4年）4月2日，第11普通科联队所属各中队开始配备89式5.56毫米步枪；10月26日，第11普通科联队举行89式装甲战斗车装备仪式。

1995年（平成7年）12月5日，第11普通科联队开始配备MINIMI型5.56毫米机枪。

1997年（平成9年）3月5日，第11普通科联队重迫击炮中队配备了96式120毫米自行迫击炮的第一辆量产装备。

2000年（平成12年）3月28日，根据日本陆上自卫队师团改编计划，第11普通科联队下属的第6中队和重迫击炮中队的1个小队都成为简编部队，与此同时，本部管理中队下属的整备小队撤销，所属73名队员全部划归第7后方支援联队编制之下。

2005年（平成17年）3月5日，第11普通科联队在北海道大演习场与驻日美军举行日美联合实弹射击训练，期间，第11普通科联队的96式120毫米自行迫击炮曾将炮弹射出演习场之外。

（二）第11普通科联队部队编制

目前，第11普通科联队部队编制包括联队本部（团部）、本部管理中队（团部直属连）、第1中队（装备89式装甲战斗车）、第2中队（装备73式装甲车）、第3中队（装备89式装甲战斗车）、第4中队（装备73式装甲车）、第5中队（装备89式装甲战斗车）、第6中队（装备73式装甲车）和重迫击炮中队（装备96式120毫米自行迫击炮和73式装甲车）。

其中，本部管理中队下设中队本部（连部）、侦察小队、通信小队、设施小队、补给小队和卫生小队。

（三）第11普通科联队主要装备

作为装甲师团中唯一的普通科部队，为了与以主战坦克为力量主体的师团部队同行，第1普通科联队也装备了精锐机动装备。

第11普通科联队的主要装备有89式装甲战斗车、73式装甲车、96式120毫米自行迫击炮、73式装甲人员运输车（APC）、87式侦察警戒车、92式地雷原（布雷区）处理车、91式战车桥（架桥坦克）、75式推土机、73式小型军用卡车、73式中型军用卡车、73式大型军用卡车、侦察摩托车、89式5.56毫米步枪、MINIMI型5.56毫米机枪、9毫米手枪、84毫米无后坐力炮等。

（四）第11普通科联队军事指挥官

第11普通科联队设联队长（团长）一名，为一等陆佐（陆军上校）军衔。

十一、第7侦察队——第7师团之重装侦察兵部队

第7师团下辖第7侦察队是一支机甲科（装甲兵、坦克兵）部队，创建于1956年1月，驻地设在北海道千岁市的东千岁驻屯地内，主要面向第7师团所属各部队提供侦察任务。

目前，第7侦察队是日本陆上自卫队唯一的装甲侦察队、唯一具备战斗能力的侦察队，并继承了日本帝国陆军骑兵的传统。

行进中的重装甲化第7侦察队雄威

（一）第7侦察队简史

早在1956年（昭和31年）1月，第7侦察中队在名寄驻屯地内编成；2月，第7侦察中队换防到真驹内驻屯地。

1960年（昭和35年）10月，开始列装60式主战坦克及自行迫击炮。

1961年（昭和36年）2月，第7侦察中队更名为第7侦察队。

1962年（昭和37年）1月，第7侦察队换防到东千岁驻屯地内。

1964年（昭和39年）12月，开始列装M41型主战坦克。

1978年（昭和53年）8月，开始列装74式主战坦克。

1989年（平成元年）3月，开始列装87式侦察警戒车。

2000年（平成12年）3月，第7侦察队下属第3侦察小队进行简编化改编。

目前，第7侦察队的主要训练内容有北部方面队侦察部队等战技竞技会（侦察摩托车）、北部方面队侦察部队等战技竞技会（侦察警戒车）、第7师团侦察部队合同训练（侦察警戒车射击竞技会）、第7师团侦察部队合同训练、81毫米迫击炮射击竞技会（比赛）等，主要演习场有北海道大演习场岛松地区及岛松地区第1战车靶场、然别演习场、名寄驻屯地演习场等。

（二）第7侦察队部队编制

目前，第7侦察队部队编制包括队本部（队部、队司令部）、本部付队（队司令部直属小队）、第1小队、第2小队、第3小队、第4小队和电子侦察小队。

第7侦察队的主要装备有侦察摩托车、74式主战坦克（日本国产第2代主战坦克）、73式装甲车（日本国产第2代装甲车）、87式侦察警戒车、L16型81毫米迫击炮、轻装甲机动车、轻滑雪车等。

第7侦察队设队长一名，为二等陆佐（陆军中校）军衔，现任队长（第25任）为2013年8月1日就职的下川博正中校。

十二、第7特科联队（☆）——第7师团野战炮兵部队、日本陆军野战炮兵精锐部队之一

第7师团下辖第7特科联队为自行炮兵部队，装备自行火炮，创建于1962年1月18日，驻地设在北海道千岁市的东千岁驻屯地内。

第7特科联队的警备主管责任区为道央地区，包括日高町、平取町、村和町、厚真町和安平町。

（一）第7特科联队简史

早在1956年（昭和31年）1月，第7混成团在真驹内驻屯地新编特科联队。

1962年（昭和37年）1月18日，随着第7混成团改编为第7师团，原第7混成团下属的特科联队在东千岁驻屯地内改编为第7特科联队。

1965年（昭和40年）12月，第7特科联队下属第4大队开始装备M44型155毫

米自行榴弹炮。

1967年（昭和42年）9月，第7特科联队下属第1大队至第3大队开始装备M52型105毫米自行榴弹炮。

1971年（昭和46年）4月，第7特科联队下属第5大队（高射特科大队）换防到静内驻屯地内。

1981年（昭和56年）3月，第7特科联队第5大队改编为第7高射特科联队，与此同时，第7特科联队开始装备75式155毫米自行榴弹炮。

1994年（平成6年）3月，第7特科联队新编情报中队，同时，引入即应预备自卫官制度。

2000年（平成12年），第7特科联队参加有珠山火山喷发的灾害派遣任务，同年，开始引入即应预备自卫官制度。

2004年（平成16年）3月，第1大队开始装备99式155毫米自行榴弹炮。

2005年（平成17年）3月，第2大队开始装备99式155毫米自行榴弹炮；7月，第7特科联队创建50周年。

2006年（平成18年）3月，第3大队开始装备99式155毫米自行榴弹炮。

2007年（平成19年）3月，第4大队开始装备99式155毫米自行榴弹炮；9月，第7特科联队99式155毫米自行榴弹炮列装结束。

（二）第7特科联队部队编制

目前，第7特科联队部队编制包括联队本部（团部）、本部中队（团部直属连）、情报中队、第1大队、第2大队、第3大队和第4大队。

其中，第1大队下设本部管理中队（营直属连）、第1中队（装备99式155毫米自行榴弹）和第2中队（装备99式155毫米自行榴弹）；

第2大队下设本部管理中队、第3中队（装备99式155毫米自行榴弹）和第4中队（装备99式155毫米自行榴弹）；

第3大队下设本部管理中队、第5中队（装备99式155毫米自行榴弹）和第6中队（装备99式155毫米自行榴弹）；

第4大队下设本部管理中队、第7中队（装备99式155毫米自行榴弹）和第8中队（装备99式155毫米自行榴弹）。

（三）第7特科联队主要装备

目前，第7特科联队的主要装备有73式小型军用卡车、73式中型军用卡车、73式大型军用卡车、82式指挥通信车、89式5.56毫米步枪、99式155毫米自行榴弹炮、99式弹药供弹车、JTPS−P16型反火炮雷达装置、JMPQ−P13型反迫击炮雷达装置、JMMQ−M5型气象测定装置、JGSQ−W3型野战炮兵射击指挥装置、野战炮兵情报处理系统等。

第7特科联队装备的99式155毫米自行榴弹炮

第7特科联队装备的99式弹药供弹车

第7特科联队装备的JMPQ-P13型反迫击炮雷达装置

第7特科联队装备的JTPS-P16型反火炮雷达装置

第7特科联队装备的JMMP-M5型气象测定装置

第7特科联队装备的82式指挥通信车

（四）第7特科联队军事指挥官

第7特科联队设联队长（团长）一名，为一等陆佐（陆军上校）军衔。

十三、第7高射特科联队——第7师团防空兵部队、日本陆上自卫队曾经唯一的高射特科联队、日本陆军地空导弹精锐部队

第7师团下辖第7高射特科联队是一支高射特科（防空兵、地空导弹）部队，创建于1981年3月25日，驻地设在北海道日高郡新日高町的静内驻屯地内，警备主管责任区为道央地区，包括新冠町、新日高町、浦河町、样似町和襟裳町。目前，第7高射特科联队可机动展开至山野地带，从而对入侵敌机发挥最大的防空火力。

2014年3月26日之前，第7高射特科联队是日本陆上自卫队唯一的高射特科联队（防空兵团或防空兵旅），不过，2014年3月26日，随着第15旅团下属第6高射特科群扩编为第15高射特科联队之后，第7高射特科联队成为日本陆上自卫队第一支防空兵团部队。

（一）第7高射特科联队简史

1981年（平成56年）3月25日，第7特科联队第5大队正式改编第7高射特科联队。

1985年（昭和60年）3月，81式短距离地空导弹列装完成。

1990年（平成2年）3月，87式自行高射机关炮列装完成。

1994年（平成6年）3月，师团对空情报处理系统列装完成。

2000年（平成12年）3月，为了有效应对后方支援态势，新编直接支援中队。

2007年（平成19年）3月，81式短距离地空导弹（改）列装完成。

（二）第7高射特科联队部队编制

目前，第7高射特科联队部队编制包括联队本部（团部）、本部管理中队（营直属连）、第1高射中队、第2高射中队、第3高射中队、第4高射中队（东千岁驻屯地）、第5高射中队和第6高射中队。

（三）第7高射特科联队主要装备

第7高射特科联队的主要装备有87式自行高射机关炮、81式短距离地空导弹（改）、79式JTPS-P9型防空雷达装置、73式装甲车、73式小型军用卡车、73式中型军用卡车、73式大型军用卡车等。

（四）第7高射特科联队军事指挥官

第7高射特科联队设联队长（团长）一名，为一等陆佐（陆军上校）军衔。

十四、第7飞行队——第7师团陆军航空兵部队

第7师团下属第7飞行队是第7师团部队中唯一的航空科（陆军航空兵）部队，主要承担航空侦察、作战支援、小规模空中机动、指挥联络、射击侦察、航空运输、灾害派遣、紧急患者空运等任务，目前，主要装备有UH-1J通用多功能直升机及OH-6侦察直升机。

（一）第7飞行队简史

1961年（昭和36年）2月28日，第7航空队正式创建，当时主要装备L-19飞机、H-13直升机；8月，第7航空队更名为第7飞行队。

1962年（昭和37年）8月15日，第7航空队与北部方面航空队统一合并后更名为第7飞行队。

1973年（昭和48年）5月，开始配备OH−6直升机。

1976年（昭和51年）8月，第7飞行队达到完全直升机化。

1972年（昭和52年）9月，开始配备UH−1直升机。

1981年（昭和56年）3月，第7师团空中侦察班新编。

1994年（平成6年）3月28日，第7飞行队编入第7师团，直到今天。

截至2014年，第7飞行队设队长一名，为二等陆佐军衔，现任队长为梅木龙彦。

第7飞行队新机库落成典礼及创建50周年纪念庆祝会，全体队员及所属直升机装备合影

第7飞行队参加师团综合训练

第7飞行队进行冬季检阅训练

十五、第7设施大队——第7师团工程兵（工兵）部队

第7师团下辖第7设施大队是一支设施科（工兵）部队，编制总兵力大约550人，创建于1956年1月，驻地设在北海道千岁市的东千岁驻屯地内，这支部队主要面向第7师团所属各部队提供工程作业任务，同时，第7设施大队的大队长兼任第7师团司令部的设施科长一职。

（一）第7设施大队简史

早在1956年（昭和31年）1月，第7混成团第7设施大队在南惠庭驻屯地内新编，同一天，换防到真驹内驻屯地。

1961年（昭和36年）2月，随着第7混成团完成机构化部队改编，第7设施大队新编第3中队。

1962年（昭和37年）1月，第7设施大队换防到东千岁驻屯地；8月，随着第7混成团改编为机械化师团，第7设施大队下属大队给水班划归补给队编制之下；10月，部队由临时宿舍搬迁到新宿舍内。

1963年（昭和38年）8月，装备60式装甲车；12月，列装架桥坦克（试制器）及滑雪车。

1978年（昭和53年）4月，列装75式推土机。

1981年（昭和56年）3月，根据第7师团改编，第7设施大队新编第4中队，攻击支援小队撤销，卫生小队缩编为卫生班。

1995年（平成7年）1月，列装91式战车桥（架桥坦克）；3月，列装92式地雷原（布雷区）处理车。

2000年（平成12年）3月，根据第7师团改编，第7设施大队整备小队撤销后编入第7后方支援联队，同时，新编交通小队和轻架桥小队，第4中队进行简编化改编；4月，第4中队开始即应预备自卫官训练。

2005年（平成17年）4月，开始列装设施作业车。

正在工程作业的第7设施大队

（二）第7设施大队部队编制

目前，第7设施大队部队编制包括大队本部（营部）、本部管理中队（营直属连）、第1中队、第2中队、第3中队和第4中队。

（三）第7设施大队主要装备

第7设施大队的主要装备有91式战车桥（架桥坦克）、自行架柱桥、73式装甲车、92式地雷原（布雷区）处理车、70式地雷原爆破装置、89式地雷原探测装置、设施作业车、中型推土机、大型推土机、平路机、掩体掘削机、资材搬运车、斗式装载机、汽车式起重机、轻徒桥、MGB型门桥、92式浮桥、73式小型军用卡车、73式中型军用卡车、73式大型军用卡车、74式特大型军用卡车、89式5.56毫米步枪、MINIMI型5.56毫米机枪、M2型“勃朗宁”12.7毫米重机枪、84式无后坐力炮、110毫米单兵便携式反坦克导弹等。

（四）第7设施大队主要科目

目前，第7设施大队的主要训练内容有通过自行架柱桥的架设训练、滑雪行进训练、工兵部队例行训练、通过92式地雷原处理的投射排雷训练、通过设施作业车的堑壕挖掘训练、手语信号传达训练、爆破训练以及春季演习场定期维护。

第7设施大队装备的91式战车桥

92式地雷原处理车

设施作业车

自行架柱桥

（五）第7设施大队军事指挥官

第7设施大队设大队长（营长）一名，为二等陆佐（陆军中校）军衔。

十六、第7后方支援联队（☆）——第7师团后勤保障部队

第7师团下辖第7后方支援联队为师团后勤保障部队，所属兵种包括武器科、需品科、运输科和卫生科，创建于1981年3月25日，驻地设在北海道千岁市的东千岁驻屯地内，主要面向第7师团各部队提供后勤保障业务，包括补给、维修、回收、运输、卫生、入浴、净水、洗涤等全方面的支援业务，此外，还负责灾害派遣、民生支援、国际维和使命等任务。

综合来看，在日本陆上自卫队进行师团、旅团改编之后，第7后方支援联队是服役历史最长的一支后勤保障部队。

（一）第7后方支援联队简史

1981年（昭和56年）3月25日，随着第7师团改编为装甲师团，为了提高师团部队的后勤保障能力及效率，第7师团将师团下属的武器大队、补给队、运输队和卫生队统一合并为第7后方支援联队，当时，这是日本全国第一个后方支援部队。

2000年（平成12年）3月，第7后方支援联队进行部队改编，撤销武器大队，此后采取2个整备大队的编制体制运行，另有一部分部队进行了简编。在这次改

编中，第7后方支援联队是日本全国第一个改变后方支援体制的部队、日本全国第一个改编卫生支援体制的部队以及日本北方第一个引入即应预备自卫官的部队。

2010年（平成22年）8月至9月，第7后方支援联队在北海道大演习场内参加“平成22年度方面综合战斗力演习”。

（二）第7后方支援联队部队编制

目前，第7后方支援联队部队编制包括联队本部（团部）、本部付队（团部直属队）、第1整备大队、第2整备大队、补给队、卫生队和运输队。

其中，第1整备大队下设本部付队（营直属队）、车辆整备中队、火器整备队、通信电子整备队、设施整备队和工作回收队；第2整备大队下设本部付队（东千岁驻屯地）、普通科直接支援中队（驻东千岁驻屯地，承担第11普通科联队的支援业务）、第1战车直接支队中队（驻北千岁驻屯地，承担第71战车联队的支援业务）、第2战车直接支援中队（驻北惠庭驻屯地，承担第72战车联队的支援业务）、第3战车直接支援中队（驻南惠庭驻屯地，承担第73战车联队的支援业务）、特科直接支援中队、高射直接支援中队（静内驻屯地）和侦察直接支援队。

（三）第7后方支援联队主要装备

目前，第7后方支援联队的主要装备有73式小型军用卡车、73式中型军用卡车、73式大型军用卡车、74式特大型军用卡车、重修理车（安装有起重机设备）、轻修理车、73式装甲车、90式战车回收车、78式战车回收车、3吨半水罐车、3吨半燃料罐车、3吨半航空燃料罐车、野外炊事车、野外洗濯车2型、野外入浴车2型、净水装置（车载型）、野外手术系统、1吨半救护车、89式5.56毫米步枪、9毫米手枪、M2型12.7毫米重机枪、84毫米无后坐力炮等。

（四）第7后方支援联队本部及联队长

第7后方支援联队设联队长（团长）一名，为一等陆佐（陆军上校）军衔。

第7后方支援联队本部主要幕僚成员包括副联队长（二等陆佐）、第1科长

（三等陆佐）、第2科长（一等陆尉）、第3科长（三等陆佐）、第4科长（三等陆佐）和最先任上级曹长（准陆尉）。

十七、第7通信大队——第7师团通信部队

第7师团下辖第7通信大队是一支通信科（通信兵）部队，创建于1962年1月18日，驻地设在北海道千岁市的东千岁驻屯地内，这支部队主要面向第7师团所属各部队提供通信业务，同时，第7通信大队的大队长兼任第7师团司令部的通信科长一职。

目前，第7师团下属各部队分布于非常广泛的地域内，故此，作为通信联系纽带，第7通信大队为第7师团的综合战斗力发挥担当着基石的作用。

（一）第7通信大队简史

早在1956年（昭和31年）1月，第7通信中队在南惠庭驻屯地内新编，随后，换防到真驹内驻屯地。

1961年（昭和36年）2月，第7通信中队更名为第7通信大队。

1962年（昭和37年）1月，第7通信大队换防到东千岁驻屯地内至今。

1988年（昭和63年）3月，开始配备85式野外无线电台。

2000年（平成12年）3月，下属支援合通小队进行简编化改编。

（二）第7通信大队在平成25年度开训期后的训练科目概况

2013年1月8日，第7通信大队举行平成25年度开训仪式，仪式内容为滑雪行进训练。

2013年4月16日至4月21日，第7通信大队在驹岳演习场实施第1次大队集中训练。

2013年5月7日至5月24日，第7通信大队实施春季演习场整备（维修）训练，训练内容为通信电缆构建。

2013年7月22日至7月26日，第7通信大队在羊蹄山一带实施山地机动训练。

2013年9月4日至9月10日，第7通信大队在鬼志别演习场及上富良野演习场内实施第3大队集中训练。

开训仪式中的第7通信大队本部管理中队实施滑雪行进训练

第7通信大队第2通信中队实施滑雪训练

在驹岳演习场内展开大队集中训练的第7通信大队第1通信中队

通过车辆进行通信电缆构建

第7通信大队本部在山地机动训练中

（三）第7通信大队部队编制

目前，第7通信大队部队编制包括大队本部（营部）、本部管理中队（营直属连）、第1中队和第2中队。

第7通信大队的主要装备有日本陆上自卫队师团通信系统、JMRC-C4型卫星单一通信可搬局（车载移动式）装置、JPRC-C1型卫星单一通信携带局（单兵便携式）装置、73式小型军用卡车、73式中型军用卡车、73式大型军用卡车、89式5.56毫米步枪等。

第7通信大队设大队长（营长）一名，为二等陆佐（陆军中校）军衔。

十八、第7化学防护队——第7师团防化兵部队

第7师团下属第7化学防护队是核、生物、化学（NBC）武器防护的专业部

队，主要承担第7师团的战斗支援任务。

（一）第7化学防护队简史

1988年（昭和63年）3月，第7师团化学防护小队成立。

1994年（平成6年）3月，化学防护小队改编为化学防护队。

2000年（平成12年）3月，化学防护队补给整备班与第7后方支援联队合并，同时，1个除染班进行简编化改编。

2002年（平成14年）3月，化学防护队分离独立为第7化学防护队。

目前，化学防护队下设侦察小队和除染小队，前者负责化学品的检测，后者负责污染地区除染及人员除染。

（二）第7化学防护队军事指挥官

目前，第7化学防护队设队长一名，为二等陆佐（陆军中校）或三等陆佐（陆军少校）军衔，现任队长是2013年3月23日就任的久田清隆少校，他来自大名鼎鼎的中央特殊武器防护队。

十九、第7军乐队——第7师团军乐队

第7师团下属第7军乐队主要承担各种音乐演奏活动，包括部队重大活动演奏、定期演奏会、家庭演奏、节日庆典演奏、体育赛事演奏等。

（一）第7军乐队简史

1959年（昭和34年）5月，第7混成团军乐队在真驹内驻屯地创建。

1962年（昭和37年）1月，第7混成团军乐队换防到东千岁驻屯地；8月，随着第7师团的创建，又更名为第7师团军乐队。

1975年（昭和50年）8月，第7师团军乐队在东千岁驻屯地内正式改编为第7军乐队，至今。

第三节 解读日本陆上自卫队第15旅团

第15旅团是日本陆上自卫队旅团部队之一，创建于2010年3月26日，编制总兵力大约为2100人，旅团类型划分为独一无二的离岛型即应现代化旅团，核心基干力量由1个普通科联队（步兵团）构成。

目前，第15旅团司令部设在冲绳县那霸市的那霸驻屯地内，其警备主管责任区为日本冲绳县全境，主要任务是承担管内的陆上防卫警备、灾害派遣（包括鹿儿岛县奄美大岛以南地区）、民生支援、国际维和使命等任务，尤其是哑弹处理、紧急患者空运等民生支援业务，此外，还承担各地活动支援、音乐演奏支援等任务。

第15旅团管区是东西全长大约1000千米、南北全宽大约400千米的广大海域，其间分布着包括50座有人岛在内的1600座离岛。

第15旅团的部队徽章，图案下部是第15旅团的英文缩写“15B”。总体来看，第15旅团部队徽章的设计基本沿袭了第1混成团，只不过守礼门下面的文字由第1混成团的英文缩写“1CB”换成了“15B”

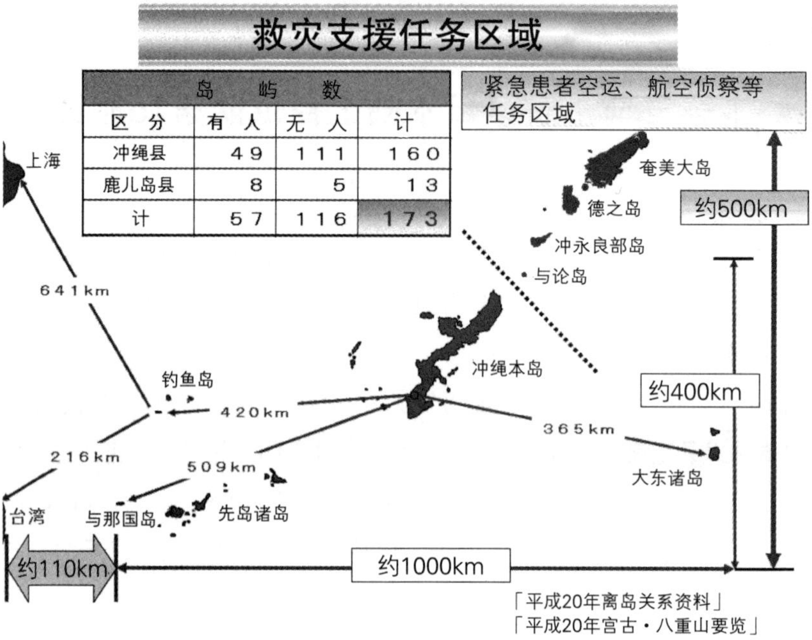

岛屿数			
区分	有人	无人	计
冲绳县	49	111	160
鹿儿岛县	8	5	13
计	57	116	173

第15旅团主管责任区（管区）分布示意图，图中标注的尖阁诸岛就是中国的钓鱼岛群岛

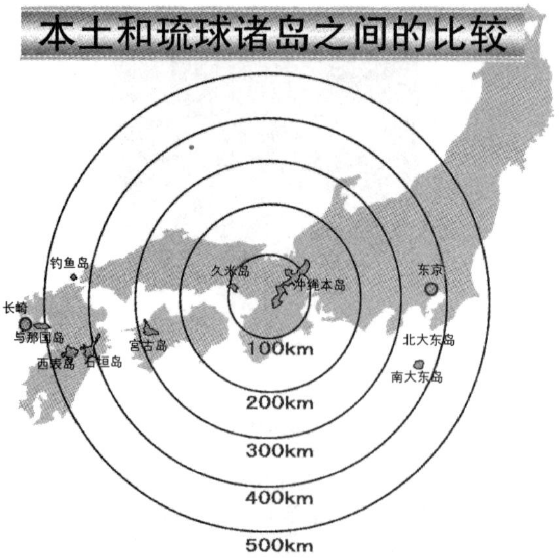

日本本土与琉球群岛（第15旅团管区）之间的距离比较

一、对华作战第15旅团的基本概况

基于日本政府制定的《中期防卫力整备计划（2005）》，2010年3月26日，日本陆上自卫队正式将第1混成团扩编为第15旅团。在中日钓鱼岛争端频频突显的大背景下，第15旅团的创建将更适合于日本陆上自卫队遵循西南诸岛的地理特点而展开全方面的作战模式，包括反游击战、反特种部队攻击、反核生化（NBC）攻击、反离岛侵入、应对大规模特殊灾害等各种新威胁，随着部队改编、扩编、优化程序的不断推进，第15旅团可以迅速、高效地处理西南诸岛所面临的各种冲突与威胁，其综合作战能力及处突能力照比第1混成团有质的飞跃。

目前，第15旅团的类型划分为日本陆上自卫队中独一无二的离岛型即应现代化旅团。实质上，这是一支名副其实的旅级规模岛屿作战部队、两栖投送部队和海军陆战队。

在日本政府制定的《中期防卫力整备计划（2011）》中，日本陆上自卫队决定在西南诸岛配备沿岸监视队，这个沿岸监视队将像在北部方面队稚内分屯地和礼文分屯地配备的沿岸监视队一样，只不过，后者负责监视俄罗斯军事力量的活动情况，而前者负责监视中国的军事力量。在平成23年度国防预算概算要求中，日本政府投入3000万日元的调查费对作为沿岸监视队部署候选地的与那国岛展开了全面的军事部署调查。在平成25年度国防预算概算要求中，日本政府投入62亿日元经费用于沿岸监视装备采购、驻屯地建设等全方面准备工作。

二、第15旅团发展历史概况——中日冲突的风向标

截至2014年，第15旅团的发展历史可分为日本陆上自卫队第1混成团和日本陆上自卫队第15旅团2个时期。下面对这些发展历史分别介绍。

（一）日本陆上自卫队第1混成团时期

第15旅团前身部队是第1混成团，而第1混成团前身部队是以1972年3月编成的临时第1混成群和1973年1月在朝霞驻屯地编成的第6高射特科群为基干改编而来。

1972年（昭和47年）3月1日，临时第1混成群在北熊本驻屯地内新编；5月15日，美国政府将冲绳管辖权移交给日本政府；10月4日，临时第1混成群换防到那霸驻屯地内，同时，日本陆上自卫队那霸驻屯地正式成立。

1973年（昭和48年）3月27日，临时第1混成团准备本部编成；10月16日，临时第1混成团准备本部正式改编为第1混成团。

1974年（昭和49年）6月5日，第101后方支援队补给整备队弹药班临时编成特别不发弹（哑弹）处理队。

1980年（昭和55年）3月25日，军乐队由第1混成团本部付队中独立出来，改编为第1混成团直辖部队。

1993年（平成5年）3月30日，特别不发弹处理队改编为第101不发弹处理队。

2010年（平成22年）3月25日，第1混成团番号正式撤销。

第1混成团服役期间，其中最为外界所熟悉的部队是第101不发弹处理队和第101飞行队。众所周知，受冲绳海战影响，冲绳地区遍布第二次世界大战期间遗留下来的哑弹，故此，第101不发弹处理队曾经在很多地区承担哑弹处理任务。第101飞行队在服役30年期间曾经频繁往返于冲绳本岛与各离岛、奄美诸岛南部、奄美大岛、大东诸岛、与那国岛等岛屿之间，主要承担紧急患者运输等支援任务。

（二）日本陆上自卫队第15旅团时期

2010年（平成22年）3月26日，第1混成团正式扩编为第15旅团。

2012年（平成24年）3月26日，第6高射特科群正式开始配备03式中距离地空导弹，这款装备是日本国产最先进的中程防空导弹武器。

2013年（平成25年）3月26日，第15飞行队改编为第15直升机队。

2014年（平成26年）3月26日，第6高射特科群扩编为第15高射特科联队。

三、第1混成团改编为第15旅团的具体内容

第1混成团在改编为第15旅团过程中新编了第15侦察队等部队，故此，部队定员编制比第1混成团时期的1800人多出300人，在旅团编成时，达到了2100人，

核心基干力量由1个轻装普通科联队构成，同时，考虑到西南诸岛的地理特点，第15旅团的作战序列中没有编制像北部方面队各师旅团部队那样的坦克部队、野战炮兵部队等重装部队，这些重装部队根本不适合岛屿作战，相反，却编制了1个“群”编制的防空兵部队。

在第15旅团作战序列中，作为核心基干力量的第51普通科联队是以原第1混成团之第1混群第301普通科中队、第302普通科中队以及第301重迫击炮中队为主体而编成。

作为另一个作战核心主力的第6高射特科群（防空兵群）装备03式中距离地空导弹和霍克改良型地空导弹，所属部队分别部署于八重濑分屯地等4座分屯地内。纵观日本陆上自卫队各师团、旅团部队下属的高射特科部队，同时装备像03式中距离地空导弹和霍克改良型地空导弹这样中程防空导弹的部队就只有第6高射特科群，由此可以看出，它在日本陆上自卫队西南诸岛防空中的重要地位。

第15侦察队是完全的新编部队，从一开始就装备87式侦察警戒车，鉴于第15旅团没有配备主战坦克、装甲车、火炮等重型装备，因此，87式侦察警戒车是这支部队最重要的重型装备。

第15设施中队是由第1混成群第301设施中队独立扩编而来，以同样的方式，第15通信队是在原第1混成团本部付队通信小队基础上独立扩编而来。

此外，第1混成团时期的第416基地通信队和第430会计队在第15旅团编成后分别重新划归西部方面通信群和西部方面会计队编制之下，同时，第15旅团所属驻屯地的日常管理业务则新编作为西部方面队直辖部队的那霸驻屯地业务队。

四、第15旅团的部队编制——基干为1个普通科联队和1个高射特科群

截至2014年，第15旅团部队编制包括第15旅团司令部、第15旅团司令部付队（直属队）、第51普通科联队（步兵团）、第6高射特科群（第15高射特科联队）、第15后方支援队、第15侦察队、第15直升机队、第15通信队、第15设施中队、第15特殊武器防护队、第15军乐队和第101不发弹（哑弹）处理队。

其中，作为第15旅团核心基干力量的1个步兵团，即第51普通科联队的基干

力量各由3个普通科中队（步兵连）构成。

五、第15旅团所属陆军基地——以那霸驻屯地为核心的6座陆军基地

目前，有第15旅团下属部队驻军的陆军基地共有6座，分别是那霸驻屯地、八重濑分屯地、白山分屯地、胜连分屯地、知念分屯地和南与座分屯地。

其中，那霸驻屯地是第15旅团的核心基地，驻屯地内的第15旅团驻军部队有第15旅团司令部、第15旅团司令部付队、第51普通科联队、第15后方支援队、第15侦察队、第15通信队、第15直升机队（部署在日本航空自卫队那霸基地附近）、第15设施中队、第15军乐队和第101不发弹处理队。

八重濑分屯地驻军有第6高射特科群本部。

白山分屯地驻军有第6高射特科群第323高射中队。

胜连分屯地驻军有第6高射特科群第342高射中队。

知念分屯地驻军有第6高射特科群第341高射中队。

南与座分屯地驻军有第6高射特科群第326高射中队。

六、第15旅团司令部及旅团长（☆☆）

目前，第15旅团司令部核心指挥官由3人组成，分别是一名旅团长，为2星陆军少将军衔，现任旅团长为2012年7月26日就职的小林茂少将；一名副旅团长，为一等陆佐军衔，兼任那霸驻屯地司令，现任副旅团长为2013年4月1日就职的菅野茂上校；一名幕僚长（参谋长），为一等陆佐军衔，现任幕僚长为2011年12月1日就职的山口耕司上校。

七、现任第15旅团长——小林茂2星陆军少将简历

小林茂少将生于1960年（昭和35年）11月，日本防卫大学第27期毕业，服役职种（兵种）为特科（炮兵）。

1992年（平成4年）8月，担任日本陆上自卫队富士学校特科部战术教官。

1993年（平成5年）8月，任职于陆上幕僚监部人事部任免科。

1995年（平成7年）8月，任职于陆上幕僚监部防卫部防卫科。

1996年（平成8年）3月，任职于日本防卫厅内局长官官房秘书科（日本防卫厅长官副官）。

1998年（平成10年）3月，就任第5特科联队第2大队长。

1999年（平成11年）3月，任职于陆上幕僚监部防卫部防卫科。

2002年（平成14年）8月，就任日本陆上自卫队研究本部研究员。

现任第15旅团长小林茂2星陆军少将

2003年（平成15年）7月，就任陆上幕僚监部防卫部运用科运用第1班长。

2005年（平成17年）7月，就任第9特科联队长。

2007年（平成19年）3月，担任陆上幕僚监部人事部人事计划科长。

2009年（平成21年）3月，就任富士学校特科部长。

2010年（平成22年）7月，就任陆上幕僚监部运用支援情报部长。

2012年（平成24年）7月，担任第15旅团长。

八、现任第15旅团副旅团长——菅野茂一等陆佐（陆军上校）简历

菅野茂上校生于1960年（昭和35年）8月，日本防卫大学第27期毕业，服役职种为普通科（步兵）。

1984年（昭和59年）3月，服役于第1普通科联队。

1990年（平成2年）3月，任职于日本陆上自卫队富士学校普通科部。

1993年（平成5年）8月，任职于日本自卫队体育学校。

1995年（平成7年）4月，任职于霞浦驻屯地业务队。

1996年（平成8年）3月，担任第5普通科联队某中队长。

1998年（平成10年）3月，任职于陆上幕僚监部监理部总务科。

现任第15旅团副旅团长菅野茂一等陆佐

2001年（平成13年）3月，任职于东部方面总监部人事部。

2004年（平成16年）8月，任职于陆上幕僚监部任免科。

2007年（平成19年）3月，担任第22普通科联队长。

2009年（平成21年）8月，就任日本陆上自卫队研究本部研究员；12月，就任第14旅团司令部幕僚长。

2011年（平成23年）8月，就任部队训练评价队长。

2013年（平成24年）4月，就任第15旅团副旅团长。

九、第15旅团司令部付队——旅团司令部勤务

第15旅团下辖第15旅团司令部付队主要承担旅团司令部管理以及综合业务支援，包括指挥联络、情报、运输等业务。

（一）第15旅团司令部付队部队编制

目前，第15旅团司令部付队的部队编制有队本部、司令部勤务班和管理班，设队长一名，为三等陆佐（陆军少校）军衔。

十、第51普通科联队（☆）——日本陆军新编步兵团之一（番号50以上）

第15旅团下辖第51普通科联队为轻装步兵团，编制总兵力大约700人（比其他普通科联队多出大约50人），创建于2010年3月26日，驻地设在冲绳县那霸市的那霸驻屯地内，警备主管责任区为日本西南诸岛。

（一）第51普通科联队简史

2010年（平成22年）3月26日，第51普通科联队在第1混成团基础上正式编成，在编成仪式上，时任日本防卫大臣（国防部长）的北泽俊美向第51普通科联队亲自授予了自卫队旗（军旗）。

2013年（平成25年）2月7日，在冲绳靶场内，第51普通科联队实施“平成24年度联队射击竞技会”；4月7日，在那霸驻屯地体育馆内，第51普通科联队主办自卫官候补生（新兵）课程入队式。

（二）第51普通科联队部队编制

目前，第51普通科联队部队编制包括联队本部（团部）、本部管理中队（团部直属连）、第1中队、第2中队和第3中队。

从部队编制上来看，第51普通科联队是完全按照普通的轻装步兵团编制进行的。在此基础上，第1混成团时期的第301重迫击炮中队分别改编为联队本部下属的1个重迫击炮小队以及3个普通科中队下属的3个迫击炮小队。纵观日本陆上自卫队，采取同样改编形式的部队还有中央即应联队、西部方面普通科联队等著名部队。

（三）第51普通科联队主要装备

目前，第51普通科联队的主要装备有73式小型军用卡车、73式中型军用卡车、73式大型军用卡车、高机动车、轻装甲机动车、89式5.56毫米步枪、MINIMI型5.56毫米机枪、84毫米无后坐力炮、01式轻反坦克导弹、L16型81毫米迫击炮、RT型120毫米迫击炮等。

（四）第51普通科联队军事指挥官

第51普通科联队设联队长（团长）一名，为陆军上校军衔。

目前，第51普通科联队幕僚集团成员构成包括副联队长、最先任上级曹长、第1科长、第2科长、第3科长、第4科长以及本部管理中队长、第1中队长、第2中队长和第3中队长。其中，各科科长及中队长军衔介于三等陆佐至一等陆尉之间。

（五）现任第51普通科联队长——平田正义一等陆佐简历

平田正义一等陆佐是日本福冈县人。

1985年（昭和60年）3月27日，进入日本陆上自卫队干部候补生学校学习（前川原驻屯地）。

1986年（昭和61年）3月20日，服役于第8普通科联队（米子驻屯地），担任步枪小队长职务。

1992年（平成4年）3月23日，任职于干部候补生学校，担任区队长职务。

1995年（平成7年）3月23日，任职于第25普通科联队（远轻驻屯地），担任第2科长职务。

1996年（平成8年）3月22日，附属于日本陆上自卫队富士学校（富士驻屯地），学习FOC课程。

1997年（平成9年）3月21日，担任富士学校普通科部教育科第1战术教官。

1999年（平成11年）3月23日，任职于第40普通科联队（小仓驻屯地），担任中队长职务。

2001年（平成13年）3月23日，任职于陆上幕僚监部防卫部运用科。

2003年（平成15年）3月23日，任职于干部候补生学校，担任候补生队长职务。

现任第51普通科联队长平田正义一等陆佐

2005年（平成17年）3月23日，就职于统合幕僚会议事务局第5室。

2006年（平成18年）2月27日，任职于统合幕僚监部防卫计划部计划科。

2007年（平成19年）3月23日，任职于第4师团司令部（福冈驻屯地），担任第2部长职务。

2009年（平成21年）8月1日，任职于日本陆上自卫队研究本部（朝霞驻屯地），担任总务科庶务班长职务。

2010年（平成22年）12月1日，任职于第8师团司令部（北熊本驻屯地），担任第4部长职务。

2012年（平成24年）7月26日，担任第51普通科联队长（那霸驻屯地）。

2010年3月26日，时任日本防卫大臣向第51普通科联队长授予自卫队旗

在那霸驻屯地内新编的第51普通科联队指挥军官群

十一、第6高射特科群（第15高射特科联队）——日本陆军两大师团–旅团属高射特科联队之一、日本陆军最强地空导弹部队

第15旅团下属第6高射特科群（第15高射特科联队）为陆军防空兵部队，创建于1973年8月1日，其司令部驻地设在冲绳县岛尻郡八重濑町的八重濑分屯地（旧与座分屯地）内，下属4个高射中队分散部署在4个分屯地内，其编成地为朝霞驻屯地，警备主管责任区为日本冲绳县全境。

纵观日本陆上自卫队现役8个编号的高射特科群中，只有第6高射特科群是直接隶属于旅团司令部编制之下的部队，按照惯例，高射特科群应该隶属于各方面队直辖部队的编制之下，也就是说都是军区直辖部队，这也更说明了第6高射特科群的特殊地位及重要性。

根据日本政府历届制定的《中期防卫力整备计划》显示，所有的地空导弹实战部队都应该是各大方面队的直辖部队，不过，在1972年5月15日美国政府将冲绳管辖权移交给日本政府后的第二年，即从1973年开始，第6高射特科群便作为第1混成团的下属部队而承担冲绳地区的防空警备任务，截至2014年，在长达41年时间内，冲绳地区的防空任务一直由第6高射特科群担当，而没有其他部队换防至此。近年来，日本政府以朝鲜弹道导弹发射实验等直接威胁为背景准备将第6高射特科群扩编为装备各种先进中距离地空导弹等武器的“联队”规模部队，这个预定编制调整计划已经显示在现行的日本防卫大纲中。

目前，第6高射特科群（第15高射特科联队）的主要训练科目有03式中距离地空导弹与霍克地空导弹年度射击检阅（美国新墨西哥州导弹靶场）、群野外行动训练检阅、中队野外行动训练检阅、重机枪射击训练（佐多对空射击场）等。

（一）第6高射特科群发展简史

早在1972年（昭和47年）8月1日，日本陆上自卫队以第124特科大队为主体在朝霞驻屯地内新编了第6高射特科群的群本部及各下属中队，同一天，笠井溢三一等陆佐就任第一任群长，随后，这支部队开始接管由驻日美国陆军第30防空炮兵旅所移交过来的军事基地设施。

1973年（昭和48年），第6高射特科群所属的驻军基地纷纷成立；4月13日，日本陆上自卫队与座分屯地（今天的八重濑分屯地）和知念分屯地同时成立；4月16日，日本陆上自卫队南与座分屯地成立；5月1日，日本陆上自卫队胡差分屯地（今天的白川驻屯地）和胜连分屯地同时成立；7月1日，第6高射特科群正式接管冲绳地区的防空警备任务，直到今天；10月16日，第6高射特科群编入第1混成团作战序列之中；11月，参加日本厚生省遗骨收集支援任务。

1974年（昭和49年）4月，随着冲绳市的成立，胡差分屯地更名为白川分屯地；7月，与座分屯地（八重濑分屯地）正门门柱施工结束；1月，DS新整备工厂工程结束。

1975年（昭和50年）6月，南与座分屯地内的队内俱乐部开放；9月，知念分屯地内的队内俱乐部开放；12月，第324高射中队参加胜连村滨比嘉岛山林火灾的灾害派遣任务。

1976年（昭和51年）10月，参加宫城岛山林火灾的灾害派遣任务；12月，第6高射特科群在各分屯地内实施综合防空演习，同月，与日本海上自卫队“紫阳花”号巡逻艇展开运输训练。

1978年（昭和53年）4月，与座分屯地创建业务小队，当时包括浅田一等陆尉小队长在内共编制21人，同时，分屯地的队内俱乐部开放。

1979年（昭和54年）3月，第6高射特科群建成自动交换设施；4月，胜连靶场建成投入使用。

1980年（昭和55年）5月至11月，本部管理中队、高射直接支援中队以及各高射中队进行器材换装。

1988年（昭和63年）3月，下属各分屯地警卫所及发射装置控制室建成；7月，参加新型自动警戒管制系统实用试验支援任务。

1990年（平成2年）1月，更新防空雷达装置。

1991年（平成3年）2月，TSQ-51C系统投入使用，同月，参加日本航空自卫队“巴其系统”（BADGE，自卫防空警戒管制系统）线路运行试验；3月，正式开始运用“巴其系统”进行防空战备值班。

1993年（平成5年）12月，第6高射特科群举行对空战斗指挥所落成仪式。

2002年（平成14年）11月，改良型霍克II型地空导弹换装完毕。

2006年（平成18年）2月，参加西部方面对空情报战斗训练。

2008年（平成20年）5月，在驻日美军汉森军事大营进行侦察训练。

2010年（平成22年）3月25日，随着第1混成团改编为第15旅团，第6高射特科群下属第107高射直接支援队撤销。

2012年（平成24年）3月26日，第325高射中队改编为第341高射中队，与此同时，第6高射特科群下属各高射中队依次开始装备03式中距离地空导弹（中SAM）。

2013年（平成25年）3月26日，装备霍克改良型地空导弹的第324高射中队改编为装备03式中距离地空导弹的第342高射中队；12月，根据预定编制调整计划，第6高射特科群将会扩编为全部装备03式中距离地空导弹的第15高射特科联队，这在日本陆上自卫队中是独一无二的部队。

2014年（平成26年）3月26日，第6高射特科群正式扩编为第15高射特科联队，具体扩编计划包括第306高射搬送（载波）中队更名高射搬送中队，第341高射中队改编为第1中队，第342高射中队改编为第2中队，第323高射中队改编为第3中队（配备03式中距离地空导弹系统），第326高射中队改编为第4中队（配备全新的11式短距离地空导弹），改编后各高射中队驻屯地不变。经过全新改编之后的第15高射特科联队装备日本陆上自卫队地空导弹部队中最精锐的武器装备，其综合战斗力排名也勇冠首位。

（二）第15高射特科联队部队编制

截至2014年，第15高射特科联队部队编制包括联队本部（八重濑分屯地）、本部管理中队（八重濑分屯地）、第1中队（知念分屯地、装备03式中距离地空导弹）、第2中队（胜连分屯地、装备03式中距离地空导弹）、第3中队（白山分屯地、装备03式中距离地空导弹）、第4中队（南与座分屯地、装备霍克11式短距离地空导弹）和第306高射搬送（载波）通信中队（八重濑分屯地）。

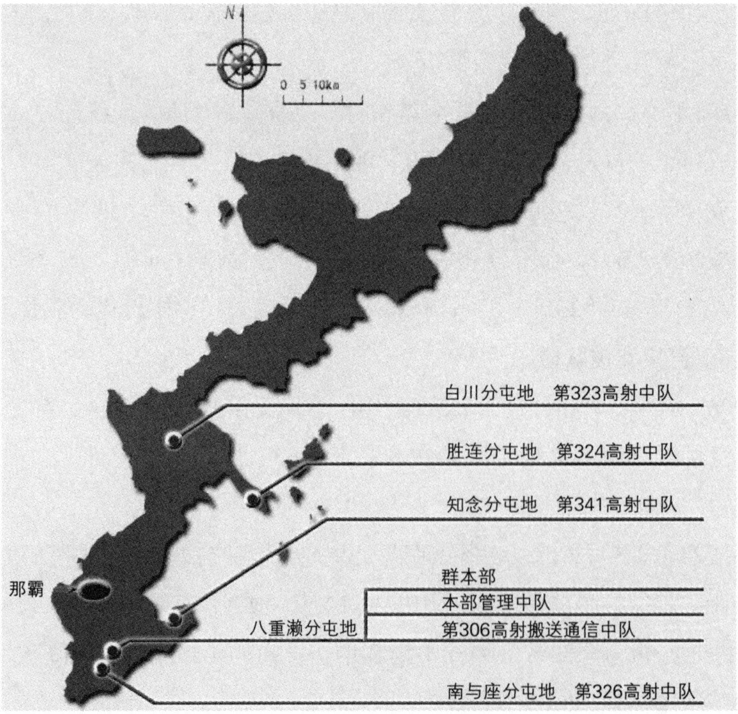

第6高射特科群（第15高射特科联队）的部队编制、部队配置及所属分屯地分布示意图（截至2012年）

其中，本部管理中队是第15高射特科联队的“旗本中队（坐镇中队）”。

第306高射搬送通信中队是第15高射特科联队的指挥中枢，主要承担无线载波通信系统的构建、维护、运营业务。

（三）第15高射特科联队主要装备

目前，第6高射特科群主要装备有73式小型军用卡车、73式中型军用卡车、73式大型军用卡车、11式短距离地空导弹、03式中距离地空导弹（中SAM）、JTPS-P9型79式防空雷达装置、64式7.62毫米步枪等。

（四）第15高射特科联队长

第15高射特科联队设联队长一名，为一等陆佐军衔，兼任八重濑分屯地司令职务。

十二、第15后方支援队——第15旅团后勤保障部队

第15旅团下辖第15后方支援队为旅团后勤保障部队，所属兵种包括武器科、需品科、运输科和卫生科，创建于2010年3月26日，部队驻地设在冲绳县那霸市的那霸驻屯地内，主要承担第15旅团及旅团直辖部队的后勤保障业务，此外，还负责灾害派遣、民生支援、国际维和使命等任务，警备主管责任区为日本冲绳县全境。

在第15旅团部队参与作战任务时，第15后方支援队的主要任务有各种物资补给、武器装备维修、卫生支援等业务，这些支援将会为第一线部队的战斗力发挥提供重要保障。

（一）第15后方支援队简史

第15后方支援队前身是第1混成团第101后方支援队，在此期间，第101后方支援队承担那霸驻屯地的日常管理与维护业务，不过，随着那霸驻屯地业务队的新编，其改编后部队的第15后方支援队将这项职能移交给那霸驻屯地业务队。

（二）第15后方支援队部队编制

目前，第15后方支援队部队编制包括后方支援队长、副队长、最先任上级曹长（军士长）、队本部、本部付队、整备中队、高射直接支援中队、补给中队、卫生队和运输队。

其中，整备中队下设火器车辆整备小队、通信电子整备小队、设施整备小队、普通科直接支援小队（承担第51普通科联队的支援业务）和侦察直接支援小队（承担第15侦察队的支援业务）。

高射直接支援中队部署在八重濑分屯地内，其前身是第6高射特科群第107高射直接支援队。

第15后方支援队设队长一名，为一等陆佐军衔。

十三、第15侦察队——第15旅团侦察兵部队

第15旅团下辖第15侦察队是一支机甲科（装甲兵、坦克兵）部队，驻地设在冲绳县那霸市的那霸驻屯地内，主要面向第15旅团所属各部队提供侦察任务，警备主管责任区为冲绳县全境。

（一）第15侦察队简史

2010年（平成22年）3月26日，随着第1混成团扩编为第15旅团，第15侦察队正式新编。

（二）第15侦察队部队编制

目前，第15侦察队部队编制有队本部（队部、队司令部）、本部付队（队司令部直属小队）、第1小队、第2小队和电子侦察小队。

第15侦察队设队长一名，为二等陆佐（陆军中校）军衔。

第15侦察队的主要装备有侦察摩托车、87式侦察警戒车、85式JTPS–P11型地面雷达装置、MINIMI型5.56毫米机枪、89式5.56毫米步枪等。

（三）第15侦察队主要训练

目前，第15侦察队的主要训练科目有侦察摩托车驾驶训练、海上潜入侦察训练、空中潜入侦察训练、小队战斗训练、MINIMI型5.56毫米机枪射击训练（在胜连靶场室内射击场内进行）、89式5.56毫米步枪射击训练（在冲绳靶场室内射击场内进行）、9毫米手枪射击训练（在胜连靶场室内射击场内进行）、87式侦察警戒车（RCV）射击训练（在冲绳靶场室内射击场内进行）、九州转地训练等。

第15侦察队的侦察摩托车驾驶训练

海上潜入侦察训练

空中潜入侦察训练

87式侦察警戒车（RCV）射击训练

十四、第15直升机队——冲绳地区唯一的陆军航空兵部队、日本陆军两大旅团属直升机队之一

第15旅团下辖第15直升机队是一支陆军航空兵（航空科）部队，创建于2012年3月26日，驻地设在冲绳县那霸市的日本航空自卫队那霸基地内内，警备主管责任区为日本西南诸岛。

目前，第15直升机队主要承担指挥联络、航空侦察、航空运输等支援任务以及战斗支援任务，此外，在鹿儿岛县及冲绳县知事的邀请下，还负责实施大量的离岛紧急患者空运任务。

（一）第15直升机队简史

1972年（昭和47年）3月1日，临时第101飞行队在熊本驻屯地内编成；5月15日，美国政府将冲绳管辖权移交给日本政府；11月21日，临时第101飞行队主力（包括队长在内共102名队员）换防到那霸驻屯地内，同时，正式改编为第101飞行队，当时装备V-107、UH-1、LR-1等不同机型。

1973年（昭和48年）10月16日，第101飞行队正式划归新编第1混成团编制之下。

1990年（平成2年）2月17日，第101飞行队在执行面向宫古岛方向的急患空运期间发生坠机事故。当时执行任务的一架LR-1型螺旋桨飞机坠毁在宫古岛附近海面，3名机组人员及搭乘的1名医师全部死亡。

1996年（平成8年）2月7日，第101飞行队开始配备首架CH-47J/JA大型运输直升机，机身编号为52 901号。

1999年（平成11年）10月6日，开始配备首架UH-60JA通用直升机，机身编号为43 107号。

2000年（平成12年）12月15日，开始配备首架LR-2型联络侦察机，机身编号为23 053号。

2005年（平成17年）3月1日，新型机库落成。

2007年（平成19年）3月30日，第101飞行队在执行面向鹿儿岛县德之岛方向的急患空运期间再次发生坠机事故。当时，一架执行任务的CH-47JA直升机坠毁

在德之岛的天城岳大山中，4名队员死亡；4月15日，日本政府为殉职队员举行了隆重的葬礼，参加葬礼的日本政府高官有日本内阁总理大臣安倍晋三、日本防卫大臣久间章生、冲绳县知事仲井真弘多、鹿儿岛县知事伊藤祐一郎、那霸市长翁长雄志、德之岛町长、民主党代表小泽一郎、冲绳县离岛振兴协议会会长仲村三雄等，军方高层有统合幕僚长斋藤隆4星上将、陆上幕僚长折木良一4星上将、日本防卫省官房长、日本防卫省人事教育局长、西部方面总监轮仓升3星陆军中将、佐世保地方总监赤星庆治3星海军中将、西南航空混成团司令山川龙夫3星空军中将等。

在发生上述两次事故之后，第101飞行队将冲绳地区的搜索救援任务移交给日本航空自卫队的那霸救援队。

2010年（平成22年）3月26日，随着第1混成团改编为第15旅团，第101飞行队也改编为第15飞行队；5月，LR-1螺旋桨飞机全部退役。

2013年（平成25年）3月26日，第15飞行队再次扩编为第15直升机队。

（二）第15直升机队部队编制

目前，第15直升机队的部队编制有飞行队长、副队长、最先任上级曹长、队本部、通信班、飞行班、整备班和管制气象班，这些部队可完成飞机驾驶、维修、通信、管制、气象等全面的航空科业务。

为了顺利完成紧急患者空运任务，第15直升机队编有全天24小时处于值班状态下的急患空运队，这支部队编制包括急患空运队长、指挥联络班、第1空运班、第2空运班和机场地区警备队，其中，指挥联络班编制3人，班长由飞行员担任，另设一名通信员、一名管制气象员；第1空运班编制4人，班长由飞行员担任，另设一名备用飞行员和两名整备员；第2空运班编制4人，班长由飞行员担任，另设一名备用飞行员和两名整备员（1人为LR联络侦察机整备员）；机场地区警备队编制3人，队长为二等陆曹以上军衔，另设2名警备队员。

（三）第15直升机队主要装备

第15直升机队的主要装备有LR-2联络侦察机、UH-60JA通用直升机、CH-47JA运输直升机等。

第15直升机队装备的UH-60JA多用途直升机，主要承担航空侦察、航空运输等任务，最大速度270千米/时

第15直升机队装备的CH-47JA运输直升机，主要承担航空运输等任务，最大速度275千米/时

第15直升机队装备的LR-2联络侦察机，主要承担指挥联络、航空侦察等任务，最大速度580千米/时

十五、第15通信队——第15旅团通信兵部队

第15旅团下属第15通信队是通信科部队，主要面向第15旅团各部队提供骨干通信系统的构建、维护、运营等通信保障业务。

1973年（昭和48年）3月，临时第1混成团本部付管理队在北熊本驻屯地编成，随后，换防到那霸驻屯地内；10月，随着第1混成团创建，临时第1混成团本部付管理队改编为第1混成团本部付队；11月，第1混成团本部付队新编通信班。

1986年（昭和61年）3月，第1混成团本部付队通信班扩编为通信小队。

2010年（平成22年）3月26日，随着第1混成团改编为第15旅团，第1混成团本部付队通信小队改编为第15通信队。

目前，第15通信队设队长一名，为三等陆佐军衔。

十六、第15设施中队——第15旅团工程兵部队

第15旅团下辖第15设施中队是一支设施科（工兵）部队，创建于2012年3月26日，驻地设在那霸驻屯地内，这支部队主要面向第15旅团所属各部队提供工程业务支援。

1972年（昭和47年）3月，在北熊本驻屯地内，临时第1混成群第301设施中队正式编成；10月，随着第1混成团的创建，临时混成群第301设施中队换防到那霸驻屯地。

2010年（平成22年）3月26日，随着第1混成团扩编为第15旅团，第1混成团第301设施中队改编为第15设施中队。

目前，第15设施中队主要装备有81式自行架柱桥、高机动车等。中队设中队长一名，为三等陆佐军衔。

十七、第15特殊武器防护队——第15旅团防化兵部队

第15旅团下属第15特殊武器防护队是化学科部队，主要承担核、生物、化学武器防护以及生物、化学、放射性物质检测及除染业务。

2012年（平成24年），第15旅团司令部付队化学防护队分离独立为第15化学防护队。

2013年（平成25年），第15化学防护队改编为第15特殊武器防护队。

十八、第101不发弹处理队——日本陆军唯一师团-旅团属哑弹处理部队

第15旅团下属第101不发弹处理队主要承担冲绳地区二战遗留哑弹处理等民生支援业务，包括哑弹拆除处理、炸弹安全化处理等作业。

第101不发弹处理队设队长一名，为二等陆佐军衔。

在哑弹处理掩体内进行炸弹安全处理的第101不发弹处理队

| 第四节 | 解读日本陆上自卫队第1特科团

日本陆上自卫队北部方面队直辖第1特科团为全般（全面）野战炮兵部队、战略级野战炮兵部队，创建于1952年10月，团本部驻地设在北海道千岁市的北千岁驻屯地内，这是一支承担北部方面队全面火力支援以及敌登陆部队阻击的战略部队，它还是日本陆上自卫队现役野战炮兵部队中唯一具备“团（实为野战炮兵旅）”级规模的主力部队，基于平成23年度制订的“新中期防”计划，第1特科团将会成为未来日本陆上自卫队缩编和撤编的主要对象。

目前，第1特科团的警备主管责任区为北海道全境。

第1特科团主战装备88式岸舰导弹

第1特科团主战装备203毫米自行榴弹炮（203SPH）

第1特科团主战装备多联装火箭系统（MLRS）

一、第1特科团发展历史概况

早在1952年（昭和27年）10月，日本保安队北部方面特科团本部在习志野驻屯地内编成，本部中队在宇都宫驻屯地内编成；12月，北部方面特科团换防到札幌地区内。

1954年（昭和29年）7月1日，随着日本陆上自卫队的成立，北部方面特科团改编为第1特科团；9月，第1特科团本部及本部中队由札幌换防到东千岁驻屯地内。

1962年（昭和37年）1月，第1特科团本部及本部中队由东千岁驻屯地换防到北千岁驻屯地内。

1980年（昭和55年）2月，第301侦察中队开始装备反火炮雷达装置。

1984年（昭和59年）11月，第1特科团开始装备M110A2型203毫米自行榴弹炮。

1991年（平成3年）6月，开始装备88式岸舰导弹。

1992年（平成4年）3月，以第125特科大队为母体的第1岸舰导弹联队新编。

1993年（平成5年）3月，以第126特科大队为母体的第2岸舰导弹联队新编。

1994年（平成6年）3月，第3岸舰导弹联队新编。

二、第1特科团部队编制

截至2014年，第1特科团部队编制包括第1特科团本部、第1特科团本部中队、第1特科群、第4特科群、第1岸舰导弹联队、第2岸舰导弹联队、第3岸舰导弹联队和第301侦察中队。

其中，第1特科群部队编制包括第1特科群本部、第1特科群本部中队、第101特科大队、第102特科大队、第129特科大队和第133特科大队；

第4特科群部队编制包括第4特科群本部、第4特科群本部中队、第104特科大队、第120特科大队和第131特科大队。

三、第1特科团主要现役装备

目前，第1特科团主要现役装备有多联装火箭系统（MLRS）、88式岸舰导弹、M110A2型203毫米自行榴弹炮（203SPH）等。

四、第1特科团所属陆军基地

目前，第1特科团所属部队驻军基地共有5座，分别是北千岁驻屯地、上富良野驻屯地、美呗驻屯地、美幌驻屯地和真驹内驻屯地。

其中，北千岁驻屯地驻军部队有第1特科团本部、第1特科本部中队、第1特科群（包括本部及下属第102特科大队、第129特科大队）、第1岸舰导弹联队和第301侦察中队。

上富良野驻屯地驻军有第4特科群和第3岸舰导弹联队。

美呗驻屯地驻军有第2岸舰导弹联队。

美幌驻屯地驻军有第1特科群第101特科大队。

真驹内驻屯地驻军有第1特科群第133特科大队。

五、第1特科团本部及团长

目前，第1特科团本部（司令部）核心指挥官由3人组成，分别是一名团长，为2星陆军少将军衔，兼任北千岁驻屯地司令一职，现任团长为2013年8月22日就职的梶原直树少将；一名副团长，为一等陆佐（陆军上校）军衔，现任副团长为2011年12月1日就职的荒木智弘上校；一名高级幕僚，为一等陆佐军衔，现任高级幕僚为2012年3月30日就职的岛田浩一上校。

六、第1特科群——大口径自行榴弹炮部队、登陆阻击火力支援部队

第1特科团下属第1特科群创建于1952年10月25日，驻地设在北海道千岁市的北千岁驻屯地内。

1996年（平成8年）3月，第1特科群新编第129特科大队。2004年（平成16年）3月，新编第133特科大队。2011年（平成23年）3月，第103特科大队（装备203SPH）撤销。

截至2014年，第1特科群部队编制包括群本部、本部中队、第101特科大队（美幌驻屯地）、第102特科大队（北千岁驻屯地）、第129特科大队（北千岁驻屯地）和第133特科大队（真驹内驻屯地）。

其中，第101特科大队（203SPH）下设本部管理中队、第1中队、第2中队和第3中队；第102特科大队（203SPH）下设本部管理中队、第1中队、第2中队和第3中队；第129特科大队（MLRS）下设本部管理中队、第1中队、第2中队和第3中队；第133特科大队（MLRS）下设本部管理中队、第1中队、第2中队和第3中队。

目前，第1特科群主要装备有73式小型军用卡车、73式中型军用卡车、73式大型军用卡车、多联装火箭系统（MLRS）、203毫米自行榴弹炮（203SPH）、89式5.56毫米步枪等。

第1特科群设群长一名，为一等陆佐军衔。

七、第4特科群——大口径自行榴弹炮部队、登陆阻击火力支援部队

第1特科团下属第4特科群驻地设在北海道空知郡上富良野町的上富良野驻屯地内。

1962年（昭和37年）3月，第4特科群换防到上富良野驻屯地内至今。2000年（平成12年）3月，第4特科群撤销装备74式105毫米自行榴弹炮的第117特科大队，同时，新编第131特科大队。

截至2014年，第4特科群部队编制包括群本部、本部中队、第104特科大队、第120特科大队和第131特科大队。

其中，第104特科大队（装备203毫米自行榴弹炮（203SPH））下设本部管理中队、第1中队、第2中队和第3中队；第120特科大队（装备203SPH）下设本部管理中队、第1中队、第2中队和第3中队；第131特科大队（多联装火箭系统（MLRS））下设本部管理中队、第1中队、第2中队和第3中队，这支部队可在远距离对广阔地域内的炮兵部队、装甲兵部队、空降部队、直升机机降部队、登陆部队等战斗目标实施瞬间性的压制打击。

第131特科大队装备的多联装火箭系统（MLRS）

目前，第4特科群主要装备有73式小型军用卡车、73式中型军用卡车、73式大型军用卡车、82式指挥通信车、多联装火箭系统（MLRS）、203毫米自行榴弹炮（203SPH）、64式7.62毫米步枪等。其中，203毫米自行榴弹炮是日本陆军现役最大口径的火炮。

第4特科群设群长一名，为一等陆佐军衔，兼任上富良野驻屯地司令一职。

八、第1岸舰导弹联队——日本陆军反登陆精锐部队之一

第1特科团下属第1岸舰导弹联队创建于1992年3月27日，编制总兵力大约400人，驻地设在北海道千岁市的北千岁驻屯地内，主要任务是发射反舰导弹及阻击敌海军水面舰艇部队。

1969年（昭和44年）3月，作为第1岸舰导弹联队前身部队的第125特科大队正式编成，当时装备67式30型火箭弹发射车。1992年（平成4年）3月，以第125特科大队为母体，第1岸舰导弹联队正式编成。

截至2014年，第1岸舰导弹联队部队编制包括本部管理中队、第1中队、第2中队、第3中队和第4中队。

目前，第1岸舰导弹联队主要装备有88式岸舰导弹、73式小型军用卡车、73式中型军用卡车、73式大型军用卡车、64式7.62毫米步枪等。

第1岸舰导弹联队设联队长一名，为一等陆佐军衔。

九、第2岸舰导弹联队——日本陆军反登陆精锐部队之一

第1特科团下属第2岸舰导弹联队创建于1993年3月27日，驻地设在北海道美呗市的美呗驻屯地内，主要任务是发射反舰导弹及阻击敌海军水面舰艇部队。

1971年（昭和46年）3月，作为第2岸舰导弹联队前身部队的第126特科大队正式编成，当时装备67式30型火箭弹发射车。1978年（昭和53年）3月，第126特科大队由东千岁驻屯地换防到美呗驻屯地内。1993年（平成5年）3月，以第126特科大队为母体，第2岸舰导弹联队正式编成。2011年（平成23年）3月，第2岸舰导弹联队参加日本东北地区大地震支援业务，主要承担土葬任务。

截至2014年，第2岸舰导弹联队部队编制包括本部管理中队、第1中队、第2中队、第3中队和第4中队。

目前，第2岸舰导弹联队主要装备有88式岸舰导弹、73式小型军用卡车、73式中型军用卡车、73式大型军用卡车、64式7.62毫米步枪等。

第2岸舰导弹联队设联队长一名，为一等陆佐军衔，兼任美呗驻屯地司令一职。

十、第3岸舰导弹联队——日本陆军反登陆精锐部队之一

第1特科团下属第3岸舰导弹联队创建于1994年3月27日，驻地设在北海道空知郡上富良野町的上富良野驻屯地内，主要任务是发射反舰导弹及阻击敌海军水面舰艇部队。

1993年（平成5年），第4特科群编成岸舰导弹联队准备队。1994年（平成6年）3月，第4特科群及第1特科团下属的直辖部队、第2特科联队、第5特科联队、第11特科联队统一综合改编了第3岸舰导弹联队。

截至2014年，第3岸舰导弹联队部队编制包括本部管理中队、第1中队、第2中队、第3中队和第4中队。

目前，第3岸舰导弹联队主要装备有88式岸舰导弹、73式小型军用卡车、73式中型军用卡车、73式大型军用卡车、64式7.62毫米步枪等。

第3岸舰导弹联队设联队长一名，为一等陆佐军衔。

第3岸舰导弹联队装备的88岸舰导弹正在发射中

| 第五节 | 解读日本陆上自卫队富士教导团

富士教导团是日本陆上自卫队富士学校直辖的教导支援部队、诸兵种合成部队，主要承担富士学校军官学员的战斗训练支援以及富士综合火力演习任务，其兵种特性涵盖教育、训练、战术研究和教范制作，部队驻地设在静冈县骏东郡小山町的富士驻屯地内，警备主管区域为日本全国。

此外，富士教导团与东北方面队都是东部方面队的战略增援部队。

综合来看，富士教导团是日本陆上自卫队中唯一的2星教导部队、日本陆军精英部队中的精英，日本陆上自卫队普通科、机甲科和特科三大主力职种（兵种）军官的诞生地，日本陆军圣地——富士地区中的核心驻军部队。

一、富士教导团的主战装备——日本陆军精英重装战斗集团和教育集团

为了全力支援在富士学校接受教育军官的指挥训练，也就是军官学员指挥部队作战的训练，富士教导团成为北海道地区之外唯一配备90式主战坦克和89式装甲战斗车的重装主力部队，此外，还配备10式主战坦克、74式主战坦克、87式侦察警戒车、FH-70型155毫米榴弹炮、99式155毫米自行榴弹炮、99式弹药供弹车、203毫米自行榴弹炮、87式炮侧弹药车、多联装火箭系统（MLRS）、88式岸舰导弹系统、高机动车、轻装甲机动车、82式指挥通信车、96式轮式装甲车、中距离多目的导弹等精良装备。

综合比较来看，日本陆上自卫队现役最精锐的装备基本都列装到了富士教导团。

二、富士教导团部队编制——诸兵种合同部队

目前，富士教导团的部队编制有富士教导团本部（富士驻屯地）、本部付队

（富士驻屯地）、普通科教导联队（泷原驻屯地）、特科教导队（富士驻屯地）、战车教导队（富士驻屯地）、侦察教导队（富士驻屯地）、教育支援设施队（泷原驻屯地）、富士教导团教育队（泷原驻屯地）和富士教导团军乐队（富士驻屯地）。

三、富士教导团军事指挥官（☆☆）

目前，富士教导团本部核心指挥官由3人组成，分别是一名团长，为2星陆军少将军衔，现任团长为2012年3月30日就职的市野保己少将；一名副团长，为一等陆佐（陆军上校）军衔，现任副团长为2013年4月1日就职的佐藤末明上校；一名高级幕僚长（相当于幕僚长），为一等陆佐军衔，现任高级幕僚为2013年8月1日就职的坂野佳彦。

在纪念庆典期间，行举手礼的富士教导团长

四、富普通科教导联队——日本陆上自卫队普通科部队典范

富士教导团下属普通科教导联队简称为“普教联”，为机械化步兵部队，主要面向富士学校提供普通科方向的军官教育支援、装备开发、战术研究、教范制作支援等任务，此外，还负责东富士演习场定期整备任务，这支部队是日本陆上自卫队所有普通科部队的典范，其驻地为静冈县御殿场市的泷原驻屯地。

综合日本陆上自卫队普通科部队来看，普通科教导联队拥有最新的武器装备，同时，通过普通科军官教育，它可塑造日本全国普通科部队的坚强基石，另外，普通科教导联队还是富士综合火力演习的主力参演部队，主要从事普通科火力方面的展示行动，进而向部队内外展示日本普通科部队的最高战斗力。

在纪念仪式上，正在行举手礼的普通科教导联队长

出操期间的普通科教导联队本部主要军事指挥官全体，前者为联队长

参加富士综合火力演习的普通科教导联队第2中队

参加富士综合火力演习的普通科教导联队

普通科教导队

普通科教导队与战车教导队协同作战

（一）普通科教导联队简史

早在日本陆上自卫队创建初期的1956年（昭和31年）1月25日，为了全力支援富士学校的普通科军官教育以及调查研究、装备开发业务，日本陆上自卫队以当时的第13普通科联队第3大队为基础，同时，在统编其他驻屯地相关部队的背景下，普通科教导联队正式成立。当时的部队编制有本部中队、管理中队、第1大队、第2大队和重迫击炮中队。

1960年（昭和35年）4月，普通科教导联队由富士驻屯地换防到新设立的泷原分屯地（今天的泷原驻屯地）内。

1968年（昭和43年）3月，新编装甲运输队。

1988年（昭和63年）3月，装甲运输队编入第4中队和第5中队。

1994年（平成6年）3月，新反战车中队。

（二）普通科教导联队部队编制

目前，普通科教导联队的部队编制有联队本部、本部管理中队（主要装备82式指挥通信车）、第1中队（主要装备89式装甲战斗车）、第2中队（主要装备轻装甲机动车）、第3中队（主要装备高机动车）、第4中队（主要装备96式轮式装甲车）、重迫击炮中队（主要装备RT型120毫米迫击炮）、反战车中队（主要装备中距离多目的导弹）和新队员教育队。

本部管理中队装备的82式指挥通信车

第1中队装备的89式装甲战斗车

第2中队装备的轻装甲机动车

第2中队装备的轻装甲机动车及性能说明

第3中队装备的高机动车

第4中队装备的96式轮式装甲车

第4中队装备的96式轮式装甲车及性能说明

反战车中队装备的中距离多目标导弹

重迫击炮中队装备的RT型120毫米迫击炮

重迫击炮中队装备的RT型120毫米迫击炮

新队员教育队在东富士演习场内实施新兵培训任务

（三）普通科教导联队新队员教育队

普通科教导联队新队员教育队主要针对入伍新兵实施陆上自卫官最初任职所必需各种基础知识和技能的教育与训练，培训期大约6个月，培训结束后的新兵面向全军部队配置。

（四）普通科教导联队主要装备及指挥官

普通科教导联队的主要装备有73式小型军用卡车、73式中型军用卡车、73式大型军用卡车、高机动车、轻装甲机动车、82式指挥通信车、89式装甲战斗车、96式轮式装甲车、89式5.56毫米步枪、MINIMI型5.56毫米机枪、84毫米无后坐力炮、01式轻反坦克导弹、L16型81毫米迫击炮、RT型120毫米迫击炮、79式反舟反坦克导弹、中距离多目的导弹等。

普通科教导联队设联队长（团长）一名，为一等陆佐（陆军上校）军衔，兼任泷原驻屯地司令一职。

五、特科教导队——日本陆上自卫队特科部队典范

富士教导团下属特科教导队为特科（炮兵）部队、富士学校教育支援部队，编制总兵力大约500人，主要面向富士学校野战特科学员提供特科方向的军官教育支援、装备开发、战术研究、教范制作支援等任务，此外，还负责东富士演习场定期整备任务，这支部队是日本陆上自卫队所有特科部队的典范，其驻地为静冈县骏东郡小山町的富士驻屯地。

在纪念仪式上，正在行举手礼的特科教导队长

（一）特科教导队简史

早在日本陆上自卫队创建初期的1954年（昭和29年）8月20日，特科教导队正式成立。

（二）特科教导队部队编制

目前，特科教导队的部队编制有队本部、本部管理中队（主要装备82式指挥通信车）、第1中队（主要装备FH-70型155毫米榴弹炮）、第2中队（主要装备FH-70型155毫米榴弹炮）、第3中队（主要装备99式155毫米自行榴弹炮）、第4中队（主要装备203毫米自行榴弹炮）、第5中队（主要装备多联装火箭系统（MLRS））、第6中队（主要装备88式岸舰导弹）和第303侦察中队。

（三）特科教导队主要装备及指挥官

特科教导队的主要装备有82式指挥通信车、73式小型军用卡车、73式中型军用卡车、73式大型军用卡车、FH-70型155毫米榴弹炮、99式155毫米自行榴弹炮、99式弹药供弹车、203毫米自行榴弹炮、87式炮侧弹药车、多联装火箭系统（MLRS）、88式岸舰导弹、JMMQ-M2型80式气象测定装置、JTPS-P16型反火炮雷达装置、JMPQ-P13型反迫击炮雷达装置、远隔操纵侦察系统等。

特科教导队设队长一名，为一等陆佐（陆军上校）军衔。

六、战车教导队——日本陆上自卫队坦克部队典范

富士教导团下属战车教导队为机甲科（坦克兵、装甲兵）部队、富士学校教育支援部队之一，编制总兵力大约400人，主要面向富士学校机甲科学员提供机甲科方向的军官教育支援、装备开发、战术研究、教范制作支援等任务，此外，还负责东富士演习场定期整备任务，这支部队是日本陆上自卫队所有机甲科部队的典范，其驻地为静冈县骏东郡小山町的富士驻屯地。

（一）战车教导队简史

早在日本陆上自卫队创建初期的1954年（昭和29年）8月20日，战车教导队正式成立。

2012年（平成24年）3月，战车教导队开始配备日本陆上自卫队最精锐的10式主战坦克，同时，第5中队撤销。

（二）战车教导队部队编制

目前，战车教导队的部队编制有队本部、本部管理中队（HS图案的部队标志）、第1中队（主要装备10式主战坦克，涂装大雕的部队标志）、第2中队（主要装备90式主战坦克，涂装流星的部队标志）、第3中队（主要装备90式主战坦克，涂装黄蜂的部队标志）和第4中队（主要装备74式主战坦克，涂装希腊神话珀伽索斯（飞马）的部队标志）。

（三）战车教导队主要装备及指挥官

战车教导队的主要装备有10式主战坦克、90式主战坦克、74式主战坦克、96式轮式装甲车、87式侦察警戒车、73式小型军用卡车、73式中型军用卡车、73式大型军用卡车、M3A1型11.4毫米短机枪、89式5.56毫米步枪等。

战车教导队设队长一名，为一等陆佐（陆军上校）军衔。

七、教育支援设施队

作为富士教导团的下属部队，目前，教育支援设施队主要面向富士学校提供教育、调查研究支援以及东富士演习场、富士地区各驻屯地提供各种整备、工程等支援任务。教育支援设施队编制总兵力大约150人，编制5个小队，这些小队都是拥有各种工程及桥梁架设能力的工兵部队，可承担课程教育及特种技能教育任务。

（一）教育支援设施队简史

2002年（平成14年）3月27日，第110设施大队改编为教育支援设施队。

2012年（平成24年）3月27日，教育支援设施队举行了创建10周年庆祝活动。

（二）教育支援设施队部队编制

截至2014年，教育支援设施队部队编制有队本部、第1小队、第2小队、第3小队、交通小队和渡河器材小队。

其中，队本部另设总务班、训练班和补给班。

教育支援设施队设队长、副队长及先任上级曹长（军士长）各一名，其中，队长由二等陆佐（陆军中校）军官担任。

（三）教育支援设施队主要装备

目前，教育支援设施队主要装备有地雷原（布雷区）处理车（MCV）、Q型演习场整备器材、81式自行架柱桥、73式小型军用卡车、73式中型军用卡车、73式大型军用卡车等。

（四）教育支援设施队参加的主要任务

在富士综合火力演习期间，教育支援设施队负责展示会场、演习场内各种干线道路的整备以及场地平整业务，指向性霰弹攻击气球布置，直升机散布地雷所需应急布雷区的布置，地雷原处理车搭载火箭弹所需布雷区的布置，等等。

与其他设施科部队相比，教育支援设施队的主要特点在于它还承担着其他设施队所没有的任务，这就是面向富士学校所提供的教育研究（军官学员教育）、行政管理支援（演习场整备）任务，针对富士学校的教育科目特点，这支工兵部队要负责演示设施部队的运用，并在东富士演习场内进行部队实际行动的展示。

同时，教育支援设施队还要像其他的设施科部队一样承担各种工程施工作业，比如：构建障碍、障碍处理、机械作业、渡河作业、桥梁架设、简易指挥所构筑以及各种灾害派遣任务。

八、富士教导团教育队

富士教导团教育队主要针对富士教导团所属队员实施基础课程教育，包括轮式车辆驾驶（车道驾驶、高速驾驶）、轮式车辆驾驶特技（越野驾驶、通过81式自架柱桥）、部队无线电报与密码、牵引车辆资格许可、大型特种车辆资格许可、陆曹候补生结业前教育、应急救护训练等，同时，富士学校汽车教习所内的相关业务也由教育队负责实施。此外，根据富士学校校长的命令，富士教导团教育队还负责实施富士教导团长担任的一部分教育任务，包括日本防卫省事务官（文职人员）研修、预备自卫官募集训练。

（一）富士教导团教育队发展简史

早在1954年（昭和29年）10月，富士学校汽车教习所在富士学校内正式成立，这座汽车教习所就是富士教导团教育队的最早前身。

1961年（昭和36年）12月，根据日本静冈县公安委员会指定汽车教习所的指挥，富士学校汽车教习所由富士驻屯地搬迁到泷原驻屯地内。

1972年（昭和47年）10月，富士学校汽车教习所的设置者由富士学校校长变为富士教导团长。

1973年（昭和48年）3月，在富士学校汽车教习所的基础上，富士教导团教育队正式编成。

（二）富士教导团教育队部队编制

截至2014年，富士教导团教育队的部队编制设置教育队长、本部班、车辆教育班和训练教育班。

其中，教育队长由一名一等陆尉军衔军官担任。

车辆教育班负责运营、维护由日本静冈县公安委员会指定的富士学校汽车教习所。

第六章

遍布日本全国的“陆军演习场”

｜第一节｜解读日本陆上自卫队演习场

目前，日本陆上自卫队在全国各地设置有大量的陆军演习场、训练场、基本射击场、对空射击场、轻武器射击场等部队训练与演习设施，这些基础设施内可进行各种科目的陆军演习、射击与训练活动，它们是日本陆上自卫队战斗力生成的地方、日本陆军存在的命脉。

综合日本陆军基础设施建设情况来看，陆军演习场的作用首屈一指，甚至超过陆军基地（驻屯地、分屯地）的作用，所有驻屯地、分屯地都有指定的陆军演习场、训练场，演习场与陆军基地相生相伴、缺一不可，它们共同承担打造日本强大陆军的职责。

下面按照由北至南、由东至西的顺序，根据日本陆上自卫队北部方面队、东北方面队、东部方面队、中部方面队和西部方面队五大辖区的顺序依次对这些陆军演习场、训练场和射击场进行简要罗列，而后，在后续各章节中对它们进行重点的介绍与适当分析、解读。

一、日本陆上自卫队北部方面队（北海道地区）辖区演习场

鬼志别演习场（猿拂村）；

远轻演习场（远轻町）；

名寄演习场（名寄市）；

矢臼别演习场（厚岸町、滨中町和别海町，日本国内占地面积最大的陆军演习场、综合演习场）；

钏路演习场（钏路町）；

美幌演习场（美幌町）；

然别演习场（鹿追町）；

上富良野演习场（富良野市、上富良野町和中富良野町）；

近文台演习场（旭川市）；
泷川演习场（泷川市）；
美呗演习场（美呗市）；
孙别演习场（岩见泽市）；
留萌演习场（留萌市、小平町）；
大和田训练场（留萌市）；
马萨里贝茨演习场（留萌市）；
江别渡河演习场（江别市）；
北海道红叶山演习场（石狩市）；
钱函演习场（小樽市）；
池田渡河演习场（池田町）；
滨大树训练场（大树町）；
带广训练场（带广市、上士幌町）；
北海道大演习场（千岁市、惠庭市、北广岛市和札幌市，日本国内占地面积第二大的演习场）；
柏台演习场（千岁市）；
来马演习场（登别市）；
高岭演习场（俱知安町）；
驹岳演习场（鹿部町）；
尼濑古演习场（兰越町）。

二、日本陆上自卫队东北方面队（东北地区六县）辖区演习场

青森县境内：

六所对空射击场（六所村）；
小谷演习场（青森市）；
弘前演习场（弘前市、西目屋村）。

岩手县境内：

岩手山中演习场（八幡平市、泷泽市）。

宫城县境内：

王城寺原演习场（大和町、大衡村、色麻町）；

岩沼训练场（岩沼市）。

秋田县境内：

新屋演习场（秋田市）。

山形县境内：

大高根演习场（村山市）。

福岛县境内：

水原演习场（福岛市）；

多田野演习场（郡山市）；

白河布引山演习场（天荣村、西乡村）。

三、日本陆上自卫队东部方面队（关东地区等）辖区演习场

茨城县境内：

胜田小演习场（常陆那珂市）；

水户渡河演习场（水户市）；

七会训练场（城里町）；

三国桥演习场（古河市、埼玉县加须市）。

群马县境内：

相马原演习场（高崎市、榛东村）。

埼玉县境内：

朝霞训练场（朝霞市、新座市）。

千叶县境内：

习志野演习场（船桥市、八千代市）；

柏训练场（柏市）。

新潟县境内：

大日原演习场（阿贺野市）；

关山演习场（妙高市、上越市）。

山梨县境内：

北富士演习场（富士吉田市、山中湖村）。

静冈县境内：

东富士演习场（御殿场市、裾野市、小山町）。

各演习场等

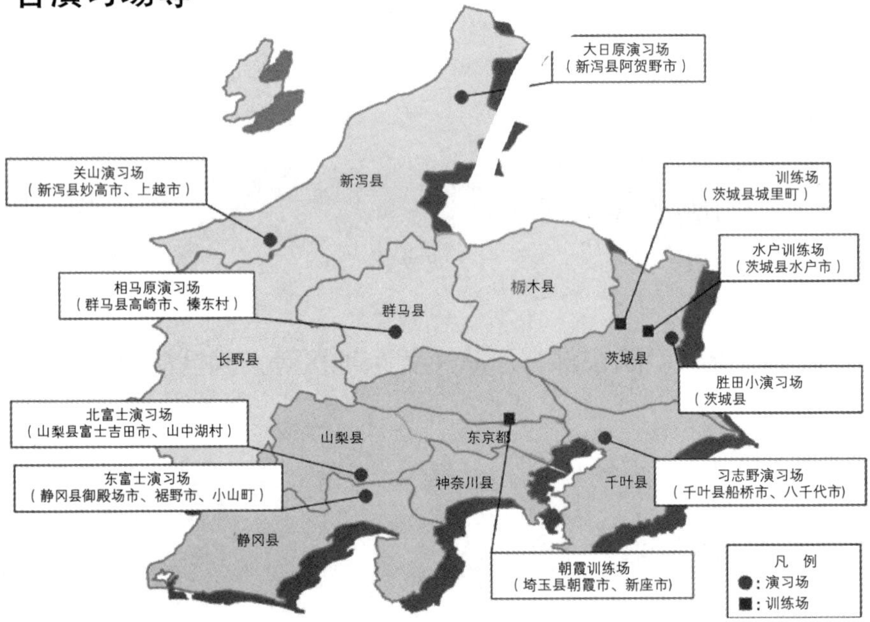

日本陆上自卫队东部方面队辖区内各演习场分布示意图

四、日本陆上自卫队中部方面队（中部地区、中国地区和四国地区）辖区演习场

石川县境内：

三小牛山演习场（金泽市）。

爱知县境内：

日吉原演习场（丰川市）；

千两演习场（丰川市）。

岐阜县境内：

日野射击场（岐阜市）。

三重县境内：

久居演习场（津市）。

滋贺县境内：

饗庭野演习场（高岛市）。

京都府境内：

长田野演习场（福知山市）；

长池演习场（城阳市）。

大阪府境内：

信太山演习场（和泉市）。

兵库县境内：

长尾山演习场（宝塚市）；

青野原演习场（小野市、加西市、加东市）；

鹑野训练场（加西市）。

鸟取县境内：

日光演习场（西伯郡伯耆町）。

岛根县境内：

出西演习场（出云市）。

冈山县境内：

日本原演习场（津山市、胜田郡奈义町）。

广岛县境内：

原村演习场（东广岛市）。

山口县境内：

陆奥见演习场（萩市）。

香川县境内：

国分台演习场（坂出市、高松市）。

爱媛县境内：

小野演习场（松山市、东温市）。

五、日本陆上自卫队西部方面队（九州地区和冲绳县）辖区演习场

福冈县境内：

曾根训练场（北九州市小仓南区）；

西山训练场（古贺市、宫若市）；

高良台演习场（久留米市）。

佐贺县境内：

大野原演习场（嬉野市、长崎县东彼杵町）。

长崎县境内：

上见坂演习场（对马市）；

大多武演习场（大村市）。

熊本县境内：

大矢野原演习场（山都町）；

黑石原演习场（菊阳町、合志市）。

大分县境内：

十文字原演习场（别府市、日出町、杵筑市）；

日出生台演习场（宇佐市、由布市、九重町、玖珠町）。

宫崎县境内：

雾岛演习场（海老野市、鹿儿岛县涌水町）；

都城训练场（都城市）。

鹿儿岛县境内：

佐多射击场（南大隅町）；

高之峰射击场（曾於市）；

福山演习场（雾岛市）；

川内演习场（萨摩川内市）。

冲绳县境内：

浮原岛训练场（宇麻流市）；

那霸训练场（那霸市）；

冲绳训练场（冲绳市）。

六、分大、中、小规模的日本陆上自卫队演习场

根据演习场能否进行榴弹炮射击、迫击炮射击以及反坦克导弹射击，上述各辖区内的陆军演习场又有大规模演习场、中规模演习场和小规模演习场的区分，其中，大规模演习场又可进行陆空，甚至陆海空三军联合大演习，至于小规模演习场只可进行步兵战术训练及演习。

举例来看，著名的大规模演习场有北海道地区的矢臼别大演习场和岛松演习场（北海道大演习场）、东北地区的王城寺原演习场、关东地区的东富士演习场和北富士演习场、九州地区的日出生台演习场等。

重要的中规模演习场有鬼志别演习场、上富良野演习场、然别演习场、岩手山中演习场、白河布引山演习场、关山演习场、相马原演习场、饗庭野演习场、日本原演习场、青野原演习场、大野原演习场、大矢野原演习场等。

主要的小演习场有十文字原演习场、雾岛演习场、有明演习场、驹岳演习场、原村演习场、大日原演习场等。

日本陆上自卫队大规模陆军演习场基本概况对比列表：

排名	演习场名称	占地总面积	所属辖区	所在地	可否实弹射击	基本概况
1	矢臼别大演习场	16 800公顷①	北部方面队	北海道厚岸郡厚岸町、厚岸郡滨中町和野付郡别海町	可	演习场无间断、为统一的整体，可实施师团级别的大规模对抗性演习
2	北海道大演习场	9600公顷	北部方面队	北海道札幌市、北广岛市、惠庭市和千岁市	可	包括东千岁地区、千岁地区、惠庭地区、岛松地区、岛松弹着区、有明地区和西冈地区共7座演习场

① 1公顷＝10 000米²

续表

排名	演习场名称	占地总面积	所属辖区	所在地	可否实弹射击	基本概况
3	东富士演习场	8802公顷	东部方面队	静冈县御殿场市、小山町和裾野市	可	日本自卫队富士综合火力演习的实施地
4	日出生台演习场	4900公顷	西部方面队	日本九州地区日出生台高原	可	西日本地区最大的陆军演习场
5	王城寺原演习场	4650公顷	东北方面队	宫城县色麻町、大和町和大衡村	可	日本东北地区最大的陆军演习场
6	北富士演习场	4597公顷	东部方面队	山梨县富士吉田市、山中湖村和忍野村	可	日本陆上自卫队全军部队对抗演习的大本营
7	日本原演习场	1450公顷	中部方面队	冈山县胜田郡奈义町和津山市	可	拥有多种专业射击训练场和训练场

七、日本陆上自卫队演习场总体概况

日本陆上自卫队演习场主要供日本陆上自卫队所属部队进行军事训练时使用，通常情况下，演习场的占地规模都非常庞大。

一般情况下，日本陆上自卫队演习场主要设置在人烟稀少的山地及丘陵地区，场内可实施轻武器射击、反坦克导弹射击、迫击炮射击、榴弹炮射击等训练活动。目前，日本陆上自卫队占地规模非常庞大的演习场都集中于日本北海道地区，比如：矢臼别大演习场、北海道大演习场、上富良野演习场等。占地规模比较小的演习场通常与当地民居相邻，这些演习场主要用于步兵分队、班、小队及中队规模部队的训练，而且，一般情况下，不能进行实弹射击，只能进行空包弹射击。在进行空包弹射击时，演习场要与当地政府协调演习的时间段。

按照惯例，日本陆上自卫队演习场内所有要地均要分配名称，主要周边地域的名称均使用过去的称呼，高地均以海拔高度称呼。

八、日本陆上自卫队标准演习场的基础设施配置

目前，日本陆上自卫队标准演习场的基础设施配置有简易营房区与宿营地、战斗靶场、靶场、弹着区、移动标靶和轻武器射击场。

（一）简易营房区与宿营地

日本陆上自卫队演习场内的简易营房区与宿营地统称为宿营场所，其中，简易营房区是用混凝土材料或木材搭建起来的基础设施，其内部设置有床铺、床垫等寝具以及卫生间、洗澡场、炊事场等设施。至于一般宿营地，它类似于广场，没有任何建筑，条件好一点的宿营地设置有卫生间、水场等设施。

（二）战斗靶场（步兵作战靶场）

战斗靶场是使用步枪、机枪、迫击炮等轻武器进行战斗的战场环境，通常情况下，这样的靶场宽度为300米、纵深可达600米，靶场内设置有可用于战斗队员隐蔽的填土以及可以突然跳跃起来的地基、可以挡住步枪子弹等枪弹攻击的十几米高的土堆等地面构件。战斗靶场的后方设计有弹着区，这个弹着区可以明显表示迫击炮的弹着情况。在战斗靶场内进行小队（排级）规模的战斗训练以及狙击训练、无后坐力炮射击训练等情况下，可以使用小口径枪弹进行射击训练。

目前，一部分日本陆上自卫队演习场中，战斗靶场与实弹条件下战斗训练场并存设置。

（三）靶场（火力支援靶场）

靶场主要用于反坦克导弹、无后坐力炮、榴弹炮等重武器射击场合。在靶场内，有易于固定武器发射装置的预先构筑阵地、不会阻碍后方爆炸冲击波的空旷环境以及非常平整的地面，而且，在大多数情况下，无后坐力炮和反坦克导弹的靶场都会以目视条件确定出具体发射位置。对于特科（炮兵）部队使用的靶场，

有很容易进行小口径炮弹射击的靶场，通常情况下，这种靶场被称作“教练靶场”，它与通常的靶场有区别，比如：上富良野演习场、然别演习场等都设置有这种靶场。此外，在进行射击操作时，靶场周围严禁人员及车辆进入，为了达到封锁效果，靶场周边会设置数个警戒哨。

日本陆上自卫队另有一些演习场设置有特殊的基础设施，比如：北海道大演习场岛松地区主战坦克专用靶场等以坦克装备为主要使用对象的靶场设置有高度为30米、纵深达20米的大型混凝土建筑物，这种被称作“穿甲弹大坝”的标靶设施设计有靶挡，主要供主战坦克实弹射击时使用。

（四）弹着区

日本陆上自卫队演习场内的弹着区主要供普通科部队的迫击炮、反坦克部队的反坦克导弹、特科部队的火炮与迫击炮以及导弹射击训练时作为实弹射击的标靶地使用。通常情况下，弹着区周围设计有防火带以防止火势的蔓延，这些防火带主要选择那些寸草不生的场所。弹着区内设计有被称作“靶挡”的跳弹阻止设施以及十几米高的土堆。

（五）移动标靶

通常情况下，移动标靶是主要设计在弹着区内的标靶设施，它是可通过马达驱动或发动机驱动的移动式射击目标。坦克标靶是用胶合板、网格等材料制作，可在100米左右距离进行驱动的移动目标，在进行反坦克导弹射击时，可遥控标靶进而制造移动中的射击目标。

（六）轻武器射击场

演习场内的轻武器射击场主要使用步枪等轻武器进行射击，根据距离的不同，可分别设置25米、50米、100米、200米、300米的靶位，从阻止跳弹的考虑出发，一般情况下，轻武器射击场都设计在演习场、训练场的山坳等地形条件下。当然，轻武器射击场不仅可用于步枪射击，同时，也可用于机枪、手枪射击训练。目前，分布于师团司令部等附近的轻武器射击场都是采用自动评分装置等设施的现代化射击场。至于，没有设置自动评分装置的轻武器射击场都设计有监靶壕（或靶壕），勤务人员进入靶壕后可对射击人员的射击效果进行评判。

在日本本州、九州等人口相对稠密的地区，演习场周边遍布民宅，这样的条件就大大限制了轻武器射击场的使用，鉴于此，这些地区的演习场都建有室内轻武器射击场。室内轻武器射击场都是混凝土构件的建筑物，日本自卫队将其称作“覆道式射击场”。尤其是日本东京都地区的演习场，这些都市地区的轻武器射击场基本都是室内设计。

九、日本陆上自卫队“实弹下潜入训练场”（实弹条件下渗透训练场）

“实弹下潜入训练场”是日本陆上自卫队在实弹条件下实施训练的战斗训练场。

从训练效果上来看，实弹下潜入训练场主要是为了训练没有任何实战经验的日本陆上自卫队队员，在这样的训练场内，可通过实弹条件制造的枪林弹雨来给队员们以实战体验。从基础设施规模上来衡量，实弹下潜入训练场需要配备在中等规模以上的演习场内，目前，日本陆上自卫队五大方面队每个辖区内各配备一座实弹下潜入训练场，其中，北部方面队配备在北海道大演习东千岁地区（东千岁演习场）、东北方面队配备在王城寺原演习场、东部方面队配备在东富士演习场、中部方面队配备在日本原演习场、西部方面队配备在大矢野原演习场内。另外，还设置其他几座此类训练场。

从训练场基础设施配置上来看，有可供机枪射击的高台、障碍性的堑壕、有刺铁丝网障碍区、设置有各种障碍物的匍匐训练场等，训练过程中还有TNT炸药爆炸所营造出来的枪林弹雨环境。

十、日本陆上自卫队“市街地训练场”（城市巷战训练场）

近年来，日本陆上自卫队对城市巷战训练的需求不断提高。截至2014年，日本陆上自卫队各部队或利用宿营地等基础设施周边的废弃房屋改成巷战训练场，比如：北九州地区的曾根训练场就利用日本帝国陆军时代的毒气制造工厂而改建成巷战训练场，或利用一部分营房等基础设施改建成巷战训练场，此外，还有利用胶合板房制作想定巷战训练场的情况。

尽管上述巷战训练场能满足暂时的需求，不过，日本陆上自卫队还是迫切需要大量的专业性巷战训练场，基于此，五大方面队近年来都至少建设了一座专业性城市巷战训练场。比如：东部方面队于2006年3月在靠近富士驻屯地（富士学校）的东富士演习场内建设了日本陆上自卫队第一座专业的市街地训练场，这座城市巷战训练场占地总面积大约3万米^2，纵宽大约150米、横宽大约200米，总投入大约25亿日元，训练场内建有政府办公楼、电视台、学校、银行、出租公寓、宾馆、高层集体住宅楼、公共住宅、饭店、超级商场等共计10栋模拟钢筋混凝土建筑物以及1栋管理办公楼，总计11栋模拟训练设施，此外，还设计有想定的地铁等地下交通以及直升机机场设施，这座训练场真实地模拟再现了一个完整的都市环境。训练场内所有建筑物的屋顶及室内都安装有可动式的摄像头，而且，管理办公楼内的监视器每转动1度就可对40处设施的训练情况进行确认。此外，这座训练场还可进行夜间条件下的训练。

综合来看，东富士演习场内的城市巷战训练场是日本国内最大规模的巷战训练场，而且，它是日本国内唯一可承担中队规模（大约150人）城市巷战训练的基础设施，包括中队检阅、以攻击为主体的巷战训练以及由防御转入攻击情况的巷战训练。尽管如此，该训练场与欧美等北约国家的巷战训练场比较起来还是非常小的规模。

截至2014年，日本国内的主要专业城市巷战训练场分别设置在北部方面队的北海道大演习场东千岁地区、东北方面队的王城寺原演习场、东部方面队的东富士演习场、中部方面队的饗庭野演習场和西部方面队的雾岛演习场。其中，北海道大演习场东千岁地区内的巷战训练场横宽为100米、纵深为300米，场内建有银行、公共住宅、超级商场、地下通道等模拟基础设施。整体来看，除东富士演习场外，其他巷战训练场基本都建设了5栋左右的模拟建筑物，这些训练场只可进行小队（排级）规模的巷战训练。

2004年2月9日，东北方面队正在使用王城寺原演习场巷战训练场内的预制组合建筑进行巷战训练

2007年11月13日，中部方面队使用日本原演习场内的城市巷战训练场进行训练

2008年3月17日，中部方面队正在使用城市巷战训练场进行巷战训练

| 第二节 | 解读日本陆上自卫队矢臼别大演习场

日本陆上自卫队矢臼别大演习场位于日本北方领土北海道岛的中部，横跨北海道厚岸郡 厚岸町、厚岸郡滨中町和野付郡别海町，占地总面积大约16 800公顷，它是日本陆上自卫队中现役规模最大、综合演习能力最全面的陆军演习场，这座演习场的占地面积相当于日本大阪市土地总面积的四分之三，演习场内可实施实弹射击距离超过18千米的射击。

目前，矢臼别大演习场每年要承担的例行陆军演习任务有日本陆上自卫队协同转地演习（联合跨区机动演习）、第1空挺团伞降突击作战演习、日美联合大演习等等。从演习日程安排上来看，矢臼别大演习场几乎处于连续不断的演习状态中，平均每年演习天数达到了300天。

一、矢臼别大演习场的综合概况——“东洋第一陆军演习场”

（一）矢臼别大演习场的地质、地形条件

矢臼别大演习场内有根钏台地，这块台地拥有火山灰所特有的地质条件，因此，非常适合于挖掘洞穴，这是陆军演习场所最需要的地质条件。从地形条件上来看，矢臼别大演习场内是连绵不断的缓坡丘陵，这点地形条件与上富良野演习场、然别演习场等中等规模的演习场不同，在这种演习场内很难找到利于方向辨别和记号标记的地形地物，比如：海拔高度很高的山脉，因此，在矢臼别大演习场内进行单独行动时很容易迷茫。

据演习记录记载，每年在矢臼别大演习场内进行的几次夜间训练都因为北海道棕熊的出没而中止。

（二）矢臼别大演习场的演习规模空前绝后

综合日本全国的陆军演习场来看，矢臼别大演习场占地规模非常庞大，名列

日本陆军演习场第一位，而且，这座演习场还是日本国内唯一可进行军区（方面队）规模对抗演习的地区，在这样的条件下，日本陆上自卫队由方面总监（军区司令员）总导演下的师团对抗演习以及由方面总监作为总导演官的军区总动员演习经常要在矢臼别大演习场内举行，而且，矢臼别大演习场也是日本国内唯一能承担上述两种演习的陆军演习场。

（三）矢臼别大演习场基本概况

目前，日本272号国道横穿矢臼别大演习场，在举行战斗团（作战集群）训练等演习活动时，训练一方可充分利用这种条件观察横穿国道的对方人员。

距离272号国道东部方向大约1000米处就是矢臼别大演习场内的弹着区，鉴于此，为了防止榴弹炮等重火力射击时可能发生的危险，演习场在国道沿线设有值勤待机的警戒员，他们可督促当地民众不要在国道线上停留，以免发生危险。尽管如此，2013年，美国海军陆战队在矢臼别大演习场内进行实弹射击时还是有炮弹落到了演习场之外，这是一起比较严重的事故。

（四）矢臼别大演习场的各种基础设施

纵观日本全国的陆军演习场来看，矢臼别大演习场是一座标准的陆军演习场，其场内基础设施有简易营房区和宿营地、战斗靶场（小规模步兵战斗靶场）、重火力靶场（包括主战坦克靶场、榴弹炮靶场、反坦克导弹靶场）、弹着区、轻武器射击场等。

二、矢臼别大演习场内的机场设施

目前，矢臼别大演习场还建有两处机场设施，分别是别寒边机场和矢臼别机场，利用这些机场设施，参演部队可通过空运手段快速到达指挥区域。

其中，别寒边机场位于别海町西春别地区内，它坐落在横穿272号国道西侧的演习场边境地区附近，机场内建有一条飞行跑道，跑道方向为15/33，跑道设计全长为300米、宽为25米，管理者为日本防卫省。

矢臼别机场位于别海町中西别的演习场简易营房区内，机场内也建有一条飞行跑道，跑道方向为17/35，跑道设计全长为600米、全宽为30米，管理者为日本防卫省。

上述两座机场内的飞行跑道设施都没有采取沥青材料加固跑道路面，相反，只有杂草丛生的矮草地，故此，这些机场设施只限定于起降直升机，而不能起降固定翼飞机。

三、矢臼别大演习场的管理及部队宿营

目前，矢臼别大演习场的基础设施管理由第5旅团下属别海驻屯地业务队矢臼别演习场管理班承担。同时，为了便于驻日美军的使用，矢臼别大演习场的简易营房区内还建有供驻日美军专用的指挥所设施、演习部队餐饮与住宿营房等基础设施，虽然矢臼别大演习场是日本自卫队的演习场，但是在原则上，由驻日美军专用的基础设施日本自卫队是不能使用的。

矢臼别大演习场内的人工基础设施集中于简易营房区内，这里共建有数座宿营地和循环式卫生间以及洗浴池。另建有着陆场，这里主要用于演习部队的集结、整训、动员等活动。此外，矢臼别大演习场内还设有唯一的小卖店，不过，这里的商品价格很高，队员都称它们是“山价格”。

四、矢臼别大演习场承担的主要陆军演习

截至2014年，矢臼别大演习场承担的主要陆军演习有军区（方面队）演习、师团对抗演习、战斗团（作战集群）检阅、日美联合训练、协同转地演习（联合跨区机动演习）、第1空挺团伞降突击训练等。

其中，军区演习是以日本陆上自卫队五大方面队某个方面总监为总导演的军区规模动员演习，在军区演习期间，北海道地区内的多个主要演习场都参加演习活动，不过，其中的主要训练中心仍然是矢臼别大演习场。

师团对抗演习是将2个师团分成红蓝双方而进行的战斗对抗性演习，这些师团部队可来自日本全国。

战斗团检阅就是可同时对某个作战集群进行攻击与防御方面的训练。

日美联合训练的英文缩写为FTX，它是日本自卫队与驻日美军之间的联合训练与演习。

目前，矢臼别大演习场是日本国内最重要的实弹射击演习场之一，在这座演习场可进行的主要实弹射击训练有美国海军陆战队实弹射击训练、日本陆上自卫队特科（炮兵）部队射击训练、反坦克导弹射击训练等，而且，矢臼别大演习场是日本国内唯一可进行多联装火箭（MLRS）实弹射击训练的演习场。

下面简要举例一些由矢臼别大演习场承办的陆军演习与训练活动：

五、第1特科团“平成24年度第3次第4特科群矢臼别转地训练”

2012年（平成24年）3月9日至3月14日期间，北部方面队直辖第1特科团第4特科群在矢臼别大演习场内实施了平成24年度第3次矢臼别转地（跨区）训练。

本次训练的主要科目是第4特科群下属多联装火箭系统（MLRS）大队进行实弹射击训练以及2个203毫米自行榴弹炮大队实施冬季条件下的战术行动演练。其中，MLRS实弹射击训练将实施精度良好的射击，203毫米自行榴弹炮大队将在积雪严寒地演练指挥所及自行榴弹炮掩体的构筑、警戒及自卫战斗等内容。

第4特科群的冬季MLRS实弹射击训练

第4特科群指挥所

占领射击阵地的第4特科群203毫米自行榴弹炮

六、第1特科团“平成25年度方面队职种协同训练”

2013年（平成25年）8月19日至8月31日期间，第1特科团联合第2师团、第5旅团、第7师团、第11旅团下属各特科部队在矢臼别大演习场内实施了“平成25年度方面队职种协同训练（特科部分）”。

本次训练参演队员大约2000人，主要演练北部方面队直辖所有特科部队的实弹射击要领，目标情报收集与处理以及与根据目标情报进行高效射击相关的指挥参谋业务演练等。此次训练实施了5夜6日连续不间断的演练。

七、图解矢臼别大演习场基础设施

位于北海道东南部地区的矢臼别大演习场及周边地区全景俯瞰卫星照片

矢臼别大演习场分布范围示意图，图中白线范围之内

矢臼别大演习场全景卫星照片，明显可见西侧的弹着区，东部的重火力支援靶场及各种战斗车辆车道

矢臼别大演习场东部的野战炮兵（包括榴弹炮、自行榴弹炮、多联装火箭系统（MLRS）等）靶场及车道、主战坦克靶场及车道等设施全景

位于矢臼别大演习场东部北端内的简易营房区、宿营地及矢臼别机场全景卫星照片

由北向南看简易营房区，可见大规模的营房设施、车场，矢臼别机场就在营房区南侧，并与营房相邻

大规模营房、司令部办公楼、车场及集结场全景特写

参演部队的驻军营房特写

物资堆放场之一特写

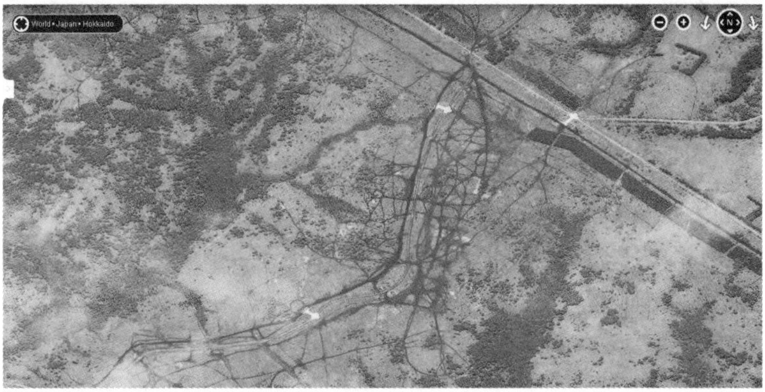

演习场内错综复杂的车道网络

纵观演习场内部的日本北海道272号国道

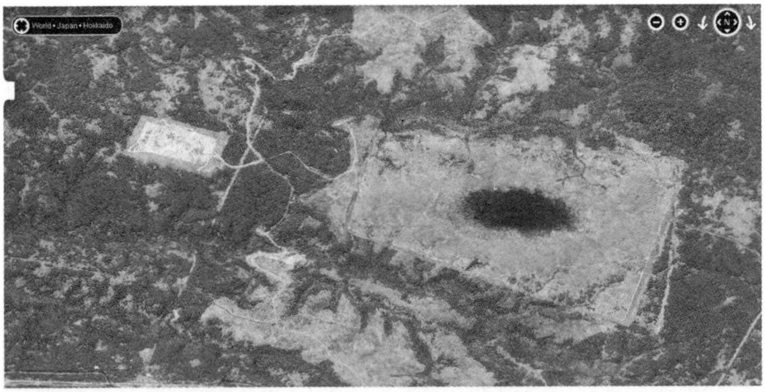

演习场东部的重火力支援靶场和弹着区全景

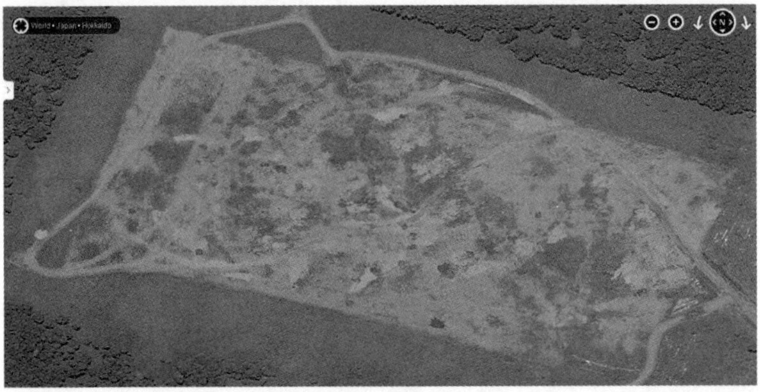

重火力支援靶场特写

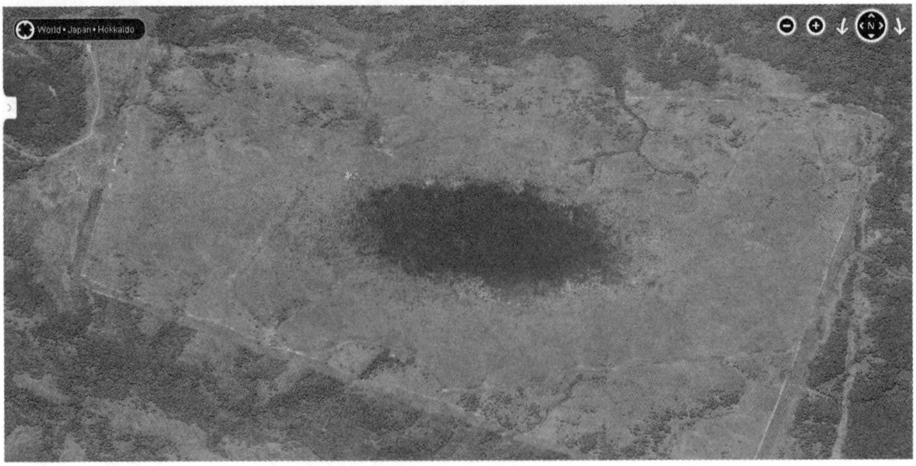

弹着区及周边的防火隔离带全景

| 第三节 | 解读日本陆上自卫队北海道大演习场

日本陆上自卫队北海道大演习场横跨日本北海道札幌市、北广岛市、惠庭市和千岁市4个市级行政区，它是七个陆军演习场的总称。在日本陆上自卫队中，北海道大演习场是仅次于矢臼别大演习场的第二大演习场，全部七个演习场占地总面积为9600公顷。与连绵不断的矢臼别大演习场相比，北海道大演习场存在着明显的劣势，那就是七座演习场被分割在不同的地区内，从而，很难实施大范围的联合作战演习及远距离的实弹射击训练。

目前，日本陆上自卫队的参演部队也称北海道大演习场简称为“北大演”。

一、北海道大演习场的战略地位

北海道大演习场周边遍布日本陆上自卫队的驻军部队，这一地区是日本北海道地区驻军密度最稠密的地方，他们都是日本陆上自卫队的精锐部队，包括北部方面队中的第7师团和第11旅团，其中，拥有北部方面总监部的第11旅团驻军部队驻扎在北海道大演习场的北缘，日本陆上自卫队唯一的装甲师团——第7师团所属部队驻军则位于北海道大演习场的包围之中。

在北海道南部石狩平原36号国道的沿线遍布着第7师团和第11旅团的驻屯地和演习场，其中主要的7座演习场汇集成北海道大演习场，每座演习场附近又都分着至少几座驻屯地，这为驻军部队演习提供了极大的方便。之所以北海道大演习场周边会成为北海道地区驻军最稠密的地区，这主要是因为北海道人口最密集的“札幌都市圈”就坐落在这片地区，出于对北海道政治、经济、文化中心防御的必要，故此需要重兵把守，同时，这也有防御俄罗斯军事力量的考虑。在日俄有事的情况下，石狩平原会成为俄远东军事中心——符拉迪沃斯托克通向日本太平洋沿岸的唯一走廊地带，在冬季，鉴于鄂霍茨克海浮冰的影响，俄罗斯与太平洋之间的海上交通线断绝，故此，陆路上的石狩平原则成了俄军出击太平洋的唯一通道。考虑到这种战略地位，石狩平原的驻军势必会得到最大程度的加强。

二、北海道大演习场的基础设施构成

目前，北海道大演习场共由7座演习场组成，按照由南至北的顺序分别是东千岁地区演习场、千岁地区演习场、惠庭地区演习场、岛松地区演习场、岛松弹着区演习场、有明地区演习场和西冈地区演习场。

其中，东千岁地区演习场位于北海道大演习场的东南部，这座演习场紧挨着第7师团司令部驻地的东千岁驻屯地，东千岁地区演习场也称“东千岁演习场”（军事地图及训练时标注的演习场称呼）。东千岁演习场是北海道地区唯一的“实弹条件下渗透训练场”，也就是说，在实弹条件下，参演部队可进入演习场进行训练。

千岁地区演习场紧挨着北千岁驻屯地，也称惠庭演习场（军事地图及训练时标注的演习场称呼）。

惠庭地区演习场紧挨着南惠庭驻屯地，也称惠庭演习场（军事地图及训练时标注的演习场称呼）。

岛松地区演习场紧挨着岛松驻屯地，也称岛松演习场（军事地图及训练时标注的演习场称呼），这是一座以防御作战为主体的战斗训练场，演习场内可通过由阵地至目标之间的移动标靶进行各种反坦克导弹射击训练、特科（炮兵）火力支援训练、重迫击炮火力支援射击训练、坦克火力支援射击训练等，总之，岛松演习场是一座非常重要的陆军诸兵种联合作战训练的战斗演习场。

岛松弹着区演习场也称“岛松空对地射击场”或“岛松演习场”，这两种称呼都是军事地图及训练时标注的演习场名称。从名称上来看，岛松弹着区可供日本航空自卫队的战斗机进行实弹射击训练使用，而且，岛松演习场东部不远处就是日本航空自卫队的千岁基地，而千岁空军基地是日本北海道地区唯一的大型空军机场设施、日本对俄作战的最前线基地和战斗机作战基地、防空导弹基地以及精锐第2航空团的母基地。空军作战训练用途是岛松弹着区演习场的最主要特点。

有明地区演习场也称“有明演习场”（军事地图及训练时标注的演习场称呼）。

西冈地区演习场也称“西冈演习场”（军事地图及训练时标注的演习场称呼），此外，在冬季，这座演习场还用作冬奥会运动项目之一的20千米4点射击滑雪赛的训练场。

上述7座演习场的日常管理和维护由各相邻驻屯地业务队的演习场管理班负责。

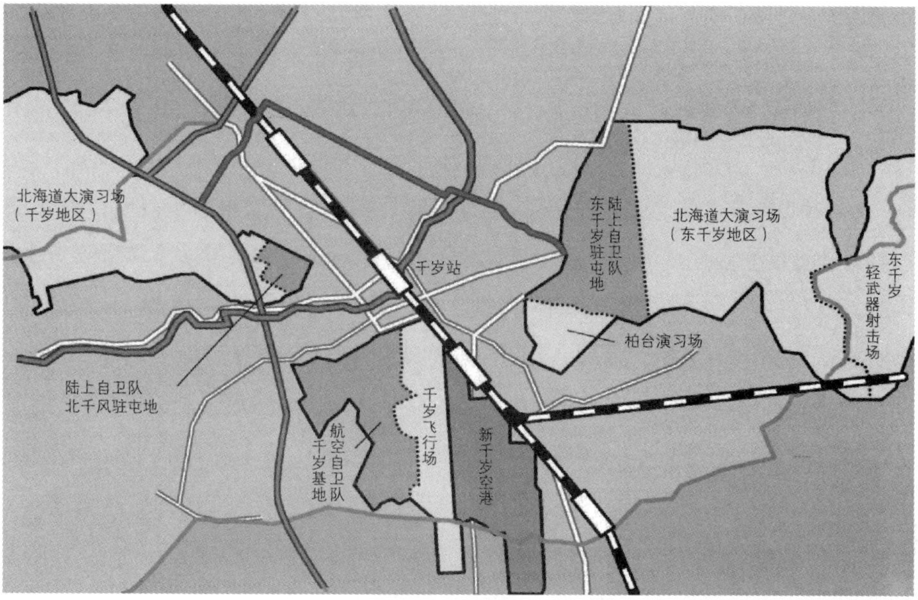

北海道大演习场的千岁地区与东千岁地区以及北千岁驻屯地、东千岁驻屯地、柏台演习场、东千岁轻武器射击场、日本航空自卫队千岁基地、千岁国际机场分布示意图（其中，东千岁驻屯地占地总面积672公顷、柏台演习场占地202公顷、北海道大演习场东千岁地区占地951公顷、东千岁轻武器射击场占地661公顷、北千岁驻屯地占地78公顷、北海道大演习场千岁地区占地871公顷、千岁空军基地占地920公顷）

自每年春季开训以来，北海道大演习场便开始承担大量的陆军演习与训练业务，下面对一些典型的演习和训练进行概况介绍，以侧面了解北海道大演习场的综合作用。

三、第1岸舰导弹联队“陆海协同反舰战斗训练”

2009年（平成23年）8月18日至8月20日期间，第1特科团第1岸舰导弹联队在北海道大演习场千岁地区内实施“陆海协同反舰战斗训练”。

本次训练主要目标是演练第1电子队及情报收集要领，同时，在反登陆作战中，对综合火力的最大程度发挥要领及日本陆上自卫队与日本海上自卫队、日本航空自卫队之间的综合协调要领进行演练，在反海面作战中，要对火力运用及综合作战实施要领进行演练。

时任北部方面总监酒井3星陆军中将对训练进行了视察，另外，来自海自及空自的作战指挥官及大量的作战研究者也参加了演习。

8月18日，各阵地设施构筑基本完成，19日，综合演习预演，基于第1特科团长日高2星陆军少将的指导事项，整个演习方案又进行了最后的确立。

8月20日上午10时整，演习部队指挥官向北部方面总监报告情况后，整个演习开始。在综合调整所，演习第1个科目是陆海协同对敌先头梯队实施导弹攻击。第2个科目是陆海协同对敌第1梯队实施射击。第3个科目是第1电子队对敌军舰的防空雷达实施电子干扰，而后，第1岸舰导弹单独对2个作战目标实施导弹攻击。综合反舰战斗结束后，北部方面总监对第1岸舰导弹联队指挥所、第1电子队指挥所、岸舰导弹发射阵地进行了视察。在整个演习期间，第1电子队、日本海上自卫队熊鹰号导弹艇、第11侦察队为第1岸舰导弹联队提供了各方面的战斗支援。

视察演习调整所地域的北部方面总监酒井3星陆军中将

演习开始后，方面综合调整所内部情况

反舰射击开始的88式岸舰导弹发射车

沿海岸线展开部署的第1岸舰导弹下属某SSM雷达小队

四、“平成21年度第11战车大队潜水渡涉训练”

2009年10月27日，第11战车大队在北海道大演习场惠庭地区及千岁地区漕舟训练场内实施“主战坦克潜水渡涉训练”，这是90式主战坦克装备该部队后进行的第一次涉水训练。

进行水密检验的第11战车大队

潜水渡涉开始中的90式主战坦克

五、第5旅北部方面队“平成25年度近接战斗训练”（AC-TESC）

2013年（平成25年）6月10日至6月24日期间，北部方面队指定第7师团长盐崎3星陆军中将为指挥官在北海道大演习场内实施“平成25年度近接（近身）战斗训练”（AC-TESC），这是一种实战环境下的作战训练。

此次训练共有9个来自北海道地区内外的部队参加，主要训练目标是提高参演部队的指挥能力以及各兵种间的协同作战能力。

AC-TESC训练以坦克部队为参演基干，兼顾炮兵、直升机等兵种，交战训练装置以激光训练装备取代传统的炮弹、枪弹，作战训练环境以实时条件下随机抽取为标准，所有训练接近实战情况。

此外，训练中心可对进行中的战斗情况进行确认，然后使用系统软件对战斗结果进行分析，训练结束后，这些资料可用于训练研讨会。

统筹情报信息的训练中心

坦克兵与炮兵之间的协同训练

六、第2岸舰导弹联队“全联队训练”

2013年10月13日至10月20日期间，第1特科团第2岸舰导弹联队在北海道大演习场内实施“全联队训练”。

10月13日至15日期间，联队展开所属各中队的计划训练，主要训练内容是使用机械力构筑强固的阵地；10月16日至19日期间，全联队实施3夜4日连续不断的战斗训练，19日未明时分至上午，实施大规模的88式岸舰导弹反舰战斗训练。

10月16日，第2岸舰导弹联队的开训仪式

88式岸舰导弹发射车的伪装

88式岸舰导弹的标准阵地

88式岸舰导弹发射车正在实施反舰战斗训练

七、第五旅团“平成25年度方面队综合战斗射击”训练

2013年（平成25年）10月15日至10月24日，第5旅团在北海道大演习场内实施“平成25年度方面队综合战斗射击”。

在此次综合射击训练中，第5旅团下属3个普通科联队的所有普通科中队长都进行了战斗射击指挥，同时，第5特科队、第5战车大队或配属普通科部队，或作为火力支援部队参加训练，在整个演习中，所有参演部队演练了诸兵种部队间的火力配合、机动及火力的协同等训练科目，这次训练既提高了诸兵种部队综合火力的打击能力，同时，也检验了综合战斗射击要领的效率。

具体战斗射击训练科目包括90式主战坦克的战斗射击、L16型81毫米迫击炮战斗射击、RT型120毫米迫击炮战斗射击、01式轻反坦克导弹战斗射击、99式155毫米自行榴弹炮战斗射击、110毫米单兵便携式反坦克榴弹（小口径弹）战斗射击以及步兵轻武器战斗射击。

训练期间，北部方面总监对整个演习进行了视察。

在“平成25年度方面队综合战斗射击”，第5旅团正在实施90式主战坦克射击

第5旅团正在实施99式155毫米自行榴弹射击训练

第5旅团正在实施01式轻反坦克导弹射击训练

下面按照由北至南的顺序分别图解北海道大演习场西冈地区、有明地区、岛松弹着区、岛松地区、惠庭地区、千岁地区和东千岁地区7座演习场内的基础设施。

八、图解北海道大演习场之西冈地区的基础设施（最北端）

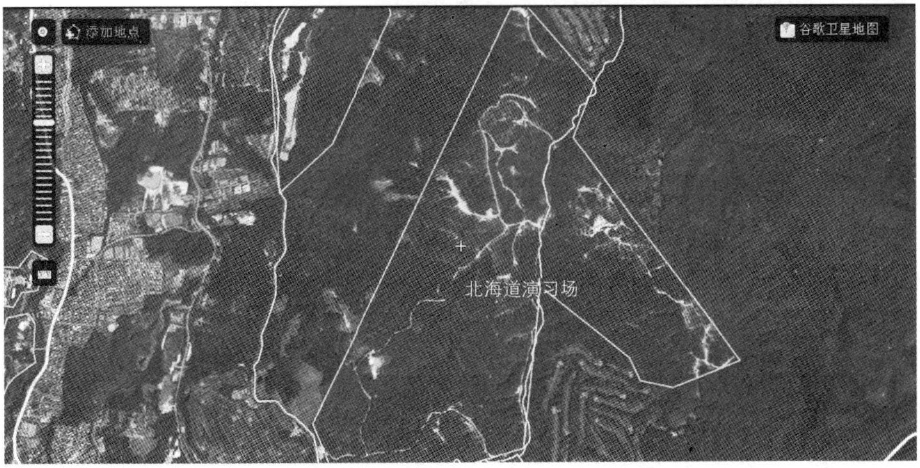

西冈地区演习场分布范围示意图，白线范围之内，可见演习场北部和南部各有一座高尔夫球场

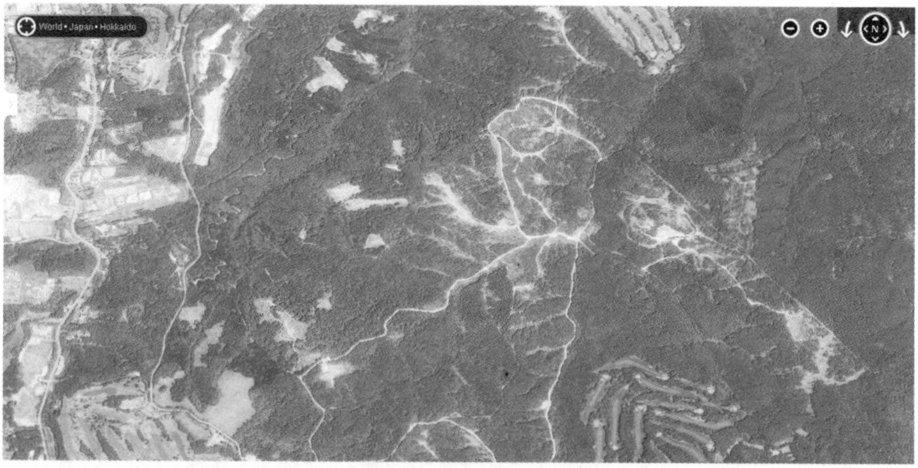

西冈地区演习场全景俯瞰卫星照片，整体来看，西冈地区演习场是一座中等规模的步兵战术训练场，场内遍布各种步兵战术训练设施，同时，不能进行实弹射击训练，演习场北部相邻设有真驹内驻屯地射击场，南部相邻设有北海道大演习场的有明地区

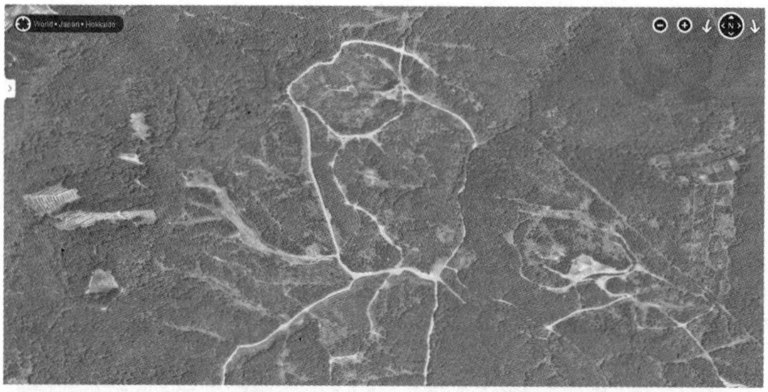

演习场北部的步兵战术训练区特写

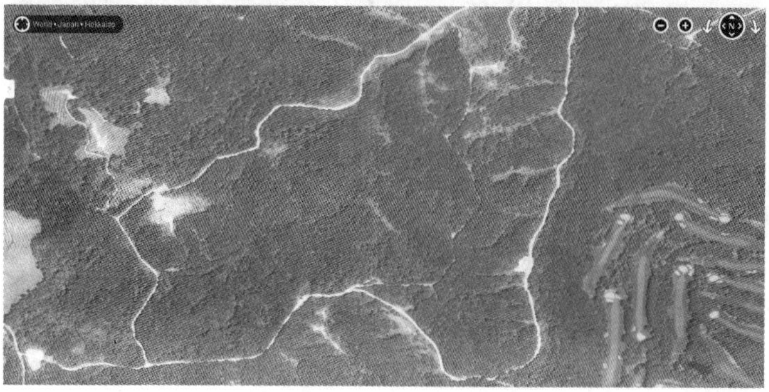

演习场南部的步兵战术训练区特写

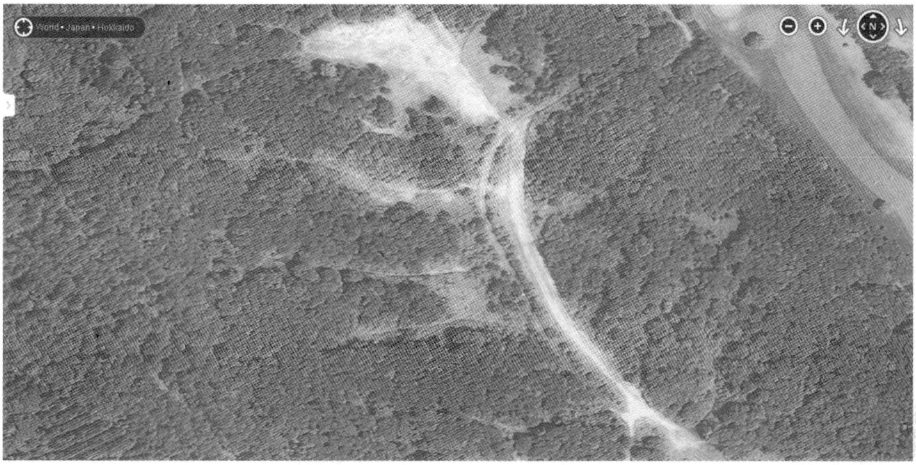

演习场中部的步兵战术训练区特写

九、图解北海道大演习场之有明地区的基础设施

有明地区演习场分布范围示意图，白线范围之内，其西侧是一处日本国家森林公园

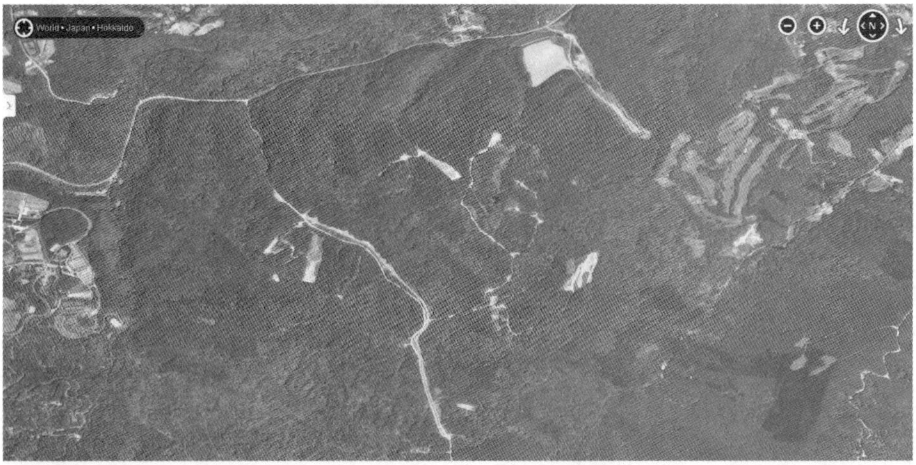

有明地区演习场全景俯瞰卫星照片，整体来看，有明地区演习场是一座小规模的步兵战术训练场，场内遍布步兵战术训练设施，同时，不能进行实弹射击训练，演习场北部相邻设有西冈地区演习场，南部相邻设有岛松地区和岛松弹着区演习场

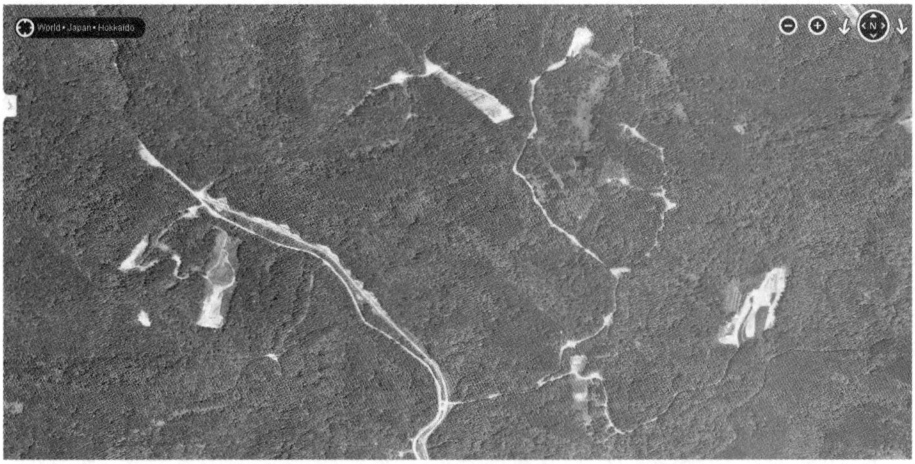

可见有明地区演习场内的步兵战术训练设施和靶场

十、图解北海道大演习场之岛松地区和岛松弹着区（统称“岛松演习场”）的基础设施（最大演习场）

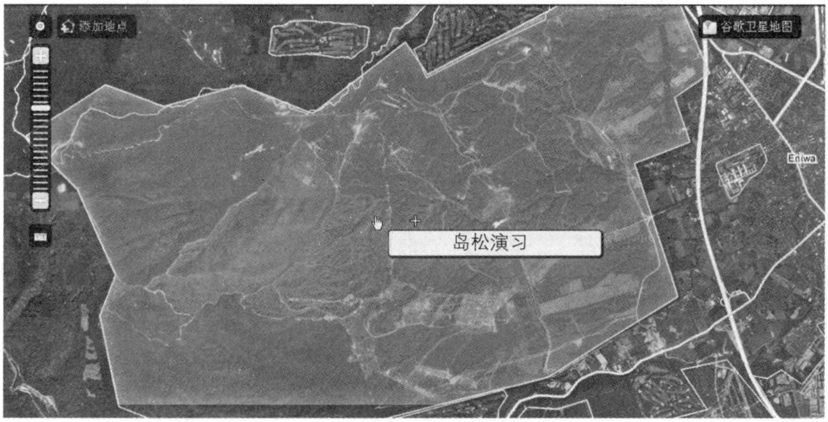

岛松演习场分布范围示意图

岛松演习场全景俯瞰卫星照片，演习场西北部相邻设有有明地区演习场，东部相邻建有岛松驻屯地（北海道补给处总处所在地）和北惠庭驻屯地（第7师团第72战车联队驻地），东南部相邻设有惠庭演习场和南惠庭驻屯地，可见岛松演习场东南端的公路可直通东部的北惠庭驻屯地内，这样，北惠庭驻屯地第72战车联队所属的主战坦克可直接进入演习场区域进行训练。岛松演习场内的岛松弹着区位于演习场西部，它主要供日本航空自卫队战斗机实战训练使用，岛松演习场内的岛松地区演习场位于弹着区和岛松驻屯地、北惠庭驻屯地之间，这里主要是陆军多兵种联合演习场。

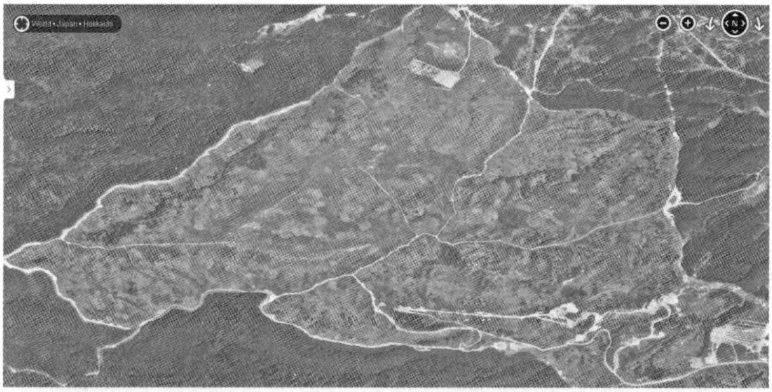

岛松弹着区全景，可见演习场内有明显的投弹燃烧痕迹，这个弹着区与陆军火力支援射击的弹着区不同，前者不规则，后者规则（呈圆形分布）

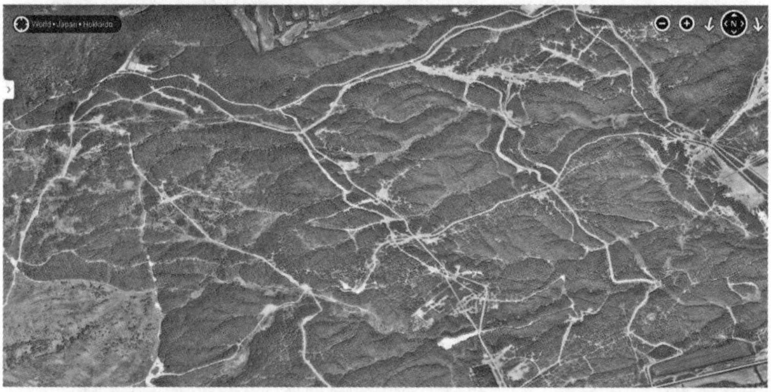

岛松演习场中北部的战斗车辆车道，可见车道错综复杂，不过，整体上呈现矩形状态分布

岛松演习场东北部设施，可见重火力支援射击靶场、简易营房区、大规模车场等设施，演习场东部北侧隔着两条国道线就是岛松驻屯地，南侧隔着一条国道线就是北惠庭驻屯地

岛松演习场东北角的简易营房区、机场飞行跑道、物资堆放场全景

岛松演习场简易营房区特写，可见各种简易宿营设施、预制板材建筑、永久性建筑等人工建筑

简易营房区南部的重火力支援靶场

简易营房区和重火力支援靶场东部的岛松驻屯地全景

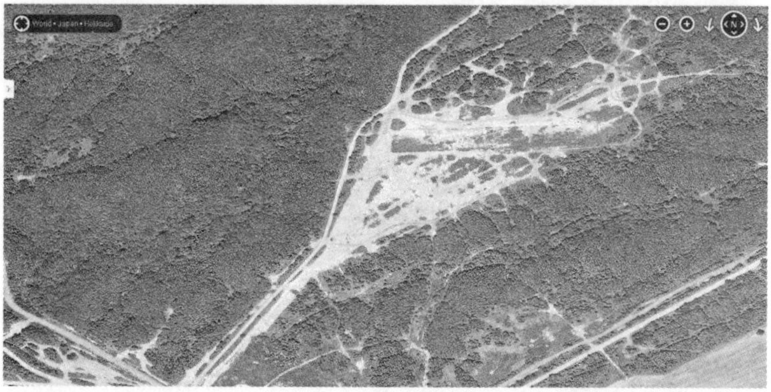

火力支援靶场

重火力支援靶场南部的大规模车场设施

火力支援靶场之一

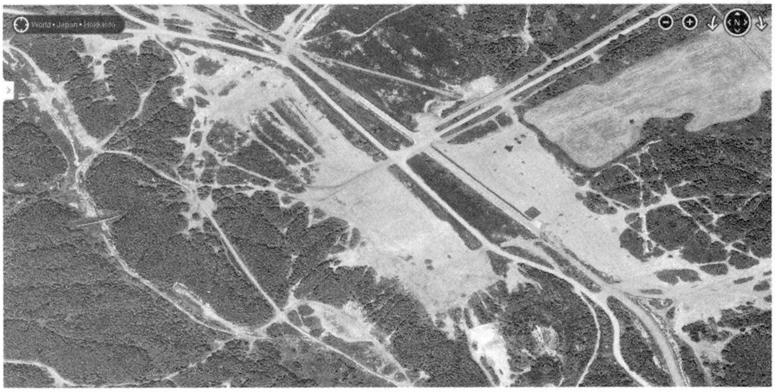

靶场西部的部队集结区域

简易营房区、重火力支援靶场、岛松驻屯地、大规模车场全景

位于岛松演习场中南部的重火力支援靶场

位于岛松弹着区东侧的重火力支援靶场，可见稠密而规律的战斗车辆行驶车道

射击靶场内的车道特写

靶场特写

最南端的重火力支援射击靶场，具体来看，不同规模的靶场由不同的重型装备使用，包括主战坦克、自行榴弹炮、多联装火箭系统等

十一、图解北海道大演习场之惠庭地区和千岁地区（统称“惠庭演习场”）的基础设施（第二大演习场）

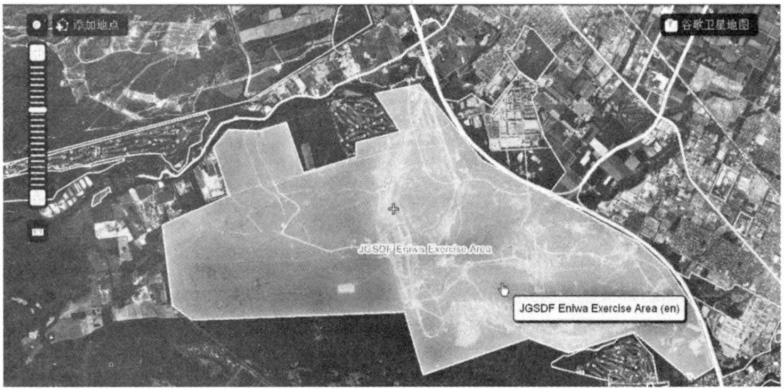

惠庭演习场分布范围示意图，黄色区域之内，其北部相邻设有岛松演习场、岛松驻屯地、北惠庭驻屯地和南惠庭驻屯地，东南角相邻建有北千岁驻屯地

惠庭演习场全景卫星照片，中北部的驻屯地为南惠庭驻屯地，可见有一条公路直接通向南部的惠庭演习场

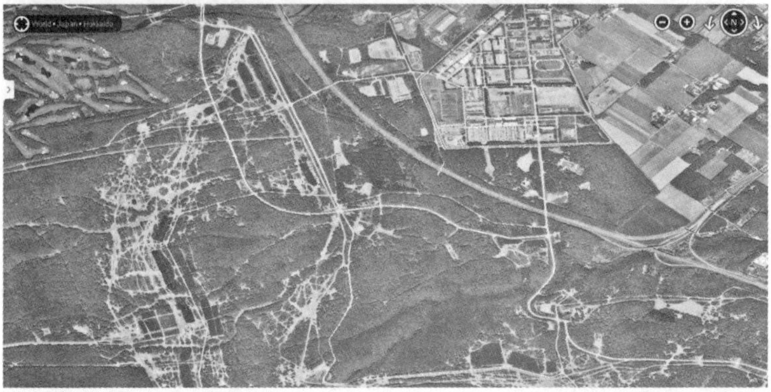

惠庭演习场北部与南惠庭驻屯地全景

惠庭演习场的中心区域

惠庭演习场东南部及北千岁驻屯地

惠庭演习场中南端的简易营房区，从布局上来看，它与岛松演习场内的简易营房区基本相同，可见各种简易宿营设施、预制板材建筑、永久性建筑、小型弹药库等人工建筑

重火力支援靶场特写

十二、图解北海道大演习场之东千岁地区（统称“东千岁演习场”）的基础设施

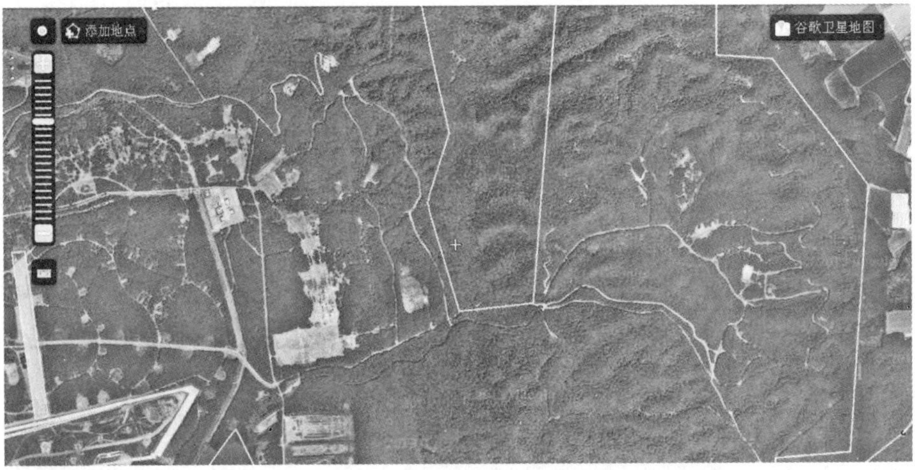

东千岁演习场全景卫星照片，其中重要的基础设施都分布于日本防卫省技术研究本部札幌试验场的东部和东北部区域内，包括城市巷战训练场、实弹下潜入训练场、轻武器射击场、步兵战术训练场等，整体来看，东千岁演习场以步兵战术训练为主，有少数重火力支援靶场

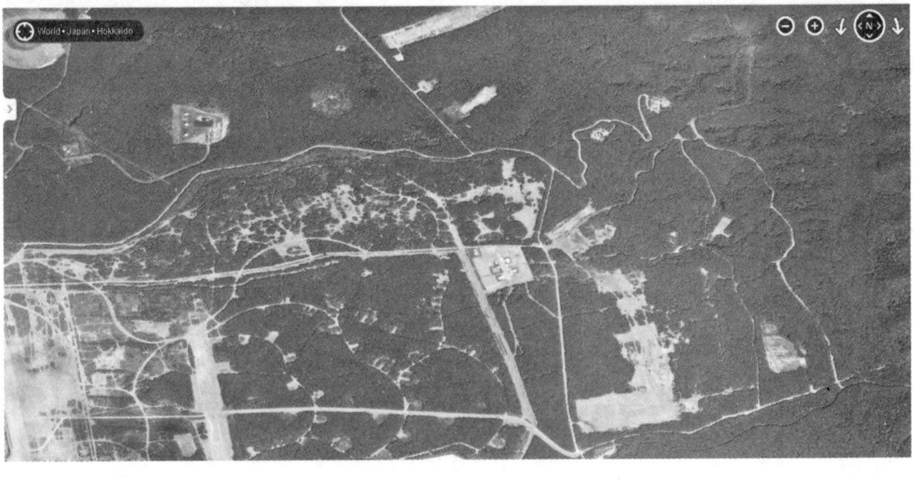

东千岁驻屯地东部的东千岁演习场局部全景，由西至东依次建有大型弹药库区（供北海道大演习场及周边驻军训练使用）、市街地训练场（城市巷战训练场）和实弹下潜入训练场，其中，城市巷战训练场和实弹下潜入训练场都是北海道地区内的唯一此类型训练设施

大规模弹药库区特写

城市巷战训练场全景

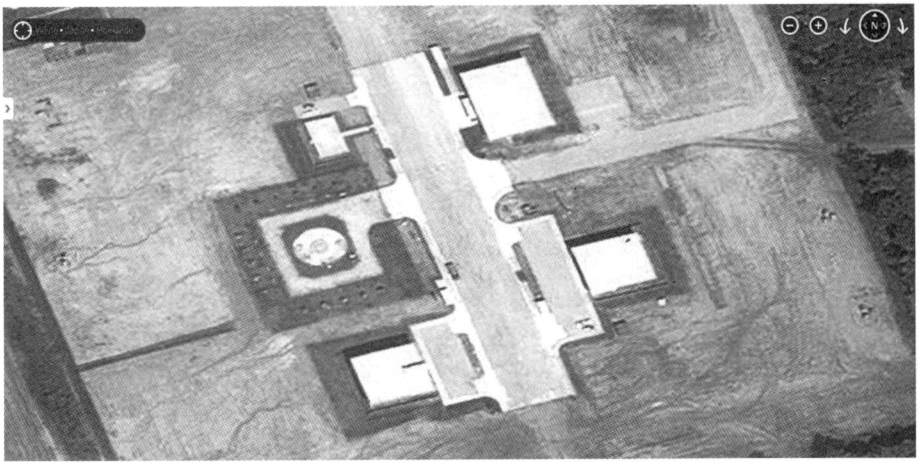

城市巷战训练场内的街道、楼群建筑特写

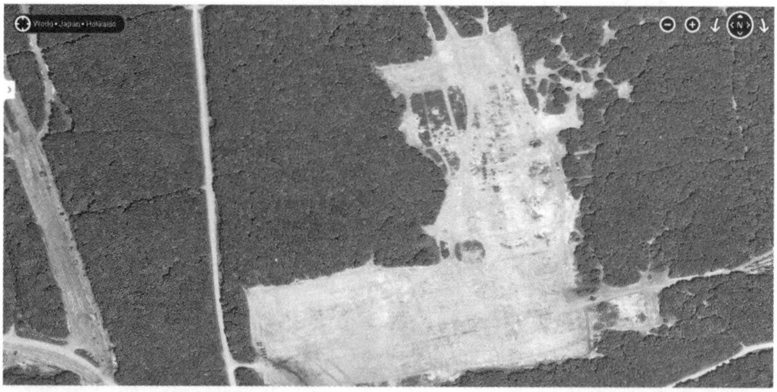

城市巷战训练场南部的实弹下潜入训练场

实弹下潜入训练场南部的重火力支援靶场、步兵战斗靶场和轻武器射击场全景

两个相同规模的轻武器射击场特写

重火力支援靶场（北侧）和步兵战斗靶场（南侧）特写

重火力支援靶场特写

实弹下潜入训练场东部的步兵战术训练场

｜第四节｜解读日本陆上自卫队富士地区演习场

日本陆上自卫队富士山地区大演习场包括东富士演习场和北富士演习场共2座大型演习场，这2座演习场的管理及日常维护者是富士学校管理部演习场管理科。

其中，东富士演习场是日本本州地区内最大的演习场、日本第三大陆军演习场，其占地总面积为8802公顷，横跨日本富士山东麓的御殿场市、小山町和裾野市共2市1町，演习场所占区域面积是上述2市1町所有土地面积的大约20%，日本陆上自卫队大名鼎鼎的“富士综合火力演习”举办场地就位于东富士演习场内的畑冈地区。东富士演习场北部与北富士演习场相连。

目前，每年到东富士演习场和北富士演习场内进行训练的日本陆上自卫队部队超过50万人。

一、东富士演习场的基本概况

东富士演习场坐落在富士山东麓，整个演习地区由原野和山林构成。从演习场地区的构成土质来看，这里的火山灰土非常不适合于进行农业耕种，因此，周边村庄的大部分土地都是入会地。在东富士演习场管理范围内的入会地包括御殿场市的6139公顷、小山町的1711公顷和裾野市的959公顷。

目前，从管理形态的性质上来区分，东富士演习场可分为演习地区、自卫队驻屯地区、驻日美军营房地区3种地区来管理。

其中，演习地区，也就是狭义上的东富士演习场置于日本陆上自卫队东部方面队第1师团（东部都）的管辖之下，至于演习场的具体管理者是部署在演习场附近富士驻屯地内的日本陆上自卫队富士学校（小山町）下属管理部演习场管理科。不过，虽然东富士演习场是日本自卫队设施，但是，基于日美地位协定及日美安全保障条约之规定，演习场中的驻日美国海军陆战队富士地区兵营却不在日本自卫队的管辖范围之内。鉴于驻日美军的存在，因此，东富士演习场的使用者包括日本陆上自卫队和美国海军陆战队。

东富士演习场内的日本陆上自卫队驻屯地区共设有富士驻屯地（富士学校）、泷原驻屯地、板妻驻屯地和驹门驻屯地共计4座驻屯地设施，它们的占地总面积大约是170公顷，驻扎总兵力大约6600人，这些驻屯地分属不同的驻军部队管理。

驻日美军营房地区实际上就是东富士演习场内的富士营房地区，这块基础设施通称“富士兵营”，它位于御殿场市中畑的泷原地区，占地总面积大约118公顷，隶属于驻冲绳美国海军陆战队基地司令部的管辖之下。

截至2014年，东富士演习场遍布大量的日本陆上自卫队及驻军部队，具体有日本陆上自卫队富士驻屯地及富士学校（静冈县骏东郡小山町）、泷原驻屯地（静冈县御殿场市）、板妻驻屯地（静冈县御殿场市）、驹门驻屯地（静冈县御殿场市）和北富士驻屯地（山梨县南都留郡忍野村）。

位于富士山东麓东富士演习场内的草场

位于裾野市大野原地区附近的东富士演习场地貌

东富士演习场内的驻日美国海军陆战队富士地区兵营

二、东富士演习场的发展历史——日本帝国陆军第一次演习的地方、百年日本陆军演习场

在日本，东富士演习场有长达一百多年的服役历史，可分为日本帝国陆军时代、驻日美军时代和日本陆上自卫队时代三个时期，具体概况如下：

（一）日本帝国陆军之富士裾野陆军演习场时代

早在明治时代，1896年（明治29年），日本帝国陆军实施的第一次陆军演习就在东富士演习场内实施，此后，日本帝国陆军演习经常在这里进行。

1908年（明治41年），日本帝国陆军在富士山东麓建设了泷原简易营房区，后来，这座简易营房区发展为今天的日本陆上自卫队泷原驻屯地。

1909年（明治42年），日本帝国陆军在富士山东麓又建设了板妻简易营房区，后来，这座简易营房区发展为今天的日本陆上自卫队板妻驻屯地。

1912年（明治45年）1月14日，日本帝国陆军正式设立了富士裾野陆军演习场，它就是今天东富士演习场的最早前身。在此期间，为了不妨碍陆军演习，位于演习场内的印野村北畑村落进行了整体强制性搬迁，同时，日本帝国陆军与当地町村政府签订了《富士裾野演习场使用协定》。此外，当时的演习场与今天的东富士演习场完全不同，当时为军民共用时代，除在实弹枪炮射击演习期间之外，当地村民可自由进入演习场进行农业耕作。

1936年（昭和11年），日本帝国陆军在富士山东麓建设了驹门简易营房区，后来，这座简易营房区发展为今天的日本陆上自卫队驹门驻屯地。

（二）盟军及美军东富士演习场时代

1945年（昭和20年）8月15日，第二次世界大战结束，日本战败投降，日本帝国陆军解散；8月23日，《富士裾野演习场使用协定》解除，于是，富士裾野演习场退出现役，此后，当地村民开始在演习场内进行大面积耕种。

不久之后，1947年（昭和22年）5月15日，作为日本占领盟军之一的美军开始进驻日本帝国陆军的富士裾野演习场，于是，日本当地住民的开拓行为结束，此后，这里成为美军的东富士演习场。

1950年（昭和25年）1月1日，根据盟军司令部（GHQ）命令，盟军接收了东富士演习场，此后，日本人严禁进入演习场内，演习场内的耕种及植树活动也全面禁止。

1952年（昭和27年）4月28日，《旧金山讲和条约》生效，同一天，日美两国政府签定《日美安全保障条约》；7月28日，盟军东富士演习场成为治外法权区域，于是，驻日美国陆军可继续驻扎东富士演习场并使用演习场设施。

1954年（昭和29年）7月1日，随着日本陆上自卫队的创建，日本陆上自卫队富士学校也设置到东富士演习场。

1955年（昭和30年），日本陆上自卫队开始擅自使用东富士演习场，结果导致当地的地方团体将日本政府告上法庭。后来，随着驻日美军将东富士演习场全面返还给日本政府，日本政府与当地地方团体之间的法律纠纷才得到和解。

（三）日本陆上自卫队东富士演习场时代

1958年（昭和33年）2月1日，日本防卫厅正式向静冈县提出日本自卫队使用东富士演习场的申请。

1959年（昭和34年）6月24日，日本防卫厅与当地政府签订了第一次东富士演习场使用协定，协定期间为10年时间，此后，共签订了10次使用协定，第10使用协定于平成22年签订，平成27年3月末到期。

1966年（昭和41年）3月5日，东富士演习场内的富士山太郎坊附近发生了英国海外航空公司一架波音707型客机坠机事故，事故发生后，日本陆上自卫队进行了紧急搜索与救援。

1968年（昭和43年）7月31日，驻日美军将除富士地区兵营大约117公顷的土地未返还给日本政府之外，其他东富士演习场全部返还，于是，日本陆上自卫队开始接手东富士演习场的全面管理任务。

2006年（平成18年）3月，日本政府总计投资25亿日元在东富士演习场内全新建设了一座“城市巷战训练场”。截至2014年，这座训练场是日本国内唯一可进行中队规模城市巷战训练的场地。

2013年（平成25年）11月19日至11月28日，在东富士演习场，第1战车大队参加平成25年度秋季演习场定期整备任务。

三、日本陆上自卫队各部队东富士训练与演习

作为日本陆军的当代圣地，日本全国的陆军部队都可使用东富士演习场内的设施进行演习和训练，比如：2013年（平成25年）12月上旬，东部方面队第1师团直辖第1设施大队在东富士演习场内实施训练检阅，主要训练科目有作战指挥所构建、掩体和工事构筑、行军帐篷搭建、自行架柱桥架设等。

进行指挥所构建的第1设施大队

自行架柱桥架设的第1设施大队

工事构筑的第1设施大队

构筑掩体

四、图解东富士演习场基础设施

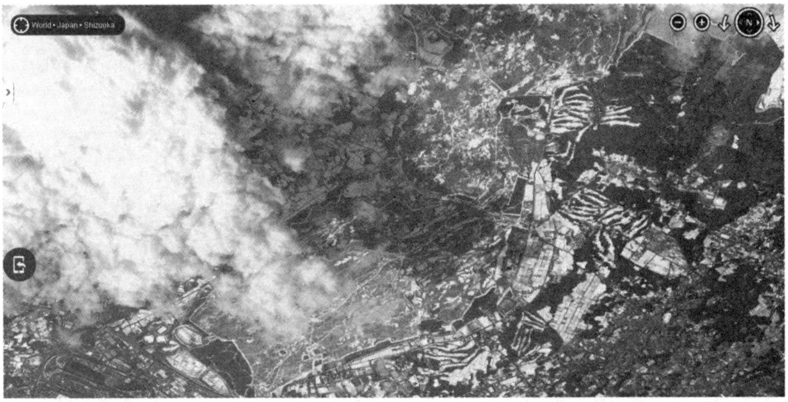

日本富士山东麓、大雪掩盖下的东富士演习场全景卫星照片

东富士演习场内错综复杂的地形条件

位于东富士演习场东部的驻日美国海军陆战队“富士兵营”全景，富士兵营也称“诸兵种合成训练中心（CATC）”，兵营东侧建有富士机场，这片基础设施不隶属于日本陆上自卫队管辖之下

火力支援靶场特写

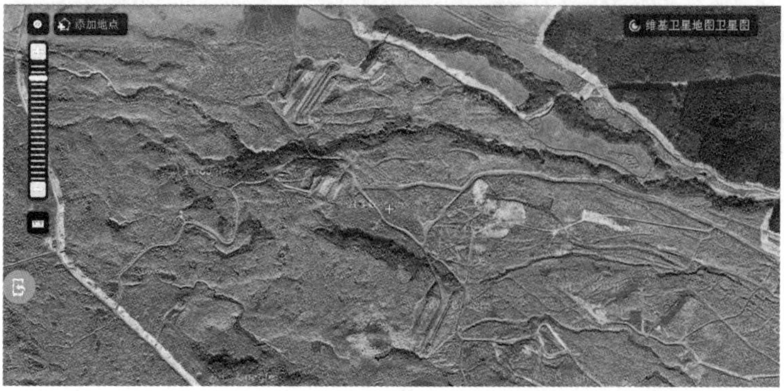

东富士演习场中部地形

东富士演习场最北部的城市巷战训练场和富士驻屯地（富士学校）全景

东富士城市巷战训练场全景

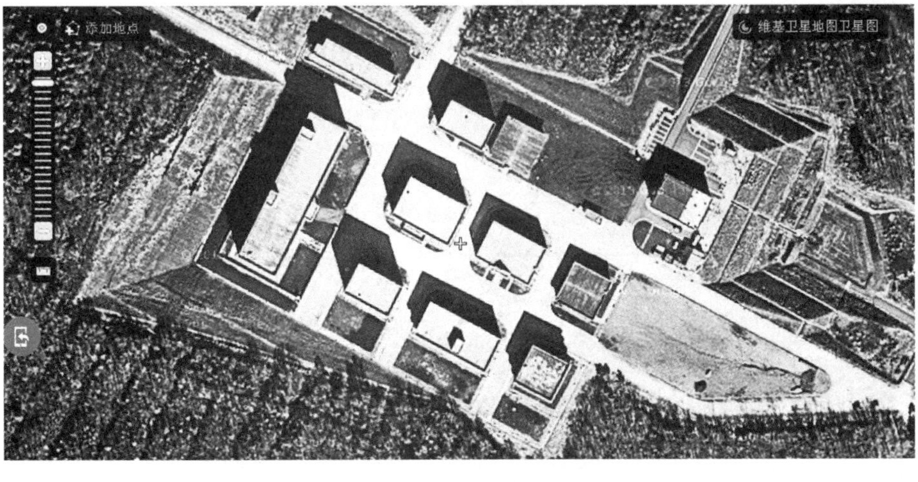

城市巷战训练场内的楼群建筑特写，总计11座，功能各不相同

五、北富士演习场的基本概况

日本陆上自卫队北富士演习场位于富士山北麓，演习场横跨山梨县富士吉田市、山中湖村和忍野村，占地总面积为4597公顷，演习场的日常管理者为北富士驻屯地业务队演习场管理班。

目前，北富士演习场周边遍布日本陆上自卫队的驻军基地，由北到南依次有北富士驻屯地（山梨县南都留郡忍野村）、日本陆上自卫队富士驻屯地及富士学校（静冈县骏东郡小山町）、泷原驻屯地（静冈县御殿场市）、板妻驻屯地（静冈县御殿场市）和驹门驻屯地（静冈县御殿场市）。

六、北富士演习场发展历史

与东富士演习场相比，北富士演习场的使用历史较晚。1936年（昭和11年）11月，日本帝国陆军正式开设北富士演习场。

1945年（昭和20年）10月，日本战败投降后，美军接收了北富士演习场。

1958年（昭和33年），驻日美国陆军将北富士演习场全部返还给日本政府。

1973年（昭和48年）4月，日本陆上自卫队正式接管北富士演习场，直到今天。

第4中队彻底清理北富士演习场靶场内的枯草

2013年（平成25年）11月19日至11月29日，在为期10天时间内，第1师团第1普通科联队第4中队所属106名队员在中队长的带领下前往北富士演习场实施“秋季演习场定期整备”任务。在演习场维护期间，第4中队对演习场整个训练环境进行了彻底的清理和维护，具体包括清理枯草、平整道路、维护排水设施等。

第4中队利用工程机械进行侧沟挖掘

第4中队设施作业小队进行侧沟的清理

七、北富士演习场的主要使用对象

截至2014年，北富士演习场内的主要使用部队有日本陆上自卫队第1特科队和部队训练评价队（富士训练中心（FTC））以及驻日美国海军陆战队第3队（驻富士兵营）。

八、图解北富士演习场基础设施

位于日本富士山北麓的北富士演习场全景卫星照片，可见演习场区域非常明显

北富士演习场的北部地区

位于北富士演习场中部地区东部的北富士驻屯地梨原简易营房区全景，以驻军营房设施为主

梨原简易营房区和西北部的富士训练中心（FTC）全景

梨原简易营房区和西北部的富士训练中心（FTC）以及东北部的北富士驻屯地全景

左侧的梨原简易营房区和右侧的北富士驻屯地

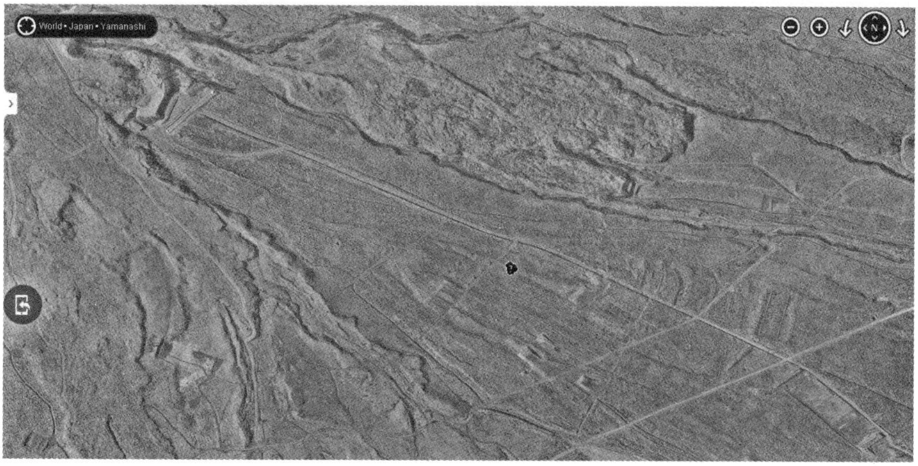

北富士演习场中部地区内的各种靶场、训练场

轻武器射击场特写

弹药库设施特写

步兵战术训练场全景，可见各种掩体、堑壕

丨第五节丨解读日本陆上自卫队日出生台大演习场

日本陆上自卫队日出生台大演习场位于日本九州地区日出生台高原的中央部，这座陆军演习场东西全长大约为15千米，南北宽大约5千米，占地总面积大约为4900公顷，它是西日本地区最大的陆军演习场，在日本国内，是仅次于矢臼别大演习场、北海道大演习场和东富士演习场之后的第四大演习场。

一、日出生台大演习场的地理条件

日出生台大演习场所在地的日出生台地区横跨日本大分县中部的由布市汤布院町、玖珠郡玖珠町和九重町，从地质构成上来看，这是一片广阔的溶岩台地和高原，它东西全长大约8千米、南北全宽大约4千米，海拔高度介于600米至800米之间，周边群山环抱，东边有海拔高度为859米的日向山、1070米的立石山，南边有1023米的平家山、1034米的卡卢特山、1016米的兜山和1235米的福万山，北边有806米的横田山和920米的人见岳。

二、日出生台大演习场的历史概况——日本侵华战争的产物、百年日本陆军演习场

与东富士演习场一样，日出生台大演习场有着悠久的服役历史。早在1899年（明治32年），在日本帝国政府蓄谋侵占中国东北地区的大背景下，日本帝国陆军以假想敌战场即与中国东北极为相似的地理环境为标准选中了九州地区的日出生台高原。日本帝国陆军接收日出生台高原后，这里便成为了陆军演习场，随后日本的对华作战演习便频频在这座演习场内进行。

第二次世界大战结束后的1946年（昭和21年），美军进驻日出生台大演习场，

后来，随着驻日美军撤离，日出生台又成为日本陆上自卫队的演习场。

1997年（平成9年），驻日美国海军陆战队将设在冲绳县境内汉森军事大营内的实弹炮兵射击演习场转移到日出生台大演习场内，从此，日出生台又成为日美共同使用的演习场设施。

三、日出生台大演习场使用情况

作为日本陆上自卫队的第四大演习场，日出生台演习场可承担各种类型的陆军演习、训练活动，因此，日本陆上自卫队现役所有部队都可进入日出生台演习场进行演习和训练，不过，日出生台演习场的主要使用对象是西部方面队、中部方面队和驻日美军，同时，针对西日本地区（包括九州地区和西南诸岛）制定的作战预案也都在这座演习场内进行演练。

具体训练科目比如：2013年（平成25年）4月24日至5月8日期间，中部方面队第14旅团在旅团长永井2星陆军少将的带领下前往九州地区大分县境内的日出生台演习场和十文字原演习场实施“平成25年度旅团转地（跨区）训练”，此次转地演习的主要目的是提高旅团诸职种（兵种）协同能力及射击技战术水平。在此演习期间，第14旅团下属2个增强普通科联队实施了阵地防御训练、野战炮兵实弹射击训练以及飞行队的舱门机枪射击训练等实战科目，并且，取得了预期训练效果。

第14旅团参演部队下达防御作战构想

日出生台演习场内的第14旅团野战炮兵阵地正在实施实弹射击训练

四、图解日出生台大演习场基础设施

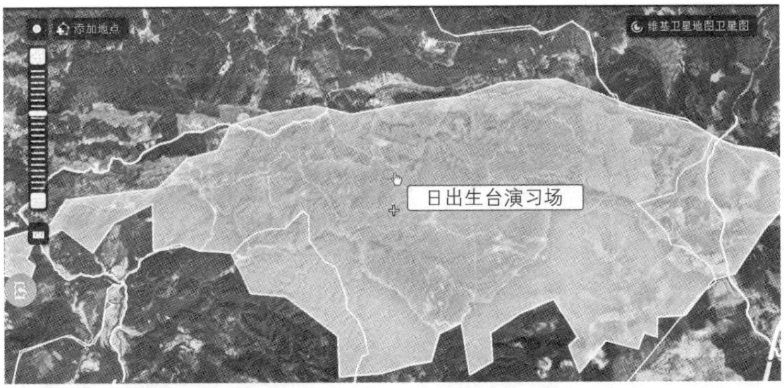

日出生台演习场分布范围示意图

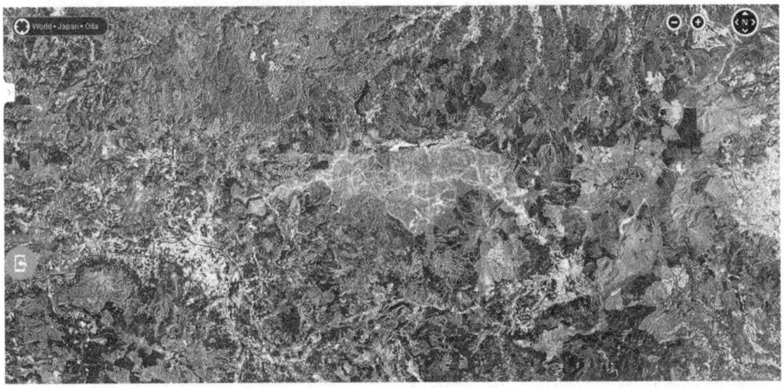

日出生台演习场（图正中位置）、日出生台高原及周边地形全景卫星照片

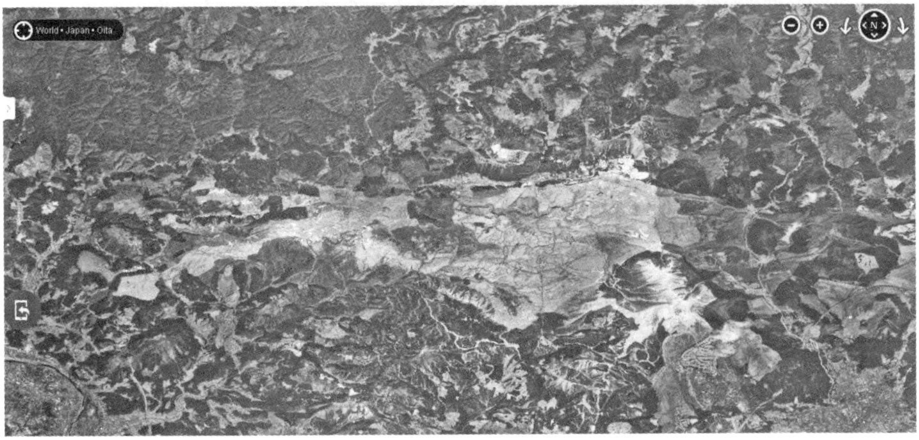

日出生台演习场全景照片，可见这座演习场东西狭长、南北狭窄，演习场东南部设有汤布院驻屯地

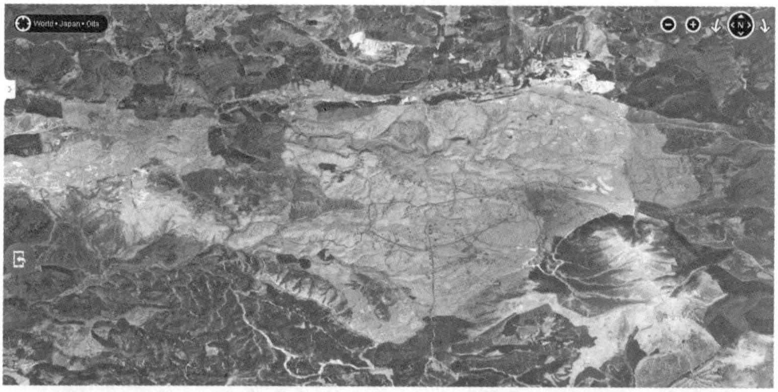

位于日出生台演习场中、东部的主体演习场区域

日出生台演习场的东部区域全景，通常参演部队都从这里进入演习场区域，然后，再通过演习场内道路去往不同的演习区域

日出生台演习场的西部狭长区域（呈现走廊地带）全景

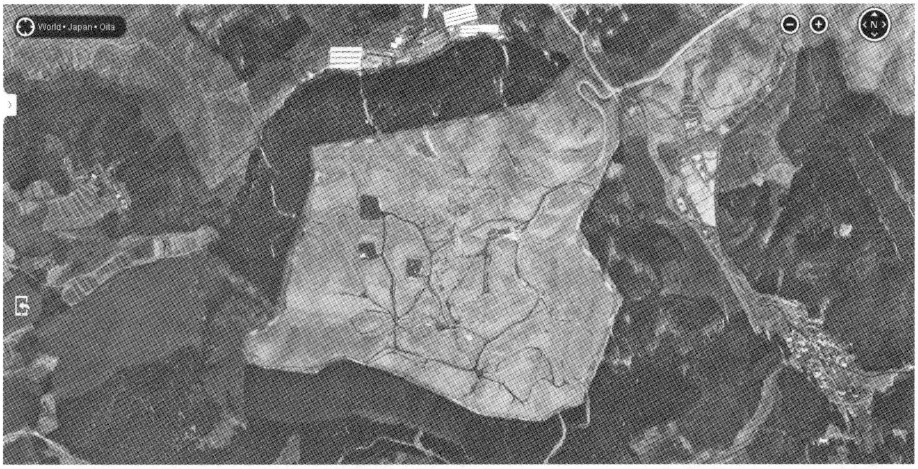

设在日出生台演习场最西端的野战炮兵靶场（重火力支援射击靶场），构筑在这里的野战炮兵阵地可将炮弹打到演习场东部的弹着区内，这个靶场至演习场东端大约有20千米的距离

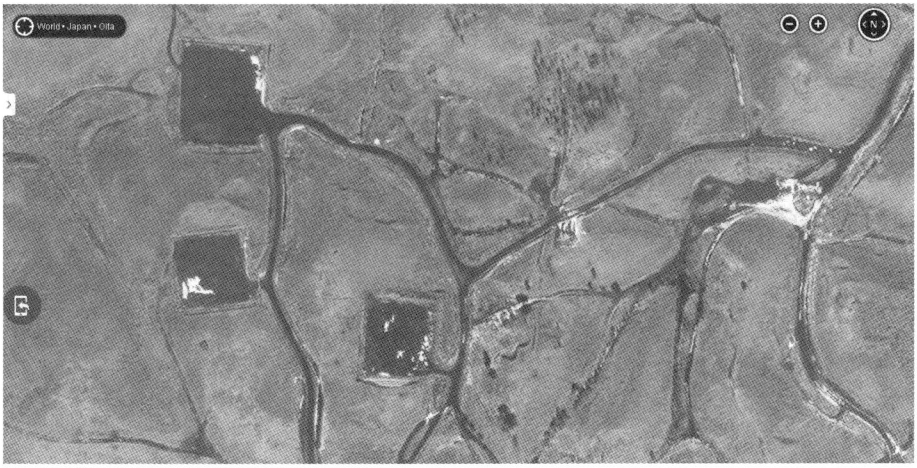

野战炮兵靶场内的3个野战炮兵阵地特写，比如：日本陆上自卫队装备FH-70型155毫米榴弹炮的参演部队可通过演习场内公路将火炮牵引到预定的阵地内进行实弹射击训练。FH-70型榴弹炮是非自行装备，故此，没有射击的车道，这样的靶场还可供大、中口径的迫击炮使用

可见野战炮兵靶场通向东部演习区域的道路

演习场西部走廊地带东端的重火力支援射击靶场，从靶场内的车道可以看出这些靶场是自行战斗装备的靶场，比如：自行榴弹炮、主战坦克、多联装火箭系统等重型自行装备靶场

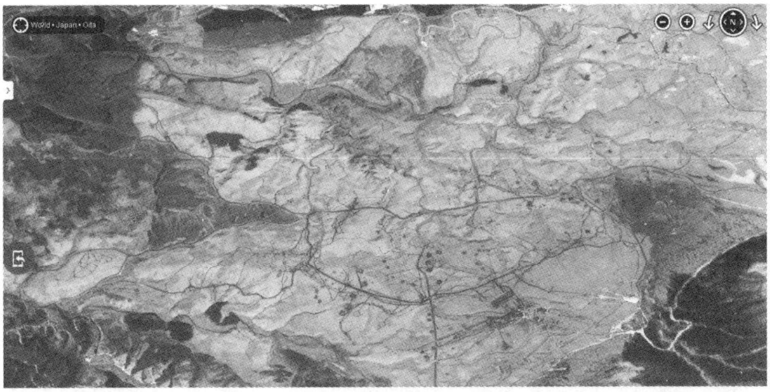

日出生台演习场南北最宽区域的演习区域全景

演习场东部简易营房区和宿营地、蓄水池、步兵战术训练场、步兵战斗靶场、靶场等设施全景

位于最东端的日出生台演习场简易营房区和宿营地全景，可见大规模营区、车场、物资堆放场、机场等基础设施

简易营房区东侧的物资堆放场特写

日出生台演习场简易营房区特写，可见大量的预制材料营房、永久性营房、车场等设施

预制材料营房和车场特写

永久性营房设施特写

简易营房区西侧的简易机场设施全景

简易机场西侧的物资堆放场和弹药库全景

紧挨着简易营房区西侧的大规模步兵战术训练场、步兵战斗靶场全景

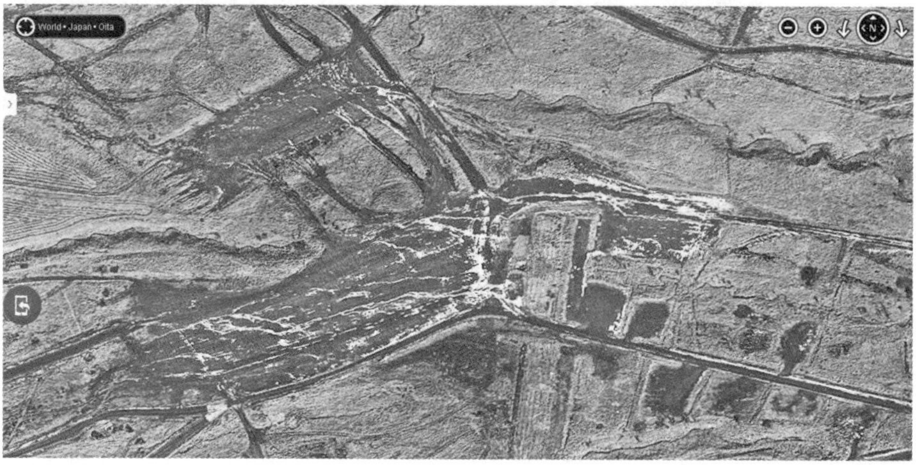

日出生台演习场中南端的靶场

第七章

著名的日本陆军大演习

第一节 | 解读“富士综合火力演习”

纵观当代日本陆军，富士综合火力演习是日本陆上自卫队超大规模演习之一，而且是最著名的陆军演习，其简称为“综火演”，演习实施地域是日本静冈县御殿场市内的东富士演习场畑冈地区。

一、富士综合火力演习发展简史——举办超过半个世纪之久的演习

富士综合火力演习最早开始于1961年（昭和36年），当时的演习主要是为了认识日本陆上自卫队富士学校生徒（学员）的火力战斗情况。

1966年（昭和41年）之后，为了加深日本国民对日本自卫队综合战斗力的理解和了解，富士综合火力演习从此全面公开，从而闻名日本全国乃到全世界。

2013年（平成25年），第1师团第1战车大队下属第2中队（74式主战坦克中队）的1个小队参加了当年度的“富士综合火力演习”。在演习中，参演部队顺利完成了首弹必中、全敌歼灭的作战预想。

富士综合火力演习中展示演习的举办会场——东富士演习场畑冈地区，从这里可以眺望美丽的富士山

平成16年度富士综合火力演习中的展示演习

在观众席前进行战斗展示的主战坦克射击展示演习

二、富士综合火力演习基本概况——日本陆军战斗力评估及国防教育的重要一环

富士综合火力演习的最主要目的是训练队员及一般性公开宣传，此外，还有向外国军队展示自身综合实力的目的。在演习期间，统裁部（总导演部）会邀请驻日美军军人及周边国家的驻外武官前往参观。目前，富士综合火力演习不使用空包弹，而是实弹演习，从规模上来看，它是日本国内最大规模的火力演习。

按照惯例，当年度的富士综合火力演习由每年的7月份开始准备，整个8月份的一个月期间都在实施，此后，每年8月下旬或9月上旬还会举行数次的展示演习。整体来看，广义上的富士综合火力演习是由大量的小规模演习组合而成，比如：有由富士学校主办的一般非公开演习，包括富士教导团预演、富士学校预演和教育演习；有由陆上幕僚监部主办的一般公开演习；富士综合火力演习的最初目的是前者，而一般公开演习是日本陆上自卫队宣传活动中的重要一环，这是一般公开演习主办方——陆上幕僚监部的主要目的。此外，在富士学校预演、教育演习等演习期间还要举行夜间演习。

在一般公开演习期间，为了加大宣传力度，通常情况下，现任日本防卫大臣会亲临现场观摩，同时，驻日美军、各国驻外武官也会悉数被邀请前往。

三、富士综合火力演习中的展示演习——日本及世界所熟知的公开性演习

狭义上的富士综合火力演习是指后期的展示演习，这种一般公开演习才是外界普通熟知的“富士综合火力演习”。

在展示演习期间，参演部队要公开展示演习战斗车辆、火炮等重武器的实弹射击（包括训练弹、演习弹）效果，同时，日本航空自卫队战斗机要实施对地轰炸展示，不过，为了安全上的考虑，这种展示只通过地面设置的炸药来模拟轰炸效果而并非进行实弹投放，另外，运输机要展示空降训练、运输直升机要展示机降训练，等等。展示演习的射击区域设定在观众席前的演习展示地域到西北方向（富士山方向），射击面向目标地域实施，一部分重型装备鉴于安全上的制约由远离观众席的地域发射。演习期间，武装攻击直升机的机关炮、车载机枪、步枪等轻武器的退壳口都要安装弹壳筒。

（一）富士综合火力演习的具体实施程序（特指展示演习）

整体来看，富士综合火力演习中展示演习的具体实施程序可分两个阶段，分别是前段演习和后段演习。

其中，前段演习将按照顺序依次介绍、展示日本陆上自卫队的现役主战装备。后段演习又由2个部分构成，主要在将目标地域想定为敌部队的防御阵地后展示诸兵种联合作战的各种情况。根据历年的演习情况来看，展示演习的大体程序基本相同，只是在有新型装备服役时才会随时更改一些演习内容。

展示演习的开始时间大概在上午10时整，正午12时结束，演习结束后还在演习展示地域实施大约1小时的武器装备展示会。演习前后及休息期间，相关的军乐队会进行音乐演奏活动。

（二）前段演习内容（参演装备以平成23年度演习为参考）

前段演习的主要内容是现役主战装备的火力展示，包括远距离火力、中距离火力、近距离火力、主战坦克火力和空降展示。

其中，远距离火力展示内容有空中火力（F-2支援战斗机）、特科（炮兵）

火力（包括99式155毫米自行榴弹炮、203毫米自行榴弹炮、FH-70型155毫米榴弹炮）；

中距离火力展示内容有迫击炮（L16型81毫米迫击炮、RT型120毫米迫击炮）、导弹（包括79式反舟艇反坦克导弹、87式反坦克导弹、96式多目的导弹系统）；

近距离火力展示内容有防步兵障碍（定向霰弹）、反坦克障碍（直升机散布地雷）、普通科（步兵）火力（包括轻装甲机动车、89式装甲战斗车、96式轮式装甲车等）、防空火力（87式自行高射机关炮）、直升机火力（AH-1S武装攻击直升机、AH-64D攻击直升机）；

主战坦克火力（包括10式主战坦克、90式主战坦克、74式主战坦克）。

（三）后段演习内容（参演装备以平成23年度演习为参考）

后段演习的主要内容有航空侦察、直升机机降行动、攻击等战术行动展示。其中，航空侦察包括OH-1侦察直升机、前进飞行观察系统（FFOS）等装备的展示。

直升机机降行动包括UH-1J直升机、侦察摩托车、AH-1S攻击直升机、AH-64D攻击直升机、CH-47J运输直升机、UH-60JA直升机、轻装甲机动车、高机动车等装备的机降行动展示。

攻击展示包括前期的侦察活动和后期的第一线部队攻击两个阶段。其中，侦察活动包括87式侦察警戒车、侦察摩托车等侦察装备展示，第一线部队攻击包括主战坦克、主战榴弹炮、迫击炮等主力装备的攻击展示，这个展示阶段首先包括一系列的战术动作展示，包括攻击准备射击、障碍处理（92式地雷原处理车展示）、前进支援射击、普通科战斗小组的攻击、突击支援射击、突击、防反冲击战斗等，最后是扩大战果，也就是全员出击。

（四）参演部队（特指展示演习）

富士综合火力演习展示演习的参演部队有富士教导团、高射教导队、中央即应集团下属部队、五大方面队下属部队和日本航空自卫队部队。

其中，富士教导团是主力参演部队，具体参演部队有本部付队、普通科教导联队、特科教导队、战车教导队、侦察教导队和教育支援设施队。

高射教导队来自日本陆上自卫队高射学校。

中央即应集团下属部队有第1空挺团。

富士综合火力演习基本概况列表

演习主办者	陆上幕僚长（日本陆军司令员）
演习担任官	富士学校校长
演习实施部队指挥官	富士教导团长
演习规模	参演总兵力：大约1200人；包括主战坦克、装甲车在内的车辆装备：大约600辆；各种火炮：大约50门；飞机：大约20架
演习实施部队	富士教导团(包括富士教导团本部付队、普通科教导联队、特科教导队、战车教导队、侦察教导队、教育支援设施队)第1直升机团、第1空挺团、教育支援飞行队、五大方面队下属部队、富士学校军乐队、日本航空自卫队
演习实施程序	由前段演习和后段演习两个部分构成。前段演习介绍日本陆上自卫队现役主战装备，随后，空降部队实施伞降地面作战。在后段演习中，作为参演部队主力的富士教导团对敌部队实施攻击，同时，其他各部队对富士教导团的行动进行全面支援
目标地域	考虑到各种火炮射击距离的不同等因素，演习靶场内设定射击目标地域。距离3000米处：二段山区、三段山区（野战火炮、迫击炮的目标地域）距离1000～1800米处：1号台地、2号台地（81毫米迫击炮的目标地域），3号台地～6号台地（坦克炮、反坦克导弹等火力的目标地域）距离700～1800米处：有白色和橙色标靶的台地（供坦克炮使用演习弹的目标地域）距离400～600米处：有青、红、黑、黄、白色的台地（机枪、84毫米无后坐力炮的目标地域）有红、白色的气球（指向性霰弹的目标）左右两侧的台地：各种导弹的发射地域
反登陆攻击作战行动	鉴于日本地理构成的特点，敌国占领日本通常会采取由海至陆的登陆作战行动，基于这层考虑，日本陆上自卫队反侵略作战的最普遍形式就是反登陆攻击作战，故此，作为日本国内最著名的演习——富士综合火力演习也将反登陆作战作为核心的演习内容。 在展示演习中，针对敌登陆进攻部队，反击火力战斗部队依次介绍装备的远距离、中距离、近距离及装甲机动打击火力

四、平成13年度（2001年）富士综合火力之演习展示的演习基本概况

平成13年度富士综合火力演习的展示演习分为前段演习、后段演习和夜间演习三大部分。

（一）第一阶段的前段演习

第一阶段的前段演习是以反登陆作战为假想背景的综合射击火力展示，这个阶段演习包括远距离火力、中距离火力、近距离火力和战斗战技展示4个部分。

远距离火力展示包括航空攻击和特科火力，前者展示对象是来自日本航空自卫队的F-4EJ（改）拦截战斗机，后者展示对象有82式指挥通信车、75式155毫米自行榴弹炮、FH-70型155毫米榴弹炮、203毫米自行榴弹炮、多联装火箭系统和88式岸舰导弹（反登陆作战主力）。

中距离火力展示分为迫击炮、反舟艇反坦克导弹（ATM）、反坦克直升机和主战坦克与反坦克导弹4个小节，其中，迫击炮展示对象为RT型120毫米迫击炮，反舟艇反坦克导弹（ATM）展示对象有96式多目的导弹系统和79式反舟艇反坦克导弹，反坦克直升机展示对象为AH-1S，主战坦克和反坦克导弹展示对象有74式主战坦克、90式主战坦克、64式反坦克导弹和87式反坦克导弹。

近距离火力展示为防步兵障碍和各种射击，具体有指向性霰弹和84毫米无后坐力炮。

战斗和战技展示的主要内容是空降地面作战等。

在前段演习和后段演习之间的休息环节由东部方面军乐队和富士学校军乐队提供音乐演奏。

（二）第二阶段的后段演习

平成13年度富士综合火力演习展示演习的后段演习主要展示由防御作战转向进攻作战阶段期间诸兵种联合作战的情况，这个过程分为防御和攻击两个展示环节。其中，防御展示由敌炮弹攻击、敌攻击前进阻止射击、敌突击粉碎和敌后退4个展示部分，敌炮弹攻击由TNT爆炸模拟展示，敌攻击前进阻止射击包括203毫米自行榴弹炮、75式155毫米自行榴弹炮和FH-70型155毫米榴弹炮阻止射击构成，敌突击

粉碎包括M2型107毫米迫击炮、L-16型81毫米迫击炮、74式主战坦克、64式反坦克导弹、79式反舟艇反坦克导弹和87式反坦克导弹反击构成，敌后退采取模拟展示。

攻击展示又分为攻击准备、攻击实施和扩大战果3个部分。

其中，攻击准备包括侦察活动和直升机机降行动两个环节，侦察活动主要由87式侦察警戒车、侦察摩托车和OH-1、OH-6侦察直升机实施，直升机机降行动主要包括120毫米迫击炮、5.56毫米机枪的机降行动，参与机降行动直升机有UH-60J、UH-1多用途直升机、CH-47JA运输直升机、AH-1S反坦克直升机。

攻击实施又分成攻击准备射击、攻击前进、排障（障碍处理）和突击4个环节，其中，攻击准备射击由203毫米自行榴弹炮、75式155毫米自行榴弹炮和FH-70型155毫米榴弹炮构成，攻击前进由89式装甲战斗车、AH-1S反坦克直升机、90式主战坦克和74主战坦克构成，障碍处理由92式地雷原（布雷区）处理车、设施作业车和79式反舟艇反坦克导弹构成，突击行动由92式地雷原处理车、90式轮式装甲车、87式反坦克导弹和90式主战坦克构成。

扩大战果是攻击行动的更广泛续行以及全体部队参战。

（三）第三阶段的夜间演习

第三阶段的夜间演习是在当天的夜间条件下进行上述综合火力的射击演习。

平成14年度（2002年）富士综合火力演习之展示演习基本概况

前期音乐演奏	实施者：东部方面军乐队和富士学校军乐队		
入场仪式	富士学校校长（演习担任官）、陆上幕僚长（演习主办者）、日本防卫厅长官（国防部长）		
升国旗仪式			
前段演习	以反登陆作战为假想背景的射击火力展示		
	远距离火力	航空攻击	F-4EJ（改）拦截战斗机
		特科火力	203毫米自行榴弹炮
			FH-70型155毫米榴弹炮
			75式155毫米自行榴弹炮
			99式155毫米自行榴弹炮
			88式岸舰导弹
			多联装火箭系统

续表

<table>
<tr><td rowspan="10">前段演习</td><td rowspan="6">中距离火力</td><td>迫击炮</td><td>RT型120毫米迫击炮</td></tr>
<tr><td>反坦克直升机</td><td>AH–1S</td></tr>
<tr><td rowspan="4">制导武器</td><td>99式多目的导弹系统</td></tr>
<tr><td>79式反舟艇反坦克导弹</td></tr>
<tr><td>87式反坦克导弹</td></tr>
<tr><td>64式反坦克导弹</td></tr>
<tr><td rowspan="2">近距离火力</td><td rowspan="2">防步兵障碍和各种射击</td><td>指向性霰弹</td></tr>
<tr><td>84毫米无后坐力炮</td></tr>
<tr><td>装甲机动打击火力</td><td>主战坦克</td><td>90式主战坦克</td></tr>
<tr><td>战斗和战技展示</td><td colspan="2">空降地面作战等</td></tr>
<tr><td colspan="2">音乐演奏和会场广场整理</td><td colspan="2">实施者：东部方面军乐队和富士学校军乐队</td></tr>
<tr><td rowspan="10">后段演习</td><td colspan="3">展示由防御作战转向进攻作战阶段诸兵种联合作战的情况</td></tr>
<tr><td rowspan="9">防御</td><td>敌炮弹攻击的展示</td><td>通过TNT爆炸效果模拟展示</td></tr>
<tr><td rowspan="5">敌攻击前进阻止射击</td><td>203毫米自行榴弹炮</td></tr>
<tr><td>FH–70型155毫米榴弹炮</td></tr>
<tr><td>74式主战坦克</td></tr>
<tr><td>87式反坦克导弹</td></tr>
<tr><td>64式反坦克导弹</td></tr>
<tr><td rowspan="2">敌突击粉碎</td><td>74式主战坦克</td></tr>
<tr><td>84毫米无后坐力炮</td></tr>
<tr><td>敌后退的展示</td><td>通过科学加工品进行展示</td></tr>
</table>

续表

后段演习	攻击准备行动	侦察活动	OH-1侦察直升机
			87式侦察警戒车和侦察摩托车
		直升机机降行动	反坦克直升机、多用途直升机、5.56毫米机枪（AH-1S、UH-60J、UH-1、MINIMI型）
			CH-47J运输直升机和RT型120毫米迫击炮
	第一线中队的攻击	攻击准备射击 攻击前进、攻击前进支援射击、普通科战斗小组的攻击障碍处理突击支援射击和突击	203毫米自行榴弹炮 FH-70型155毫米自行榴弹炮 RT型120毫米迫击炮 L-16型81毫米迫击炮 AH-1S反坦克直升机 90式主战坦克 74式主战坦克 89式装甲战斗车 92式地雷原处理车 设施作业车
	扩大战果	攻击行动的继续	全体部队
降国旗仪式			
音乐演奏	实施者：东部方面军乐队和富士学校军乐队		
现役武器装备展示	OH-1侦察直升机、AH-1S反坦克直升机、UH-60JA多用途直升机、CH-47J运输直升机 87式反坦克导弹及发射装置、96式多目的导弹发射装置、RT型120毫米迫击炮、高机动车96式轮式装甲车、89式装甲战斗车、87式侦察警戒车74式主战坦克、90式主战坦克75式155毫米自行榴弹炮、99式155毫米自行榴弹炮、203毫米自行榴弹炮多联装火箭系统、88式岸舰导弹91式战车桥（架桥坦克）、地雷原处理车、设施作业车92式近距离地空导弹、81式短距离地空导弹		
夜间演习内容	87式反坦克导弹、步枪班、便携式反坦克导弹、84毫米无后坐力炮、89式装甲战斗车、74式主战坦克、90式主战坦克		
步道桥架设、演习场、会场及靶场整理	教育支援设施队		

平成16年度（2004年）富士综合火力演习之展示演习基本概况

前期音乐演奏	实施者：东部方面军乐队和富士学校军乐队		
准备完成报告	演习实施部队长——富士教导团长向富士学校校长(演习担任官)报告		
升国旗仪式			
前段演习	以反登陆作战为假想背景的射击火力展示		
	远距离火力	航空攻击	日本航空自卫队战斗机
		特科火力	203毫米自行榴弹炮
			FH-70型155毫米榴弹炮
			99式155毫米自行榴弹炮
			88式岸舰导弹系统发射车
			多联装火箭系统自行发射车
	中距离火力	迫击炮	RT型120毫米迫击炮、L-16型81毫米迫击炮
		制导武器	96式多目的导弹系统
			79式反舟艇反坦克导弹
			87式反坦克导弹
			64式反坦克导弹
	近距离火力	防步兵障碍和各种射击	指向性霰弹
			轻装甲机动车、机枪、01式轻反坦克导弹
			96式轮式装甲车、重机枪、步枪小队、便携式反坦克导弹、84毫米无后坐力炮、89式装甲战斗车、35毫米机关炮
	装甲机动打击火力	主战坦克	90式主战坦克
	直升机飞行展示、战斗和战技展示	OH-1侦察直升机、UH-60多用途直升机、CH-47J运输直升机； 空降地面作战等	

续表

音乐演奏和会场广场整理	实施者：东部方面军乐队和富士学校军乐队		
后段演习	展示由防御作战转向进攻作战阶段诸兵种联合作战的情况		
	防御	敌炮弹攻击的展示	通过TNT爆炸效果模拟展示
		敌攻击前进阻止射击	203毫米自行榴弹炮
			FH-70型155毫米榴弹炮
			74式主战坦克
			87式反坦克导弹
			64式反坦克导弹
		敌突击粉碎	74式主战坦克
			84毫米无后坐力炮
		敌后退的展示	通过科学加工品进行展示
	攻击准备行动	侦察活动	航空侦察
			地面侦察
		直升机机降行动	警戒与掩护
			直升机机降攻击1
			直升机机降攻击2
			直升机机降攻击3
	攻击实施	攻击准备射击、攻击前进、普通科战斗小组的攻击、障碍处理、突击支援射击、突击	
	扩大战果	攻击行动的继续	全体部队
降国旗仪式			
音乐演奏	实施者：东部方面军乐队和富士学校军乐队		

续表

现役武器装备展示	（1）96式多目的导弹系统发射车、87式侦察警戒车、89式装甲战斗车、74式主战坦克、90式主战坦克 （2）轻装甲战斗车、96式轮式装甲车、高机动车、3吨半水罐车、1吨半急救车、道路障碍作业车 （3）203毫米自行榴弹炮、多联装火箭系统发射车、92式地雷原处理车、91式战车桥、设施作业车、OH–1侦察直升机、UH–60多用途直升机
夜间演习内容	各种夜视装置、利用夜视装置的射击展示、照明及照明条件的射击展示、防御火力战斗展示
步道桥架设、演习场、会场及靶场整理	教育支援设施队

五、平成17年度（2005年）富士综合火力演习之展示演习基本概况

平成17年度富士综合火力演习展示演习的基本流程有演习实施部队编成仪式、达摩点睛仪式、会场整备等、粮食班编成、指挥所与宿营地等设施构建、准备完成报告、前段演习、后段演习、演习实施部队解散仪式以及最后的达摩点睛仪式。

2005年（平成17年）8月14日，平成17年度富士综合火力演习实施部队首先完成编成仪式。作为参演部队主力的富士教导团下属普通科教导联队、特科教导队、战车教导队等部队率先编成，而后，编成仪式介绍了18个来自日本全国各地的支援部队。编成仪式期间，担任演习实施部队长的富士教导团长进行了训示讲话。

8月14日，平成17年度富士综合火力演习实施部队举行了达摩点睛仪式，这种仪式主要是为了祝愿演习成功、平安顺利，期间，普通科教导联队长、特科教导队长、战车教导队长、侦察教导队长、教育支援设施队长、富士教导团本部付队长、教育支援飞行队长、富士教导团高级幕僚、演习实施部队副部队长先后涂黑达摩双目的一部分，最后，演习实施部队长全部涂黑达摩的双目。

在展示演习前，参演部队要对观阅会场进行整理，会场整理的主力部队是富

士教导团教育支援设施队，支援部队有普通科教导联队、特科教导队、战车教导队、侦察教导队等。会场整理内容有步道桥构筑、铺设演习道路和迎宾（VIP）道路、参演部队集结场地整理、树立钢架宣传板、观众席设置、会场广场整理、停弹堤整备、设置靶场标靶、构筑参演部队宿营地（包括特科教导队宿营地、战车教导队宿营地）、构建富士教导团指挥所、构筑富士教导团通信所、构筑特科教导队射击指挥所、构筑特科教导队射击阵地、构筑控制台等。

8月27日，平成17年度富士综合火力演习实施了展示演习，统合幕僚议长、陆上幕僚长、驻日美军司令官等高级将领出席了这次公开演习。

在展示演习开始前，演习实施部队指挥官富士教导团长向演习担任官富士学校校长报告富士综合火力演习已经准备完毕，随后，演习担任官富士学校校长向演习主办者陆上幕僚长报告演习准备完毕。报告结束后，来宾入场。

在平成17年度富士综合火力演习展示演习的前段演习中，参演部队分别向嘉宾展示介绍了日本陆上自卫队现役主战装备的火力，按照介绍顺序依次有远距离火力、中距离火力、近距离火力及装甲机动打击火力。

其中，远距离火力有航空火力和特科火力两项内容，航空火力包括日本航空自卫队F-4EJ（改）战斗机的炸弹攻击和火箭弹攻击。在航空火力展示期间，来自宫崎县日本航空自卫队新田原基地第5航空团的4架F-4EJ（改）战斗机编成2个编队，第1编队2架F-4战斗机针对白色台地的目标地域实施了机载炸弹攻击，随后，第2编队的2架F-4EJ（改）战斗机实施了火箭弹攻击。

特科火力包括FH-70型155毫米榴弹炮、203毫米自行榴弹炮及99式155毫米自行榴弹炮的实弹射击展示。在特科火力展示期间，首先指挥员车先行进入，而后，引导员引导各种射击火炮进入预定的射击位置。目前，日本陆上自卫队的特科部队主要装备火炮、火箭系统及岸舰导弹等主战装备，它们是压制敌地面部队及海上部队的火力骨干，这些主战装备可对敌陆上部队、集结部队、炮兵部队实施火力压制，从而为我方的步兵部队、坦克部队提供有效的火力支援。其中，FH-70型155毫米榴弹炮是日本陆上自卫队现役火炮主力，203毫米自行榴弹炮为采购自美国的主战装备，99式155毫米自行榴弹炮是日本最新的国产火炮。

中距离火力展示包括120毫米迫击炮、81毫米迫击炮、64式反坦克导弹、79式反舟艇反坦克导弹、87式反坦克导弹和96式多目的导弹系统，承担中距离火力展示的部队分别是迫击炮部队和反坦克部队。迫击炮部队隶属于普通科联队，在步兵战斗中，迫击炮部队可密切配合普通科部队的战斗行动，并为步兵提供连续性的火力支援，由于迫击炮炮弹可以采取较高的飞行弹道，因此，可对隐藏于山体及建筑物等内侧的敌人实施火力压制。其中，120毫米迫击炮由分队长指挥，射击组员包括炮手、副炮手、2名弹药手和操纵手，总计6人即可实施射击。81毫米迫击炮由分队长指挥，射击组员包括炮手、副炮手和弹药手，总计4人，这种迫击炮易于拆卸和搬运，故此，机动性很高。

反坦克部队主要发挥反坦克火力，进而粉碎敌坦克部队的战斗力。其中，64式反坦克导弹采取有线制导；79式反舟艇反坦克导弹采取红外线及有线制导两种方式，它还可攻击敌之小型军舰；87式反坦克导弹采取激光照射和制导；96式多目的导弹系统是最新装备，由发射装置和地面引导装置组成。

近距离火力展示包括指向性霰弹、AH-1S反坦克直升机、轻装甲机动车、便携式反坦克导弹、96式轮式装甲车、84毫米无后坐力炮和89式装甲战斗车。其中，指向性霰弹可呈扇状射击，弹体直径大约1厘米，主要用于压制敌步兵部队；AH-1S反坦克直升机主要用于攻击敌坦克，机载20毫米机关炮和反坦克导弹，具有强大的火力和优越的空中机动能力；轻装甲机动车是机动性非常优越的小型装甲车，可在沙漠地带发挥机动性优越；01式轻反坦克导弹具备自动寻的能力和发射后不管优势；96式轮式装甲车具有优越的机动性和装甲防护能力，乘员10人；84毫米无后坐力炮可发射反坦克榴弹、榴弹、发烟弹、照明弹4种弹种；89式装甲战斗车具备越野机动能力，同时，具有厚重装甲防护，配备35毫米机关炮。

装甲机动打击火力由坦克部队展示90式主战坦克的强大火力效果。

在前段演习之后是空降地面作战展示。空降地面作战是潜入敌后方方法之一，通常在夜间条件下实施，以超高空伞降到敌之后方区域，潜入后实施情报收集和袭击任务。在伞降过程中，空降队员要携带数十千克的随身装备，此次伞降展示由习志野驻屯地内的第1空挺团负责实施，这支部队经常在日本全国的演习场内实施伞降地面作战训练。

在平成17年度富士综合火力演习展示演习的后段演习中，参演部队分别向嘉宾展示介绍了日本陆上自卫队的航空侦察、直升机机降攻击、侦察活动、攻击准备射击、障碍处理、攻击前进支援射击、突击以及扩大战果等战术技能，后段演习主要展示日本陆上自卫队普通科、特科、机甲科、设施科、航空科等诸兵种的各种战斗力及战术素养，进而发挥综合战斗力。

其中，航空侦察由OH-1侦察直升机实施空中侦察展示，这款直升机是OH-6侦察直升机的取代装置，机载红外传感器和4枚空对空导弹，较之前一代装备的侦察能力及对空警戒能力都进一步提升。基于航空侦察所获得的情报，侦察部队便开始全面的情报收集，首先，承担敌情监视任务的侦察班通过UH-1多用途直升机搭载2辆侦察摩托车从空中潜入敌的后方实施侦察。

根据航空侦察及地面侦察结果，参演部队开始实施针对敌之据点的直升机机降攻击行动，在此期间，UH-1直升机火力掩护、AH-1S反坦克直升机射击掩护以及CH-47J运输直升机协同作战。在直升机火力掩护之下，运输直升机向地面投送武器装备及部队，此后，机降部队展开地面攻击行动。

为了攻击防御白色台地及三段山区之间的敌部队，参演部队在侦察活动及地面攻击期间展示了各种战术行动及扩大战果的能力。

攻击之前的侦察活动主要是地面侦察，它由87式侦察警戒车负责，侦察活动结束之后便是攻击准备射击。

当侦察教导队长将敌情报告通报给富士教导团长之后，富士教导团长直接下达攻击命令，之后，攻击准备射击、障碍处理（排障）、攻击前进支援射击、突击以及扩大战果等一系列战术动作全面展开。

8月28日，平成17年度富士综合火力演习实施部队举行了解散仪式，仪式期间，演习实施部队长富士教导团长宣布此次演习成功结束。在此次演习中，参演部队共发射了近11万实弹，无任何事故发生。

平成17年度富士综合火力演习的实施部队编成仪式

在富士综合火力演习期间，支援部队编成粮食班（相当于炊事班），在为期大约2周的时间里，粮食班负责参演部队全面的膳食保障业务。

六、图解平成25年度（2013年）富士综合火力演习中的展示演习

平成25年度富士综合火力演习中展示演习前的部队集结式

陆空一体联合攻击展示

主战坦克射击展示

轻装甲机动车展示

机降运输高机动车

直升机机降行动

机降行动展示

中距离火力射击展示

中距离火力射击展示

吊装导弹

普通科（步兵）火力展示

展示演习的观众席

参演的10式主战坦克

夜间演习

夜间演习中的士兵和军官

| 第二节 | 解读"山樱"（YS）日美共同指挥所演习

日美共同方面队指挥所演习，简称为YS演习、山樱演习，它是日美指挥官及参谋人员在指挥所内展开的联合演练。具体来讲，YS演习是来自日本陆上自卫队方面总监部等高级司令部以及驻日美国陆军司令部等高级司令部的指挥官及参谋人员为了演练相互之间的协调以及司令部内部的各种指挥官与参谋业务而在计算机上进行的训练和攻防演练。

一、日美共同方面队指挥所演习（YS演习）的名称来历

"YS演习"名称中的Y、S分别代表驻日美国陆军和日本陆上自卫队，其中，Y为日语"山"发音"Yama"的首字母，"山"代表富士山，它是驻日美国陆军部队的部队徽章。S为日语"樱"发音"Sakura"的首字母，"樱"代表樱花，它是日本陆上自卫队的部队徽章。

YS演习的法律依据是《日美防卫协力指针》。

二、YS演习的重要性及战略地位

YS演习是在假想日本本土遭受武力攻击等情况下，日本陆上自卫队和驻日美国陆军联合对这样的侵略行动进行反制，所有战场环境的指挥参谋业务可通过计算机模拟进行演练。

从规模和级别上来看，YS演习是日美共同训练中规模最大、级别最高的指挥所演习，它旨在加深日美联合作战的相互沟通和理解，并且，提高两军的相互运用水平。鉴于此，YS演习是最重要的日美联合训练。

三、YS演习的基本概况

截至2014年，日美共同训练可区分为3种实施，YS演习只是其中一种。这3种共同训练分别是指挥所演习、实兵演习和队付（附属队）训练。

其中，指挥所演习是在计算机上进行的训练，包括日美共同统合演习和日美共同方面队指挥所演习（YS演习）2种；实兵演习是在演习场、训练场、靶场等训练场所内实施的部队训练，包括日美共同统合演习、与驻日美国陆军之间的实兵训练、与驻日美国海军陆战队之间的实兵训练和在美国的实兵训练共4种；队付训练是部队之间的教育训练研讨，包括国外队付训练、国内队付训练及美国军人队付见学支援3种。

从整体来看，YS演习的主要特征是方面队级别（军区规模）的日美共同指挥所演习，这是一种以方面队为主要演练对象、每年实施的指挥所演习，以主演方面队为核心进行演习预案的计划和准备工作，其他方面队也要参加这样的演习，因此，它又是一种全国规模的演习，日本海上自卫队和日本航空自卫队也要参加，同时，美国太平洋陆军司令部等多数的美军部队也要共同参加实施。

四、YS演习的简要发展历史概况

自1982年（昭和57年）以来，日美YS演习每年举办一次。

1978年（昭和53年）11月27日，日美两军正式签订了《日美防卫协力指针（简称“前指针”）》。

1981年（昭和56年）10月1日至10月3日，在东富士演习场内，日美两军实施了第一次“日美陆上共同实兵演习”。

1982年（昭和57年）2月15日至2月19日，第一次日美陆上共同指挥所演习在泷原驻屯地内展开，日方参演部队为东部方面队，美军参演部队为陆军第9军。

1982年（昭和57年）6月（YS-2）至1995年（平成7年）（YS-25）期间，YS演习每年举办2次，偶数次在美国举办，奇数次在日本举行，日本的演习重在北方地区。

从1996年（平成8年）开始，日方参演部队采取轮换制，也就是五大方面队轮换参加，于是，截止1999年（平成11年），五大方面队都有参演经验。

1997年（平成9年）9月23日，日美两军正式签订了《日美防卫协力指针（简称“指针”）》。

截至2008年（平成20年），YS演习总计实施了27次，其中，北部方面队12次、东北方面队7次、东部方面队3次、中部方面队2次、西部方面队3次。

平成13年度之后YS演习实施基本概况列表

YS演习代号	演习实施部队		演习实施场地	演习时间
	日本	美国		
YS-41	东北方面队	美国陆军第1军、驻日美国陆军陆战第3机动展开旅团、9TSC	仙台驻屯地	平成14年1月至2月
YS-43	北部方面队	美国陆军第1军、驻日美国陆军陆战第3机动展开旅团、9TSC	东千岁驻屯地	平成15年1月至2月
YS-45	东部方面队	美国陆军第1军、驻日美国陆军陆战第3机动展开旅团、9TSC	朝霞驻屯地	平成16年1月至2月
YS-47	北部方面队	美国陆军第1军、驻日美国陆军陆战第3机动展开旅团、9TSC	东千岁驻屯地	平成17年1月至2月
YS-49	西部方面队	美国陆军第1军、驻日美国陆军陆战第3机动展开旅团、9TSC	健军驻屯地	平成18年1月至2月
YS-51	中部方面队	美国陆军第1军、驻日美国陆军陆战第3机动展开旅团、172“斯特赖克”旅团	伊丹驻屯地	平成19年1月至2月
YS-53	东北方面队	美国陆军第1军、驻日美国陆军陆战第3机动展开旅团	仙台驻屯地	平成19年12月
YS-55	东部方面队	美国陆军/OCP、驻日美国陆军陆战第3机动展开旅团	朝霞驻屯地	平成20年12月

注：美国陆军第1军创建于南北战争时期，历经美西战争、2次世界大战及朝鲜战争的洗礼，部队驻地设在美国本土华盛顿州刘易斯麦科德综合基地内，核心作战力量包括3个旅团战斗团、1个战斗航空旅团、1个炮兵旅团及其他直辖部队，第1军的主要活动区域为亚太地区，主要联合训练国家有日本、泰国、韩国和澳大利亚，第1军长由3星陆军中将担任。

五、YS-57演习（平成21年度日美共同方面队指挥所演习）基本概况

YS-57演习于2009年（平成21年）12月1日至12月14日在北海道地区东千岁驻屯地内举行。

日本参演部队指挥官为北部方面总监酒井健3星陆军中将，参演部队有北部方面队等，参演兵力大约4500人。

美国参演部队指挥官为太平洋陆军司令官麦克逊陆军中将，参演部队有太平洋陆军司令部、驻日美国陆军司令部、驻日美国海军陆战队第3机动展开部队等，参演兵力大约1200人。

六、YS-65演习（平成25年度日美共同方面队指挥所演习）基本概况

YS-65演习于2013年（平成25年）11月29日至12月12日在日本陆上自卫队东千岁驻屯地内举行。

日本参演部队指挥官为北部方面总监田边挥司良3星陆军中将，参演部队主力为北部方面队，具体参演部队有第2师团、第7师团、第5旅团、第11旅团、第1特科团、第1高射特科团、北部方面直辖部队、中央即应集团、通信团以及日本海上自卫队、日本航空自卫队，参演兵力大约4500人。

美国参演部队指挥官为太平洋陆军司令官布尔库斯陆军中将，参演部队有美国陆军第1军、驻日美国陆军司令部、驻日美国海军陆战队、驻日美国海军、驻日美国空军等，参演兵力大约1500人。

YS-65演习的整体目标是深化日美共同作战和综合作战能力，共享迅速而准确的情报信息，确立联合作战的基础，同时，加强训练相关部队机关及国民保护措施。

七、日本陆上自卫队的“兵棋演习”（司令部演习、指挥所演习）

日本陆上自卫队将“兵棋演习”称为“指挥所演习”。说得通俗一点，兵棋演习就是在军事地图上根据想定的状况再现作战行动的演习，也就是“纸上谈兵”。

兵棋演习可对2个以上的对抗势力进行作战预案研究，并可依据定量的地形及敌情数据以及概率理论再现各种可能的战场情况，这种演习主要用于参谋部、司令部，或者实战部队的作战计划立案及分析等研究方向。

从基本作用上来看，兵棋演习的主要目标是锻炼参谋人员及司令部机关。

| 第三节 | 解读“协同转地演习”

“协同转地演习”是日本陆上自卫队全国性的大规模机动展开演习，翻译成中国军事术语就是“联合跨区机动演习”，自2005年之后，诞生于冷战期间的“北方机动特别演习”更名为“协同转地演习”。近年来，鉴于中日钓鱼岛危机的影响，日本陆上自卫队的协同转地演习规模越来越大，参演部队也越来越多，其针对中国军队的指向性也越来越明显。

一、日本陆上自卫队“协同转地演习（联合跨区机动演习）”基本概况

从战略环境上来看，日本列岛南北狭长，同时，鉴于日本陆上自卫队现有兵力只能维持基本的作战诉求，这样一旦有战事发生，分散于日本全国的日本陆上自卫队部队必须迅速机动展开，以对各种事态进行有效的处理和应对。

基于这种情况，在冷战时代，日本陆上自卫队每年都要举办“北方机动特别演习”，在演习期间，日本陆上自卫队要迅速将本州及九州地区的部队投送到与苏联对峙的北海道地区内，在每次演习期间，日本陆上自卫队都会轮番将不同的师团投送到北海道地区。这些部队会投送到北海道地区的大规模演习场内，比如：矢臼别大演习场、北海道大演习场、滨大树训练场等，然后，再进行相应的训练科目。

随着冷战体制的终结，近年来，日本面对的威胁由北海道周边的俄罗斯转向与九州、冲绳相邻的中国、朝鲜，基于此，日本陆上自卫队的重点兵力配备及机动展开方向与冷战期间正好相反，也就是由北海道转向西南诸岛及西日本地区。与此同时，日本自卫队员的演习场训练内容也发生了明显变化，那就是由大规模战斗的集中野战（大规模兵团作战）转向规模比较小的、以应对恐怖分子和特种部队为目标的城市巷战和肉搏战（或白刃战）。尤其是在有事情况

下，为了防御日本首都东京及其周边的重要基础设施，日本陆上自卫队必须以北部方面队为中心投入大量的普通科部队以应对潜入日本国内的恐怖分子和敌国特种部队。

在这个背景下，自2005年6月开始，北部机动特别演习正式更名为协同转地演习，在演习期间，除了本州及九州地区的部队要面向北海道地区实施“北方转地演习”外，同时，北部方面队也要面向本州地区、九州地区乃至更远的西南诸岛迅速展开“南方转地演习”。

在协同转地演习中，根据事先预想，如果九州地区有事，那么，东部方面队便迅速向九州地区机动展开，这样，作为东部方面队防区的日本关东地区就会出现防守真空，那么，北部方面队再由北海道地区向关东地区机动展开，以填补东部方面队留下的防御真空。在进行上述跨区机动展开期间，日本航空自卫队的运输机、日本海上自卫队的大隅级运输舰都要加入到这个庞大的全国性调兵运动中，同时，日本民营运输公司也会加入这支运兵大军，比如：东日本渡船株式会社、商船三井渡船株式会社等大公司。北部方面队在机动展开到关东地区之后还要进行一系列的训练科目，这些不同科目的训练通常在东富士演习场、朝霞训练场、大宫驻屯地等地区展开，其中比较特别的训练科目是在东富士演习场的城市巷战训练场内展开城市巷战的训练内容。

在今后的一段时期内，日本陆上自卫队会展开更大规模的协同转地演习，而且会在不同的想定环境下实施全国性的联合跨区域机动演习。

二、平成25年度日本自卫队协同转地演习基本概况

2013年（平成25年）7月3日至8月4日，在为期一个月期间，平成25年度协同转地演习在矢臼别大演习场内实施，此次演习假想背景是有效应对日本国内所有的危机和事态，演习过程中并用各种运输手段以实施长距离、大范围、连续不断的机动训练。此外，在演习期间，第10师团还在矢臼别大演习场内实施了师团训练检阅以及部队训练成果的评价和判定，从而大大提高了训练水平。

7月8日，时任统合幕僚长岩崎4星空军上将搭乘日本海上自卫队大隅号运输舰通过舰载LCAC气垫登陆艇登陆到滨大树训练场内视察。

在矢臼别大演习场内，参加平成25年协同转地演习的第33普通科联队正在演示攻击构想

第四节 解读“镇西-25”日本陆海空三军联合大演习

近年来，鉴于中日钓鱼岛危机的不断影响和发酵，作为日本西南诸岛防守部队的西部方面队面对更重的防御职责，同时，西部方面队也加大了对所属部队的训练力度，而且，其他方面队也加强了对西部方面队的支援，以有效应对中国军队的态势。

目前，西部方面队保持常年的大强度训练和演习，其中，最有特色和最著名的演习当属“镇西”系列三军联合演习，下面对平成25年度的镇西演习进行概况介绍，以管窥镇西演习的实质内容。

2013年（平成25年）10月31日至11月20日，在西部方面总监的总导演下，西部方面队实施代号为“镇西25”的陆海空三军联合大演习，这是一场主要针对中国军队的陆海空三军联合大演习，尤其是以中日钓鱼岛有事为背景的作战预想及全面应对措施。参演部队主力为西部方面队，支援部队有北部方面队、东北方面队、东部方面队和中部方面队，日本航空自卫队和日本海上自卫队提供空中及海上的全面支援。

10月31日，在西部方面总监部所在地的健军驻屯地内，统裁部（总导演部）及演习总监部举行编成仪式，同时，西部方面总监番匠幸一郎3星陆军中将做训前动员。

10月31日晚间，参演部队实施大规模陆上机动演习，比如：北部方面队第2师团第2战车联队装备的90式主战坦克实施公路机动训练，九州补给处装备的大型军用卡车实施人员运输训练等。

11月1日，实施大规模空中机动演习，比如：参演部队通过日本航空自卫队航空支援集团装备的C-1运输机实施空运及转地训练。

11月4日，实施大规模海上机动演习，比如：参演部队通过搭载日本海上自卫队伊势号（DDH-182）直升机母舰进行海上机动演习，中央特殊武器防护队通过NBC侦察车实施登陆演习等。

11月6日，实施协同跨区转地训练、国民保护训练、应急备用码头构建训练等综合训练。在此期间，一部分参演部队（比如：北部方面队直辖第3岸舰导弹联队、西部方面队直辖第5岸舰导弹联队等）通过日本民营船舶公司的客轮数千里跨区机动到宫古岛地区展开作战部署，其主要训练目标是演练封锁宫古海峡；一部分参演部队（比如：第42普通科联队）在北熊本驻屯地附近实施危险区域警戒、难民运输警卫与护送等训练；一部分参演部队（比如：第5设施团）在相浦驻屯地附近实施动力艇出水、桥间桥节的巡航等码头训练。

11月7日，实施海上机动、登陆训练前的准备训练、突击作战训练、水陆两栖训练、协同基地警备训练、防御准备训练等综合训练科目。在此期间，一部分参演部队（比如：第4师团及西部方面航空队）在志布志市附近海面通过日本民营豪华客轮实施海上机动训练；一部分参演部队（比如：九州补给处）在佐世保海军基地通过日本海上自卫队的通用登陆艇（LCU）实施登陆前的准备训练；一部分参演部队（比如：第12普通科联队）在奄美大岛、鹿儿岛通过CH－47JA重型运输直升机实施突击作战训练，通过舟艇实施水陆两栖作战训练；一部分参演部队（比如：第20普通科联队）在那霸市与日本航空自卫队部队实施协同基地警备训练；一部分参演部队（比如：第8设施大队）在日出生台演习场实施使用重型建筑机械的师团指挥所构筑训练。

11月8日，实施野战医疗设施构建、物资空投训练、协同基地警备训练、后方支援训练等训练科目。在此期间，西部方面卫生队主导实施野战医疗设施的构建训练，包括野外手术系统的运输、装卸、组建、运营等全方位的训练；第8师团第8后方支援联队与第1直升机团在日出生台演习场上空通过CH－47JA运输直升机联合实施物资空投训练；第15旅团之第15设施中队在与座分屯地内实施障碍构建等方面的协同基地警备训练；第15旅团第15后方支援队在那霸驻屯地内实施全方面的车辆维修训练等。

11月10日，实施海上机动训练、后方支援训练、作战准备、反游击作战、通信系统维护、军用物资采购支援等训练科目。在此期间，西部方面航空队装备的CH－47JA重型运输直升机、AH－64“阿帕奇”攻击直升机在日本海上自卫队“伊势”号（DDH－182）号直升机母舰上进行了海上机动训练、起飞与着舰训练；西部方面后方支援队第106全般支援大队在那霸驻屯地内实施了全方位的后方支援训练；北部方面队第2师团之第2战车联队装备的90式主战坦克在九州地区的大矢野原演习场附近实施公路机动自行训练；对马警备队在对马陆军演习场内实施反游击作战训练；西部方面通信群在健军驻屯地内实施通信系统的构建、维护、运营等训练科目；西部方面会计队在那霸驻屯地内实施各种物资采购等方面的支援训练。

11月11日，实施反舰攻击准备、协同基地警备、水陆两栖训练、海上机动等训练科目。在此期间，东北方面队第4岸舰导弹联队装备的88式岸舰导弹展开封锁宫古海峡的反舰攻击准备训练；第41普通科联队在与座分屯地内实施协同基地警备训练；第12普通科联队在鹿儿岛实施水陆两栖、登陆、登陆掩护等训练；西部方面普通科联队通过日本海上自卫队大隅号运输舰实施海上机动训练。

11月12日，实施射击准备、情报侦察、伤病员的治疗与后方运送训练、空中机动等训练科目。在此期间，第3反坦克直升机队在伊势号直升机母舰上实施综合火力引导等方面的射击准备训练；北部方面队第3岸舰导弹联队在宫古岛实施封锁宫古海峡的反舰射击准备训练；中部方面无人侦察机队在日出生台演习场实施无人侦察机情报收集训练；西部方面卫生队在CH-47JA运输直升机内实施伤病员的治疗及后方运送训练；西部方面航空队AH-64攻击直升机通过伊势号直升机母舰实施海上空中机动训练。

11月13日，实施防空战斗训练、应急码头构建待训练科目。在此期间，第15旅团第6高射特科群在知念分屯地内实施中距离地空导弹的展开防空战斗训练；第3高射特科群在十文字原演习场实施霍克地空导弹的展开防空战斗训练；第103设施器材队在相浦驻屯地实施应急码头的构建、运用、维护等方面的训练。

11月14日，实施防御作战准备、情报侦察、反游击作战、后方支援、治疗后送等训练科目。在此期间，第8师团第8战车大队装备的74式主战坦克以及第8侦察队装备的87式侦察警戒车在日出生台演习场内实施防御作战准备训练；西部方面无人侦察机队在久米岛演习场实施无人侦察机情报收集训练；对马警备队在对马陆军演习场实施山地机动等全方面的反游击作战训练。

11月15日，实施防御作战准备、反游击作战、后方支援、除染训练等训练科目。在此期间，第42普通科联队120毫米迫击炮小队以及第8特科联队FH-70型155毫米榴弹炮大队在日出生台演习场内实施迫击炮与榴弹炮的防御战斗准备训练；第16普通科联队在佐世保登陆日本海上自卫队军舰实施反游击作战训练；第8化学防护队在日出生台演习场遭受核、生、化污染地区实施除染训练。

11月16日，实施演习对抗部队攻击、防御战斗、治疗后送等训练科目。在此期间，第1空挺团在日出生台演习场实施空降地面作战训练；第42普通科联队反坦克战斗分队在日出生台演习场实施反坦克射击训练；自卫队熊本医院在熊本驻屯地实施伤病员后送训练等。

在健军驻屯地内，“镇西25”大演习的统裁部及演习总监部举行编成仪式

10月31日晚间，实施公路机动的第2战车联队90式主战坦克

日本海上自卫队“伊势”号（DDH-182）直升机母舰正在向参演部队提供海上机动手段

正在实施登陆演习的中央特殊武器防护队NBC侦察车

来自日本航空自卫队芦屋基地的C-1运输机负责为参演部队提供空中机动手段

西部方面队队员通过C-1运输机进行空中机动，图中基地为空军基地

11月6日，实施海上运输支援的日本民营客轮

西部方面队第5岸舰导弹联队向宫古岛进发的车队

参与海上运输支援的日本民营船舶

北部方面队第3岸舰导弹联队车队通过日本民营船舶实施宫古岛登陆

第42普通科联队在北熊本驻屯地附近实施难民运输的警卫与护送演练

第5设施团在相浦驻屯地附近实施动力艇出水训练

11月7日，在志布志市港口，准备登陆日本豪华客轮进行海上机动训练的第4师团及西部方面航空队的车队

第8后方支援联队和第1直升机团在日出生台演习场上空实施空投训练

西部方面卫生队构建的野外手术系统一角

西部方面航空队CH-47JA直升机通过伊势号直升机母舰实施起飞训练

西部方面航空队AH-64直升机通过“伊势”号直升机母舰实施起飞与着舰训练

对马警备队在对马陆军演习场内实施反游击作战训练

11月11日，东北方面队直辖第4岸舰导弹联队长接受日本媒体采访并介绍反舰攻击准备训练

11月11日，在那霸驻屯地内，第4岸舰导弹联队装备的88式岸舰导弹实施封锁宫古海峡的反舰攻击准备训练

第3反坦克直升机队在“伊势”号直升机母舰上实施综合火力引导等射击准备训练

北部方面队直辖第3岸舰导弹联队在宫古岛实施反舰攻击准备训练

中部方面无人侦察机队在日出生台演习场实施无人机情报侦察训练

11月13日，在相浦驻屯地，通过应急码头进行车辆登陆训练的第103设施器材队

在知念分屯地内，第6高射特科群实施中距离地空导弹的防空战斗训练

在十文字原演习场，第3高射特科群正在实施霍克地空导弹的防空战斗训练

第42普通科联队在日出生台演习场内实施120毫米迫击炮防御射击准备训练

11月12日，西部方面航空队AH-64直升机实施海上空中机动训练

11月14日，在久米岛，西部方面无人侦察机队实施情报侦察训练

｜第五节｜解读日本自卫队三年一次的“中央观阅式”

日本自卫队中央观阅式（中央阅兵式）每三年举办一次，这是日本自卫队最大规模和中央级别的陆海空三军阅兵式，举办地点设在日本陆上自卫队朝霞驻屯地西侧的朝霞训练场。从举办目的来看，中央观阅式主要是为了纪念日本自卫队的创建，同时，它也是日本自卫队纪念日庆祝活动的重要一环。

一、中央观阅式的发展历史概况——源自战后组建的日本警察预备队

早在日本警察预备队创建的第二年，即1951年（昭和26年），当时的战后日本军事力量在日本东京都江东区的越中岛驻屯地内举办了第一次观阅式（阅兵式）活动。

1952年（昭和27年），日本保安队正式创建，1953年（昭和28年），日本保安队举办了第一次保安队创建纪念观阅式活动。

1954年（昭和29年）7月1日，日本自卫队正式创建。1955年（昭和30年），日本防卫厅在东京都神宫外苑绘画馆前举办了防卫厅创建一周年的纪念仪式，这种简要阅兵式一直持续到1972年（昭和47年）。

从1973年（昭和48年）开始，鉴于交通状况等因素影响，日本防卫厅创建纪念仪式举办会场转移到日本陆上自卫队的朝霞驻屯地内。除大灾之年以及昭和天皇病重期间的1988年（昭和63年）中止举办之外，防卫厅创建观阅式（阅兵式）几乎每年举办一次。

1996年（平成8年）之后，日本陆上自卫队、日本海上自卫队和日本航空自卫队分别承担各自的阅兵式活动。其中，日本陆上自卫队主管“中央观阅式”，日本海上自卫队主管“自卫队观舰式”，日本航空自卫队主管“航空观阅式”，每

种阅兵式按年头轮流实施。在此期间，2001年（平成13年），因美国遭受“9·11”恐怖袭击事件，所有日本自卫队阅兵式活动均取消。

从历届举办情况来看，日本自卫队三大阅兵式活动的主要招待对象包括队员家属、驻外武官等，一般情况下，不面向所有日本民众开放。

1996年之后，日本自卫队三大阅兵式活动的基本概况列表

阅兵式名称	举办年度	举办时间	主管部队	举办场所
平成8年度第43回航空观阅式	1996年	10月27日	航空自卫队	百里基地
平成9年度第44回自卫队观舰式	1997年	10月26日	海上自卫队	相模湾
平成10年度第45回中央观阅式	1998年	11月1日	陆上自卫队	朝霞驻屯地
平成11年度第46回航空观阅式	1999年	10月31日	航空自卫队	百里基地
平成12年度第47回自卫队观舰式	2000年	10月29日	海上自卫队	相模湾
平成13年度第48回中央观阅式	2001年		陆上自卫队	中止
平成14年度第49回航空观阅式	2002年	10月20日	航空自卫队	百里基地
平成15年度第50回自卫队观舰式	2003年	10月26日	海上自卫队	相模湾
平成16年度第51回中央观阅式	2004年	11月7日	陆上自卫队	朝霞驻屯地
平成17年度第52回航空观阅式	2005年	10月30日	航空自卫队	百里基地
平成18年度第53回自卫队观舰式	2006年	10月29日	海上自卫队	相模湾
平成19年度第54回中央观阅式	2007年	10月28日	陆上自卫队	朝霞驻屯地
平成20年度第55回航空观阅式	2008年	10月19日	航空自卫队	百里基地
平成21年度56回自卫队观舰式	2009年	10月25日	海上自卫队	相模湾
平成22年第57回中央观阅式	2010年	10月24日	陆上自卫队	朝霞驻屯地
平成23年度第58回航空观阅式	2011年	10月16日	航空自卫队	百里基地
平成24年度第59回自卫队观舰式	2012年	10月14日	海上自卫队	相模湾
平成25年第60回中央观阅式	2013年	10月27日	陆上自卫队	朝霞驻屯地

二、中央观阅式的主要日本官方出席者

中央观阅式的主要日本官方出席者包括观阅官、主办者、实施责任者、执行者、观阅部队指挥官、观阅飞行部队指挥官以及防卫大臣政务官、参议院议长、统合幕僚长、海上幕僚长、航空幕僚长等人。

其中，观阅官为日本内阁总理大臣（首相）、主办者为日本防卫大臣（防相）、实施责任者为陆上幕僚长（陆幕）、执行者为东部方面总监、观阅部队指挥官为第1师团长、观阅飞行部队指挥官为第1直升机团长。

三、中央观阅式的参阅部队序列

中央观阅式的参阅部队序列根据举办年度的不同而不同，下面以平成22年度举办的中央观阅式为例来介绍各参阅部队序列。

平成22年度中央观阅式参阅人员总数大约为3800人，车辆大约240辆，飞机大约60架，这些参阅部队可分为徒步部队、航空部队和车辆部队。

其中，徒步部队中的各个方队包括陆海空联合军乐队（陆上自卫队中央军乐队、海上自卫队东京军乐队和航空自卫队中央军乐队）、观阅部队指挥官及幕僚、部队用国旗（旗手和旗卫手）、日本防卫大学学生队、日本防卫医科大学学生队、陆上自卫队高等工科学校生徒队、普通科部队（第1方队：第1普通科联队，第2方队：第32普通科联队）、空降部队（第1空挺团之第1普通科大队）、海上自卫队部队、航空自卫队部队、自卫队中央医院高等护士学院学生队、陆海空女性自卫官部队。

航空部队分设陆上自卫队飞行编队、海上自卫队飞行编队和航空自卫队飞行编队。其中，陆上自卫队飞行编队包括指挥编队（CH-47）、OH-6编队、OH-1编队、UH-1编队、UH-60编队、AH-1S编队、AH-64D编队、CH-47编队、LR-2编队；海上自卫队飞行编队包括US-1A及US-2编队、P-3C编队、U-36A编队；航空自卫队飞行编队包括C-130H编队、F-2编队和F-4编队。

车辆部队包括中央即应集团下属中央即应联队车队、情报科部队车队、第2次海地派遣部队车队、航空自卫队“爱国者”地空导弹部队车队、侦察部队车

队、普通科车辆部队（即应预备自卫官）车队、预备自卫官部队车队、设施科部队车队、化学科部队车队、卫生科部队车队、需品科部队车队、高射特科部队车队、野战特科部队车队、战车部队车队。

另有日美安全保障条约改定50周年纪念的驻日美国陆军、空军祝贺飞行部队，这个部队共有2个飞行编队，分别是UH-60编队和F-16编队。

2007年，中央观阅式中的部队用国旗

2010年，中央观阅式中的高等工科学校生徒队方队

2010年10月15日，在朝霞驻屯地的中央观阅式预演中，观阅部队指挥官为时任第1师团长的中川义章3星陆军中将

四、平成25年度日本自卫队中央观阅式

"平成25年度日本自卫队中央观阅式"于2013年（平成25年）10月27日在日本陆上自卫队朝霞驻屯地训练场（简称"朝霞训练场"）内举行。此次观阅式执行者为东部方面总监矶部晃一3星陆军中将，观阅官为时任日本内阁总理大臣安倍晋三。

平成25年度中央观阅式的观阅部队分徒步方队和车辆方队两个部分。其中，徒步方队最前列有陆上、海上、航空自卫队混合军乐队，其后依次有日本防卫大学学生队、防卫医科大学在校学生队、高等工科学校生徒队、普通科部队第1方队、普通科部队第2方队、空降部队、海上自卫队部队、航空自卫队部队、中央医院高等看护学院学生队以及来自陆上、海上、航空自卫队的混合女性自卫官部队。

车辆方队有国际派遣部队（参加当年度国际维和使命的部队）、侦察部队、普通科部队、即应预备自卫官部队、预备自卫官部队、设施科部队、通信科部队、化学科部队、卫生科部队、需品科部队、情报科部队、西部方面普通科联队、日本航空自卫队"爱国者"PAC−3型地空导弹部队、高射特科部队、野战特科部队和战车部队。

"平成25年度日本自卫队中央观阅式"全景

平成25年度观阅式中，接受受阅部队荣誉礼的东部方面总监矶部晃一3星陆军中将

接受特别仪仗队特别仪仗的日本内阁总理大臣安倍晋三

巡阅受阅部队的安倍晋三

受阅徒步方队、观阅礼宾台及安倍晋三观阅官

受阅日本陆上自卫队普通科部队

受阅日本陆上自卫队女性自卫官部队

受阅日本陆上自卫队直升机部队

受阅日本陆上自卫队AH-1S反坦克直升机编队

受阅日本陆上自卫队CH-47JA运输直升机编队

受阅日本海上自卫队US-1A和US-2海上救援飞机编队

受阅日本航空自卫队F-15J战斗机编队

受阅日本陆上自卫队侦察部队

受阅日本陆上自卫队高射特科部队（装备87式自行高射机关炮）

受阅日本陆上自卫队野战特科部队（装备FH-70型155毫米榴弹炮）

最后的车辆方队——受阅日本陆上自卫队战车部队（90式主战坦克、10式主战坦克）

观阅式结束后，东部方面军乐队、第1军乐队、第12军乐队和自卫太鼓队正在进行表演

盛况空前的武器装备展示活动

自卫队宠物形像展示

五、图解“中央观阅式”举办地——朝霞训练场的基础设施

朝霞训练场、朝霞驻屯地西部区域及周边概况全景卫星照片

朝霞训练场全景照片，可见大型室内轻武器射击场、地空导弹发射场、指挥所训练支援队设施、中央观阅式阅兵场、汽车教习所等基础设施

朝霞训练场西南角基础设施全景

大型室内轻武器射击场及其西侧的处理设施全景

从西侧的处理设施看轻武器射击场

处理设施及轻武器射击场北端特写

朝霞训练场西部基础设施全景

朝霞驻屯地东部基础设施全景

地空导弹发射场（由第2高射特科群第335高射中队使用）全景，包括导弹发射阵地、待机室、待机区等基础设施

地空导弹发射阵地特写，可见4辆93式近距离地空导弹发射车停放于发射阵地内

地空导弹发射场待机区及待机室特写，待机区内用于停放地空导弹系统中的其他构成单元，比如：雷达、电源车、指挥控制系统等

位于地空导弹发射场北部的东部方面指挥所训练支援队所属的基础设施全景

中央观阅式阅兵场南部区域特写，这里是阅兵活动核心区域

中央观阅式阅兵场北部区域特写，这里是受阅部队徒步进场行进区域

位于朝霞训练场东北角的汽车教习所全景

汽车教习所及南北两侧的通信设施

中央观阅式阅兵场东侧的步兵战术训练场